Paul Graf von Hoensbroech
Das Papsttum in seiner sozial-kulturellen Wirksamkeit

SE**V**ERUS

Hoensbroech, Paul Graf von: Das Papsttum in seiner sozial-kulturellen
Wirksamkeit
Hamburg, SEVERUS Verlag 2013
Nachdruck der Originalausgabe von 1905

ISBN: 978-3-86347-379-2
Druck: SEVERUS Verlag, Hamburg, 2013

Der SEVERUS Verlag ist ein Imprint der Diplomica Verlag GmbH.

Bibliografische Information der Deutschen Nationalbibliothek:
Die Deutsche Nationalbibliothek verzeichnet diese Publikation in der
Deutschen Nationalbibliografie; detaillierte bibliografische Daten sind im
Internet über http://dnb.d-nb.de abrufbar.

© **SEVERUS Verlag**
http://www.severus-verlag.de, Hamburg 2013
Printed in Germany
Alle Rechte vorbehalten.

Der SEVERUS Verlag übernimmt keine juristische Verantwortung oder
irgendeine Haftung für evtl. fehlerhafte Angaben und deren Folgen.

seVerus

Meinem Schwiegervater

dem Geh. Ober-Justizrat und Senatspräsidenten a. D.

Herrn Franz Lettgau

Ritter des Roten Adlerordens II. Klasse mit Eichenlaub
und des Kronenordens II. Klasse mit dem Stern

in

Verehrung und Freundschaft.

Vorwort.

Nachdem innerhalb von 4 Jahren vier große Auflagen meines Werkes: „Das Papsttum in seiner sozial-kulturellen Wirksamkeit" (1. Band, 724 Seiten: Inquisition, Aberglaube, Teufelsspuk und Hexenwahn; 2. Band, 621 Seiten: die ultramontane Moral) trotz des hohen Preises, der durch den Umfang und das wissenschaftliche Beiwerk bedingt war, verbreitet sind, veranlaßt mich eigener und fremder Wunsch, mein Werk anti-ultramontanes Volksbuch werden zu sehen, eine Volksausgabe des 1. Bandes herauszugeben. Alle Anmerkungen, fremdsprachliche Worte und Verweisungen, sowie weniger wesentliche Teile sind fortgefallen. Wer die wissenschaftlich-genauen Belege wünscht, muß zur großen Ausgabe greifen.

Der dankenswerte Entschluß der Herren Verleger, den Preis für die Volksausgabe auf nur 1 Mark festzusetzen, ermöglicht so gut wie allen, die sich für die wahre Natur des ultramontanen Papsttums interessieren, sich das Buch anzuschaffen.

Das Vorwort zur ersten Auflage der großen Ausgabe (Oktober 1900) lasse ich als Geleitwort auch hier folgen:

„Jahrzehntelang hat der Inhalt dieses Werkes mir auf der Seele gebrannt. Viele Jahre hindurch war es ein heimliches Feuer, eine stillglimmende Glut. Mit allen Mitteln, die ein überlieferter, von zartester Kindheit an gehegter und gepflegter Glaube und eine diesem Glauben bis aufs letzte und kleinste Pünktchen entsprechende Erziehung und Gewöhnung mir an die Hand gaben, suchte ich selbst während langer Zeit dies Feuer rücksichtslos zu ersticken. Vergebens! Der immer stärker werdende Luftzug der Wahrheit entfachte die Glut zur Flamme; die Flamme wurde zum lobernden Brande, und unwiderstehlich verzehrte die Feuersbrunst das Gebäude, in dem ich geboren, in dem ich groß geworden, in dem ich vierzig Jahre meines Lebens zugebracht hatte, dessen Grund und Außenmauern, dessen Einrichtung und Ausschmückung Jahrhunderte alt waren. Das uralte System des Ultramontanismus sank um mich her in Schutt und Asche: ein Bollwerk, ein Festungsturm, ein Tor nach dem andern wurde von der Flamme erfaßt. Rettung, Erhaltung gab es nicht.

„Ich stand auf rauchendem Trümmerfeld! Diese Trümmer hatten begraben alles, was mir als Christ und Mensch das Höchste und Heiligste gewesen, für das ich gerungen und gestritten hatte bis aufs Blut und bis zur Selbstvernichtung. Aber auf diesem Trümmerfeld stand ich, wenn auch gebeugt von Leid und Schmerz, als freier Mann, ledig der geistigen Bande, in die ich hineingeboren war, und die ich selbst, im Irrglauben, Gott zu dienen, fester und fester um Verstand und Wille, um Herz und Gemüt mit den Hammerschlägen der Askese zusammengeschmiedet hatte. Ein freier Mann! Das Wort: die Wahrheit wird euch freimachen, hatte sich an mir in schmerzlicher, aber glänzender Weise bewährt. Und der Weg zu dieser Wahrheit war die Geschichte gewesen: Magistra veritatis historia.

„Wunderbare Fügung! In das abgeschlossenste und dunkelste Verließ ultramontaner Geistesknechtschaft, in meine Zugehörigkeit zum Jesuitenorden, waren die Strahlen des Lichtes und der Wahrheit

---

Anmerkung. Eine Volksausgabe des 2. Bandes ist zurzeit nicht geplant.

gedrungen. Der Jesuitenorden, der jesuitische Gehorsam, hatte mich auf den Weg gestellt, der zur geistigen Freiheit führte.

„Wohl hatte ich in früher Jugend, auf der Universität, Blicke getan in nicht-ultramontane Wissenschaft, und diese Blicke hatten mir Dinge enthüllt, von denen ich als gläubiger Katholik keine Ahnung hatte, keine haben durfte; sie hatten Gedanken und Erwägungen in mir wach gerufen, die schnurstracks entgegen waren allem, was ich in ultramontaner Erziehung gelernt und zu glauben überkommen hatte. Aber diese Blicke waren nur halbe, nur verstohlene gewesen; religiöse Gründe (s. unten S. 53), die Furcht vor Sünde und Verdammnis, hatten mich abgehalten, mein Auge voll und forschend auf der geschichtlichen Wahrheit ruhen zu lassen. Die Gedanken und Erwägungen, die aus ihnen entstandenen Zweifel und Bedenken dachte ich nicht aus bis ans Ende, ich überdeckte sie mit dem Riesenleichenstein des Autoritätsglaubens der römischen Kirche.

„Jahre verstrichen. Scheinbar unwiderruflich hatte ich mich abgewandt von Aufklärung und Licht: ich war dem Jesuitenorden beigetreten. Dicke Mauern, geistige und steinerne, trennten mich ein volles Jahrzehnt von der Welt; die asketische und wissenschaftliche Ausbildung für die Zwecke des Ordens nahmen Seele und Leib gefangen. Als diese Ausbildung vollendet war, reihte mich der jesuitische Gehorsam ein in die „Schriftsteller" des Ordens und bestimmte mich zur Mitarbeiterschaft an den „Stimmen aus Maria-Laach". Das mir zugewiesene Feld der Tätigkeit war Kirchen- und besonders Papstgeschichte. Ein Aufenthalt in Brüssel, im Hause der Bollandisten, sollte diese Studien fördern. Und in der Tat, dort in der reichhaltigen Bibliothek, die zu freier Benutzung offen stand, wurden meine Studien gefördert: ich lernte die Papstgeschichte in ihrer wahren Gestalt kennen.

„Wie lange es dauerte, wie viele Schwierigkeiten überwunden, wie viele Kämpfe überstanden werden mußten, bis diese Erkenntnis praktische Ergebnisse in mir und außer mir zeitigte, gehört nicht hierher. Ein langer Aufenthalt an der Berliner Universität, wohin mich gleichfalls der jesuitische Gehorsam schickte (ich hörte dort die Vorlesungen von Harnack, Paulssen und Treitschke), eine freie, unüberwachte, eifrige Benutzung der Berliner wissenschaftlichen Hilfsmittel trugen wesentlich dazu bei, diese Ergebnisse zu schnellerer Reife zu bringen. Das ist in Kürze die katholische Entstehungsgeschichte dieses Werkes.

„Selbstverständlich ist es wesentlich polemisch.

„Das Papsttum in seinem Anspruche, eine göttliche, von Christus, dem Stifter des Christentums, herrührende Einrichtung zu sein, ausgestattet mit göttlicher Irrtumslosigkeit (Unfehlbarkeit) in allen Fragen des Glaubens und der Sitte, ist der größte, der verhängnisvollste, der erfolgreichste Irrtum der gesamten Weltgeschichte. Und dieser große Irrtum ist umgeben von Tausenden von Lügen seiner Verteidiger, und dieser Irrtum und diese Lügen streiten für ein Macht- und Herrschaftssystem, für den Ultramontanismus: da ist auch für die Wahrheit nur der Kampf möglich.

„Man sagt vielfach: die Geschichtsschreibung — und mein Buch ist Geschichte — dürfte nicht polemisch sein, sie müsse eine über allen Wolken thronende olympische Ruhe besitzen. Ich bin nicht dieser Ansicht. Auch der Geschichtsschreiber, und gerade er, ist ein Diener der Wahrheit, ein Streiter für die Wahrheit. Wo er die geschichtliche Wahrheit umhüllt findet von Entstellungen und Lügen, da hat er dreinzuschlagen mit dem Schwerte des Wortes. Nirgendwo wird soviel und so systematisch gelogen, als in der ultramontanen Wissenschaft, zumal in der Kirchen- und Papstgeschichte, und nirgendwo sind die Lügen und Entstellungen verderblicher als hier, denn sie sind zu Wesensteilen der katholischen Religion geworden. Nur mit der Schärfe des Messers, mit wahrhaft schneidender Polemik, können und müssen diese Teile aus der Umgebung, in die sie nicht gehören, aus der katholischen Religion, herausgeschnitten werden.

„Ich habe das Papsttum den größten, den verhängnisvollsten, den erfolgreichsten Irrtum der Weltgeschichte genannt; aber ich habe scharf und klar hinzugefügt, in welcher Beziehung es diesen furchtbaren Irrtum darstellt. Als geschichtlich gewordener religiöser Mittelpunkt des katholischen Christentums ist es weder Irrtum noch

Lüge. Als solcher Mittelpunkt hat es ein Recht auf Dasein, Leben und Tätigkeit, und nur die Zeit und die allmählich fortschreitende religiös-christliche Aufklärung werden auch hier Wandel schaffen, d. h. sie werden das Papsttum auch als geschichtlich gewordenen religiösen Mittelpunkt des katholischen Christentums aus seiner Stellung entfernen. Bis dahin ist das Papsttum, wie jede andere geschichtlich gewordene große Einrichtung — und es ist die größte unter allen — mit der ihm gebührenden Achtung zu behandeln.

„Wäre das Papsttum in der Wahrheit geblieben, d. h. innerhalb des Bereiches seiner rein menschlichen Entstehung und Entwickelung, es wäre weder zu jenem großen Irrtume geworden, als welcher es jetzt vor uns steht, noch hätte es jene furchtbaren sozial-kulturellen Verwüstungen erzeugt, deren teilweise Schilderung den Inhalt meines Buches bildet. Aber es machte den Riesenschritt aus der menschlich-irdischen Sphäre in die göttlich-überirdische, und dieser unermeßlichen Höhe, zu der es seine Gestalt aufreckte, entsprach dann die Größe des Schattens und der Finsternis, die es über die Völker und die Lande warf.

„Ist die Behauptung seines göttlichen Seins, seiner göttlichen Führerschaft auf dem Gebiete des Glaubens und der Sitte, der menschlichen Kultur und des menschlichen Fortschrittes nur Unwahrheit oder ist sie zugleich bewußte Lüge? Sind die Päpste mit ihrem Ansprüche, „Statthalter Christi" zu sein, Betrogene oder Betrüger?

„Daß Fälschung und bewußte Lüge vielfach das Handwerkszeug der Päpste bildeten zur Aufrichtung ihrer Macht, lehrt die Geschichte. Dennoch glaube ich, daß die Päpste in ihrer Eigenschaft als „Statthalter Christi" und als „unfehlbare Lehrer" weniger zu den Betrügern als zu den Betrogenen gehören. Langsam, aber stetig wuchs der römische Gemeindevorsteher zum Bischof, zum Primas, zum Papste sich aus. Die Macht des Papsttums, die religiöse wie die weltliche, schwoll an zur ungeheuern Flutwelle, und diese Flut trug die jeweiligen Träger des Papsttums, die Päpste, ihnen selbst fast unbewußt, hinüber über die Grenzen der Menschlichkeit, hinein in die Tiefen der Gottheit. Sie fanden sich plötzlich auf der Spitze des Berges, von dem aus sie die Welt zu ihren Füßen sahen, und in der Stimme: „dies alles will ich dir geben, so du niederfällst und mich anbetest", glaubten sie die Stimme Gottes zu erkennen. Sie vergaßen, daß derjenige, dessen „Stellvertreter" sie zu sein behaupteten, Christus, diese selbe Stimme als die Lockung des Bösen, als den Anreiz zur Gottesverleugnung zurückgewiesen hatte.

„Von solcher Höhe dann freiwillig hinabzusteigen, war allerdings ein Ding der Unmöglichkeit, um so mehr, als die Ansprüche auf Göttlichkeit jahrhundertelang fast unangefochten Anerkennung fanden.

„Doch lassen wir die Untersuchung über die Schuld der Päpste an dem großen Irrtum des „göttlichen" Papsttums. Wir haben es mit der weltgeschichtlichen Tatsache, nicht mit dem Wie ihres Werdens zu tun. Das „göttliche" Papsttum steht vor uns; die Früchte dieses Riesenbaumes, dessen Wurzeln, seiner eigenen Behauptung nach, aus der Gottheit Nahrung ziehen, liegen ausgereift vor unseren Blicken; ihrer Beschaffenheit, ob gut oder schlecht, gilt unsere Arbeit.

„Das „göttliche" Papsttum ist die Grundlage und der Schlußstein des Ultramontanismus; mit ihm steht und fällt er.

„Den Ultramontanismus als unchristliches politisches Machtsystem habe ich an anderer Stelle geschildert (vgl. mein Buch: Der Ultramontanismus, sein Wesen und seine Bekämpfung, 2. Aufl. Berlin, H. Walther); hier zeige ich die Ungöttlichkeit des „göttlichen" Papsttums, seine verwüstende Tätigkeit auf dem Gebiete der Religion und der Sitte.

„Auf besondern Schmuck der Darstellung habe ich mit Absicht verzichtet. Die Tatsachen sollen zu Worte kommen, nicht ich. Und diese Tatsachen verkünden laut: das Papsttum ist nichts weniger als eine göttliche Einrichtung; wie keine zweite Macht der Welt hat es Fluch und Verderben, blutige Greuel und Schändung in das innerste Heiligtum der Menschheit, in die Religion hineingetragen.

„Fast das einzige, jedenfalls das wirksamste Kampfmittel, das wir gegenwärtig gegen den in Macht und Einfluß wie kaum je zuvor dastehenden Ultramontanismus besitzen, ist die Aufklärung über sein Wesen und seine Geschichte. Und an dieser Aufklärung, an echter, zuverlässiger Aufklärung fehlt es in bedauerlichem Grade.

„Unendlich viel wird über und gegen den Ultramontanismus, über und gegen das Papsttum geschrieben und gesprochen, aber das meiste ist teils oberflächlich und seicht, teils — was weit schlimmer ist — unwissend und unwahr. Nicht bloß die Lügen, welche seine Verteidiger über ihn verbreiten, schützen den Ultramontanismus und dienen ihm, sondern auch, und fast noch mehr, schützen ihn und dienen ihm die Unwahrheiten und Entstellungen, die von seinen Gegnern verbreitet werden. Solche haltlose Angriffe geben ihm fort und fort die willkommene Gelegenheit, sich rein zu waschen, der Welt zu verkünden: seht, ich bin nicht so schlecht, wie man mich schildert, ich werde verleumdet.

„Es ist eine tief beklagenswerte Erscheinung, daß zu einer Zeit, wo der ultramontane Riese in alle Gebiete der Politik und Kultur seinen zertretenden Fuß setzt — auch das in China jetzt strömende Blut ist mit sein Werk —, wo er mit seiner „Wissenschaft" die Wahrheit vergewaltigt und alle Geistesgebiete durchseucht, daß gerade in einer solchen Zeit es an geschlossener, an überlegter und überlegender Abwehr ihm gegenüber so gut wie ganz fehlt. Am schlimmsten in dieser Beziehung sieht es gerade dort aus, wo der Kampf gegen die ultramontane Gefahr zum Beruf gehört, wo er mit höchster Energie und zugleich mit höchstem Geschick geführt werden sollte: in den Volksvertretungen und besonders in der preußischen Volksvertretung. Die antiultramontanen Reden, die dort jährlich von stets den gleichen Personen gehalten werden, sind das Papier und die Druckerschwärze, womit man sie vervielfältigt, nicht wert. An Aufklärung über den staats- und kulturfeindlichen Gegner bieten sie nichts. Freilich um Aufklärung verbreiten zu können, muß man selbst Kenntnisse besitzen, und an gründlicher Kenntnis des Ultramontanismus fehlt es den antiultramontanen Abgeordneten. Die „Wissenschaft" des Konversationslexikon, die Verbreitung zusammengelesener und zusammengetragener Geschichtchen, Witze und Mätzchen genügen nicht, solchen Gegner zu bekämpfen.

„Daß man es doch erkennte, daß der Ultramontanismus ein System ist, tief und hoch und breit, fest gefügt, ausgebaut nach allen Seiten; daß man doch endlich diesem System, dem an Größe und Verderblichkeit nichts an die Seite gestellt werden kann, angestrengtes, eindringendes **Studium** widmete! Mit Schlagworten, mit Phrasen ist ihm gegenüber wirklich nichts zu machen und noch weniger mit Verbreitung von Skandalgeschichten und törichten Anekdoten. Nicht Bloßstellung ultramontaner Persönlichkeiten, sondern **Bloßstellung der ultramontanen Grundlagen** ist gegen den Ultramontanismus das allein wirksame Kampfmittel.

„Die antiultramontane Unwissenheit unserer Volksvertretungen setzt sich fort in unseren Regierungen, und auch hier steht, allein schon ihrer Bedeutung wegen, die preußische Regierung an der Spitze. Kein Minister und kein vortragender Rat kennt den Ultramontanismus gründlich. Deshalb — als Mitursachen sind zu nennen Charakterlosigkeit und schaler politischer Opportunismus — das ungeschickte Umhertappen bei Ergreifung antiultramontaner Maßregeln, deshalb die vielen Schlappen, welche Regierung und Volksvertretung dem Ultramontanismus gegenüber sich holen.

„Ein wichtiges Moment kommt hinzu. In törichter Kurzsichtigkeit versäumt es die Regierung, sich im Kampfe gegen den Ultramontanismus bei genauen Kennern dieses gemeingefährlichen Systems Rat und Aufklärung über ihn zu verschaffen. Was umsichtige Männer sonst überall tun, wird hier zu fast unersetzlichem Schaden unseres Volkstums außer acht gelassen.

„Und wie sieht es in bezug auf Verbreitung antiultramontaner Aufklärung aus bei dem größten und mächtigsten Aufklärungsfaktor der Gegenwart, bei der **Presse**? Stellt sie dem großen Gegner von Bildung und Wissenschaft ihren Mann? Nein, auch bei ihr ist der Kampf kein vertiefter, kein grundsätzlicher; auch sie besitzt nicht genügende Kenntnis, auch sie beherrscht das feindliche System nicht; auch sie treibt nur zuviel Gelegenheitskampf und Kleinkrieg; auch sie erkennt nicht den ganzen Umfang der ultramontanen Gefahr.

„Ein schlagendes Beispiel dafür bietet die Lex-Heinze-Bewegung. Als der Ultramontanismus durch die Lex Heinze der Wissenschaft und Kunst die Adern unterbinden wollte, da schrie die

Presse auf, und Blätter, die sonst jede Warnung vor der ultramontanen Gefahr als „konfessionelle Hetze" bezeichnen, flossen über von Artikeln gegen Ultramontanismus und Pfaffenherrschaft. Sehr gut und sehr richtig! Hier war in der Tat Ultramontanismus und Pfaffenherrschaft, aber die geplante Lex Heinze war nur ein Symptom, nur ein vorgestreckter Fangarm des ultramontanen Umklammerungssystems. Mit der Abschwächung der Lex Heinze ist dieses eine Symptom, dieser eine Fangarm beseitigt, das System selbst mit seinen tausend anderen Fangarmen, die es überallhin ausstreckt, ist geblieben.

„Diese Erkenntnis von der systematischen Umklammerungsgefahr ist der Presse abhanden gekommen; sie ruft zum Sturm, wenn der Ultramontanismus einmal besonders anmaßlich hervortritt, wenn ihre eigenen Interessen — das war bei der Lex Heinze der Fall — besonders stark bedroht sind, aber die stille, beharrliche, beständige, systematische Minierarbeit des Ultramontanismus läßt sie außer acht. Sie hat das treffende Wort eines von ihr mit Recht hochgestellten Mannes vergessen. Als Birchow im Jahre 1876 das Wort „Kulturkampf" prägte, gab er die Erläuterung: „Es handelt sich nicht um einen religiösen, nicht um einen konfessionellen Kampf, es handelt sich um einen höhern, die ganze Kultur betreffenden Kampf, der von diesem Standpunkte aus weiter zu führen ist" (Wahlrede zu Magdeburg am 16. Oktober 1876).

„Nur innerhalb der eigentlichen Wissenschaft, in ihren Erzeugnissen sei es auf geschichtlichem, juristischem, philosophischem, oder theologischem Gebiete ist noch die Kenntnis des Ultramontanismus und seine Bekämpfung zu finden. Doch auch hier gibt es ein aber: Auch hier fehlt es an systematischer, organisierter, konzentrischer Bekämpfung. Wo die moderne Wissenschaft und Aufklärung auf ihren Wegen zufällig mit dem Ultramontanismus zusammentrifft, da holt sie zum Schlage gegen ihn aus, setzt dann aber ihren Weg fort, ohne dem Gegner weitere Beachtung zu schenken. Sie unterläßt es — und das ist eine arge Unterlassungssünde — die ultramontane Geschichte, die ultramontane Jurisprudenz, die ultramontane Philosophie, die ultramontane Theologie, die ultramontane Kunst, die ultramontane Literatur als solche und ex professo anzugreifen und sie in ihrer Unwissenschaftlichkeit, Lügenhaftigkeit und Kulturfeindlichkeit bloßzustellen. Nur wenn das geschieht, nur wenn die Wissenschaft den planmäßigen, umfassenden Kampf gegen den Ultramontanismus aufnimmt, ist Aussicht vorhanden, diesen Kampf zu einem für Politik und Religion, für Kultur und Fortschritt, für Familie und Staat segensreichen Ende zu führen."

Groß-Lichterfelde b. Berlin.

Graf von Hoensbroech.

Inhaltsverzeichnis.

Einleitung:

Das Papsttum und seine sozial-kulturelle Stellung . . . . 1— 6

Erstes Buch.

Papsttum und Inquisition . . . . . . 7—65
- I. Allgemeines 7
- II. Zur Geschichte und vom Wesen der Inquisition . . . . . . 8—12
- III. Handbücher der Inquisition . 12—23
  1. Die Practica des Guidonis . . . 13—14
  2. Das Directorium Inquisitorum des Eymeric . . . . . . 14—20
  3. Der Tractatus de Officio s. Inquisitionis des Carena . . . . 20—21
  4. Die Resolutiones morales des Diana . . . . 21—22
  5. Ein Inquisitionshandbuch des Franziskanerordens . . . . . 22—23
  6. Das Sacro Arsenale des Thomas Menghini 23
- IV. Die spanische Inquisition . . . 23—27
- V. Die römische Inquisition . . . . 27—28
- VI. Opfer der Inquisition . . . . . 28—53
  1. Frankreich . . . . 28—33
  2. Niederlande . . . . 33—35
  3. Deutschland . . . . 35—42
     a. Vereinzelte Angaben über Ketzerverbrennungen in verschiedenen Teilen Deutschlands . . 35—37
     b. Straßburg 37
     c. Die Stedinger . . . . 38—40
     d. Konrad von Marburg . . . . 40—42
  4. Rom . . . . 42—45
  5. Spanien . . . . 45—53
- VII. Papsttum und Todesstrafe . . 53—63
- VIII. Mordanschlag Pius V. auf Elisabeth v. England; Gregor XIII. und die Bartholomäusnacht . . 63—65

Zweites Buch.

Papsttum und Aberglaube . . . . . 66—115
- I. Allgemeines . . . . 66— 67
- II. Der Teufel . . . . 67— 84
  Einleitendes . . . . 67— 68
  1. Das Rituale Romanum . . . . . 68— 69
  2. Die Päpste Gregor IX., Johann XXII., Eugen IV., Innozens VIII. . . . . 69— 71
  3. Thomas von Aquin . . . . 71— 72
  4. Alphons von Liguori . . . . . . 72— 74
  5. Caesarius von Heisterbach . . . 74— 75
  6. Der Franziskanertheologe Brognoli . . . . 75— 77
  7. Joseph von Görres . . . . 77— 81
  8. Professor Bautz . . . . 81— 83
  9. Jesuiten 83
  10. Der Franziskaner Ignatius Zeiler („Die selige Crescentia Höß") und der Redemptorist E. Schmöger („Die selige Katharina Emmerich") . . . . 83— 84
- III. Aberglaube im allgemeinen . 84—115
  1. Allgemeines und verschiedene Tatsachen . . . . 84— 86
  2. Ablaßunwesen . . . . 86— 91
  3. Erbauungsbücher und religiöse Zeitschriften . . . . 91— 98
  4. Der Jesuitenorden als Verbreiter des Aberglaubens . . . . . . 98—101
  5. Der Taxil-Vaughan-Schwindel . 101—115

Drittes Buch.

Papsttum und Hexenunwesen . . . 116—166
- I. Allgemeines . . . . 116—117
- II. Hexenliteratur . . . . 117—139
  1. Die Bullen Vox in Rama (1233) und Summis desiderantes (1484) 117—119
  2. Der „Hexenhammer" . . . . . . 119—128
  3. Die Disquisitiones magicae des Jesuiten Delrio . . . . 128—137
  4. Der Tractatus de confessionibus maleficorum et sagarum des Weihbischofs Binsfeld . . . . 137—139

III. Die Stellung des Jesuiten-
ordens zum Hexenwahn. Die
Jesuiten Valentia, Tanner,
Laymann, Bellarmin, Drexel,
Scherer, Contzen, Macherentius,
Stengel, Gaar, Mundbrot,
Sacchini, Reiffenberg, Löper . 139—145

IV. Opfer des Hexenwahns . . . . 145—159
   Vorbemerkung 145
   1. Rom . . . . 145—146
   2. Frankreich . . . . 146—148
   3. Spanien . . . . 148—149
   4. Deutschland . . . . 149—159
      a. Tirol 149
      b. Salzburg, Elsaß, Lothringen,
        Breisgau . . . . 149—150
      c. Bayern . . . . 150—153
      d. Die Bistümer: Paderborn,
        Münster, Fulda, Breslau, Ol-
        mütz, Cöln, Trier, Mainz,
        Bamberg, Würzburg . 153—158
      e. Der letzte Hexenbrand in
        Deutschland 159

V. Hexenwahn und römische Kirche 159—166

Viertes Buch.

Die Verantwortlichkeit des Papsttums 167—180

  I. Ein Rückblick . . . . 167—169

  II. Die juristische Stellung des
    Papsttums innerhalb der katho-
    lischen Kirche . . . . 169—170

  III. Päpstliche Verantwortlichkeit
     für die Inquisition . . . . . 170—171
     1. Verantwortlichkeit für die Taten
       der Inquisition 170
     2. Verantwortlichkeit für die Lehren
       der Inquisition 171

  IV. Päpstliche Verantwortlichkeit
     für Aberglauben und Hexen-
     wahn 171
     1. Verantwortlichkeit für die Taten
       des Hexenwahns 171
     2. Verantwortlichkeit für die Lehren
       des Hexenwahns 171

  V. Zusammenfassung des Ganzen 171—180

Einleitung.

Das Papsttum und seine sozial-kulturelle Stellung.

Unter allen Mächten, die im Laufe der Zeiten entstanden sind, ist das Papsttum zweifellos eine der bedeutendsten, wohl die bedeutendste Macht.

Das Papsttum ist eine Weltmacht im eigentlichen Sinne des Wortes; aber ungleich den übrigen Weltmächten; ungleich, d. h. sie überragend um Bergeshöhe.

Diese überragende Ungleichheit liegt in der längern Dauer seines Bestehens — seit 1400 Jahren steht es im Vordergrund der Weltgeschehnisse —, sie liegt in seiner Natur und in der Art seiner Machtmittel.

Wesen und Machtmittel des Papsttums tragen den Stempel der Religion. Sie treten mit dem Anspruche auf, geistlich-überirdisch, göttlich zu sein, und seit anderthalb Jahrtausenden glauben ungezählte Millionen — die Katholiken — an die Echtheit dieses Anspruches. Für sie ist das Papsttum nach Ursprung, nach Ziel und nach Mitteln wesentlich eine unmittelbar göttliche Einrichtung.

Jesus Christus, der menschgewordene Sohn Gottes, selbst wahrer Gott vom wahren Gott, hat während seines irdischen Daseins in Petrus dem Apostel das Papsttum gegründet und ihm ewige Lebensdauer verliehen.

Der Papst ist Christi Stellvertreter; das Papsttum ist die lebendige Fortsetzung des göttlichen Werkes Christi.

In diesen Gedanken liegt etwas ungeheures. Wer ihnen als Wahrheit anhängt, wird einerseits niedergeworfen von der erdrückenden Majestät dieser überweltlichen Macht, die aus den Tiefen der ewigen, unwandelbaren Gottheit hineinragt in die Flüchtigkeit und Vergänglichkeit irdischen Seins; er wird andererseits emporgehoben in glühender Hingabe und opferfreudiger Begeisterung für solche Hinterlassenschaft des Mensch gewordenen Gottes, in der die göttliche Güte, die göttliche Macht und die göttliche Größe verkörpert durch die Jahrhunderte schreiten.

Das ist die Stimmung des gläubigen Katholiken in bezug auf das Papsttum.

Mit der geschichtlichen Wahrheit über das Papsttum hat diese Stimmung allerdings nichts zu tun, aber sie selbst, diese Stimmung, steht da als geschichtliche Wahrheit, und ihr muß bei Beurteilung des Papsttums Rechnung getragen werden.

Diese Auffassung ist der innerste Erklärungsgrund für die ungeheure Machtausdehnung, die das Papsttum erlangt hat. Äußere Umstände haben das Sich-Auswachsen des Papsttums als irdisch-weltliche Macht begünstigt, gewiß, aber die Wurzeln, aus denen auch diese Seite des Papsttums stets und immer wieder aufs neue Leben und Kraft zieht, liegen in der Religion, und zwar in der Religion im eigentlichen Sinne des Wortes.

Denn der Katholizismus, befreit vom Ultramontanismus, ist auch Religion, ist auch Christentum; wenngleich gewiß nicht die Religion und nicht das Christentum. In diesem religiösen Katholizismus wurzelt das Papsttum, es gehört zu ihm seiner eigenen religiösen Seite nach.

Meine Absicht ist nicht, diese Wahrheiten eingehend geschichtlich zu beweisen; ausgesprochen werden mußten sie aber, um meine Stellung und Auffassung gleich im Anfang klar hervortreten zu lassen.

Eine so gewaltige Macht wie das Papsttum, mit seiner weit über ein Jahrtausend hinausreichenden Dauer, ist selbstverständlich von ungeheurem Einfluß geworden auf die äußere und innere Entwickelung des Menschengeschlechtes; d. h. die sozial-kulturelle Bedeutung des Papsttums ist unermeßlich.

Wichtige, tiefgreifende Wirkungen dieser sozial-kulturellen Tätigkeit des Papsttums wird mein Buch vorführen. Es wird dadurch einen Beitrag liefern zur Sozial- und Kulturgeschichte; allein sein eigentlicher Zweck liegt nicht auf sozial-kulturellem, sondern auf dogmatisch-religiösem Gebiete. Es soll dartun, daß der Anspruch des Papsttums, eine göttliche Einrichtung zu sein, nichtig ist.

Gegen das Papsttum ist ungeheuer viel geschrieben worden: dickleibige Folianten und flatternde Flugblätter. Fast ausnahmslos wird in ihnen der Kampf mit dogmatischen Waffen geführt: die Schriftwidrigkeit des Papsttums wird bewiesen.

Ich glaube nicht, daß dieser Weg jemals zum Ziele führt. Allerdings besteht die Schriftwidrigkeit. Christus hat weder durch die Worte: Du bist Petrus usw., noch durch die anderen: Weide meine Lämmer, weide meine Schafe, das Papsttum, oder irgendeinen andern leitenden und herrschenden Mittelpunkt für seine Religion eingesetzt; schon deshalb nicht, weil die Religion Jesu Christi überhaupt keine Kirche im Sinne straffer, gesellschaftlicher Gliederung sein sollte. Die Art des äußern Zusammenschlusses der an ihn Glaubenden und ihm Folgenden hat Christus nicht bestimmt; sie ist, entsprechend der wesentlich subjektiv-individuellen Natur jeder menschenwürdigen Religion, auch bei der erhabensten Religion, beim Christentum, in die freie Entschließung der einzelnen gestellt. Aber zugestanden muß werden, daß die Verfechter der göttlichen Einsetzung einer mechanisch-organischen Gliederung der christlichen Religion — die Anhänger und Verteidiger des Papsttums — an den eben erwähnten Worten Christi, erfaßt in ihrem oberflächlichen Sinne, scheinbar mächtige Anhaltspunkte haben; besonders wenn diese Worte in Verbindung mit manchen Tatsachen der geschichtlichen Überlieferung betrachtet werden.

Sehr früh nämlich, spätestens in der ersten Hälfte des dritten Jahrhunderts, begann der Vorsteher der christlichen Gemeinde Roms die Stellung eines Mittel- und Höhepunktes unter den übrigen Christengemeinden einzunehmen. Von Jahrhundert zu Jahrhundert erweiterte und erstarkte diese Stellung des römischen Bischofs, bis sie endlich, nach vielen Kämpfen und Ringen, zum Papsttum wurde.

Diese Entwickelung des römischen Bischofs zum Papste beruht weder auf göttlichem Willen, noch auf der sogenannten Nachfolgeschaft Petri, die, auch wenn Petrus jemals in Rom war, biblisch und geschichtlich eine haltlose Unterstellung ist. Sie beruht in ihrem tiefsten Grunde auf der zentralen und überragenden Stellung des kaiserlichen Rom. Diese überlieferte, politische Weltstellung Roms ist von den römischen Gemeindevorstehern, unterstützt durch glückliche äußere Umstände, zum allmählichen Ausbau des Papsttumes klug ausgenutzt worden. Alles in diesem Werdegang ist menschlich, nichts in ihm ist göttlich. Aber die Tatsache des sehr frühen Emporkommens des Papsttums besteht, und es ist nicht allzuschwer, von dieser Tatsache aus eine Brücke zu schlagen zu den Schriftworten: Du bist Petrus, und: Weide meine Schafe. Um so leichter ist dies, als viele angesehene, den ersten christlichen Jahrhunderten angehörige Kirchenschriftsteller durch ihre Aussprüche Bausteine zu dieser Brücke geliefert haben. So vereinigen sich für den Katholiken „Schrift und Überlieferung" (scriptura et traditio) zum dogmatischen Beweise der Göttlichkeit des Papsttums.

Gegen diese Stellung ist der Kampf ein mühevoller, end- und aussichtsloser. Ausflucht über Ausflucht, Winkel- und Gegenzüge sind da möglich, und vor allem: diesem Frontangriff steht, fast uneinnehmbar, das Bollwerk der göttlichen Autorität der Kirche entgegen.

Man hat in nicht-katholischen Kreisen keine Vorstellung von der Macht und Bedeutung dieser „göttlichen Autorität". Sie ist dem gläubigen Katholiken buchstäblich alles. Das Schriftwort: „Wer die Kirche nicht hört, der sei dir wie ein Heide und öffentlicher Sünder", wirkt sich — im buchstäblichen Mißverstand — innerhalb der katholischen Kirche fort und fort zur Tatsache aus. Was „die unfehlbare Kirche" lehrt, ist Wahrheit; ihr steht unumschränkt die Auslegung der Schrift zu; sie kann in ihrer Lehrtätigkeit nicht irren. Diese Sätze sind nicht etwa nur Lehrsätze, theoretische Axiome; sie sind Wirklichkeit und Leben, sie sind übergegangen in Fleisch und Blut des Katholiken. Lange bevor das katholische Kind sie in der Schule, im Religionsunterricht lernt, hat es sie in viel eindringlicherer Weise im Elternhause als Wirklichkeit erlebt. Wenn irgendwo das Wort vom Einsaugen mit der Muttermilch Wahrheit ist, dann trifft es in katholischen Familien zu in bezug auf den Glauben an die Kirche, an das Papsttum.

Ein gänzlich aussichtsloses Unternehmen ist es also, Lehren der Kirche mit dogmatischen Gründen bekämpfen zu wollen. Steht einmal fest — und wie fest steht das in einem katholischen Kopf und in einem katholischen Herzen —, daß jede Schriftauslegung der Kirche Dogma, d. h. unzweifelhafte, absolute, göttliche Wahrheit ist, dann steht mit der gleichen Unerschütterlichkeit auch von vornherein fest, daß jeder dogmatische Gegengrund, jeder dogmatische Angriff gegen den dogmatisierten Sinn eines Schriftwortes Irrtum ist. Die Kirche lehrt, daß Christus mit den bekannten Bibelworten in

Petrus dem Apostel das Papsttum eingesetzt hat, also ist es auch so. Keine Exegese, keine Philologie, keine Archäologie, kurz keine Kritik wird diesem Glauben die Felsenfestigkeit nehmen.

Anders verhält es sich mit der Geschichte. Das bekannte Wort: Magistra veritatis historia, die Geschichte lehrt die Wahrheit, ist mit das tiefste und zugleich machtvollste Wort aus dem gesamten Wahrheitsschatze menschlicher Erkenntnis.

Was göttlich ist, muß göttlich leben, d. h. muß eine göttliche Geschichte haben. Ständen aus dem Leben, aus der Geschichte Christi schwere intellektuelle Irrtümer und moralische Vergehungen fest, seine Göttlichkeit, wie immer man sie verstehen mag, wäre zertrümmert. Der Papst, als Träger des Papsttums, ist der „Stellvertreter Christi", der Fortsetzer seines Werkes, so glaubt der Katholik. Erweist nun die Geschichte, daß das Papsttum als solches (nicht der einzelne Papst in seinem Privatleben) den schwersten intellektuellen Irrtümern mit den unheilvollsten Folgen für die menschliche Kultur und Gesittung jahrhundertelang angehangen und diese Irrtümer mit dem ganzen Gewichte seines ungeheuern Ansehens gefördert hat, so ist es als göttliche Einrichtung gerichtet. Die helle Klarheit der Geschichte hat das mystische Dunkel des Dogmas endgültig besiegt. Der unwahre Anspruch liegt zerschlagen am Boden. Über den felsenfesten, aber blinden Glauben triumphiert der einfache, gesunde Menschenverstand in dem nüchternen Worte, das auch von Christus stammt: „An den Früchten werdet ihr sie erkennen; denn ein guter Baum kann nicht schlechte Früchte hervorbringen."

Einer der beliebtesten Stoffe ultramontaner Geschichtsschreiber und kurialistischer Lobredner ist die soziale und kulturelle Wirksamkeit des Papsttums. Es wird hingestellt als die erste und segensreichste Kulturmacht der Menschheit. Sehr schöne Bücher sind darüber geschrieben worden; religiöse Begeisterung und rhetorischer Schwung haben die Feder geführt. Der Inhalt dieser Bücher und Schriften ist Gemeingut der katholischen Welt geworden: die katholischen Herzen erfreuen sich an den sozialen und kulturellen Großtaten des Papsttums; aus ihrer Betrachtung entsteht neue Liebe, neue Anhänglichkeit. Besonders die neuere Zeit hat in der Verherrlichung des Papsttums nach dieser Richtung Großes geleistet. Stolberg, Friedrich Wilhelm von Schlegel, Hurter, Hettinger, Lingard, Manning, Donoso Cortes, Balmes, Montalembert, de Maistre, Louis Veuillot haben mit ihren glänzenden Geistesgaben viel dazu beigetragen, das ehrfurchtsvolle Staunen vor der sozialen und kulturellen Größe des Papsttums auch in nicht-katholischen Kreisen zu erregen und zu vertiefen.

Und in der Tat, das Papsttum als sozial-kulturelle Großmacht verdient Staunen und Bewunderung. Es ist die älteste aller jetzt bestehenden Kulturmächte; alle übrigen sind ihm gegenüber Kinder; ein gutes Stück ihres Lebens haben sie von ihm. Es hat in die Barbarei und in die sittliche Fäulnis des Heidentums christliche Aufklärung und christliche Reinheit hineingetragen; Wissenschaft und Kunst haben am Papsttum ihren tatkräftigen mächtigen Beschützer und Förderer gefunden. Gewiß, unter Wahrung geschichtlicher Treue kann man auf das Papsttum als sozialen und kulturellen Segensspender eine Lobrede schreiben. Aber ein göttlicher Segensspender ist das Papsttum nicht. Die Geschichte verweist auch das Papsttum unwiderruflich in die Reihe rein menschlicher Einrichtungen. Denn das Papsttum hat, neben seiner guten, segenspendenden Seite eine schlechte und fluchbringende. Den vom Papsttume der Menschheit erwiesenen Wohltaten stehen furchtbare soziale und kulturelle Schäden gegenüber, womit es die Menschheit geschlagen hat. Zum Segen und zum Fluche ist es geworden für die Welt. Diese Doppelwirkung widerstreitet aber unversöhnlich der von ihm beanspruchten göttlichen Natur. Auch nur eine vom Papsttum begangene und festgehaltene wirkliche Irrung auf dem Gebiete der Moral und des Glaubens erweist seinen göttlichen Geburtsschein als Fälschung. Ist aber das Papsttum nicht göttlich, dann ist auch die katholische Kirche nicht göttlich; sie ruht auf dem Papsttum so sehr, daß in gewissem Sinne das Papsttum die Kirche ist. Der Sturz des einen von überirdischer Höhe bedeutet den Sturz der andern.

Ein weiter, fast Schwindel erregender Ausblick! Das Trümmer- und Schuttfeld der römischen Kirche! Sie war, sie ist nicht mehr!

Ich wäre ein Tor, wenn ich glaubte, mit meinem Buche diese Zerstörung zu bewirken.

Die römische Kirche ist eine Macht, breit und gewaltig; nicht Bücher und theoretische Beweise vernichten sie. Und doch sind Bücher und theoretische Beweise im Kampfe gegen das Papsttum von äußerster Wichtigkeit.

Wer bewiesen hat, daß die Eroberung eines mächtigen Reiches auf Unrecht beruht, hat dadurch

1*

die Eroberung selbst noch nicht rückgängig gemacht, hat dadurch nicht schon den ungerechten Eroberer aus seiner Stellung tatsächlich verdrängt. Wohl aber hat er durch den klaren Erweis des Unrechtes allen, die sehen und gerecht sein wollen, die Möglichkeit geboten, sich vom begangenen Unrecht zu überzeugen und auf Grund dieser Überzeugung vom Verüber des Unrechts, vom Usurpator, abzurücken.

Das ist es, was auch ich will. Mein Buch erbringt den geschichtlichen Beweis von der Ungöttlichkeit des Papsttums. Jedem wird durch mein Buch die Möglichkeit geboten, sich von dieser Wahrheit zu überzeugen. Aus dieser Überzeugung entspringt die Pflicht, den als irrig erkannten Glauben an die Göttlichkeit des Papsttums fallen zu lassen. Alles übrige findet sich dann, wenn auch langsam, von selbst. Die Überzeugung wird Boden gewinnen, der Abfall wird sich mehren, und dieser, zunächst auf geistlich-religiösem Gebiete sich vollziehende Vorgang wird seine Wirkungen üben auch auf die äußere Machtstellung des Papsttums. Denn, wie schon gesagt, auch nach seiner irdisch-materiellen Seite hin fußt das Papsttum auf geistlich-religiösen Kräften, auf dem religiösen Glauben der Katholiken an seine Göttlichkeit.

In flüchtigen Strichen habe ich die Umrisse dieses Glaubens schon gezeichnet; aber das Bild muß vervollständigt werden. Für den Rückschluß von der sozial-kulturellen Tätigkeit des Papsttums auf die Nichtigkeit seines göttlichen Anspruches ist es notwendig, diese angemaßt göttliche Stellung genau, von allen Seiten kennen zu lernen. Nur wenn diese Stellung in ihrer wahrhaft ungeheuern Größe klar erkannt ist, werden die kulturellen und sozialen Verfehlungen des Papsttums mit ihrem vollen Gewichte gegen diese Stellung in die Wagschale fallen.

Was also glaubt der Katholik vom Papsttum, was ist über das Papsttum Lehre der katholischen Kirche[1]?

Entworfen wurde der Plan zum Papsttum an den Gestaden des Sees Tiberias, als der Gott-Mensch Jesus Christus zu Petrus die Worte sprach: „Und ich sage dir: du bist Petrus und auf diesen Felsen will ich meine Kirche bauen" (Matth. 16, 18); zur Ausführung kam der Plan, als der auferstandene Christus die anderen Worte an Petrus richtete: „Weide meine Lämmer, weide meine Schafe (Joh. 21, 15).

Christus war wesenhaft Gott; göttlich-allwissender Verstand und göttlich-allmächtiger Wille standen ihm zur Verfügung. Mit diesen beiden Eigenschaften plante und vollführte er, als absoluter Herr und Schöpfer der Menschen, den Bau seiner immerwährenden Kirche und als Fundament dieses Weltzeit und Erdenraum überspannenden Baues bestimmte und setzte er ein Petrus und dessen Nachfolger, die römischen Päpste.

Christi Kirche sollte nicht sein ein toter, sondern ein lebendiger Bau, wesentlich bestehend aus Unterweisung und Lehre einer-, aus Unterwerfung und Folgsamkeit anderseits. Deshalb ist auch sein Fundament kein lebloses, sondern wesentlich ein lebendiger Hirte, ein lebendiger Lehrer: der Nachfolger Petri, der Papst.

Christi Kirche ist die große, göttliche, alle Völker alle Zeiten, alle Verhältnisse umfassende Heilsanstalt, mit der Bestimmung, das Menschengeschlecht in sich aufzunehmen und es hindurchzuführen durch diese Zeitlichkeit zu seinem ewigen Ziele.

Dieser Bestimmung gemäß muß das Licht, das in dieser Kirche leuchtet, ein wahrhaft göttliches sein; es muß mit untrüglicher Klarheit den irdischen Weg der Menschheit und des einzelnen erleuchten, damit die Menschen, von diesem Lichte geführt, Irrungen des Verstandes und Herzens vermeiden und nicht abgebracht werden von der Richtung, die zum jenseitigen Ziele führt.

Christi Kirche ist recht eigentlich Leuchtturm, hineingestellt in das brandende und flutende, stürmende und gefahrvolle Meer der Zeitlichkeit. Auf seinen Wogen schwanken die Schifflein der Menschenleben; sie alle suchen den Hafen, aber tausend Fährnisse hemmen und gefährden die Fahrt. Sie zu überwinden, strahlt das Licht der Kirche in unveränderlicher Reinheit; wer seinem Scheine folgt, wird, trotz Wetter und Sturm, trotz Finsternis und Nacht, gerettet.

Christi Kirche ist die unfehlbare Schule der Gesittung und Kultur. Das gehört wesentlich zu ihrer göttlichen Aufgabe. Die unwandelbaren, göttlich-wahren Lehren des Christentums, deren Hütung und Ausbreitung Christus der Kirche anvertraut hat, sind zugleich Wegweiser und Bahnbrecher auf sozial-kulturellem Gebiete in der weitesten Bedeutung dieses Begriffes.

Aus der religiösen und sittlichen Nacht des Heidentums und der Barbarei soll die Kirche die Menschheit emporführen zu den Höhen christlich-religiösen

---

[1] Ich betone nochmals, daß die Ausführungen über Papsttum und Kirche den Standpunkt des Katholiken wiedergeben. Von diesem Standpunkte aus muß das Papsttum angegriffen und besiegt werden.

Erkennens und christlich-ethischen Handelns. Dies Emporführen braucht nicht auf einmal zu geschehen; es kann und wird bei diesem Aufstieg Stillstände und Rückschritte geben, aber diese Hemmnisse und Irrungen gehen nicht von der Kirche aus, sie haben lediglich in der Schwäche, Unzulänglichkeit oder Verderbtheit der von ihr geführten Menschen ihren Grund. Denn die Kirche ist die göttliche, unfehlbare Lehrmeisterin. Von der Stunde ihrer Geburt an, am ersten Pfingstfeste zu Jerusalem, wurde sie von ihrem göttlichen Stifter ausgestattet mit dem **ganzen** Schatze sittlicher und religiöser Wahrheiten, mit der **ganzen** Erkenntnis alles dessen, was zur sozial-kulturellen Hebung der Menschheit auf christlicher Grundlage notwendig und nützlich ist. Und wenn dieser ganze Schatz und diese ganze Erkenntnis nicht **jedem** Volke und nicht **jedem** Menschen ganz zugute kommen, so liegt dies am Empfänger der göttlichen Gaben, nicht an der Spenderin. Ihr göttlicher Charakter schließt es aus, wie das Licht die Finsternis ausschließt, daß jemals und irgendwo von der Kirche ein religiöser oder ein sittlicher Irrtum gelehrt werde, daß jemals von der Kirche Dinge, Lehren oder Zustände geduldet, geschweige denn gefördert werden, die dem christlich-geläuterten Begriffe von Religion und Sittlichkeit widersprechen, die die Menschen statt hinauf, sozial-kulturell hinab führen.

Die Kirche Christi ist nicht nur **eine** Kulturmacht ersten Ranges, sie ist schlechthin **die** Kulturmacht. Wahre Kultur, die wahr und echt ist im Größten wie im Kleinsten, gibt es nur innerhalb der Kirche, wie auch nur in ihr wahres soziales Heil für alle Klassen und Stände zu finden ist.

Das von Christus gestiftete „Reich Gottes" findet seine Vollendung im Jenseits; dort im „Himmelreich" wird sozial und kulturell ein absolut vollkommener Zustand herrschen, dort wird die Menschheit auf ihrem Höhepunkte gesellschaftlicher und sittlicher Vollkommenheit angelangt sein. Das irdische Wallen ist hierzu der Aufstieg, und die Kirche ist dabei die Führerin. Alle menschlichen Verhältnisse: Familie, Gemeinde, Staat müssen nach Christi Plan und Willen so eingerichtet sein, daß sie der Vollendung im Jenseits im Diesseits die Wege bereiten. Nichts darf es im Diesseits in sozialer und kultureller Beziehung geben, was der Erreichung des ewigen Zieles hinderlich ist. Darüber zu wachen, und gegebenen Falles mit unfehlbarer Sicherheit zu erklären, ob etwas hindert und wie es hindert, ist Aufgabe der Kirche.

Deshalb hat Christus, d. h. Gott, die Kirche zur alleinigen absolut souveränen Macht erhoben; deshalb gibt es innerhalb der Christenheit buchstäblich kein menschliches Verhältnis, buchstäblich keine soziale Gliederung, buchstäblich keine kulturelle Kraft, die nicht der Oberaufsicht und der Oberleitung der Kirche unterstehen. Elternhaus, Schule, Gemeinde, Staat, Kunst, Wissenschaft, Presse, Handel, Verkehr: alles ist zum mindesten mittelbar („indirekt") der wahren und wirklichen Herrschaft der Kirche unterworfen.

Sagt die Kirche, daß irgend etwas in den genannten Verbänden und Faktoren den christlichen Grundsätzen widerstreitet, ihr Sich-Auswirken nach allen Richtungen hin hemmt, so ist es so, und für den Gemahnten entsteht die sittlich-religiös unabweisliche Pflicht, die von der Kirche gewollte Änderung herbeizuführen, mag diese Änderung nun betreffen die Erziehung der Kinder oder die Verfassung des mächtigsten Staates, den Inhalt eines A-B-C-Buches oder die Vorlesungen eines Hochschullehrers, die Anordnungen eines Familienoberhauptes, oder die Paragraphen staatlicher Gesetzbücher, die Geschäftspraktiken eines Kleinkrämers oder die Üsancen der Börse, die letztwilligen Bestimmungen eines einzelnen oder die Rechtsprechung des höchsten Gerichtshofs, den Zwist zwischen Ehegatten oder den Krieg zwischen Weltmächten.

Das ist die Macht der Kirche, die Gott ihr gegeben hat. Wie und durch wen äußert sich nun diese Macht?

Gott, Christus, hat die Kirche gestiftet als eine vollkommene Gesellschaft in monarchischer Form, d. h. Christus hat der Kirche eine oberste Spitze, ein höchstes Haupt gegeben, das zugleich ihre Grundlage ist. In diesem Haupte vereinigen sich alle Gewalten der Kirche, von ihm werden sie ausgeübt. Unsichtbar ist Christus selbst das Haupt; sichtbar ist es sein „Statthalter": Petrus und seine Nachfolger, der römische Bischof, der Papst: „Du bist Petrus, und auf diesen Felsen will ich meine Kirche bauen"; „Weide meine Lämmer, weide meine Schafe."

Auf dieser schwindelnden Höhe steht also das Papsttum, steht als sein Träger jeder einzelne Papst. Wohl ist der Papst ein Mensch, aber ein Mensch ganz göttlichen Berufes, ganz göttlicher Gewalt; auf göttlichem Grunde ruht sein Fuß, in göttliches Licht ragt sein Haupt. Denn alles, was theoretisch von der Kirche gesagt ist, gilt konkret vom Papst.

Das Papsttum ist der unfehlbare Lehrer, das Papsttum ist der klar und rein strahlende Leuchtturm, das Papsttum ist die gewaltige, einzig dastehende Kulturmacht.

In lapidarer Kürze drückt das kanonische Recht die Stellung des Papstes aus: „Der Römische Papst nimmt nicht die Stellung eines bloßen Menschen, sondern die des wahrhaftigen Gottes auf dieser Welt ein". Also der Gott-Papst, der Papst-Gott!

Wie der menschgewordene Gott aus sich und wesenhaft Führer des ganzen Menschengeschlechtes war, so hat, in Christi Auftrag und Vertretung, diese Führerschaft auch der Papst. Wie der menschgewordene Gott aus sich und wesenhaft Quelle und Bringer aller religiösen und sittlichen Wahrheit ist, so ist auch der Papst, in Christi Auftrag und Vertretung, Hüter und Ausspender dieser Wahrheit. Wie der menschgewordene Gott aus sich und wesenhaft Unfehlbarkeit besitzt, so besitzt, in Christi Auftrag und Vertretung, diese Unfehlbarkeit auch der Papst.

Das ist der Inhalt der katholischen Lehre vom Papsttum. Stehend auf dieser Lehre schreiben in den verschiedensten Wendungen die katholischen Dogmatiker aller Zeiten und aller Länder: „Es gibt keine Institution der Welt, die auch nur entfernt eine derartige Bedeutung hätte wie das Papsttum."

Nein wahrlich nicht, denn es gibt keine Institution, die, wie das Papsttum, Göttlichkeit von sich aussagt.

Dieses Dogma vom Papsttum muß durch die Geschichte des Papsttums zerstört werden.

Die Geschichte des Papsttums ist ungeheuer; seit fast zweitausend Jahren ist sie aufs engste verbunden mit der Geschichte und den Geschicken aller Völker und aller Staaten Europas. Selbstverständlich habe ich es nicht unternommen, die Papstgeschichte in diesem ihrem ganzen Umfange zu behandeln. Nur einen Teil, aber einen wesentlichen führe ich in Einzeldarstellungen vor.

Wenn irgendwo, dann muß sich die göttlich-segensreiche Tätigkeit des Papsttums auf sozial-kulturellem Gebiete erweisen. Das Papsttum ist ja die göttliche Kulturmacht, ausgestattet mit unfehlbarer Kenntnis der unwandelbar richtigen, göttlichen Grundsätze über Recht und Unrecht, über Sittlichkeit und Unsittlichkeit, über ethische Wahrheit und ethischen Irrtum, kurz über all das, worauf Kultur und Gesittung in ihren letzten Grundlagen beruhen.

Ein Bild der vom Papsttum in Lehre und Tun verbreiteten christlichen Kultur und sozialen Tätigkeit entwirft mein Buch. Neben diesem Bilde werden die auf Göttlichkeit gerichteten Ansprüche des Papsttums zum Irrtum und zur Lüge.

Erstes Buch.

Papsttum und Inquisition.

I. Allgemeines.

Das Christentum als die vom wahren Gott stammende wahre Religion schließt Zwang und Gewaltmaßregeln aus. Es ist wesentlich eine Religion der Freiheit; ein freier Dienst, den der mit Freiheit begabte Mensch frei seinem Gotte leistet.

Auf dem Standpunkte religiöser Zwanglosigkeit und voller religiöser Freiheit standen die ersten christlichen Jahrhunderte.

Wer die Inquisition richtig verstehen, d. h. wer sie im richtigen Lichte schauen will, muß die christlich-religiöse Freiheit sich vor Augen halten.

Was ist die Inquisition?

Ehe ich die Geschichte antworten lasse, führe ich die Antwort an, die der Ultramontanismus gibt.

Am 2. März 1896 erklärte der Zentrumsabgeordnete Freiherr Felix von Loe im preußischen Abgeordnetenhause: „Meine Herren! Die eine, die spanische Inquisition, war gerichtet gegen die verkappten Mauren und Juden, die als Christen sich gerierten, aber im Herzen noch teils Mauren, namentlich teils Juden waren. Das war eine staatliche Institution, welche staatlich handelte und staatliche, materielle Strafen an Leib und Gut verhängte. Diese Inquisition, meine Herren, ist von der katholischen Kirche nie gebilligt worden, sondern mißbilligt worden. Eine andere Inquisition, meine Herren, ist diejenige, welche die Päpste ins Leben gerufen haben in Rom. Der Kirche und vornehmlich dem Papste als Oberhaupt der Kirche liegt die Aufgabe ob, den ihr von Christus anvertrauten Glaubensschatz, den Schatz der Wahrheiten, den Christus ihr anvertraut hat, treu zu hüten, und deshalb haben Papst und Kirche die Aufgabe, die Erscheinungen im Leben nach allen Richtungen hin zu beobachten, und damit das geschehe, haben die Päpste eine Inquisition ins Leben gerufen, welche aber nicht mit leiblichen Strafen, mit Strafen an Geld und Gut verfährt, sondern höchstens kirchliche, geistliche Zensuren verhängt."

Diese Worte enthalten das, was in den ultramontanen Kreisen jeder Gattung von der Inquisition geglaubt wird. In diesem wie in anderen Punkten ist es der ultramontanen Geschichtsfälschung gelungen, die Wahrheit durch die Unwahrheit vollständig zu verdrängen. So festen Fuß hat die Unwahrheit gefaßt, daß sie von den Katholiken optima fide nachgesprochen und verteidigt, und selbst von Nichtkatholiken geglaubt wird.

Buchstäblich nichts in den Worten des Zentrumsredners entspricht der Tatsächlichkeit.

Das „Glaubensgericht" der Inquisition ist die furchtbarste und blutigste Erscheinung, die jemals als System unter dem Deckmantel von Religion innerhalb der christlichen Welt aufgetreten ist. Das von ihr stromweise vergossene Menschenblut fällt ganz und ausschließlich dem Papsttume zur Last, bis zu dem Grade, daß es genau der geschichtlichen Wahrheit entspricht, zu sagen: die „Statthalter Christi" haben jahrhundertelang an der Spitze eines Mord- und Raubsystems gestanden, das schlimmer als irgendein Krieg Verwüstung und Elend unter den blühendsten Völkern verbreitet und den christlichen Namen unerhört geschändet hat.

Es gibt nur eine Inquisition, die päpstliche. Man spricht von einer bischöflichen und von einer mönchischen, von einer römischen und von einer spanischen Inquisition, und diese Benennungen haben ihre Berechtigung, insofern man die unmittelbaren Werkzeuge oder den unmittelbaren Schauplatz ihrer Tätigkeit ins Auge faßt. Handelt es sich aber um das Wesen der Inquisition, um ihren Urheber und um denjenigen, der die Verantwortung für sie trägt, so kann man der Wahrheit gemäß nur von der päpstlichen Inquisition sprechen.

II. Zur Geschichte und vom Wesen der Inquisition.

Die Geschichte der Inquisition läßt sich in fünf große Abschnitte zerlegen.

Die Hütung des Glaubensschatzes, des depositum fidei, die Überwachung der Rechtgläubigkeit des einzelnen hatten in den ersten Jahrhunderten kein bestimmtes Organ; sie waren der Gesamtheit anvertraut. Mit der Entwickelung und dem Fortschreiten der hierarchischen Gliederung wurde das anders. Klerus, Bischöfe und Papst heißen die Stufen dieses Hochbaues, und mit dem Auf- und Ausbau dieser Stufen ging die Gestaltung eines eigentlichen „Glaubensgerichts" Hand in Hand. Die Bischöfe wurden „Glaubensrichter", der Papst Oberrichter. Mit Innozens III. (1198—1216) hatte diese Entwickelung den Höhepunkt erreicht: „In Kraft des heiligen Gehorsams, schreibt Innozens in der Dekretale Excommunicamus, wollen, befehlen und verordnen wir, daß die Bischöfe, wenn sie der kanonischen Strafe entgehen wollen, sorgsam in ihren Sprengeln wachen. Wer unter den Bischöfen nachlässig ist in Entfernung des Sauerteiges der ketzerischen Bosheit, soll seines Amtes entsetzt werden."

Der zweite Abschnitt umfaßt die Zeit von Gregor IX. (1227—1241) bis Bonifaz VIII. (1294—1300); die bischöfliche und die mönchische Inquisition beginnen ihr blutiges Werk.

Von Bonifaz VIII. bis Benedikt XI. (1303—1304) reicht der dritte Abschnitt: das Inquisitionssystem wird theoretisch und praktisch ausgestaltet.

Klemens V. (1305—1314) beschließt den vierten Abschnitt: die bischöfliche Inquisition weicht mehr und mehr der mönchischen.

Im fünften Abschnitt von Klemens V. an steht die Inquisition nach allen Seiten, nach innen und außen, vollendet da, ein machtvolles Werkzeug in der Hand eines einzigen, des römischen Papstes.

Ich komme zu einzelnem.

Die Einsetzung der bischöflichen Inquisition fand auf der großen Synode von Toulouse im Jahre 1229 statt. Den Vorsitz führte der päpstliche Legat, Kardinal Romanus. Die Hauptbestimmungen lauten: Die Bischöfe sollen in allen Pfarreien einen Priester und mehrere Laien eidlich verpflichten, nach Ketzern zu forschen und sie dem Bischof anzuzeigen. Die weltlichen Herren sollen die Wohnstätten der Ketzer zerstören. Wer in seinem Gebiete wissentlich Ketzer beläßt, verliert es. Häuser, in denen Ketzer aufgefunden worden sind, sollen von Grund aus zerstört werden. Wer die Ketzerei abschwört, soll in eine rechtgläubige Ortschaft übersiedeln; auf seiner Gewandung hat er zwei farbige Kreuze zu tragen. Wer aus Furcht von der Ketzerei zurückgetreten ist, soll vom Bischof in Haft behalten werden, damit er niemand anstecke. Alle männlichen Personen vom 12. Jahre an und alle weiblichen vom 14. Jahre an müssen schwören, die Ketzer der Obrigkeit anzuzeigen; dieser Eid ist alle zwei Jahre zu erneuern. Wer nicht dreimal jährlich beichtet, gilt als der Ketzerei verdächtig.

Der bischöflichen Inquisition folgte sehr bald und überflügelte sie rasch die Mönchs- und insbesondere die Dominikanerinquisition.

Zweck des Dominikanerordens — gestiftet durch den spanischen Priester Domingo Guzman, den spätern „heiligen Dominikus" — war, durch Predigten den Glauben auszubreiten und ihn gegen Ketzer zu verteidigen. Gregor IX., ein großer Gönner der „Predigerbrüder", übertrug ihnen im Jahre 1235 das Inquisitionsgeschäft im Gebiete von Mailand. Von diesem Zeitpunkt an bildete sich der Dominikanerorden zum eigentlichen Inquisitionsorden aus; sein blutiges Wirken erstreckte sich bald über das ganze damals christliche Europa. Die südlichen Länder: Spanien, Italien, Südfrankreich weisen die furchtbarsten Spuren seiner Tätigkeit auf, Entvölkerung und Trümmer von Städten und Ortschaften.

Die förmliche Übertragung der Inquisition an die Dominikaner geschah durch ein an den Dominikaner Raimund von Pennaforte gerichtetes Breve Papst Innozens IV. vom 20. Oktober 1248.

Die Inquisitionsgerichte galten für unverletzlich; von allem weltlichen Einfluß waren sie unabhängig. Sie waren die vornehmsten Gerichtshöfe der Kirche, ihnen gebührten die Beiworte: „heilig", „hochheilig".

Die Hauptaufgabe des Inquisitors war die gerichtliche Verfolgung und Aburteilung der Ketzer. Die päpstlichen Bullen sagen dies ausdrücklich. Diesen Bullen entsprechend schreibt der Dominikaner-Inquisitor Bernhard Guidonis kurz und bündig: „Das Amt des Inquisitors ist, die Ketzerei zu zerstören, sie kann aber nicht zerstört werden, ohne daß die Ketzer selbst ausgerottet werden, und diese können nicht vertilgt werden, ohne daß auch ihre Begünstiger und Verteidiger ausgerottet werden."

Das Inquisitorenamt wurde als das erhabenste hingestellt und — echt ultramontan — mit biblischem Gewande umhüllt. Gott selbst soll der erste

„Inquisitor" gewesen sein, als er Adam und Eva aus dem Paradiese trieb; in allen hervorragendern biblischen Gestalten fand man den Inquisitor vorgebildet; jede größere Züchtigung, von der die Schrift berichtet, wurde als „Vorbild" der Ketzerbestrafung gedeutet. In seinem dem Papste Innozens XII. gewidmeten Werke: Sacro Arsenale gibt der Dominikaner Thomas Menghini den Stammbaum des Inquisitors an: „Inquisitor war Gott selbst, als er Adam und Eva im Paradiese züchtigte, Inquisitor war der Patriarch Jakob, Inquisitor war Abimelech, der Sichem zerstörte, Inquisitor war Saul, Inquisitor war David, Inquisitor war Josua, Inquisitor war Jehu, Inquisitor war Nabuchodonosor, Inquisitor war Cyrus, Inquisitor war Judas Machabäus, Inquisitor war Johannes der Täufer, Inquisitor war Jesus Christus, Inquisitor war der Apostel Petrus, der den Tod verhängte über Ananias und sein Weib, Inquisitor war der hl. Dominikus, Inquisitor war Peter Arbues, Inquisitor war Pius V."

Der Inquisitor war päpstlicher Bevollmächtigter, der alle seine Gewalt unmittelbar und ganz allein vom Papste erhielt.

Bei Beurteilung der Verantwortung, die „den Statthalter Christi" trifft für die von der Inquisition begangenen Greueltaten, ist dieser Satz von äußerster Wichtigkeit. Die ultramontane Geschichtsklitterung sucht, teils unwissend, teils unaufrichtig, diese unmittelbare und gänzliche Abhängigkeit der Inquisitoren vom jeweiligen Papste möglichst zu verbergen, allein die Geschichte redet hier zu deutlich.

Auch die Inquisitoren selbst betonten stets und überall, in Italien, Deutschland, Belgien, Frankreich, Spanien, Portugal, England, daß ihre Vollmacht einzig und allein vom Papste stammt.

Die Inquisitoren hatten als päpstliche Bevollmächtigte die Gewalt, ihre Befehle an die staatlichen Obrigkeiten durch Verhängung kirchlicher Strafen zu erzwingen. Die dafür am meisten angewendeten Strafen waren die Exkommunikation, das Interdikt und die Suspension.

Die Beratungen des Inquisitionsgerichtes wurden durch eine „Anrufung des heiligen Geistes" eröffnet; auch der Urteilsfällung gingen schwülstige Gebetsformeln voraus, die um so abstoßender wirken, als die Taten der Inquisition lehren, wie wenig eine Anrufung Gottes bei den Urteilssprüchen der Inquisition berechtigt war.

In der Inquisition nahm die Kirche dem Staate gegenüber keinen Sonderstandpunkt ein; sie betonte nur auch hier wie sonst, daß sie die Herrin, und daß der Staat mit allen seinen Gesetzen ihr untertan sei. Die staatlichen Gerichte waren den päpstlichen Inquisitionsgerichten gegenüber nichts anderes, als ausführende Werkzeuge. Man hat mit Rücksicht auf dieses Verhältnis den Staat „den Scharfrichter des Papstes" genannt; eine Bezeichnung, die durchaus der Wahrheit entspricht.

Die von den Inquisitionsgerichten gefällten Urteile waren jeder Nachprüfung durch die staatlichen Gerichtshöfe entzogen. Der Staat hatte sie „blindlings", „mit geschlossenen Augen" zu vollstrecken. Selbst wenn begründete Zweifel bestanden, ob die Inquisitionsurteile gerecht seien, so durfte dennoch der Staat bei Vermeidung schwerster Kirchenstrafen sich keine Klarheit über seine Zweifel verschaffen. Innozens VIII. hatte im Jahre 1486 den Grundsatz aufgestellt, daß die staatlichen Behörden die Inquisitionsurteile auszuführen hätten: „ohne Einsichtnahme" [in die Akten]. Dabei blieb es während der ganzen Dauer der Inquisitionsgerichte.

Während so die Kirche ihren Gesetzen gegenüber blinden Gehorsam vom Staate verlangte, erheischte sie zugleich seine wachsamste Tätigkeit den Ketzern gegenüber.

Schon die allerersten päpstlichen Inquisitionskundgebungen sprechen das deutlich aus. Papst Lucius III. bestimmte im Jahre 1184, daß die staatliche Obrigkeit, auf Verlangen der Bischöfe, die Verfolgung der Ketzer eidlich geloben solle; diese Bestimmung ging ins kanonische Recht über. Inozens III. wiederholte die Verordnung. Das Konzil von Avignon im Jahre 1209 verlieh sogar den Bischöfen die Gewalt, den Eid durch kirchliche Strafmittel zu erzwingen. Auch diese erzwungene Eidesleistung fand Aufnahme ins kanonische Recht.

Urban IV. bestimmte, daß „jede Städteordnung, die mittelbar oder unmittelbar die freie ungehinderte Tätigkeit der Inquisition hindere, nichtig sei".

Die weltliche Gewalt fügte sich den päpstlichen Ansprüchen mit Bereitwilligkeit, ja mit Entgegenkommen. Schon König Otto IV. versprach am 22. März 1209: „In bezug auf die Ausrottung des Irrtums der ketzerischen Bosheit werden wir Hilfe und wirksame Unterstützung gewähren."

Am weitesten ging Kaiser Friedrich II. Zunächst wiederholte er am 12. Juli 1213 dem Papste Innozens III. und im September 1219 dem Papste Honorius III. gegenüber das Versprechen Ottos. Weiterhin gab er den Forderungen der Kirche durch seinen Erlaß Catharos, Patarenos förmliche Gesetzeskraft: „Wir verordnen, daß die Machthaber, Konsuln, Rektoren, welches Amt auch immer sie bekleiden, zur Verteidigung des Glaubens einen öffentlichen Eid leisten sollen, daß sie in ihren Landen alle von der Kirche bezeichneten Ketzer nach Kräften auszurotten bemüht sind. Leisten sie den Eid nicht, so sollen sie weder als Machthaber, noch als Konsuln, noch als etwas Ähnliches gelten, und wir erklären ihre Urteile für null und nichtig. Vernachlässigt aber ein weltlicher Gewalthaber, von der Kirche aufgefordert und ermahnt, sein Land von der ketzerischen Bosheit zu reinigen, so geben wir dies sein Land, nach Ablauf eines Jahres von der Mahnung an gerechnet, den Katholischen zur Besetzung preis; sie sollen es, nach Ausrottung der Ketzer, ohne allen Widerspruch besetzt halten und in der Reinheit des Glaubens bewahren."

Das kaiserliche Beispiel wirkte nach allen Richtungen. Zahlreiche Städte nahmen die eidliche Verpflichtung zur Unterstützung der Inquisition in ihre Städteordnungen auf.

In den Inquisitionshandbüchern wird die Eidesleistung der weltlichen Behörden als etwas selbstverständliches behandelt. Die Practica des Inquisitors Bernhard Guidonis sagt z. B.: „Zum zweiten, der Eid der Angestellten der königlichen Kurie, der Konsuln und anderer, die weltliche Gerichtsbarkeit haben, wird entgegengenommen." In Spanien legte der König diesen Eid vor der Thronbesteigung ab und wiederholte ihn, so oft er einem Auto da Fe beiwohnte.

Eine Hauptforderung der Päpste war stets, daß ihre die Inquisition betreffenden Erlasse in die weltlichen Gesetzessammlungen aufgenommen würden. Schon Gregor IX. spricht sie aus. Fügten sich die weltlichen Gewalten dem Ansinnen nicht gutwillig, so kamen kirchliche Zwangsmittel gegen sie zur Anwendung.

Sehr energisch wurde auch das Verlangen gestellt, daß die Obrigkeiten allen Wünschen und Befehlen der Inquisitoren rasch nachzukommen hätten. Der Staat mußte den Inquisitoren Geleitswachen stellen; er mußte, sobald er von einem ketzerischen Vergehen erfahren hatte, den Inquisitoren davon Anzeige machen. Die Maiestas Karolina schrieb sogar vor, daß die königlichen Beamten von Amts wegen die Ketzer aufspüren und sie den Inquisitoren ausliefern sollten. Eine Zeitlang hatte auch der Staat das Foltern für die Inquisitoren zu besorgen. Auf den Wunsch der Inquisitoren hin mußten die staatlichen Beamten den feierlichen Urteilsverkündigungen beiwohnen, um durch ihre Gegenwart den äußern Glanz der Glaubensgerichte zu erhöhen.

Stellte sich während eines vor den weltlichen Gerichten betriebenen Verfahrens heraus, daß der Angeschuldigte sich irgendwie eines zum Bereiche der Inquisition gehörigen Vergehens schuldig gemacht hatte, oder dieses Vergehens auch nur verdächtig war, so mußten die weltlichen Gerichte das Verfahren sofort einstellen und den Schuldigen mit den Prozeßakten dem Inquisitionsgericht ausliefern. Sehr bezeichnend ist, daß dies Verhältnis nicht auf Gegenseitigkeit beruhte, d. h. die Inquisitoren waren nicht verpflichtet, einen Ketzer, der sich gegen die weltlichen Gesetze vergangen hatte, den weltlichen Gerichten auszuliefern.

Kurz nirgendwo hat das Papsttum die Anmaßung, Oberherr über die weltlichen Mächte zu sein, so sehr, so nachhaltig betont, als in Sachen der Inquisition. Und leider muß hinzugefügt werden, nirgendwo hat der Staat sich dem herrsch- und verfolgungssüchtigen Papsttum so willfährig erwiesen, als gerade hier. Durch Jahrhunderte hindurch haben die weltlichen Fürsten und Obrigkeiten dem „Statthalter Christi" Henkerdienste geleistet bei Abschlachtung Tausender und Tausender von Christen. Die ganze Geschichte der Inquisition ist für diese erschütternde Wahrheit ein fortlaufendes Beispiel.

Bonifaz IX. setzt im Jahre 1399 die Zahl der Inquisitoren für Deutschland auf sechs fest, denen er auch die Diözese Kamin und die Insel Rügen unterstellt.

Das päpstliche Bemühen unterstützte vor allen Kaiser Karl IV., er hat sich, nebst Kaiser Friedrich II., am meisten um die Inquisition verdient gemacht.

Nach einer Zusammenkunft mit Papst Urban V. in Rom im Dezember 1368 erläßt Karl IV. am 9. und 10. Juni 1369 von Lucca aus zwei Verordnungen, die geradezu päpstlichen Haß gegen Ketzer atmen: Den deutschen Obrigkeiten wird unter Strafe der Vermögensbeschlagnahme befohlen, die Begharden und Beguinen als die schlimmsten Feinde des Reiches, als Ketzer, Exkommunizierte und Geächtete zu betrachten und zu behandeln. Dem Dominikaner Walther Kerling werden die uneingeschränktesten Vollmachten verliehen. „Unter Zustimmung der Fürsten des Reichs verleiht und bestätigt Karl IV. der Inquisition in Deutschland alle Privilegien, Rechte und Freiheiten, welche sie je durch seine Vorgänger im Reich, dann durch die Könige von Frankreich, Böhmen, England, Sizilien, Spanien, Ungarn, Polen, durch alle Herzöge, Fürsten und Gewalthaber der ganzen Christenheit je erhalten hätten. Der Kaiser gebraucht die maßlosesten Ausdrücke, um seine Verehrung für die Inquisition und die Inquisitoren auszusprechen."

Wenige Tage später (17. Juni 1369) drückt Karl IV. seine hohe Freude aus über die bisherige Tätigkeit des Dominikaner-Inquisitors Kerling in den Bistümern Magdeburg und Bremen, sowie in Hessen und Thüringen. Die „gesegnete" Tätigkeit hatte z. B. darin bestanden, daß Kerling in Nordhausen sieben Ketzer verbrennen ließ.

Dieser denkwürdige Erlaß enthält auch die Bestimmung, daß die Häuser der Ketzer der Inquisition zu übergeben seien, damit aus ihnen Inquisitions-Kerker gemacht würden, die es in Deutschland noch nicht gebe. Gregor XI. bestätigte, von Karl IV. gebeten, diese Bestimmungen und erteilte ihm in einer Bulle vom 9. Juni 1371 das höchste Lob.

Ein vierter Erlaß Karls vom gleichen Tage (17. Juni 1369) gegen die Ketzer greift tief in das deutsche Volksleben und in das deutsche Schrifttum ein: „Der Kaiser beklagt die Unmasse der unter den Laien und Halblaien verbreiteten in der Muttersprache abgefaßten Bücher, Traktate, Predigten und fliegenden Blätter, welche den Laien Veranlassung würden, ihre Irrtümer immer weiteren Kreisen mitzuteilen. Dieser Verführung der Seelen sei um so energischer entgegenzutreten, als es nach den kanonischen Bestimmungen den Laien verboten sei, die Bibel in ihrer Muttersprache zu lesen. Um so mehr müßten blasphemische Schriften in der Muttersprache ausgerottet werden. Deswegen befehle er allen Geistlichen bis zum untersten Grad, sowie allen weltlichen Obrigkeiten, Richtern, Ratmännern und Schöffen, den Inquisitoren Beistand zu leisten, wenn sie diese Schriften beschlagnahmen, und mitzuwirken, daß diese Schriften überall, in wessen Besitz sie sich auch befinden möchten, sei es bei Juden, Heiden oder Christen, ihnen [den Inquisitoren] zum Verbrennen überliefert würden. Welche Schätze der nationalen Literatur Deutschlands mögen hier untergegangen sein!"

Kurz vor seinem Tode tritt Karl IV. noch einmal für die Inquisition ein. Am 17. Februar 1378 bestellt er von Trier aus für die Inquisition und die Inquisitoren „Konservatoren" und „Defensoren", die darüber wachen sollen, daß alle Rechte, Vorrechte und Freiheiten der Inquisitoren aufrecht erhalten werden. Als solche Inquisitions-Tutoren werden genannt: „der Herzog von Sachsen in Wittenberch, der Herzog von Braunschweig in Eymbecke, die Grafen von Schwarzenberg in Arnstede, von Nassau, von Hansteyn, die edelen Herren von Witzleyven; die Herzöge von Luxemburg, Limburg, Brabant, Jülich, Berg, Kleve, Mark, Wichberg, Sponheim."

Einige Lichter mögen dem Bilde, das sich aus diesem Abschnitt ergibt, noch aufgesetzt werden.

Im Jahre 1308 beklagen sich zehn Inquisitionsgefangene bei Klemens V. bitter darüber, daß sie schon acht Jahre im Kerker sitzen, ohne verurteilt oder freigesprochen zu werden. Der Papst mahnt den Bischof von Albi und die Inquisitoren, die Untersuchung endlich vorzunehmen. Es finden sich Beispiele, daß Verdächtige 19 Jahre im Kerker schmachteten, ehe ihr Schicksal sich entschied, so unter anderen ein gewisser Wilhelm Salavert, der am 24. Februar 1300 zum erstenmal verhört und erst am 30. September 1319 verurteilt wurde.

Der Inquisitor Bernard Gui, einer der gewalttätigsten Inquisitoren Südfrankreichs, erließ im Jahre 1309 einen öffentlichen Haftbefehl — man kann ihn Steckbrief nennen — gegen die Ketzer Peter Autier, Peter Sanche und Sanche Mercadier: „Allen Christgläubigen der Predigerbruder Bernhard Gui den Lohn des ewigen Lebens und die Krone! Gürtet euch, Söhne Gottes, erhebet euch mit mir, Streiter Christi, gegen die Feinde seines Kreuzes und die Verderber der Wahrheit und Reinheit des katholischen Glaubens: Peter Autier, Peter Sanche, Sanche Mercadier. Ich befehle euch in der Kraft Gottes, sie, die sich in Höhlen verbergen und in Finsternis wandeln, aufzusuchen, zu ergreifen und mir zuzuführen; den Ergreifern versprechen wir ewigen Lohn von Gott und auch angemessenen zeitlichen Entgelt. Wachet also, daß die Wölfe nicht einbrechen und die Schafe der Herde zerreißen. Seid standhaft, damit die Feinde des Glaubens nicht fliehen und entschlüpfen. Toulouse am Feste des hl. Laurentius 1309."

Über die Bestechlichkeit der Inquisitoren finden sich in einer Handschrift aus der Mitte des 13. Jahrhunderts (1250—1258) auf der Stadtbibliothek von Clermont interessante Belege. Die Dominikaner und Franziskaner, die beiden großen Träger der Inquisition, wurden reich durch ihre Tätigkeit.

Ein besonderes Wort erheischen die Inquisitionsgefängnisse. Denn Hunderttausende von Menschen haben lange Jahre, viele lebenslänglich in ihnen zugebracht.

Ein Franzose, der zwei Jahre im Inquisitionsgefängnis zu Goa gefangen gehalten wurde, schreibt über diesen Ort: Der Kerker besteht aus zwei Räumen, einer im untern Stock für die

Männer, der andere im oberen Stock für die Frauen. Jeder Raum ist 40 Fuß lang und 15 Fuß breit. In diesem Raum waren wir zu 40 Personen. Zur Befriedigung unserer natürlichen Bedürfnisse war in der Mitte des Raumes eine Senkung angebracht, in die wir unser Wasser ließen; für die übrigen Ausleerungen war ein großer Trog aufgestellt, der zweimal in der Woche geleert wurde. Aus dem Frauenkerker, der über uns lag, sickerte der Urin durch die Decke in unsern Kerker.

Am 21. Mai 1696 richtete die große „Junta" von Spanien eine Eingabe an König Karl II., in der es heißt: „Der Schrecken, den der bloße Gedanke an die Kerker des heiligen Offizium einflößt, ist so groß, daß, als im Jahre 1682 die Beamten der Inquisition eine Frau in Granada verhaften wollten, diese Frau so von Entsetzen ergriffen wurde, daß sie sich, um der Einkerkerung zu entgehen, aus dem Fenster stürzte und dabei beide Beine brach. Der Tod erschien ihr weniger schrecklich, als in die Hände der heiligen Inquisition zu fallen."

Mit Rücksicht auf das Inquisitionsgefängnis von Carcassonne sagt Molinier: „Jedes beschreibende Wort ist leere Phrase gegenüber der Wirklichkeit, wie man sie dort sieht. War die schwerste Strafe der Inquisition der Tod, oder die Einkerkerung in solchen Orten? Man kann darüber Zweifel haben. Dort verzehrten sich die Gefangenen langsam, ohne Luft, ohne Licht, an die Mauer gekettet, die Füße mit Ketten belastet. Dort fand wohl sein Ende Bernhard Delicieux, als, auf den ausdrücklichen Befehl des Papstes Johann XXII., die ganze Strenge des Inquisitionsrechtes gegen ihn angewandt wurde, was nicht einmal seine erbittertsten Feinde, die Dominikaner, gewagt hatten. Er war alt, und der Tod erlöste ihn bald. Übrigens, ob alt oder jung, mit dem Eintritt in diese Kerker mußte die Hoffnung aufsteigen, bald zu endigen. Dort zu leben war unmöglich; man starb dort wohl noch schneller, als ihre Erbauer selbst es ahnten. Sie trösteten sich ohne Zweifel mit dem Schweigen ihrer Opfer. Aber es kam vor, daß selbst dieses Schweigen gebrochen wurde, und dann entstand ein Skandal, den die Inquisition nicht vorhergesehen hatte. Die Unglücklichen, die dort schmachteten, schrien so laut, daß selbst das Papsttum sich dazu verstehen mußte, sie zu hören. Im Jahre 1306 erschienen zwei Kardinäle in Carcassonne; sie ließen sich die Kerker öffnen. Was sie dort sahen, mußte sie mit Entsetzen erfüllt haben. Man kann das schließen aus den Verordnungen, die sie sofort erließen. Aber da Rom die Beschützerin der Inquisition war und blieb, verantwortlich für ihre Taten, so hatten die Kardinäle Rechnung zu tragen dem Rufe des Hofes, dessen Diener sie waren."

Der katholische Anstaltsgeistliche am Landesgefängnis zu Freiburg im Breisgau, Karl Krauß, entwirft unter sorgfältiger Benutzung der Quellen folgende Schilderung der kirchlichen Inquisitionsgefängnisse: Jeder Gefangene erhielt zwei Wasserkrüge, einen zum Waschen, einen zum Trinken, einen Besen zum kehren, eine Matratze zum schlafen und ein Gefäß für die natürlichen Bedürfnisse, das alle vier Tage ausgeleert wurde. Im Kerker war strengstes Schweigen vorgeschrieben. Wenn einer jammerte, oder Gott um Hilfe anflehte, so schlugen ihn die Aufseher ohne Erbarmen; selbst Hustenanfälle der Gefangenen wurden mit Schlägen unterdrückt. Für den Unterhalt der Gefangenen wurden dem Gefängniswärter für Tag und Kopf z. B. im Inquisitionskerker zu Carcassonne 8 déniers — etwa 8 Pf. nach unserm Gelde — vergütet. Und dabei wollte selbstverständlich der Gefängniswärter auch noch verdienen. Die Nahrung war so, daß selbst ein Gregor IX. sich veranlaßt sah, die Inquisitoren zu ermahnen, die Gefangenen nicht vor Hunger umkommen zu lassen. Die Inquisitionskerker in Südfrankreich waren meistens unterirdisch; durch eine Öffnung in der Mauer wurde die Nahrung und von Zeit zu Zeit ein frisches Hemd gereicht. Wenn möglich wurde Einzelhaft durchgeführt. Licht zu brennen, war untersagt, so daß Gefangene oft jahrelang in vollständiger Dunkelheit zubrachten, Bücher, auch die Bibel, wurden verweigert, denn, so hieß es, „das wahre Buch ist die Wahrheit sagen". Wahnsinn und Selbstmord waren häufige Folge solcher Gefängnishaft. „Und ein solches Gefängnis trug die Aufschrift Casa santa, heiliges Haus".

Anderes zur Kennzeichnung des Wesens der Inquisition, wie Güterbeschlagnahme, Folter, Zeugenvernehmung, Fallstricke beim Verhör, Erb- und Amtsunfähigkeit usw., kommt im Abschnitt „Handbücher der Inquisition" zur Sprache.

III. Handbücher der Inquisition.

In großen Umrissen habe ich Geschichte und Wesen der Inquisition vorgeführt. Der Gegenstand ist aber zu wichtig, als daß das Gebotene genügte.

Wer sich einen umfassenden und wahren Begriff vom Wesen der päpstlichen Inquisition machen will, muß diesen Begriff schöpfen aus den Hand- oder Lehrbüchern der Inquisition.

Aus der Menge, die über die Inquisition geschrieben haben, greife ich sechs heraus, deren Ansehen unbestritten ist: die Dominikaner-Inquisitoren Bernhard Guidonis, Nikolaus Eymeric und Thomas Menghini, den Fiskal der römischen Inquisition Careña, den Konsultor der sizilischen Inquisition Antonius Diana und ein Inquisitionshandbuch des Franziskanerordens.

1. Die Practica Inquisitionis haereticae pravitatis des Inquisitors Bernhard Guidonis.

Bernhard Gui oder Guidonis wurde im Jahre 1261 in Royeres geboren; mit 18 Jahren (1279) trat er in den Dominikanerorden, in welchem er nach und nach die höchsten Ämter bekleidete. 1306 wird er zum päpstlichen Inquisitor für Toulouse ernannt. In dieser damals ungeheuer mächtigen Stellung bleibt er 17 Jahre lang. Seine Tätigkeit als Inquisitor wird veranschaulicht durch die von Limborch veröffentlichten „Urteile", die alle von Guidonis stammen, und durch die Nachricht, daß er sechshundert und sieben und dreißig Ketzer während seiner Amtszeit verbrennen ließ. Guidonis war ein Vertrauter Papst Johann XXII., der ihn (1324) zum Bischof von Lodeve machte. Als solcher starb er am 30. Dezember 1331.

Seine Practica Inquisitionis haereticae pravitatis ist für die Kenntnis und Beurteilung der Inquisition von geradezu unschätzbarem Wert. Als Mann langjähriger Erfahrung und höchsten Ansehens gibt er seinen Amtsgenossen praktische Anweisung für die Ausübung ihrer Tätigkeit.

„Kein anderer", sagte Douais, der Herausgeber der Practica, „konnte besser, nachdrucksvoller und genauer über die Inquisition schreiben, als Gui. Er wollte ein Handbuch für den Inquisitor schaffen. Dieses Ziel hat er vollkommen erreicht; sein Werk hat den gewünschten Erfolg gehabt. Eine interessante Bemerkung auf S. 106 der Toulouser Handschrift der Practica aus dem Jahre 1486 berichtet, daß sie tatsächlich ein Handbuch für die Dominikanerinquisitoren von Toulouse gewesen ist, und daß die Inquisitoren von Bordeaux sich von ihr eine Abschrift erbeten haben."

Wie es bei einer „Glaubenspredigt" (sermo fidei — actus fidei — Auto da Fe) zugeht, wird am Anfang des dritten Teiles anschaulich beschrieben:

„Nach Entgegennahme der Geständnisse über die Ketzerei und ihre Begünstigung und nach Erledigung der Prozesse gegen Lebende und Tote [Ketzer] schreiten die Inquisitoren mit der gebührenden Feierlichkeit zur Glaubenspredigt, bei der Lossprechung oder Bestrafung erfolgen je nach Verdienst oder Mißverdienst.

„Zuerst findet eine kurze Predigt statt, und der übliche Ablaß wird verkündigt. Zweitens, die Inquisitoren nehmen den Eid der weltlichen, königlichen Beamten entgegen. Drittens, diejenigen, denen es gestattet ist, legen ihre Bußkreuze ab. Viertens, Männer und Frauen werden aus dem Gefängnis herausgeführt, und Bußen und Wallfahrten werden ihnen auferlegt. Fünftens, die Vergehen der einzelnen, über die das Urteil gesprochen werden soll, werden in der Muttersprache vorgelesen in folgender Ordnung: Erstens derjenigen, die verurteilt sind zum Tragen von Bußkreuzen oder zu Wallfahrten oder zu einer bestimmten Lebensweise; zweitens derjenigen, die eingekerkert werden; drittens derjenigen, die als falsche Zeugen bestraft und eingekerkert werden; viertens der Priester und Kleriker, die degradiert und eingekerkert werden; fünftens der verstorbenen Ketzer, die, wenn sie noch lebten, eingekerkert würden; sechstens der verstorbenen Ketzer, deren Leiber auszugraben sind; siebentens der flüchtigen Ketzer; achtens der rückfälligen Ketzer, die dem weltlichen Arm zu übergeben sind. Zuletzt wird die Zerstörung der Häuser ausgesprochen, in denen Ketzer gewohnt haben oder aufgefunden worden sind."

Der Eid, den die weltlichen und königlichen Beamten den Inquisitoren leisten mußten, lautete: „Wir ... schwören bei den heiligen Evangelien Gottes, daß wir den Glauben unseres Herrn Jesu Christi und der heiligen römischen Kirche bewahren und gegen alle nach Kräften verteidigen werden; wir schwören, daß wir die Ketzer und ihre Begünstiger verfolgen und ergreifen werden, wo immer wir können, und daß wir sie der Kirche und den Inquisitoren anzeigen werden, wo immer wir wissen, daß Ketzer sich aufhalten; wir schwören, daß wir solchen pestilenzialischen Personen kein öffentliches Amt übertragen werden, auch allen anderen nicht, denen von den Inquisitoren die Führung eines Amtes untersagt ist; auch werden wir nicht gestatten, daß solche im Amte bleiben; wir schwören, daß wir keine Ketzer in unsere Familie, in unsern Verkehr oder in unsern Dienst aufnehmen werden; sollte es ohne unser Wissen geschehen, so werden wir sie, sobald die Inquisitoren es uns mitgeteilt haben, sofort verjagen. Hierin und in allem, was zum Amte der Inquisition gehört, werden wir gehorsam sein Gott, der römischen Kirche und den Inquisitoren. So wahr uns Gott helfe und diese seine heiligen Evangelien."

Vier Formulare enthalten die Urteile gegen verstorbene Ketzer, „deren Gebeine auszugraben und zu verbrennen sind".

Der vierte Teil der Practica beginnt mit der Aufzählung der den Inquisitoren von den Päpsten gewährten Vollmachten und Vergünstigungen. Guidonis nennt die Päpste Gregor IX., Innozenz IV., Alexander IV., Urban IV., Klemens IV., Gregor X., Nikolaus IV. Alle diese Erlasse seiner Vorgänger hat Bonifaz VIII. durch seine eigenen vermehrt und dem kanonischen Recht einverleibt.

Gleich hier schon macht Gui auf die Blutgesetze Kaiser Friedrich II. aufmerksam und teilt die höchst bedeutsame Tatsache mit, daß diese Blutgesetze dem Betreiben des Papstes (Gregor IX.) ihr fluchwürdiges Dasein verdanken.

Diese Blutgesetze sind dem päpstlichen Inquisitor sehr ans Herz gewachsen; wiederholt kommt er auf sie zurück; schließlich empfiehlt er seinen Amtsgenossen, sie in einem eigenen Buche beständig bei sich zu tragen.

Die Erhabenheit der Inquisition ergibt sich aus vier Punkten: sie ist erhaben durch ihren Ursprung, da sie vom apostolischen Stuhle herstammt, sie ist zeitlich ausgedehnt, da der apostolische Stuhl sie dauernd eingerichtet hat, sie ist tief und kräftig in ihrer Wirksamkeit, sie ist weit ausgedehnt im Raume.

Gui befürwortet, daß die Inquisitoren häufig Gnade versprechen sollen, weil dadurch die Begnadigten veranlaßt würden, andere anzuzeigen, von denen man noch nichts wisse; so locke man die listigen Schlangen aus ihren Schlupfwinkeln. „Wenn aber einigen diese Gnadengewährung töricht erscheinen sollte, besonders weil dadurch die Beschlagnahme der Güter den weltlichen Herren entgeht, so sollen diese wissen, daß dadurch viele veranlaßt werden, heimliche Ketzer anzuzeigen. Das ist aber nicht nur der Sache des Glaubens dienlich, sondern sehr oft kann daraufhin weit mehr Vermögen von den durch die Begnadigten Angezeigten beschlagnahmt werden, als von den Begnadigten selbst beschlagnahmt worden wäre. Und so schlägt es zum Nutzen des einzelnen und der Gesamtheit aus, und was bei einem verloren zu gehen schien, wird mit Zuwachs bei anderen wieder eingebracht."

„Zweck der Inquisition ist die Zerstörung der Ketzerei; die Ketzerei kann aber nicht zerstört werden, außer durch Vernichtung der Ketzer; die Ketzer können aber nicht vernichtet werden, außer es werden auch ihre Begünstiger und Verteidiger vernichtet, wie es auch im Gesetz gegen die Diebe heißt: sie können nicht vernichtet werden, außer die Hehler werden mit vernichtet. Auf zweierlei Art werden aber die Ketzer vernichtet: erstens, indem sie sich von der Ketzerei zur katholischen Religion zurückwenden, zweitens, indem sie, dem weltlichen Gericht überliefert, körperlich verbrannt werden."

„Gegen die hartnäckigen Ketzer ist auf folgende Weise vorzugehen: sie sind überall, zu allen Zeiten, von jedem zu ergreifen und der Gewalt der Kirche zuzuführen, damit sie in den Händen der Inquisitoren oder der Bischöfe sind, und so gefangen gehalten werden, daß sie anderen nicht schaden können. Sie sind häufig zu unterrichten und zu ermahnen, daß sie sich von ihrem Irrtum zur Einheit der Kirche zurückwenden. Man warte längere Zeit mit ihnen und schiebe ihre Verurteilung hinaus aus vernünftigem Grunde; nämlich: erstens, ihre Bekehrung bringt dem Geschäfte des Glaubens vielen Nutzen, weil sie nach ihrer Bekehrung ihre Mitschuldigen, ihre Schlupfwinkel und ihre schändlichen Zusammenkünfte anzeigen werden. Zweitens, solange solche Ketzer gefangen gehalten werden, vermuten andere, die durch sie angesteckt worden waren, daß sie sich bekehrt und Mitschuldige angezeigt haben; bei solcher Vermutung kommen sie leichter dazu, über sich und andere vor den Inquisitoren die Wahrheit zu gestehen. Solche hartnäckige Ketzer können auch durch die Qualen der Folterung — jedoch ohne Verstümmelung und Lebensgefahr —, als Räuber, Seelenmörder und Sakramentenschänder, dazu gebracht werden, ihre Irrtümer und andere Ketzer anzugeben. Bleiben sie hartnäckig, so sollen sie, in Gegenwart der weltlichen Gewalten, als Ketzer abgeurteilt, dem weltlichen Arm überliefert werden, um mit der gebührenden Strafe bestraft zu werden." „Rückfällige Ketzer sind in Gegenwart der weltlichen Gewalten abzuurteilen und ohne irgendwelches Gehör dem weltlichen Arm zu überliefern. Darüber heißt es im Gesetze Friedrich II. Commissi nobis: der Todesstrafe verfallen sind" usw.

2. Das Directorium Inquisitorum des Dominikaner-Inquisitors Nikolaus Eymeric.

Nikolaus Eymeric, um das Jahr 1320 geboren, wurde mit 37 Jahren päpstlicher Generalinquisitor für Aragonien. Seine praktische Tätigkeit als Inquisitor war lange nicht so bedeutend wie die seines Ordensbruders Guidonis; in der Wirksamkeit als Schriftsteller über die Inquisition steht Eymeric aber unübertroffen da. Sein Directorium besteht aus drei Teilen. Der erste Teil enthält die katholische Glaubenslehre, damit „die Glaubensrichter ihr Amt gut erfüllen können, da sie ohne Kenntnis der Glaubenslehre auch die Glaubensirrlehren nicht erkennen können". Der zweite Teil handelt von den Ketzern; der dritte Teil vom Inquisitionsprozeß.

Dieser „Wegweiser für Inquisitoren" hat sehr viele Auflagen erlebt; die beste ist die römische aus dem Jahre 1585. Sie ist dem Papste Gregor XIII. gewidmet, der sie durch ein Breve vor unbefugtem Nachdruck bei Strafe der Exkommunikation schützt. Herausgeber dieser Ausgabe ist Franz Pegna, ein päpstlicher Theologe großen Ansehens. Er hat zum Text Eymerics umfangreiche Erläuterungen geschrieben.

Meiner Inhaltsangabe, welche die ausführlichste ist, die es bis jetzt gibt, liegt die römische Ausgabe des Directorium zugrunde.

„Auch den rechtgläubigen Kindern von Ketzern darf vom Vermögen der Eltern ganz und gar nichts überlassen werden, nicht einmal der Pflichtteil, der ihnen gleichsam naturrechtlich gebührt." Dieser Grundsatz ist einer ins kanonische Recht übernommenen Bestimmung entsprechend, die Innozenz III. erlassen hat. Der Papst hat noch die Worte hinzugefügt: „Keine sogenannte Barmherzigkeit darf sich dieser strengen Maßregel entgegenstellen, denn oft werden nach göttlicher Anordnung die Kinder für die Sünden der Eltern bestraft."

Von den Ratschlägen, die dem Inquisitor erteilt werden, um vom Angeklagten das Eingeständnis seiner Ketzereien heraus zu bekommen, seien folgende angeführt: „Wenn der Inquisitor merkt, daß der Gefangene seine Ketzerei nicht eingestehen will, so gebe er ihm mit freundlichen Worten zu verstehen, daß er doch schon alles wisse (obschon er nichts weiß)." „Sieht der Inquisitor, daß der Gefangene nicht gestehen will, und daß er noch nicht durch Zeugen überführt ist, scheint es ihm aber wahr zu sein, was gegen den Gefangenen ausgesagt wird, so blättere er in den Akten und sage: Es ist klar, daß du nicht die Wahrheit sagst, so daß der Gefangene glaubt, er sei überführt. Oder der Inquisitor nehme ein Papier in die Hand und spreche mit dem Ausdruck des Erstaunens zum Gefangenen: Wie kannst du leugnen? Mir ist alles klar. Und dann lese er in dem Papier und sage: Ich habe recht gehabt; gestehe jetzt, da du siehst, daß ich es weiß." „Beharrt der Gefangene auf seiner Weigerung, so stelle sich der Inquisitor, als müsse er verreisen, und spreche: Ich habe Mitleid mit dir und hätte dich gern rasch losgelassen, weil du leicht Schaden an deiner Gesundheit nehmen kannst. Jetzt aber muß ich abreisen und ich weiß nicht, wann ich zurückkomme. Da du nun nicht bekennen willst, so muß ich dich leider bis zu meiner Rückkehr gefesselt im Kerker belassen. Dann wird der Gefangene wohl anfangen zu bitten, daß er nicht im Kerker belassen werde, und so wird er vielleicht anfangen, zu gestehen." „Will der Ketzer gar nicht bekennen, so schicke der Inquisitor einen zum Glauben Bekehrten zu ihm hinein. Dieser stelle sich, als ob er noch zu seiner (des Ketzers) Sekte gehöre. Hat er des gefangenen Ketzers Vertrauen erlangt, so komme er eines Abends spät in den Kerker, ziehe das Gespräch hin und gebe endlich vor, es sei zu spät, um nach Hause zu gehen. Er bleibe dann mit dem Ketzer die Nacht über im Kerker und setze die Gespräche fort. Der Besucher veranlasse dann den Ketzer, zu sagen, was er getan hat. Während dessen sei es so eingerichtet, daß einige an der Tür horchen, unter ihnen auch ein Notar, um die Worte aufzuschreiben."

Den Ratschlag, dem Angeklagten die gegen ihn auftretenden Zeugen niemals zu nennen, bezeichnet er als „sehr heilsam", weil sich sonst schwerlich noch jemand finden würde, der Ketzer zur Anzeige brächte.

Zu dem Ratschlag, man solle dem Angeklagten, damit er gestehe, Gnade versprechen, erörtert Pegna die Frage, ob, nachdem auf dies Versprechen hin der Angeklagte gestanden habe, das Versprechen zu halten sei. Viele Theologen werden angeführt, die jede Verpflichtung aus einem solchen Versprechen bestreiten, Pegna selbst gibt zwar die Verpflichtung zu, rät aber, dies Versprechen sehr allgemein zu halten, weil dann durch jede, auch die allerkleinste Vergünstigung, das Versprechen erfüllt erscheine.

Von der Verteidigung der Angeklagten schreibt Eymeric: „Das Zweite, was das Urteil des Inquisitors und den ganzen Prozeß hinauszieht, ist die Gewährung der Verteidigung. Zuweilen ist sie überflüssig, zuweilen ist sie notwendig. Gesteht nämlich der Angeschuldigte sein Verbrechen, sei es, daß er durch Zeugen überführt ist, oder nicht, so ist es überflüssig, daß ihm eine Verteidigung gestattet werde. Leugnet er aber das Verbrechen und sagen Zeugen gegen ihn aus, dann ist ihm die Verteidigung zu gewähren. Ein Anwalt soll ihm dann gegeben werden; dieser sei rechtschaffen und ein Eiferer für den Glauben: zelator fidei." Pegna billigt diese Vorschriften. Zu ihrer Bestätigung fügt er noch eine Verordnung des Madrider Inquisitionsgerichtes vom Jahre 1561 an: „Die Inquisitoren sollen dem Angeschuldigten zu Gemüte führen, wie wichtig es für ihn ist, die Wahrheit zu gestehen; sie bestellen ihm dann einen Anwalt aus denen, die von der heiligen Inquisition hierzu bestimmt worden sind. Der Angeschuldigte verkehrt mit seinem Anwalt nur in Gegenwart eines der Inquisitoren [seines Richters!]. Die Aufgabe des Anwaltes ist es, den Angeschuldigten zu ermahnen, die Wahrheit zu gestehen und für seine Schuld Buße zu erbitten. Die Antworten des Angeklagten hat er dem Fiskal der Inquisition mitzuteilen."

Auch derjenige, der sein Verbrechen beharrlich leugnet und den heiligen katholischen Glauben beharrlich bekennt, wird, wenn von Zeugen der Ketzerei überführt wie die übrigen Ketzer dem weltlichen Arm zur Bestrafung übergeben. Pegna führt mehrere Gründe zur Rechtfertigung dieses Verfahrens an und schließt seine Ausführungen mit den Worten: „Niemand sage, daß er auf diese Weise ungerecht verurteilt werde, noch beklage er sich über die kirchlichen Richter, oder über die Kirche selbst; sondern wenn er vielleicht durch falsche Zeugen überführt worden ist, so trage er es gleichmütig und freue sich, daß er für die Wahrheit den Tod erdulde".

Dürfen demjenigen, der beharrlich bestreitet, Ketzer zu sein, die Zeugen, auf deren Aussagen seine Anklage und Verurteilung beruht, gegenübergestellt oder genannt werden? „Liegt ein sehr wichtiger Grund vor und ist alle Gefahr [für die Zeugen] ausgeschlossen, so kann die Gegenüberstellung zuweilen gestattet werden. Glaubt man aber eine Gefahr für die Zeugen vorhanden, so soll die Gegenüberstellung zur Erforschung der Wahrheit keinesfalls stattfinden; sondern die Inquisitoren können den Angeschuldigten verurteilen, und man soll nicht sagen, daß sie ihn ungerecht verurteilen, ist er ja durch rechtmäßige Zeugen überführt. Würden nämlich derartige Gegenüberstellungen leicht gestattet, so würden sie ohne Zweifel zum Schaden des Glaubens ausschlagen. Denn die Menschen würden dadurch abgeschreckt, gegen die Ketzer Zeugnis abzulegen. Das muß aber unter allen Umständen verhindert werden, damit nicht das öffentliche Wohl Schaden nehme wegen des Privatvorteils [es handelt sich um Leben oder Tod!] dieses oder jenes."

Nach einigen weiteren Erörterungen fährt Pegna fort: „Bei dieser Gelegenheit ist eine schöne (!) Streitfrage zu besprechen, deren Lösung auch den Gelehrten Kopfzerbrechen verursachen könnte: „Ist es nämlich demjenigen, der durch falsche Zeugen verurteilt worden ist, ohne daß er in Wirklichkeit des Verbrechens der Ketzerei schuldig ist, erlaubt, sich dieses Verbrechens zu bezichtigen, um dem Tode zu entgehen, indem er, Barmherzigkeit erflehend, in den Schoß der Kirche wieder eingelassen wird?" Die „schöne Streitfrage" wird entschieden: „Obwohl es dem Verurteilten sehr hart ist, unschuldig zu sterben, so darf er sich doch keinesfalls fälschlich der Ketzerei schuldig bekennen. Deshalb sollen die Beichtväter, die ihn zur Richtstätte führen, ihn zwar ermahnen, die Wahrheit zu sagen, aber ihn verhindern, sich der Ketzerei zu beschuldigen, um dem Tode zu entgehen. Der Verurteilte möge erwägen, daß er, wenn er unschuldig stirbt, als Märtyrer gekrönt wird."

Eymeric teilt den Wortlaut der Formel mit, wodurch die weltlichen Obrigkeiten von den päpstlichen Inquisitoren aufgefordert wurden, die Beobachtung der blutigen Fridericianischen Gesetze zu beschwören:

„Der Predigerbruder N. N., Inquisitor der ketzerischen Bosheit in dem Lande N. N., vom Papst besonders bevollmächtigt, wünscht den Obrigkeiten und Konsuln der Stadt oder Landschaft N. N. Heil und daß sie unseren, oder besser den päpstlichen Befehlen bereitwillig gehorchen. Da kein wahrer Katholik von den Satzungen der hochheiligen römischen Kirche, besonders von denen, die den Glauben betreffen, auf dem die von unserm Herrn Jesus Christus gelegten und befestigten Grundlagen unserer Mutter, der Kirche, beruhen, abweichen darf, sondern verpflichtet ist, diese Satzungen, seinem Amte entsprechend, mit allen Kräften zu schützen und zu fördern, so ermahnen wir, der Predigerbruder N. N., vom apostolischen Stuhl besonders beauftragt, kraft apostolischer Vollmacht, die wir für diese Gegend besitzen, euch, die Obrigkeiten der Stadt N. N., im allgemeinen und jeden einzelnen besonders, daß ihr vor den heiligen Evangelien Gottes öffentlich den Eid leistet, die Gesetze und Erlasse des Kaisers Friedrich betreffend den Glauben und die ketzerische Bosheit zu beobachten. Solltet ihr euch aber weigern — was fern sein möge —, den päpstlichen und unseren Befehlen in dieser Sache zu gehorchen, so erklären wir, daß ihr durch den Dolch des Bannstrahles von uns zu durchbohren seid, daß ihr euere Ämter auch für die Zukunft verlieren sollt, gemäß den apostolischen und kanonischen Satzungen."

Die Obrigkeiten hatten den Eid, die Verordnungen der Inquisitoren zu beobachten, öffentlich und kniend abzulegen: „Wir versprechen und schwören bei den vier Evangelien, daß wir den Glauben der h. römischen Kirche halten und ihn verteidigen, daß wir die Ketzer, ihre Begünstiger verfolgen und ergreifen, wo immer wir können, daß wir sie anklagen und der Kirche anzeigen wollen. Wir schwören gleichfalls, daß wir kein Amt verleihen wollen an irgendeine solche pestilenzialische Persönlichkeit. Wir schwören gleichfalls, daß wir keinen Ketzer bei uns aufnehmen wollen, weder in unsere Familie, noch in unsere Freundschaft, noch in unsern Dienst; und wenn wir es unwissentlich getan haben sollten, so schwören wir, ihn sofort auszutreiben, nachdem die Inquisitoren ihn als Ketzer bezeichnet haben. Auch schwören wir, in allem den Inquisitoren gehorsam zu sein."

Pegna bemerkt, daß je nach den verschiedenen Zeiten und nach dem Auftauchen neuer Ketzereien der Wortlaut dieser Bestimmungen geändert werden müsse; so müßten „jetzt" — Pegna schrieb im 16. Jahrh. — die Lutheraner und Calviner in die Strafgesetze namentlich aufgenommen werden.

Wer einen Ketzer in geweihter Erde begraben hat, verfällt der Exkommunikation solange, bis er mit eigenen Händen den ketzerischen Leichnam wieder ausgegraben hat. Der betreffende Ort aber wird für immer untauglich zur Begräbnisstätte. Ein Erlaß Alexander IV. bestimmt darüber: „Wer immer Ketzer und ihre Begünstiger kirchlich beerdigt hat, verfällt der Exkommunikation und wird nicht eher losgesprochen, als bis er mit eigenen Händen den Leichnam ausgegraben hat, der dann weggeworfen werden soll."

Pegna gibt im Anschluß an diese Bestimmungen den Rat, die Leichname noch nachträglich zu verbrennen, vorausgesetzt, daß man die Gebeine der Ketzer von denen der Katholiken noch unterscheiden könne. Dann fährt er fort: „Es ist allgemeine Rechtsregel, daß mit dem Tode des Verbrechers auch die Strafverfolgung des Verbrechens aufhört. Wegen der Unmenschlichkeit des Verbrechens der Ketzerei hört aber bei ihr mit dem Tode des Ketzers die Bestrafung nicht auf. Zweifach kann der Inquisitor gegen die verstorbenen Ketzer vorgehen, erstens, indem er ihre Güter konfisziert und sie der Inquisition zuwendet, zweitens, indem er ihren Ruf schädigt, sie für Ketzer erklärt, ihre Gebeine ausgraben und verbrennen läßt. Die Vermögensbeschlagnahme zugunsten der Kirche kann noch nach 40 Jahren stattfinden. Was die Ausgrabung und Verbrennung ketzerischer Leichen angeht, so sind sie an keinen Zeitraum gebunden. Ein Bild des Verstorbenen ist öffentlich auszustellen; vor diesem Bilde sind die ketzerischen Ansichten des Verstorbenen zu verlesen. Dann ist das Bild dem weltlichen Gericht zu übergeben; der weltliche Richter läßt das Bild verbrennen, wie er den Verstorbenen selbst lebendig hätte verbrennen lassen."

Die Formel, wodurch der Inquisitor den Befehl erteilt, Häuser zu zerstören, in denen Ketzer aufgefunden worden sind, oder ihre Zusammenkünfte gehalten haben, lautet: „Da aus glaubwürdiger Zeugenaussage, oder aus dem Augenschein, oder aus dem Bekenntnis der Schuldigen uns bekannt geworden ist, daß in dem und dem Hause oder Gebäude, mit Wissen des Eigentümers, Ketzer ihre Zusammenkünfte gehalten haben, so verkünden, befehlen und verordnen wir, daß jener Ort, der ein Schlupfwinkel der Ketzer war, für ewige Zeiten eine Sammelstätte des Schmutzes und des Abfalls, dem Erdboden gleich gemacht, ganz und gar zerstört und niemals wieder aufgebaut werde; überdies verordnen wir, daß alle Steine, alle Balken, aller Mörtel dem Inquisitionsfiskus zufallen sollen."

Ist das Haus zerstört, so kann nach einem „lobenswerten Brauch" — wie Pegna lehrt — der Boden, auf dem es stand, unter furchtbaren Verwünschungen und Beschwörungen mit Salz bestreut werden, um ihn unfruchtbar zu machen. Dann soll an der Stelle eine Steintafel errichtet werden, auf der in großen Buchstaben der Name des Eigentümers, der Grund der Zerstörung und der Name des regierenden Papstes und Kaisers angebracht ist. „Ein solches Denkmal ist noch jetzt in Valladolid zu sehen, wo im Jahre 1559 Augustin Cazalla als Ketzer dem weltlichen Arm übergeben und sein Haus zerstört worden ist."

Der Inquisitor hat das Recht, zu foltern. Anfänglich ließ die Kirche die Angeklagten nicht durch die Inquisitoren foltern, sondern man benutzte als Büttel die weltliche Obrigkeit unter Androhung der Exkommunikation im Weigerungsfalle. So verordnete Innozenz IV., die weltliche Obrigkeit solle die Ketzer als „Seelenräuber und Seelenmörder" zum Bekenntnis zwingen, ebenso wie Diebe und Räuber gezwungen würden. Bald aber hielt man es für besser, daß die Folterung durch das geistliche Gericht geschehe, weil, wie Pegna sagt, während der Folterung häufig geheime Dinge an den Tag kämen, die dem Glauben schädlich seien.

Die Folterarten sind durch das kanonische Recht nicht festgesetzt; sie stehen, wie Eymeric und Pegna ausdrücklich hervorheben, im Belieben des Richters. Er soll diejenigen Arten anwenden, die ihm am geeignetsten erscheinen, die Wahrheit herauszubekommen. Eymeric stellt für die Anwendung der Folter folgende Regeln auf: „Wer, als Ketzer vorgeführt, in seinen Aussagen unbeständig erscheint und den Hauptpunkt, wegen dessen er befragt wird, leugnet, soll gefoltert werden. Wer im Rufe steht, Ketzer zu sein, und außerdem einen Zeugen gegen sich hat, soll gefoltert werden." Keine Würde, kein Stand, kein Privileg schützen vor der Folter. Geistliche sollen nicht von Laien gefoltert werden, sondern von Geistlichen; die Gewohnheit hat allerdings anders entschieden. „Will der Gefangene nicht bekennen, so sollen der Inquisitor und der Bischof befehlen, daß er entkleidet werde; die Gerichtsdiener sollen den Befehl sofort ausführen, nicht fröhlichen Angesichts, sondern gleichsam traurig. Weigert er sich noch, zu bekennen, so sollen ihn einige bewährte Männer zu überreden suchen und ihm versprechen, daß er nicht getötet werde, wenn er bekenne und schwöre, nicht mehr zurückzufallen. Die Erfahrung hat mich nämlich häufig belehrt, daß viele gestehen würden, wenn sie nicht durch die Furcht vor der darauf stehenden Todesstrafe abgeschreckt würden. Wird ihnen also versprochen, daß sie nicht hingerichtet werden, so gestehen sie. Nützt das alles nichts, so soll er in gewohnter Weise gefoltert werden, schwächer oder stärker, je nach der Natur des Verbrechens. Bekennt er auch bei mäßiger Folterung nicht, so sollen ihm andere Folterwerkzeuge gezeigt und ihm gesagt werden, daß er alle erproben müsse."

Es war verboten, den einmal Gefolterten nochmals zu foltern, es sei denn wegen hinzutretender neuer Anklagepunkte. Man fand aber ein bequemes Mittel, dies Verbot zu umgehen, indem man die nach Unterbrechung von ein oder zwei Tagen wiederaufgenommene Folterung wegen der gleichen Anklagepunkte nicht eine „erneuerte", sondern eine „fortgesetzte" Folterung nannte. Man wandte dabei die Formel an: Wir, der Bischof und der Inquisitor, setzen zur Fortsetzung der Folter für dich einen andern Tag an, damit die Wahrheit aus deinem eigenen Munde hervorgehe.

Selbst Exkommunizierte, die nach kirchlicher Anschauung sonst ganz und gar rechtlos und als Zeugen unfähig sind, sollen gegen die der Ketzerei Verdächtigen als Zeugen zugelassen werden; so bestimmt ein Reskript Alexander IV. Auch Meineidige können als Zeugen dienen. Die Hausgenossen des Angeklagten: Frau, Kind, Dienstbote, können gegen ihn, nicht aber für ihn Zeugnis ablegen; „denn [der Grund ist durchschlagend] gerade ihr Zeugnis gegen den Angeklagten ist sehr wirkungsvoll". Ja, sie sollen zuweilen zum Zeugnis gegen den Mann, Vater, Hausherrn gezwungen werden[1]. Der Inquisitor kann die Zeugen zur Erlangung der Wahrheit foltern lassen. Die Namen derer, die gegen ihn ausgesagt haben, sollen dem Angeklagten niemals mitgeteilt werden. Noch Bonifaz VIII. gestattete die Namensnennung ausnahmsweise; Pius IV. hob aber diese Erlaubnis auf. „Sollte der Angeklagte darauf bestehen, daß ihm zur bessern Verteidigung die Namen der Zeugen genannt werden, wie es sonst rechtens ist, so ist er nicht anzuhören. Sollte er appellieren wollen, so ist die Appellation zurückzuweisen, als eine frivole und ungerechte, und unerschrocken soll das Verfahren gegen ihn fortgesetzt werden." „Die Veröffentlichung der Namen der Zeugen scheint eine Todsünde zu sein, weil sie geschieht entgegen so vielen päpstlichen Bestimmungen, entgegen dem vom h. Offizium eingeführten Brauche." Der reumütige Ketzer ist zu lebenslänglichem Kerker zu verurteilen. Auch der reumütige, aber rückfällige Ketzer ist dem weltlichen Arm zu übergeben. „Warum nimmt die Barmherzigkeit (!) der Kirche die reumütigen Rückfälligen nicht auf? Viele sehr heilsame Gründe sprechen dagegen, am meisten aber, weil, wer rückfällig geworden ist, auch das erstemal sich nicht aufrichtig bekehrt zu haben scheint. So bestimmt das Konzil von Narbonne: ‚Jene, die nach Abschwörung ihres Irrtums rückfällig geworden sind, sollen, ohne daß man ihnen irgendwelches Gehör schenkt, dem weltlichen Gerichte zu gebührender Strafe übergeben werden, denn es ist wahrlich genug, daß sie durch falsche Bekehrung die hl. Kirche einmal getäuscht haben'."

„Die Inquisitoren können zu Geldstrafen verurteilen zum Vorteil der hl. Inquisition, denn es

---

[1] Der im Veltlin tätige päpstliche Inquisitor Royas stellt den Grundsatz auf: „Zeugen, die Schlechtes von einem Ketzer aussagen, z. B. daß er ein Mörder oder ein Dieb sei, sind im allgemeinen den Zeugen vorzuziehen, die Gutes über ihn aussagen." Es hing dieser Grundsatz mit dem andern desselben Inquisitors zusammen, daß Ketzer, die ein gutes Leben führen und in gutem Rufe stehen, nichtswürdiger sind als Ketzer, die schlecht leben und übel beleumundet sind, weil durch ein gutes Leben der Ketzer das Ansehen des katholischen Glaubens geschädigt wird.

gibt keine heilsamere Einrichtung, als die Inquisition, durch deren einzig dastehende Wohltat die Ketzerei ausgerottet wird. Für die katholische Sache ist es sehr zuträglich, wenn die Inquisition reichliche Geldmittel besitzt. Geldstrafen werden aber nur über die Reumütigen verhängt; denn bei den hartnäckigen und rückfälligen Ketzern wird das Vermögen beschlagnahmt; sie werden ohne Barmherzigkeit dem weltlichen Gerichte überantwortet." „Aus welchen Mitteln soll der Unterhalt der Inquisitoren bestritten werden? Dies ist ein für viele gehässiger, aber für die Sache des Glaubens und der Kirche sehr fruchtbringender Punkt. Kaum etwas gibt es, was mehr gehegt, gepflegt und ausgebreitet zu werden verdient, als die von Gott getroffene Einrichtung der hochheiligen Inquisition."

Weitläufig wird über den in sozialer Hinsicht sehr wichtigen Punkt der Güterbeschlagnahme der verurteilten Ketzer gehandelt.

Die Beschlagnahme der Güter der Ketzer erfolgte früher innerhalb des päpstlichen Gebietes durch den kirchlichen, in den anderen Ländern durch den weltlichen Richter. So bestimmt ausdrücklich die Dekretale Innozens III. Vergentis: „In den Ländern, die unserer Gewalt unterworfen sind, sollen die Güter der Ketzer beschlagnahmt werden; in den anderen Ländern soll dies durch die weltliche Obrigkeit geschehen, die wir, falls sie sich nachlässig zeigen sollte, durch kirchliche Strafen dazu zwingen. Mit der Zeit aber ist es eingeführt worden, daß das Urteil über die Güterbeschlagnahme überall vom geistlichen Richter gefällt werde, ebenso erfolgt die Beschlagnahme selbst durch den Bischof oder Inquisitor; der weltliche Richter hat sich nicht einzumischen, außer der kirchliche Richter fordere ihn dazu auf. Handelt es sich nicht um rückfällige oder unbußfertige Ketzer, so verlieren sie ihre Güter nicht. Bereuen die Ketzer, nachdem sie durch das Inquisitionsurteil dem weltlichen Gerichte übergeben worden sind, so verlieren sie ihre Güter; bereuen sie vorher, so werden ihre Güter nicht beschlagnahmt. Die Güter der Laienketzer fallen den weltlichen Herren zu."

„Wenn die Fürsten der hl. Inquisition das leisten, was von ihnen gefordert wird, so können sie den dritten Teil der beschlagnahmten Güter nehmen. Wenn aber die Fürsten diese Leistungen nicht erfüllen, die ihnen durch Alexander IV., Innozens IV., Klemens IV. auferlegt worden sind, so sehe ich nicht ein, mit welchem Rechte sie den dritten Teil der Güter beanspruchen können. Weil nun aber, wenn die weltlichen Herren die Güter der Ketzer erhalten, es leicht geschehen könnte, daß sie nicht reichlich für die Inquisitoren sorgen, wodurch die Sache des Glaubens schwer geschädigt würde, so halte ich es für das Richtigste, daß alle beschlagnahmten Güter der Ketzer zum Nutzen und zur Verbreitung der hl. Inquisition verwendet werden. Man entgegne nicht, es sei nicht Sache des Papstes, über Güter zu verfügen, die nicht in seinem Lande liegen; denn das ist falsch, gottlos und blasphemisch. Da nämlich die Ketzerei ein kirchliches Verbrechen ist, so steht es allein der Kirche zu, über die Ketzer und ihr Besitztum zu urteilen. Übrigens geht aus den päpstlichen Verordnungen genügend hervor, daß die Päpste stets frei über die Güter der Ketzer verfügt haben, was sie nicht getan hätten, wenn sie nicht das Recht dazu besäßen. Auch der Einwand, es könne leicht geschehen, daß, wenn die Güter der Ketzer der Kirche zufallen, allmählich alle Güter der Kirche zufallen würden, wodurch die weltlichen Herren schwer geschädigt würden, ist nicht stichhaltig. Denn wenn die weltlichen Herren sich Mühe geben, die Ketzer in ihren Landen auszurotten, so brauchen sie diesen Schaden nicht zu besorgen; wenn sie aber lässig sind, so sind sie auch nicht wert, die Güter zu behalten."

Die Inquisition strafte nicht nur den Ketzer selbst an Leib und Leben, an Gut und Blut; die Strafen hatten eine noch ausgedehntere soziale Wirksamkeit, sie trafen auch seine Nachkommenschaft, die Söhne der Ketzer.

Die sozialen Verheerungen, die überhaupt durch die Inquisition in der Familie angerichtet wurden, waren geradezu ungeheuer. Kindespflichten gegen den „ketzerischen" Vater, gegen die „ketzerische" Mutter gibt es nicht mehr. Mit dem Augenblick, da die Eltern „den Weg der Wahrheit verlassen und sich dem Abwege der Ketzerei zugewendet haben", ist die väterliche Gewalt über die Kinder erloschen.

Die ultramontanen Theologen sind sich wohl bewußt, daß durch diese Strafe ein natürliches Recht verletzt und das innerste Gefüge der Familie zerstört wird, aber diese naturwidrigen Folgen halten sie von der Gutheißung solcher Strafen nicht ab. Pegna z. B. schreibt: „Die Ketzer gehen der väterlichen Gewalt über ihre Söhne verlustig. Die eigenen Kinder stehen den Ketzern von jetzt ab wie Fremde und Ausländer gegenüber." Damit diese Strafe eintrat, war nicht einmal nötig, daß „das Verbrechen der Ketzerei" durch kirchliches Urteil festgestellt war. Kindern war also die

2*

Möglichkeit gegeben, sich der väterlichen Gewalt ohne weiteres zu entziehen, mit der Begründung, die Eltern seien „Ketzer" geworden.

In bezug auf die Intestat-Erbfolge fand die Kirche zwei verschiedene weltliche Gesetzgebungen vor: die römische, enthalten in der lex Manichaeos, die das den Ketzern gehörige Gut für vogelfrei erklärt, aber den katholisch gebliebenen Kindern das Erbrecht beläßt, und die deutsche, festgesetzt durch das Edikt Catharos des Kaisers Friedrich II., das nur dann das Kindeserbrecht bestehen läßt, wenn die Kinder den eigenen Vater der Inquisition anzeigen.

Der „Statthalter Christi" machte dies schändliche und unmoralische Gesetz zum Kirchengesetz! Die Kinder werden zur Anschwärzung ihrer Eltern durch Gewährung materieller Vorteile von der Kirche geradezu angestiftet!

In einer Dekretale bestimmte Innozens III.: „Gerechterweise wird den Verächtern der irdischen Majestät das Vermögen entzogen und ihren Kindern das Leben nur aus Barmherzigkeit gelassen, um so mehr soll dies bei denen eintreten, die vom Glauben abgewichen sind. Die Enterbung der katholisch gebliebenen Kinder von Ketzern soll in keiner Weise unter dem Vorwand des Mitleids gehindert werden, da oft nach göttlichem Urteil Kinder für ihre Eltern gestraft werden."

Zu dieser Dekretale schreibt ein sehr geschätzter römischer Kanonist, Paul Ghirlandus, der Beirat des päpstlichen Generalvikars zu Rom: „Die Kinder, auch wenn sie gut katholisch sind und nichts wissen vom Verbrechen ihres Vaters, sind durch das Gesetz so unfähig gemacht, die Väter zu beerben, daß sie nicht einmal einen Denar erben können, sondern sie sollen beständig in Armut und Dürftigkeit kümmerlich dahinleben; nichts soll ihnen bleiben, als das nackte Leben, das ihnen aus Barmherzigkeit gelassen wird; sie sollen sich in dieser Welt in einer solchen Lage befinden, daß ihnen das Leben zur Pein und der Tod zum Troste wird."

Die Sorge für die auf diese Weise ihres väterlichen Vermögens beraubten Kinder bestand darin, daß die Knaben bei Handwerkern, die Mädchen bei anständigen Frauen untergebracht wurden, denen sie Dienste leisten sollten. Aus „reiner Barmherzigkeit" wurde den Kindern, die wegen zu großer Jugend oder wegen Krankheit nicht arbeiten konnten, aus dem Vermögen ihres Vaters ein spärlicher Unterhalt gewährt; und „zuweilen" sollten die weltlichen oder geistlichen Fürsten ersucht werden, „etwas Freigebigkeit" gegen diese Kinder auszuüben.

Auch das Verhältnis zwischen Mann und Frau, das eheliche Leben, wird in seinen Wurzeln getroffen. Die Leistung der ehelichen Pflicht hört für die Frau dem ketzerischen Manne und für den Mann der ketzerischen Frau gegenüber auf. Ketzerische Frauen können von ihren Männern ohne weitere Unterhaltungspflicht entlassen werden.

„Werden Untergebene durch die Ketzerei ihrer Vorgesetzten oder Herren von der Verpflichtung zur Treue entbunden?" Eine wichtige Frage, deren Entscheid tief eingreift in die sozialen und staatlichen Verhältnisse. Eymeric beantwortet sie sehr kurz und kanonisch sehr richtig mit dem Hinweis auf eine Dekretale Gregor IX.: „Wer immer in einem Treueverhältnis zu einem offenbar in Ketzerei gefallenen Herrn gestanden hat, soll wissen, daß er von diesem Verhältnis, mit soviel Festigkeit es auch umgeben war, befreit ist." Pegna gibt dazu die Erläuterung: „Die erste Wirkung dieser Bestimmung ist, daß niemand das Depositum eines Ketzers zurückzugeben braucht. Die Befehlshaber von Burgen oder Feldlagern und Städten sind ihrer Verpflichtung gegen den ketzerischen Herrn ledig. Die Vasallen sind von allen, auch von den durch Eid bekräftigten Verpflichtungen ihren ketzerischen Herren gegenüber befreit. Auch Diener und Angestellte werden durch die Tatsache der Ketzereien ihrer Herren frei von jeder Verpflichtung."

3. Der Tractatus de Officio sanctissimae Inquisitionis des Thomas Careña[1].

Careña, ein Vertrauter des hl. Karl Borromäus, war unter Urban VIII. Fiskal der römischen Inquisition. Sein Hauptwerk: Tractatus de officio sanctissimae Inquisitionis hat mehrere Auflagen erlebt. Die Lyoner Ausgabe vom Jahre 1659 ist in einer über jedes Maß schwülstigen und lobhudelnden Widmung dem General des Dominikanerordens, Thomas Turco, gewidmet.

Zwei Jesuiten, Horatius Martinius und Leonardus Bellius, haben Vorreden zu dem Werke Careñas geschrieben. Aus den Vorreden geht hervor, daß die römische Inquisition

---

[1] Bei der Inhaltsangabe der Inquisitions-Handbücher kommen manche Wiederholungen vor. Ich vermeide sie deshalb nicht, weil mir daran liegt, zu zeigen, wie gleichartig die päpstliche Inquisition in allen Ländern vorging.

selbst die Druckkosten des Werkes teilweise getragen hat, damit es um so schneller erscheine.

Schon im „Vorspiel" stellt Careña den Grundsatz auf: „Die Ketzereien sind auszurotten, und die Ketzer müssen mit Feuer und Schwert bezwungen werden, denn leichter werden sie überwunden, als überredet. Nirgendwo werden die Ketzer so heilig und gerecht bestraft wie vor dem Richterstuhl der Inquisition; sie hat die Albigenser unterdrückt und Spanien vor der lutherischen Irrlehre bewahrt."

Der Grundsatz, daß ein brennender Scheiterhaufen und ein scharfes Schwert rascher zum Ziele führen, als religiöse Belehrungen, zieht sich durch das ganze Werk Careñas.

„Nachdem der Ketzer dem weltlichen Arm übergeben worden ist, soll seine Reue nur in seltenen Fällen angenommen werden; denn die Bekehrung geschieht dann gewöhnlich nicht mehr von Herzen, sondern wegen der Schmerzen des brennenden Feuers und aus Todesfurcht. Die unbußfertigen Ketzer sind dem weltlichen Gericht zu übergeben, damit sie lebendig verbrannt werden. Der rückfällige Ketzer ist ohne jede Barmherzigkeit dem weltlichen Arm zu übergeben; denn es genügt, daß er durch eine falsche Bekehrung die Kirche einmal getäuscht hat. Das hat zu geschehen, gleichviel ob der Rückfällige bereut oder nicht; jedoch mit dem Unterschied, daß der reumütige Rückfällige zuerst erdrosselt und dann erst verbrannt, der unbußfertige aber lebendig verbrannt wird." Das Bild eines verstorbenen Ketzers ist zu verbrennen, seine Gebeine sind auszugraben, sein Haus ist dem Erdboden gleich zu machen und die Stelle, wo es stand, mit Salz zu bestreuen. Dies Verfahren gilt auch für Minderjährige über 14 Jahre; denn in diesem Alter sollen Minderjährige, die nicht bereuen wollen, dem weltlichen Gericht zum Verbrennen übergeben werden. Spricht jemand im Traum Ketzereien aus, so sollen die Inquisitoren daraus Anlaß nehmen, seine Lebensführung zu untersuchen, denn im Schlafe pflegt das wiederzukommen, was unter Tags jemand beschäftigt hat. Bei der Hinrichtung Rückfälliger oder Unbußfertiger ist zu beachten, daß man ihnen einen Knebel in den Mund stecke, damit sie nicht bei den Umstehenden durch ihre Worte Ärgernis erregen können. Da Ketzerei unter allen Verbrechen das größte ist, so ist es nicht zu verwundern, daß durch hochheilige Gesetze die Todesstrafe durch Feuer für die Ketzer festgesetzt ist. Gäbe es eine noch grausamere Strafe, als den Feuertod, so wäre sie gegen den Ketzer anzuwenden, damit er und sein Verbrechen um so schneller aus dem Gedächtnis der Menschen verschwände. Der weltliche Richter hat nichts anderes zu tun, als das Urteil der Inquisition sofort zu vollstrecken. Der weltliche Richter kann also nicht, nachdem der Verurteilte ihm von der Inquisition übergeben worden ist, den Verurteilten über seine Gesinnung befragen und ihn je nach der Antwort vor dem Verbrennen erdrosseln lassen, da er durch das Urteil der Inquisitoren für unbußfertig erklärt worden ist und als solcher lebendig verbrannt werden soll. Ketzern, die sich nach der Urteilsfällung bekehren, soll nur selten der Tod erlassen werden. Sehr häufig werden Ketzer zur Galeerenstrafe verurteilt. Frauen werden häufig zur Geißelung verurteilt; in Spanien erleiden diese Strafe auch Ordensleute von ihren Ordensbrüdern, in Gegenwart des Notars der hl. Inquisition.

4. Die Resolutiones morales des Antonius Diana.

Diana war Konsultor der Inquisition des Königreichs Sizilien.

Ich kann mich hier, nach den ausführlichen Angaben über die Werke der drei vorhergehenden Schriftsteller, kurz fassen. Wesentlich Neues bieten die Resolutiones ohnehin nicht; einzelnes ist aber von Diana besonders scharf hervorgehoben worden:

„In Glaubenssachen kann jeder als Zeuge vernommen werden: Exkommunizierte, Verbrecher, Infame, Meineidige, Juden, Hausgenossen, Familienglieder, Blutsverwandte, Ehegatten, Kinder auch unter 14 Jahren; nur Todfeinde sind von der Zeugenschaft ausgenommen. Diese Zeugen können aber nicht zugunsten des Angeklagten vernommen werden." Feinde, wenn es nur nicht Todfeinde sind, können gegen den Angeklagten als Zeugen auftreten. „Ich glaube sogar, daß im Inquisitionsprozeß auch Todfeinde als Zeugen zugelassen werden können, aber mit Vorsicht." „Sollen die Inquisitoren dem Angeklagten, wenn er darum bittet, einen Beichtvater gewähren?" Auf Grund einer Anweisung an das Inquisitionsgericht von Toledo aus dem Jahre 1561 antwortet Diana: „Es ist besser, dem Angeklagten den Beichtvater zu verweigern, bis er ein richterliches Geständnis abgelegt hat, außer er sei in Todesgefahr." „Die Autos da Fe sollen für gewöhnlich an Festtagen stattfinden, an denen eine große Menschenmenge gegenwärtig ist, damit sie die Qualen der Verurteilten sehen und daraus lernen, zu fürchten." „Die Inquisitoren können, um vom Angeklagten die Wahrheit heraus zu bekommen, ihm Erlaß der Strafe versprechen, ohne daß sie sich dadurch verpflichten, dies Versprechen zu halten." Auch die Kinder, die vor der Ketzerei der Eltern geboren sind, sollen mit den Strafen der Güterbeschlagnahme, Infamie usw. bestraft werden. Diana gibt dafür einen sehr charakteristischen Grund an: Es könnte ja sein, daß der betreffende Vater nach seinem Abfall keine Kinder mehr bekäme, dann blieben ja seine Kinder überhaupt straffrei. „Von den drei Mitteln, die dem Inquisitionsrichter zur Verfügung stehen, die Wahrheit herauszubekommen, wenn der Angeklagte noch nicht überführt, sondern nur verdächtig ist: Reinigung, Abschwörung und Folter, ist die Folter das geeignetste. Weil die Ketzerei schwer zu beweisen ist, soll der Inquisitionsrichter geneigt sein zur Anwendung der Folter. Ein Anzeichen, von einem Zeugen bestätigt, genügt, um zur Folter zu schreiten." Diana berichtet, in seiner Tätigkeit als Konsultor des hl. Offizium käme es täglich vor, daß Zeugen, die sonst zurückgewiesen würden, wie Infame, Meineidige usw., zugelassen werden. Auch bei Diana finden sich feine soziale Unterscheidungen: „Vornehme sind weniger und gelinder zu foltern, als Gemeine." Auch wenn der Gefolterte standhaft geblieben ist im Bestreiten der ihm vorgeworfenen Ketzerei, kann er doch wegen schwerwiegender Anzeichen zu schweren Strafen, z. B. zur Galeere, verurteilt werden. Die Inquisition kann auch solche, auf denen nur leichter Verdacht haftet, zur Galeere, Stäupung, usw. verurteilen. Auch über Juden und Ungläubige erstreckt sich in einzelnen Fällen die Gerichtsbarkeit der Inquisition, so bei Leugnung des Daseins Gottes.

5. Ein Inquisitionshandbuch des Franziskanerordens.

Zum Gebrauche für die Inquisitoren aus dem Franziskanerorden erschien im 16. Jahrhundert: „Strafrichterliche Anleitung für den Orden der minderen Brüder des heiligen Franziskus, um in heiliger Weise die Gerechtigkeit anzuwenden."

„Im Folterraum, wo alle Folterwerkzeuge aufbewahrt werden, soll die Angeklagte, die Hand auf den heiligen Evangelien, den Eid leisten, die Wahrheit zu sagen. Vor allem sagt ihr der hochwürdige Pater mitleidsvoll: Da wir durch Anzeichen und Zeugenaussagen über deine Schuld gewiß sind, haben wir uns entschlossen, die Wahrheit auch aus deinem eigenen Munde zu vernehmen. So frage ich dich denn: ..... Gestehe freiwillig, sonst zwingen wir dich durch die Stricke, die dich erwarten. Sie antwortet: Ich habe die Wahrheit gesagt. Alles muß aufgeschrieben werden: was sie sagt, was sie tut, ihre Seufzer, ihre Tränen, ihre Klagen, ihre Schreie. Da du hartnäckig bleibst, fährt der hochwürdige Vater fort, ist es unnütz, dich zu bemitleiden. Ich fordere dich noch einmal auf, auszusagen..... Sie antwortet: ich habe nichts zu sagen.

„Jetzt befiehlt der ehrwürdige Pater, sie zu entkleiden und sie mit Stricken zu binden. Während dessen sagt er ihr: Ich mache dich darauf aufmerksam, daß deine Folterung nichts zu tun hat mit den schon gemachten Geständnissen, für sie wirst du die vorgeschriebene Strafe erleiden, sondern wir wollen, daß du uns sagst .... Ihre Antwort soll aufgeschrieben werden.

„Darauf gibt der ehrwürdige Vater den Befehl, die Angeklagte, die nackt an den Stricken befestigt ist, in die Höhe zu ziehen. Während sie hängt, fordert er sie auf, ihr Vergehen einzugestehen. Aber entweder schreit sie: O mein Gott; es ist schrecklich; ich sterbe; oder sie schweigt. Gewissenhaft muß alles, was sie während der Folterung sagt oder tut, aufgeschrieben werden.

„In Anbetracht des Schweigens läßt der ehrwürdige Vater die Stricke in Bewegung setzen. Sie schreit aufs neue: O mein Gott; heilige Jungfrau, komm mir zu Hilfe; heiliger Franziskus, Barmherzigkeit, Barmherzigkeit. Ist die Angeklagte einige Zeit (die Dauer ist anzugeben) in der Höhe hängen geblieben, so gibt der hochwürdige Vater den Befehl, sie herunter zu lassen. Je nachdem kann man ihr sagen, man habe sie heruntergelassen, um später die Folter fortzusetzen, wie es dem hochwürdigen Pater gut erscheint. Man renke dann der Angeklagten die Glieder wieder ein und führe sie ins Gefängnis zurück.

„Am folgenden Tag wird sie wieder in die Folterkammer geführt. Der hochwürdige Pater sagt ihr: da wir mit deinen Antworten nicht zufrieden sind, und da wir sehen, daß du, trotz so vieler Anzeichen und Zeugenaussagen, nicht gestehen willst, so haben wir uns entschlossen, dich aufs neue zu foltern, diesmal aber schmerzhafter. Deshalb rate ich dir, uns zu sagen ..... Bleibt die Angeklagte bei ihren Aussagen, so läßt sie der ehrwürdige Pater wieder nackt an die Stricke binden und frägt sie noch einmal: Willst du die Wahrheit sagen? Hat sie geantwortet: ich habe sie gesagt, so wird sie hoch gezogen und wiederum gefragt. Aber sie schreit fortwährend: O mein Gott, ihr tötet mich.

„Sieht der hochwürdige Pater, daß die Angeklagte beim Leugnen beharrt, so läßt er sie herunter. Verliert sie das Bewußtsein, so soll es im Protokoll heißen: die Angeklagte, in den Stricken hängend, blaß und mit kaltem Schweiß bedeckt, schrie fortwährend: O mein Gott usw.; der hochwürdige Pater ließ sie auf eine Bank legen und Essig- und Schwefeldämpfe einatmen. Bleibt der Zustand der Angeklagten der gleiche, so wird ein Arzt geholt, der untersuchen soll, ob sie wirklich ohnmächtig ist. Erklärt der Arzt, sie sei wirklich ohnmächtig, so soll sie ins Gefängnis zurückgeführt und dort gepflegt werden. Ist es nur eine Scheinohnmacht, und kann deshalb die Folter fortgesetzt werden, so soll es im Protokoll heißen: daraufhin ließ der hochwürdige Pater sie wieder in die Höhe ziehen.

„Es kommt vor, daß die Anklagte während der Folter einschläft oder daß sie unempfindlich bleibt; dann soll es im Protokoll heißen: da die Angeklagte sich für die Schmerzen unempfindlich zeigte, und da der ehrwürdige Vater eine Arglist des Teufels vermutete, so gab er den Befehl, die Angeklagte ganz zu entblößen und unter ihren Armen, in ihrem Mund, zwischen den Haaren und an anderen Teilen ihres Leibes nachzusuchen, ob nicht dort irgendein Mittel verborgen ist, das solche Wirkungen hervorrufen kann. Auch werden ihr die Haare am ganzen Körper abgeschoren. So, vollständig nackt und geschoren, wird sie aufs neue in die Höhe gezogen."

6. Das Sacro Arsenale des Dominikanerinquisitors Thomas Menghini.

Im Jahre 1693 erschien zu Rom, gedruckt in der Druckerei „der hochwürdigen Apostolischen Kammer", die Prattica dell' Officio della S. Inquisizione oder das Sacro Arsenale. Das Buch kann als eine amtliche, wenigstens als eine authentische Darstellung des römischen Inquisitionsverfahrens betrachtet werden: Es ist von einem päpstlichen Inquisitor verfaßt, es ist dem Papste Innozens XII. gewidmet, und es trägt die Druckerlaubnis des Magister s. Palatii Thomas Maria Ferrari.

Der sechste Teil des „Arsenale" handelt auf 26 Seiten von der Folter:

Hat der Angeschuldigte sein Vergehen geleugnet, und ist es nicht gelungen, ihn ganz zu überführen, so entsteht die Notwendigkeit, zur Folter zu schreiten, um die Wahrheit zu erfahren. Die Folter ist in keiner Weise der kirchlichen Milde und Sanftmut entgegen, wenn die Anzeichen für die Schuld des Angeschuldigten klar und widerspruchslos sind. Der Angeschuldigte wird aus dem Kerker in die Folterkammer geführt und dort vor dem erlauchten und hochwürdigsten Bischof N. N. und dem hochwürdigen Pater Inquisitor noch einmal befragt. Gesteht er nicht, so wird er ausgezogen und auf die Folterbank gebunden. Noch einmal ermahnen ihn die Genannten väterlich und gütig, frei die Wahrheit zu gestehen. Folgt er dieser Ermahnung nicht, so wird der Befehl gegeben, ihn in die Höhe zu ziehen. Die Folter soll gegen den Angeschuldigten angewendet werden, um von ihm das Geständnis seiner eigenen Taten, seiner inneren Absichten (!) und die Namen seiner Mitschuldigen zu erlangen.

Vier Arten von Folterungen führt das „Arsenale" an:

1. Die Folter durch Feuer. Die nackten Füße des Angeschuldigten werden mit Schweinefett bestrichen; dann werden sie der Ausstrahlung eines stark geschürten Feuers ausgesetzt; schreit der Gefolterte sehr stark, so wird zwischen seine Füße und das Feuer ein Brett geschoben, und man fragt ihn, ob er bekennen wolle, wenn ja, ist es gut, wenn nein, wird das Brett wieder weggezogen, und die Folterung beginnt aufs neue.

2. Die Folter durch Fußschrauben. Dem Angeschuldigten werden Eisenschuhe angelegt, die durch Schrauben enger und enger gemacht werden.

3. Die Folter durch Rohrstückchen. Dem Angeschuldigten werden die Hände zusammengebunden und zwischen die Finger werden Rohrstückchen eingeklemmt und dann preßt der Henker die Hände zusammen.

4. Die Geißelung unmündiger Kinder.

Macht der Angeschuldigte geltend, daß sein Körper die Folter nicht vertrage, so soll ein Arzt gerufen werden, der ihn untersucht. Findet der Arzt kein Hindernis für die Folterung, so kann ohne Gewissensunruhe der Befehl zur Folterung gegegeben werden.

Wird der Gefolterte ohnmächtig, so soll man ihn mit Wasser bespritzen oder Schwefel unter seiner Nase verbrennen, und dann kann er aufs neue gefoltert werden.

IV. Die Spanische Inquisition.

Die Anfänge der Inquisition in Spanien sind, was Zeit und Art ihrer Einführung angeht, nicht genau festzustellen.

Auch hier ist der Dominikanerorden der Träger des Blutsystems. Mit Vollmachten der

Päpste Gregor IX., Innozens IV., Urban IV., Klemens IV. und V. usw. ausgerüstet, übten die Predigerbrüder von der ersten Hälfte des 13. Jahrhunderts an das Amt päpstlicher Inquisitoren in den Königreichen Kastilien, Leon und Aragonien. Spuren einer selbständigen bischöflichen Inquisition, wie sie in anderen Ländern auftrat, lassen sich für Spanien kaum nachweisen.

„Die Inquisition wurde", wie der ultramontane Rodrigo sagt, „ausschließlich in der Absicht eingeführt, die dogmatische und sittliche Reinheit der Religion zu schützen. Die gläubigen Anhänger der Kirche begrüßen das hl. Offizium, indem sie in ihm die einzige Abhilfe gegen den allgemeinen Verfall der Religion erblicken."

Eine der wichtigsten Fragen in bezug auf die spanische Inquisition ist: war sie ein Staatsinstitut, oder war auch sie nichts anderes, als ein Teil der großen päpstlichen Inquisition?

„Die katholischen Könige" Ferdinand und Isabella ersuchten den Papst Sixtus IV. um Einführung der Inquisition in das Königreich Kastilien. Der Papst entsprach dieser Bitte durch ein Breve vom 1. September 1478, er gab der spanischen Krone „die Erlaubnis", Inquisitoren zu ernennen. Auf diese päpstliche „Erlaubnis" hin wurden am 17. September 1480 die Dominikaner Michael de Morillo und Johannes de St. Martino zu Inquisitoren ernannt, zunächst nur für die Stadt und Diözese Sevilla. Schon am 27. März 1481 sprachen diese „apostolischen Inquisitoren" das erste Urteil über fünf Ketzer, die alle „dem weltlichen Arm" überliefert, d. h. verbrannt wurden. Sehr bald kamen Klagen an den Papst über die Grausamkeit und Ungerechtigkeit dieser Inquisitoren. Sixtus IV. richtete deshalb eine Breve an die spanischen Könige, aus dem wiederum klar erhellt, daß der päpstliche Stuhl sich selbst als das oberste Haupt der spanischen Inquisition betrachtete. Es heißt in diesem Schreiben vom 29. Januar 1482: „Obwohl wegen der vorgebrachten Klagen eigentlich andere Inquisitoren eingesetzt werden sollten, so wolle er, der Papst, doch den Vorstellungen der Könige nachgeben und die beiden Genannten in ihrem Amte belassen." Sollten die Klagen sich aber wiederholen, so würden sie abgesetzt. Die „Bitte" aber, die Inquisition auch jetzt schon in anderen Teilen des spanischen Reiches einzuführen, könne er, der Papst, „nicht gewähren".

Der Grund für diese Weigerung ist sehr bezeichnend für die oberherrliche Stellung des Papstes gegenüber der Inquisition und gegenüber den Königen Ferdinand und Isabella: „Deshalb gewähren wir euch die Bitte nicht, auch in anderen Teilen eures Königreiches Inquisitoren zu ernennen, weil ihr dort schon Inquisitoren habt, die nach der Gewohnheit der römischen Kirche, durch die Vorsteher des Predigerordens eingesetzt sind; so daß die Einsetzung anderer nicht ohne Schimpf und Kränkung und Verletzung der Vorrechte des Predigerordens geschehen könnte." „Wir ermahnen euch", so schließt das Breve, „diesen unseren Befehlen nachzukommen und den Inquisitoren in Ausübung ihres Amtes Hilfe zu leisten, wie es sich für katholische Könige geziemt."

In einem Breve vom 23. Februar 1483 an die Königin Isabella gesteht derselbe Sixtus, daß die Einführung der Inquisition ihm sehr am Herzen liege. Auf die Inquisition des der spanischen Krone gehörigen Sizilien übergehend, beklagt er den Widerstand, den er dort mit seinen Verordnungen bei den königlichen Beamten fände; er ermahnt die Königin, seine Bemühungen dort zu unterstützen, wodurch sie Gott wohlgefälliger werde, „als durch alles andere". In bezug auf einige andere „Bitten", die die Königin wegen der Inquisition an ihn gerichtet hatte, verspricht der Papst, darüber mit den Kardinälen zu beraten, und wenn möglich, „ihren Wunsch zu gewähren".

Bald darauf, am 17. Oktober 1483, dehnte Sixtus IV. die Gewalt der Inquisitoren über ganz Kastilien und Leon aus: „Kraft apostolischer Vollmacht bestellen wir Michael und Johannes zu Inquisitoren in diesen Ländern". Diese ganze Bulle ist in ihrem Wortlaut abermals ein schlagender Beweis dafür, daß der Papst mit der spanischen Inquisition schaltete und waltete, wie er wollte, daß er sie als sich allein unterstellt betrachtete. „Kraft apostolischer Vollmacht und nach unserm Gutdünken ernennen wir den Erzbischof Inigo von Sevilla zum päpstlichen Appellationsrichter der Inquisition." „Aus freiem Antrieb und aus eigenem Willen" unterstellt der Papst alle in Spanien gegen die dortigen Inquisitoren anhängig gemachten Beschwerden sich selbst und den von ihm bestellten römischen Richtern. Alle den Bestimmungen der Bulle entgegenstehenden Urteile spanischer Inquisitionsgerichte erklärt er für null und nichtig. „Keinem Menschen ist es gestattet", schließt das Schriftstück, „dieser unserer Willensmeinung entgegen zu handeln; wer es frevelhaft wagt, wisse, daß er den Zorn des allmächtigen Gottes und der Apostel Petrus und Paulus auf sich herabzieht."

Im Jahre 1483 schuf Sixtus IV. die Würde

eines Großinquisitors für Spanien und übertrug sie dem Dominikanerprior von St. Cruz in Segovia, Thomas Torquemada. „Dieser sollte die Leitung des ganzen Inquisitionsgeschäftes führen, seine apostolische Mission auf andere übertragen dürfen und insbesondere die an den hl. Stuhl gerichteten Apellationen als Vertreter des Papstes annehmen. Sixtus IV. unterstellte dem Neuernannten auch das Königreich Aragonien (am 17. Oktober 1483), indem er den daselbst bisher wirksamen Inquisitoren die eigene Jurisdiktion entzog." Diese Verfügung Sixtus IV. erneuerte Innozens VIII. in einer Bulle vom 11. Februar 1485.

Mit einer wegen ihrer Seltenheit besonders anerkennenswerten Ehrlichkeit schreibt der Jesuit Grisar über den kirchlichen Charakter der spanischen Inquisition: „Alle Großinquisitoren pflegten beim Antritt ihres Amtes mit den bezüglichen geistlichen Vollmachten vom hl. Stuhle neu bekleidet zu werden, eine Tatsache, die niemand in Abrede stellen kann. In Frage darf höchstens die Bedeutung der vom König ausgegangenen Ernennung dieser Großinquisitoren kommen, und da gibt die Parallele mit der Nomination der Bischöfe durch die Fürsten den erwünschten Aufschluß. Nicht durch diese weltliche Nomination erhalten die Bischöfe Würde und Vollmacht ihres Amtes, sondern durch die nach der Nomination erfolgende Präkonisation durch den Papst. So waren auch die Leiter der Inquisition nicht kraft königlicher Ernennung Großinquisitoren, sondern kraft der an sie gerichteten päpstlichen Bullen. Von den Päpsten gehen genaue Vorschriften über den Gang des Verfahrens aus; sie entscheiden in streitigen Fällen über die Befugnisse der Inquisitoren; sie schränken diese Befugnisse ein, und zwar sowohl in Rücksicht auf Personen, die sie der Jurisdiktion der Glaubensgerichte entziehen, als in Rücksicht der vor das Forum der letzteren gehörigen Gegenstände; aber je nach Bedarf vermehren sie auch diese Gegenstände, ebenso wie sie gelegentlich das Territorium der Wirksamkeit des Instituts erweitern. Sie bekräftigen durch Breven und Bullen Anordnungen, die durch Inquisitoren, den Rat oder den König getroffen werden; sie erteilen den Inquisitoren verschiedene Vergünstigungen; sie treffen Bestimmungen für den Unterhalt der Richter aus kirchlichen Benefizen. Nach Rom wenden sich Beamte der Inquisition, die sich von übergeordneten Inquisitionsrichtern beschwert glauben; dort suchen und finden immer noch manche inqui-

sitorisch Belangte Schutz, da trotz der Übertragung des päpstlichen Appellationsgerichtes an den Großinquisitor in Ausnahmefällen dem Rekurs an den hl. Stuhl Folge gegeben wird; von dort werden auch durch spontanen Entschluß der Päpste Inquisitionsprozesse dem spanischen Boden entzogen, um durch römische Richter entschieden zu werden. Die von Torquemada veröffentlichten Instruktionen bestimmten, daß die Inquisition beständig einen Agenten als Vertreter beim Papstsitze unterhalten sollte, und kam sie so freiwillig dem beständigen Einflusse der Päpste entgegen, so fehlte es anderseits nicht an Fällen, wo sie unfreiwillig und unter Androhung schwerer geistlicher Strafen zur Annahme dieses Einflusses oder Leitungsrechtes gezwungen wurde."

Ganz und gar unmißverständlich spricht sich Sixtus V. über den päpstlichen Charakter der spanischen Inquisition in seiner Bulle Immensa aeterni Dei vom 22. Januar 1588 aus. In ihr werden die römischen Kardinal-Kongregationen neu geordnet; nach Festsetzung der Bestimmungen für die Kongregation der römischen Inquisition sagt der Papst: „Hierbei ist es unsere Absicht, daß in der heiligen Inquisition der spanischen Länder und Herrschaften, die durch die Vollmacht des päpstlichen Stuhles eingesetzt worden ist, und durch die wir auf dem Acker des Herrn täglich reichliche Früchte zeitigen sehen, ohne unser oder unserer Nachfolger Wissen nichts geändert werde."

Der ultramontane Rodrigo steht deshalb auch nicht an, zu erklären, die spanische Inquisition sei ein geistlicher Gerichtshof, mit königlichen Waffen ausgerüstet: „Die Tribunale des hl. Offiziums waren nicht, wie man behauptet hat, weltlichen Charakters. Es waren kirchliche Tribunale ihrer Hauptseite nach, in Rücksicht der Sachen nämlich, über die sie erkannten, und der Autorität, die sie schuf."

Wie kann auch eine Anstalt „weltlich" sein, in deren Urteilssprüchen der stehende Ausdruck wiederkehrt: „der Schuldige wird dem weltlichen Arm übergeben?" Diese Übergabe hatte den letzten Akt des Dramas, das Verbrennen, zur Folge. Alles, was sich vor dieser Übergabe abspielte, d. h. der ganze Prozeß, war also außerhalb des weltlichen, war innerhalb des kirchlichen Machtbereiches.

An dieser Schlußfolgerung scheitert jede Wortklauberei.

Auch die Ablehnung der Vollziehung von Todesurteilen durch die Inquisition beweist ihren kirchlichen Charakter. Ihre Richter, weil einen kirchlichen Charakter tragend, sollten durch Blutvergießen nicht „irregulär" werden. Deshalb die leere Formalität der Bitte an den „weltlichen Arm", Milde mit den Verurteilten walten zu lassen. Nur aus dem kirchlichen Charakter der Inquisition heraus finden diese „Ablehnung" und diese „Bitte" ihre Erklärung, wie ich weiter unten im Abschnitt „Papsttum und Todesstrafe" zeigen werde.

In der Blütezeit der spanischen Inquisition, als sie noch fest im Sattel saß, und als noch keine „schwächlichen" oder „unchristlichen" Geister gegen ihre Taten Einspruch erhoben vom Standpunkt der Menschlichkeit und des Christentums aus, wurde aus ihrem kirchlich-päpstlichen Charakter nicht das mindeste Hehl gemacht. „Von wem auch immer", schreibt der Inquisitor Ludwig von Paramo, „die Inquisitoren erwählt werden: ihre Vollmacht erhalten sie immer unmittelbar vom Papste... Der Papst gewährt dem Generalinquisitor die Erlaubnis, andere Inquisitoren zu ernennen". Caesar Careña erklärt: „Daß die Inquisitoren von unserm heiligsten Herrn, dem Papste, delegiert sind, ist offenbar; denn, um vom Generalinquisitor im spanischen Königreich zu sprechen, da dieser auf Nomination unseres königlichen Herrn hin durch apostolisches Breve angestellt wird, so scheint es mir zweifellos, daß die Generalinquisitoren dieses Königreichs besonders vom Papste bestellte Richter sind... Die Generalinquisitoren des spanichen Königreichs sind auf den Wink des Papstes absetzbar."

Auch ein so unverdächtiger und zugleich kenntnisreicher Zeuge, wie der Jesuit Mariana, bekennt sich ohne Schwanken zum päpstlichen Charakter der spanischen Inquisition: „Glaubensrichter, Inquisitoren genannt, wurden zu dieser Zeit in Kastilien eingeführt, versehen mit der Vollmacht des römischen Papstes und gestützt durch die Gunst der Fürsten."

Und welche Inschrift trug das erste spanische Inquisitionstribunal in Sevilla? „Die hl. Inquisition gegen die ketzerische Verderbtheit im spanischen Königreich wurde zu Sevilla errichtet im Jahre 1481, als auf dem apostolischen Throne Sixtus IV. saß, der sie gewährt hat, und als in Spanien Ferdinand und Isabella regierten, von denen sie erbeten worden war. Erster Generalinquisitor war Bruder Thomas Torquemada aus dem Predigerorden. Gebe Gott, daß sie zum Schutze und zur Vermehrung des Glaubens Bestand habe bis zum Ende der Welt."

Ich schließe den Beweis für den päpstlichen Charakter der spanischen Inquisition mit den Worten der beiden „katholischen Könige", Ferdinand und Isabella. In einem Erlaß vom 21. März 1847, der die Unterschriften trägt: „Ich der König. Ich die Königin", heißt es: „Ihr wißt, wie unser heiliger Vater dem allgemeinen Verderben, das in unseren Reichen wegen der Ketzerei herrschte, zu steuern wünschte und Bullen und Breven gegeben hat zur Einsetzung einer Generalinquisition in diesen unseren Reichen... Kraft dieser Bullen hat man angefangen, in unseren Reichen die Inquisition gegen die Ketzerei einzurichten..."

Wo die Tatsachen so deutlich reden, muß auch der Verfasser des im übrigen maßlos oberflächlich und parteiisch-unwahrhaftig zusammengeschriebenen Aufsatzes „Inquisition" im ultramontanen „Staatslexikon" der Görres-Gesellschaft, der Jesuit Blötzer, eingestehen: „Der vorherrschend kirchliche Charakter der spanischen Inquisition läßt sich heute kaum mehr in Zweifel ziehen."

Unwissenheit und Unwahrhaftigkeit fahren allerdings auch heute noch in der ultramontanen Welt fort, die spanische Inquisition als „Staatsinstitut" hinzustellen, um die Kirche und den Papst der durch die spanische Inquisition begangenen Greuel zu entlasten.

Nur zwei Leuchten der katholischen Wissenschaft, die, wenn irgendwo, sich gerade hier rückständig erweist, seien hier genannt. Der Benediktiner Pius Gams schreibt: „Die spanische Inquisition wurde vom Staate eingeführt, vom Staate regiert und dirigiert, sie war ein Werkzeug in den Händen des Staates, sie wurde vom Staate wieder abgeschafft." Diese geschichtliche Unwahrheit hat er nachgesprochen dem bekannten Kirchengeschichtsschreiber Bischof Hefele von Rottenburg, der dem klaren Wortlaut der päpstlichen Bullen und Breven zum Trotz erklärt: „Die spanische Staatsinquisition ist von dem gleichnamigen kirchlichen Institut schon deshalb prinzipiell verschieden, weil ihre Angestellten die Bestallung nicht vom Papste, sondern von dem Fürsten erhielten. ... Man erklärt gern die spanische Inquisition für ein Produkt der römischen Glaubensdespotie, aber bedenkt nicht, daß gerade die Päpste diesem Institut am wenigsten geneigt waren und fast zu allen Zeiten seine Beschränkung versuchten." Derber kann den Tatsachen nicht ins Gesicht geschlagen werden.

Daß aber Unwissenheit über diesen Gegenstand nicht nur in ultramontanen Kreisen vorhanden ist, muß hier auch einem der größten deutschen Geschichtsschreiber gegenüber leider hervorgehoben werden. Leopold von Ranke schreibt: „Irre ich nicht ganz, so ergibt sich aus den Tatsachen, daß die Inquisition ein königlicher, nur mit geistlichen Waffen ausgerüsteter Gerichtshof war." Der Altmeister hat sich ganz geirrt und zwar in wichtiger Sache zum großen Schaden der geschichtlichen Wahrheit und damit der Aufklärung. Denn dies Rankesche Wort ist von der ultramontanen Geschichtsklitterung aufgegriffen worden, und seit Jahrzehnten spielt es eine verhängnisvolle Rolle in Büchern und Flugschriften. Gestützt auf dies Wort wird der ultramontanen Welt glauben gemacht, die Päpste, die Kirche seien unschuldig an den Greueln der „spanischen Staatsinquisition": „selbst Ranke gibt dies zu!"

V. Die Römische Inquisition.

Die ganze Inquisition war, wie schon hervorgehoben, römisch, d. h. Rom, der Papst, bildete für die Inquisition und für die Inquisitoren, wo immer sie auftraten, den Mittelpunkt, von dem aus ihr gesamtes Tun Anregung, Kraft und Wirksamkeit erhielt. Die bischöfliche, die mönchische, die spanische Inquisition sind nur verschiedene Namen für ein und dieselbe Sache: die römische, d. h. die päpstliche Inquisition.

Dennoch ist es berechtigt, von einer römischen Inquisition im engeren Sinne zu sprechen.

Der Riesenumfang, den die Inquisition genommen hatte, ihre Ausbreitung durch die ganze Christenheit bis in die entlegensten Winkel der neu entdeckten Goldländer: Südamerika und Indien, mußte in ihrem Haupt und Herzen, dem Papste, den Gedanken zeitigen, ihr eine Oberbehörde vorzusetzen. Ein Zentralpunkt, der jeweilige „Statthalter Christi", war ja vorhanden, und er sollte gewiß nicht aus seiner beherrschenden Lage verrückt werden; nur entlastet werden mußte der tiaragekrönte Großinquisitor.

Schon Urban IV. schuf durch die Bulle Cupientes ut negotium vom 2. November 1262 einen Generalinquisitor, den Kardinal Johann Kajetan Orsini; an ihn sollten sich die Inquisitoren wenden; jedoch war er nicht Richter — das blieb nach wie vor der Papst —, sondern sein Amt war das eines päpstlichen Beraters. Bei diesem päpstlichen Stellvertreter blieb es bis zur Zeit der Reformation.

Die Gefahr der „ketzerischen Bosheit" war bedrohlich gewachsen; straffere Gliederung war erforderlich. Paul III. setzte ein Collegium von sechs Kardinälen ein, dem er seine eigene Inquisitionsgerechtsame übertrug. Dies Collegium war die Berufungsinstanz in Inquisitionssachen. Pius IV. erweiterte seine Befugnisse. Der „heilige" Papst Pius V. schärfte dann den Gehorsam gegen das Collegium ein; Ungehorsam solle mit der excommunicatio latae sententiae bestraft werden; alle weltlichen Obrigkeiten hätten sich nach seinen Befehlen zu richten und jeden der Ketzerei Verdächtigen ihm anzuzeigen. Immer aber behielt sich der Papst die Fällung der Endurteile vor.

Als Sixtus V. (1585—1590) die ganze päpstliche Kurie neu ordnete, legte er die gestaltende, allmächtige Hand auch an dies Inquisitionskollegium. Er erhob es durch die Konstitution Immensa aeterni vom 22. Januar 1587 zur „Kongregation".

„Hiermit war die Organisation der Ketzergerichtsbarkeit beendet; beendet damit auch eine Entwickelung von mehr, als vier Jahrhunderten; begründet ein Institut, das, von Rom aus mit den größten Machtbefugnissen ausgestattet, es schützen sollte vor allen eindringenden Stürmen und Gefahren. Noch heute steht dieser Bau."

Die Kardinäle der Inquisitions-Kongregation halten ihre Sitzungen gewöhnlich am Mittwoch in dem Dominikanerkloster Santa Maria sopra Minerva. Am Donnerstag versammeln sie sich im Vatikan unter dem Vorsitz des Papstes, der seine Entscheidungen gibt. Die Entscheidungen werden regelmäßig eingeleitet mit den Worten: „Der Heiligste hat angeordnet, beschlossen, befohlen".

Die Grundsätze der römischen Inquisition waren natürlich die gleichen, wie die aller übrigen Inquisitionen. Die Inquisitoren in den übrigen Ländern verbreiteten ja nur die Grundsätze der Mutter-Inquisition. In den Inquisitionshandbüchern (Guidonis, Eymeric, Carena, Diana usw.), und in der Tätigkeit der römischen Inquisition stehen die Grundsätze verkörpert vor uns. Dennoch wird es von Interesse sein, die römischen Grundsätze von einer unanfechtbaren Autorität kurz und bündig ausgesprochen zu hören; ihre Fassung läßt an „Christlichkeit" und „Menschlichkeit" nichts zu wünschen übrig.

Der Jesuit Petra Santa schreibt: „Zu Rom wird wegen der ersten Ketzerei niemand mit dem Tode bestraft, wenn er nicht ein Häresiarch ist; er wird vielmehr, nachdem er die Ketzerei abgeschworen hat, nur gezüchtigt und dann entlassen. Nur diejenigen, welche in dieselbe Ketzerei zurückgefallen sind, werden zum Tode verurteilt; aber sie werden nicht lebendig verbrannt, sondern zuerst erdrosselt und dann verbrannt, falls sie sich vor dem Tode bekehren und ihren Irrtum aufgeben. Wenn sie hartnäckig bleiben, werden sie allerdings lebendig verbrannt; aber das geschieht nicht aus Härte, sondern in der Hoffnung, ihnen die Hartnäckigkeit auszukochen und sie durch die Größe der Strafe zum Bekenntnis des rechten Glaubens zu bewegen."

VI. Opfer der Inquisition.

Um die Schrecken der Inquisition zu schildern, ist es nicht nötig, die Phantasie zu Hilfe zu rufen; die nüchterne Aneinanderreihung der Tatsachen genügt.

Selbstverständlich ist es meine Absicht nicht, alle Opfer der Inquisition vorzuführen; diese Riesenarbeit wird wohl niemand bewältigen können. Wer könnte die Toten des Weltmeeres aufzählen? Wir wissen, daß es unzählige verschlungen hat; aber die Namen der einzelnen, ihre Leidens- und Schreckensgeschichte decken die stummen Fluten. Das gleiche ist über das prasselnde Feuermeer der Inquisition zu sagen.

Ich will nur eine auf Tatsachen sich aufbauende allgemeine Vorstellung geben von der ungeheuern Zahl von Menschen, deren Gut und Blut der „heiligen Inquisition" zum Opfer gefallen sind; nur eine allgemeine Vorstellung von den sozialen und kulturellen Folgen, die das Wirken des Papsttums durch seine Inquisition nach sich gezogen hat. Ein Rundgang durch die hauptsächlichsten Länder der Christenheit soll diesem Zwecke dienen.

1. Frankreich.

Aus zwei Gründen beginne ich mit Frankreich. Es ist neben Italien das älteste christliche Kulturland des Abendlandes, am ungehindertsten hat sich in ihm die Macht des Papsttums entfaltet, es ist „die älteste Tochter der Kirche"; und zweitens, es hat am furchtbarsten durch die Inquisition gelitten. Die „Kreuzzüge" gegen die Albigenser unter Innozens III. stehen an Grausamkeit und Blutvergießen keinem Türken- und Vandalenkriege nach.

Aus der ersten Hälfte des 13. Jahrhunderts hat sich das „Chronikon", das Tagebuch eines zwischen den Jahren 1220 und 1240 im Bezirke von Toulouse tätigen Dominikanerinquisitors, Wilhelm Pelisso, erhalten. Seine Aufzeichnungen sind eine wahrhaft unschätzbare Quelle für die Kenntnis dessen, was die Inquisition war und wie sie wirkte. In schlicht-naiven Worten erzählt dieser Mönch und päpstliche Bevollmächtigte von den Greueltaten, die im Namen Christi, seiner Heiligen und seines „Stellvertreters" gewirkt wurden.

Eine Handschrift der Bibliothek von Carcassonne (n. 6449) enthält den Text des „Chronikons"; Molinier hat von ihr eine allen Anforderungen entsprechende Ausgabe veranstaltet; meinen Anführungen aus dem Tagebuch liegt diese Ausgabe zugrunde:

„Zum Ruhme und Lobe Gottes und der seligsten Jungfrau Maria und des heiligen Dominikus, unseres Vaters, und der ganzen himmlischen Heerschar will ich einiges aufzeichnen, das der Herr in der Gegend von Toulouse gewirkt hat durch die Brüder des Predigerordens [Dominikaner] und auf die Bitten hin des hl. Dominikus: .. Damals starb ein ketzerischer Kleriker, der im Kreuzgang der Kirche beerdigt wurde. Als dies Magister Rollandus hörte, ging er mit den Brüdern [Dominikanern] dorthin, sie gruben ihn aus, schleiften ihn durch die Straßen und verbrannten ihn. Zu gleicher Zeit starb ein Ketzer namens Galvannus. Das entging dem Magister Rollandus nicht; er rief die Brüder [Dominikaner], den Klerus und das Volk zusammen; sie gingen in das Haus, wo der Ketzer gestorben war, sie zerstörten es von Grund aus und machten es zu einer Dungstätte; den Galvannus gruben sie aus. Seinen Leichnam schleppten sie in ungeheurem Zuge durch die Stadt [Toulouse] und verbrannten ihn außerhalb der Stadt. Das ist geschehen im Jahre 1231 zur Ehre unseres Herrn Jesu Christi und des hl. Dominikus, und zur Ehre der römischen und katholischen Kirche, unserer Mutter... Arnoldus Catalanus, damals Inquisitor, vom päpstlichen Legaten ernannt, verurteilte zum lebendig verbrannt werden zwei Ketzer, Peter von Puechperdut und Peter Bomassipio; beide wurden zu verschiedenen Zeiten verbrannt. Auch einige Verstorbene verurteilte er, ließ sie ausgraben und verbrennen. Der Inquisitor Bruder Ferrarius [Dominikaner] ließ viele Ketzer ergreifen, ließ sie einmauern; einige ließ er auch verbrennen, unter Beistand des gerechten Gerichts Gottes... Der Ketzer Johannes Textor wurde mit anderen verbrannt. Zur selben Zeit ließen die Inquisitoren Bruder Petrus Cellani und Bruder Wilhelm Arnaldi [Dominikaner] einige Verstorbene ausgraben, durch die Straßen schleifen und verbrennen[1]. In Montemsegurum [heute Montsegür] ließen sie den Johannes da Garda mit 210 anderen Ketzern verbrennen. Und ein großer Schrecken entstand unter den Ketzern der ganzen Gegend. Inzwischen ließ der Bruder Pontius de S. Egidio, Prior [des Dominikanerkonvents] zu Toulouse, den Handwerker Arnold Sancerius vorfordern und nahm gegen ihn viele eidliche Zeugnisse entgegen. Er selbst aber leugnete alles. Der Prior und die Brüder aber verurteilten ihn. Er wurde zum Scheiterhaufen geführt, rief aber fortwährend: man tut mir Unrecht, ich bin ein guter Christ und glaube an die römische Kirche. Dennoch wurde er verbrannt. Das Volk wurde entsetzt und erschüttert, und die Stadt Toulouse wehklagte. Im Jahre 1234 wurde die Heiligsprechung unseres hl. Vaters Dominikus in Toulouse verkündet. Der Bischof Raimundus von Miromonte feierte die Messe im Dominikanerkloster, und nachdem der Gottesdienst fromm und feierlich beendet war, wuschen sie sich die Hände, um im Speisesaal zu speisen. Da kam, durch göttliche Fügung und wegen der Verdienste des hl. Dominikus, dessen Fest man feierte, einer aus der Stadt und meldete, daß einige Ketzer zu einer kranken Ketzerin gegangen seien. Sogleich gingen sie [der Bischof und die Dominikaner] dorthin. Der Bischof setzte sich an das Bett der Kranken und sprach ihr viel von der Verachtung der Welt. Und weil die Kranke im Glauben war, es sei der Vorsteher der Ketzer, so antwortete sie frei auf alle Fragen. Der Bischof entlockte ihr mit vieler Vorsicht ein Bekenntnis dessen, was sie glaubte. Dann fügte er hinzu: Du darfst nicht lügen und nicht an diesem elenden Leben hängen. Deshalb sage ich dir, du sollst standhaft sein in deinem Glauben und nicht aus Todesfurcht anders aussagen, als du in deinem Herzen denkst. Sie antwortete: Herr, wie ich sage, so glaube ich, und wegen dieses elenden Lebens ändere ich meinen Vorsatz nicht. Da sagte der Bischof: Du bist eine Ketzerin, was du bekannt hast, ist ketzerisch. Ich bin der Bischof von Toulouse und verkünde den römisch-katholischen Glauben, den ich dich ermahne anzunehmen. Aber er richtete nichts aus. Da verurteilte sie der Bischof in Kraft Jesu Christi als Ketzerin. Er ließ sie mit dem Bett, in dem sie lag, zum Scheiterhaufen tragen und sofort verbrennen. Nachdem dies geschehen, gingen der Bischof und die Brüder [Dominikaner] zurück in den Speisesaal, und was dort bereitet war, aßen sie mit großer Fröhlichkeit, Dank sagend Gott und dem hl. Dominikus. Dies hat der Herr gewirkt am ersten Festtage des hl. Dominikus, zur Ehre und zum Ruhme seines Namens und seines Dieners, des hl. Dominikus, zur Erhöhung des Glaubens und zur Niederwerfung der Ketzer ... In jenen Tagen wurden einige verstorbene Ketzer ausgegraben und durch die Stadt geschleift und verbrannt. Damals wurde enthüllt, daß viele reiche Herren und Bürger vor ihrem Tode Ketzer geworden waren; sie wurden verurteilt, und von den Brüdern [Dominikaner] wurden sie ausgegraben und schimpflich aus den Friedhöfen herausgeworfen; ihre Gebeine und ihre stinkenden Körper wurden durch die Stadt geschleift, und ein Posaunenbläser verkündete in den Straßen: Wer Gleiches tut, wird auf die gleiche Weise zugrunde gehen, und schließlich wurden sie verbrannt zur Ehre Gottes und der seligsten Jungfrau, seiner Mutter, und des hl. Dominikus, seines Dieners. Damals wurden als Ketzer verurteilt die Verstorbenen: der ältere Embrinus und Peter Embrinus und Oliva, ihre Mutter, und Alesta, die Frau des Embrinus, und Ramundus Isarni und zwei seiner Schwestern, und ihre Gebeine wurden durch die Stadt geschleift und verbrannt. Viele Lebende wurden verbrannt. Sie [die Inquisitoren] verurteilten auch den Ramundus Hunaldi; er wurde zu Toulouse verbrannt; ebenso erging es dem Arnaldus Giffri. Viele andere wurden durch die Brüder Inquisitoren verurteilt. Ihre [der Verurteilten] Namen sind nicht aufgezeichnet im Buche des Lebens; sondern ihre Leiber sind verbrannt, ihre Seelen werden gepeinigt in der Hölle. Hier endigt, was aufgeschrieben hat mit seiner Hand der Bruder Wilhelm Pelhisso, der alles selbst gesehen hat und dabei war. Er starb im Jahre 1268. Was noch folgt, hat jemand geschrieben, der es gesehen hat. Im Jahre 1234 am Donnerstag nach Pfingsten verordnete der Predigerbruder Arnaldus Cathalani, damals auf Befehl unseres Herrn, des Papstes, Inquisitor, was folgt: er befahl, daß eine Ketzerin namens Beisseira ausgegraben werde. Aber da die Beauftragten sich fürchteten, ans Grab zu gehen, so ging Bruder Arnaldus selbst mit einigen Geistlichen zur Kirche des hl. Stephanus, wo die Ketzerin begraben lag; er ergriff einen Spaten und tat einige Stiche in die Erde; dann befahl er

---

[1] Dieser Wilhelm Arnaud, an dessen Händen Menschenblut klebt, wurde zwar wegen seiner Verdienste als blutvergießender Inquisitor, am 1. September 1866 von Pius IX. „selig" gesprochen, d. h. er wurde auf die Altäre der katholischen Kirchen erhoben und dem Volke zur Verehrung und Nachahmung hingestellt.

den bischöflichen Dienern fortzufahren und ging zurück in die Kirche, um der Synode beizuwohnen. Bald kamen die Diener und verkündeten, daß sie vom Grabe schimpflich weggetrieben worden seien. Da ging Bruder Arnaldus wieder hin zum Grabe mit einigen Geistlichen und vielen anderen. Und als sie angekommen waren an den Ort, da stritten wider sie die Söhne des Belial, die Gefäße der Bosheit, wie ihr Vater, der Teufel, es sie lehrte."

Die ersten Katharer — darunter zehn Domherren — wurden im Jahre 1022 zu Orleans verbrannt. Der Leichnam eines seit drei Jahren verstorbenen Domherrn, der der Ketzerei beschuldigt war, wurde ausgegraben und auf Befehl des Bischofs auf den Schindacker geworfen. Im Jahre 1077 wurde ein Katharer in Cambrai von Bischöfen, Äbten und Klerikern zum Tode verurteilt und verbrannt.

Wahrhaft religiöse Gemüter, auch innerhalb der Hierarchie, wenn auch sehr vereinzelt, schreckten damals noch zurück vor der blutigen Verfolgung. Roger, Bischof von Châlons, fragte den Bischof von Lüttich, Wazon (1042—1048), um Rat, ob er die Katharer verbrennen lassen dürfe. Wazon antwortete, Blutvergießen sei gegen den Geist und die Aussprüche Christi, der das Unkraut mit dem Weizen stehen lassen will, bis zum Tage seines Gerichtes; nur geistliche Zuchtmittel seien gegen Ketzer gestattet. Schon der unmittelbare Nachfolger Wazons, Theoduin, verleugnete diese christliche Gesinnung. Er schrieb an den König von Frankreich im Jahre 1050: „Nicht an ein Konzil gegen die Ketzer, sondern an ihre Hinrichtung habe man zu denken."

Im Jahre 1167 wurden mehrere Katharer zu Bezelay vom Erzbischof von Lyon und den Bischöfen von Nevers und Laon zum Tode verurteilt und verbrannt. Im Jahre 1172 wurde ein Geistlicher zu Arras vom Bischof der Stadt und vom Erzbischof von Reims als Ketzer zum Feuertod verurteilt, nachdem er durch die Probe mit dem glühenden Eisen der Ketzerei überführt worden war. Im Jahre 1180 wurden zu Reims vom dortigen Erzbischof zwei Frauen zum Feuertod verurteilt. Nicht unbeteiligt wird hierbei der Beschluß eines Konzils gewesen sein, das kurz vorher (1157) in Reims stattgefunden, und das grausame und blutige Strafen gegen die Ketzer, z. B. Brennen mit glühendem Eisen, festgesetzt hatte. Aus dem Jahre 1183 wird berichtet: „Viele, darunter Adelige, Bürgerliche, Geistliche, Bauern, Jungfrauen, Frauen und Witwen, wurden vom Erzbischof (von Reims) und vom Grafen (von Flandern) durch Richterspruch dem Feuertode überliefert; ihr Vermögen wurde teils dem Bischof, teils dem Grafen überwiesen."

Vom Bischof Hugues von Auxerre wird aus dem Jahre 1166 berichtet, daß er die Ketzer heftig verfolgte, daß auf sein Betreiben viele ihrer Güter beraubt und verbrannt wurden. Im Jahre 1201 ließ der päpstliche Legat, Kardinal Peter vom hl. Marcellus, den Ketzer Everard von Chateauneuf zu Nevers verbrennen. Der Leichnam Amaurys de Beynes wurde im Jahre 1209 ausgegraben, verbrannt und seine Asche auf den Schindacker geworfen. Guillaume le Breton erzählt, daß ein gerade damals zu Paris versammeltes Konzil dieses Vorgehen billigte mit dem Ausruf: Gepriesen sei Gott! Die Anhänger Amaurys wurden in großer Zahl verbrannt. Ketzer (Waldenser?), die um das Jahr 1222 in Besançon zahlreich waren, wurden anfänglich vom Volke beschützt, allein durch die Predigten des Bischofs und der Geistlichen erregt, wendete sich der Volkshaß gegen sie: „Alle wurden als Diener des Teufels, um mit dem Teufel in ewigem Feuer gepeinigt zu werden, verbrannt".

Die Legaten Innozens III. waren besonders tätig in Südfrankreich, um die Obrigkeiten zu harten Maßregeln gegen die Ketzer zu veranlassen. Im Jahre 1209 mußten die Konsuln von Montpellier dem päpstlichen Legaten eidlich geloben: Alle diejenigen, die ihnen vom Bischof oder von anderen Geistlichen als Ketzer bezeichnet würden, zu verfolgen und ihre Güter zu beschlagnahmen. Ein Konzil von Avignon unter der Leitung der päpstlichen Legaten beschloß, diesen Eid allen Stadtobrigkeiten der Provence aufzulegen. Bald darauf gelobt die Obrigkeit von Arles dem Bischof die Ausrottung der Ketzer, wie er sie wünscht und befiehlt.

Die Verfolgungswut erreichte einen solchen Grad, daß selbst katholische Stimmen den Wahrheitsmut fanden, zu erklären, auch die Apostel Petrus und Paulus, wenn sie noch auf Erden wären, würden den Scheiterhaufen der päpstlichen Inquisitoren nicht entgangen sein. Am 3. März 1308 wurden zu Toulouse eine große Anzahl von Männern und Frauen und mehrere ausgegrabene Ketzerleichen verbrannt. Der Dominikanerinquisitor Bernhard Gui führte den Vorsitz bei diesem Auto da Fe. Vier Jahre später verbrannte die Inquisition zu Toulouse 34 Ketzerleichen zusammen mit drei Männern und drei Frauen.

Im Jahre 1236 wirkten die Franziskaner und

VI. Opfer der Inquisition.

Dominikaner zusammen als päpstliche Inquisitoren im Grenzgebiet zwischen Frankreich und Flandern. „Sehr viele Ketzer beiderlei Geschlechts, so erzählt ein alter Bericht, wurden verbrannt; innerhalb von zwei Monaten ungefähr fünfzig; einige wurden lebendig begraben." Am 7. Mai 1318 wurden vor dem Inquisitor von Marseille, dem Franziskaner Michael, vier „Brüder vom armen Leben" verbrannt, „weil sie behaupteten, die Regel des h. Franziskus stehe auf gleicher Stufe mit dem Evangelium Christi". Diese vierfache Hinrichtung bildete das Vorspiel einer langen und blutigen Verfolgung. In Narbonne, Lünel. Ledeve, Beziers, Capestang, Pezenas, Carcassone, Toulouse wurde eine große Anzahl dieser Ketzer durch die Dominikanerinquisitoren verbrannt. Den Anstoß zu diesen Verfolgungen hatte ein gegen die „Brüder vom armen Leben" gerichteter Erlaß des Papstes Johann XXII. gegeben.

Nach Wadding wurden im Jahre 1323 114 Ketzer durch die Franziskanerinquisitoren verbrannt. Aus einer Liste des Inquisitionstribunals in Carcassone aus dem Jahre 1454 ergibt sich, daß zwischen 1318 und 1358 einhundertdreizehn „Brüder des armen Lebens" verbrannt wurden. Eine sehr interessante und sichere Tatsache wissen wir aus dem Jahre 1382: der päpstliche Franziskanerinquisitor verbindet sich mit einer Räuberbande von 22 Mann, um Ketzer zu ergreifen und sie zu töten: „Dem Girardo Burgarone, einem Hauptmann von 22 Räubern, wird ein Preis gezahlt zur Ergreifung einiger Waldenser, um sie hinzurichten, auf Befehl des Franziskus, des Inquisitors aus dem Orden der minderen Brüder". Aus der nämlichen Quelle erfahren wir vom „Verkauf von Holz für die Verbrennung von drei Waldensern, die verbrannt worden sind unter dem Felsen von Ebredun. Item, für den Unterhalt einiger Waldenser, die nachher verbrannt wurden. Item, Alphanda, Johannes Dragoneti und Johanna, die Frau des Stephan; alle drei wurden verbrannt in Vallepute."

Gregor IX. sandte in die Diözesen von Arles, Aix und Embrun den Bischof von Massa als Legaten. Die Wirksamkeit dieses Stellvertreters des „Statthalters Christi" war derartig, daß die Gefängnisse bald zu klein wurden, und daß es an Nahrungsmitteln für die Eingekerkerten gebrach. Deshalb befahl der Papst den Bau neuer Kerker und verlieh den Gläubigen, die dazu beisteuerten, reichliche Ablässe.

Der Dominikanerinquisitor Raimund Cabassa ließ im Oktober 1417 eine Frau mit Namen Katharina Sauba als Ketzerin verbrennen. Der Dominikanerinquisitor Robert, der von Gregor IX. ernannt war, ließ in den Jahren 1223—1240 eine große Anzahl Ketzer verbrennen, so in Cambrai, Douai, Lille. Ein förmliches Blutbad veranstaltete er am 29. Mai 1239 zu Mont-Wimer (jetzt Mont-Aime) in der Champagne: 183 Ketzer wurden dort verbrannt. Der Bericht lautet: „In der Woche vor Pfingsten im Jahre 1239 wurde ein großes und dem Herrn wohlgefälliges Brandopfer in Mont-Wimer dargebracht durch die Verbrennung von 183 Ketzern." Unter diesen Verbrannten war auch eine Frau, die auf das Drängen des Inquisitors Robert bekannte, sie sei nachts vom Teufel nach Mailand entführt worden. Ihren Platz an der Seite ihres Gatten habe unterdessen ein ihr gleichsehender Teufel eingenommen.

Ein alter Bericht aus dieser Zeit erzählt: „Sehr viele, beiderlei Geschlechts, die sich nicht bekehren wollten, ließ er [der päpstliche Dominikanerinquisitor Robert] im Feuer verbrennen, so daß in weniger als zwei oder drei Monaten ungefähr 50 durch ihn verbrannt wurden." Im Jahre 1310 wurde zu Paris Margarethe la Porete als Ketzerin verbrannt.

Im Jahre 1373 wurde die Ketzerin Johanna Daubenton zu Paris verbrannt. Mit ihr zugleich, auf demselben Scheiterhaufen, wurde die Leiche eines Ketzers verbrannt, der einige Tage vor dem Urteilsspruch gestorben war. Sein Leichnam war fünf Tage lang in ungelöschtem Kalk aufbewahrt worden, um ihn noch möglichst unversehrt verbrennen zu können. Im Jahre 1421 wurden zu Arras und Douai mehrere Ketzer verbrannt.

Mit das Entsetzlichste an Bluttaten weisen die Verfolgungen der Albigenser auf.

Papst Alexander III. schickte 1180 den Kardinal Heinrich, Bischof von Albano, als seinen Legaten nach Südfrankreich, um gegen die Albigenser vorzugehen. Heinrich predigte einen Kreuzzug gegen die Ketzer, den ersten, der von Christen gegen Christen unternommen wurde. Der Kreuzzug, der mit der Erstürmung von Lavaur durch den päpstlichen Legaten endigte, hinterließ, nach der Beschreibung eines Augenzeugen, der — wohlbemerkt — auf päpstlicher Seite sich befand, „ein weit und breit verwüstetes Land, zerstörte Dörfer und Städte, ein Bild des Todes". Auf Veranlassung des Abtes von Vezelay wurden im Jahre 1167 in Gegenwart der Bischöfe von Lyon, Narbonne, Laon und Nevers eine große Zahl Albigenser im Tale von Ecouan lebendig verbrannt, und zwar am Osterfest.

Der eigentliche Schlächter der Albigenser ist aber Papst Innozenz III.

Nach der Ermordung des päpstlichen Legaten Peter von Castelnau im Jahre 1208 begann Innozenz gegen sie den Vernichtungskrieg. Die päpstlichen Legaten waren die Anführer des „Kreuzheeres", das sich aus Rittern und Reisigen aller Nationen zusammensetzte. In den glühendsten Worten fordert der „Statthalter Christi" auf zur Vertilgung der „Gottlosen". Außer zur Gewalt rät er auch zur List im Kampfe gegen sie. In einem Schreiben an seine Legaten mahnt Innozenz III., den Grafen von Toulouse, die Hauptstütze der Ketzer, schlau zu täuschen, als ob man es nicht so sehr auf ihn abgesehen habe. Dadurch werde verhindert, daß der Graf sich mit den Streitkräften der übrigen Ketzer vereinige. So sei es leichter, ihn dann später, nach Niederwerfung der übrigen, allein zu besiegen. Bezeichnend ist, daß der „Nachfolger Christi" sich für diese Kriegslist auf den Apostel Paulus beruft. Auch Paulus habe von sich gesagt: „Dieweil ich tückisch war, habe ich euch mit Hinterlist gefangen." „Wohlan, Streiter Christi", ruft der Papst aus, „laßt euch bewegen durch die Klagen der Kirche Christi, es entflamme euch der Eifer Gottes zur Rache."

Den Höhepunkt des Blutvergießens und der Grausamkeit erreichte der vom „Statthalter Christi" geführte Kreuzzug mit der Eroberung von Beziers und Carcassonne im Juli und August 1209. Da man nicht wußte, welche von den Bewohnern Beziers ketzerisch, welche rechtgläubig waren, so ließ der päpstliche Legat mit dem zynischen Worte: „Tötet sie alle, Gott wird die Seinen zu erkennen wissen", alle hinschlachten. Zwanzigtausend Menschen: Männer, Frauen, Kinder wurden die Opfer des religiösen Fanatismus. In der einen Kirche Maria Magdalena mordete man 7000, die sich dorthin geflüchtet hatten. In einem Schreiben voll triumphierender Worte zeigten die Legaten dem Papste diese unmenschliche Tat an: die göttliche Rache habe die Ketzer wunderbar vernichtet. In Carcassonne wurden zur gleichen Zeit 400 Ketzer verbrannt und 50 erhängt.

Der Kreuzzug nahm seinen Fortgang; es folgte im Jahre 1211 das Blutbad von Lavaur, wo über 100 Ketzer durch Schwert und Feuer ums Leben kamen. Die Berichte erzählen, daß die päpstlichen Scharen die Niedermetzelungen vornahmen „mit ungeheurer Freude". In Casser wurden 84 Ketzer verbrannt.

Ein entsetzliches Beweisstück „christlichen" Hasses und „christlicher" Verfolgungswut bildet ein Schreiben zahlreicher zu Lavaur versammelter Bischöfe an Innozenz III. vom 20. Februar 1213: „Wir bitten Euere Gütigkeit mit gebührender Ehrfurcht, kniend und unter Tränen, daß ihr, gemäß dem Eifer des Phineas, den ihr besitzt, diese schlechteste Stadt [Toulouse] mit all ihren Verbrechern, mit all ihrer Unreinheit und ihrem Schmutz, der sich angesammelt hat in dem aufgeschwollenen Leibe dieser giftigen Schlange, die in ihrer Bosheit nicht geringer ist, als Sodoma und Gomorrha, von Grund aus der gebührenden Vernichtung anheim fallen lasset." Papst Innozenz entsprach diesen frommen Bitten. Der fanatische Haß ging so weit, „daß nicht nur offenbare Ketzer, sondern wer immer verdächtig erschien, dem Scheiterhaufen überliefert wurde".

Papst Honorius III. zeigte die gleiche Grausamkeit gegen die Albigenser, wie sein Vorgänger Innozenz III. Geistliche und weltliche Vorteile, die der Papst verhieß — so versprach er Philipp-August von Frankreich den zwanzigsten Teil der kirchlichen Einkünfte —, brachten ein neues Kreuzheer zusammen. Marmande wurde gestürmt; die Bischöfe von Beziers und Saintes rieten, sämtliche Einwohner töten zu lassen; über fünftausend: Männer, Frauen und Kinder fielen diesem Rate zum Opfer.

Mehrere tausend Priester, die das Heer begleiteten, eiferten die Scharen zu immer erneutem Fanatismus an. Der Kardinal Bertrand wiederholte in seinen Predigten beständig, „daß Tod und Schwert die ständigen Begleiter des Kreuzheeres sein müßten; alles Leben müßte vertilgt werden".

Im Jahre 1232 ließ der Dominikaner Raimund de Falguario 19 Albigenser, darunter mehrere Frauen, zu Toulouse verbrennen. Eine größere Zahl von Albigensern wurde durch den Dominikanerinquisitor Peter Cellani im Jahre 1234 zu Toulouse dem Scheiterhaufen überantwortet. Ausgrabungen von Ketzern und Verbrennen ihrer Leichen waren an der Tagesordnung. In Narbonne verbreitete der Domikanerinquisitor Franz Ferier Tod und Schrecken. Zusammen mit ausgegrabenen Ketzerleichen wurden am 19. Februar 1237 eine große Anzahl Albigenser zu Toulouse auf ein und demselben Scheiterhaufen durch die Inquisition verbrannt. Papst Gregor IX. gab den Befehl, alle Häuser der

Albigenser in Toulouse „zum ewigen Gedenken" zu zerstören.

Auch nach der Einnahme von Montsegur am 14. März 1244, wo 200 Ketzer lebendig verbrannt wurden, dauert der päpstliche Vernichtungskrieg gegen die Albigenser noch ein halbes Jahrhundert fort. Immer und immer wieder loderten die Scheiterhaufen auf. Um die Verfolgung der Albigenser wirksamer zu machen, hob Papst Martin IV. das kirchliche Asylrecht auf, d. h. die päpstlichen Inquisitoren durften die Ketzer bis in die Kirchen und bis an die Altäre verfolgen. Auf Einbringung von Ketzern wurden große Geldsummen ausgesetzt, um so die schnöde Habgier in den Dienst der Kirche zu stellen.

Neben den Albigensern hatten die Waldenser am furchtbarsten von der Verfolgungswut der „Statthalter Christi" zu leiden.

Schon Innozenz IV. forderte durch eine Bulle aus dem Jahre 1248 zur Verfolgung der Waldenser in der Bourgogne auf; diese Aufforderung hatte blutigen Erfolg: „die Inquisitoren verfolgten die Waldenser und verbrannten, wen sie auffinden konnten". Bernard Gui ließ 1321 und 1322 sechs Waldenser verbrennen; 1339 wurden verstorbene Waldenser in der Dauphine ausgegraben und verbrannt. Ein Waldenser wurde im Jahre 1351 in Quirieu verbrannt. 1348 ließ der Erzbischof de Sarrats 12 Waldenser vor der Domkirche von Embrun verbrennen.

Der von Papst Gregor XI. entsandte Franziskanerinquisitor Lorelli schlachtete in den Alpentälern Savoyens und der Dauphine die Waldenser zu Hunderten. Am 22. Mai 1393 vollzog sich in den Kirchen von Embrun ein bezeichnendes Schauspiel. Die Stadt hatte ihr Festgewand angelegt, die Altäre der Kirchen waren geschmückt, die Priester, in kostbare Gewänder gehüllt, umstanden sie. Welches Fest galt es zu feiern? Achtzig Waldenser aus den Tälern von Freyssinieres und Argentiere und einhundertundfünfzig Waldenser von Ballouise wurden zum Feuertode verurteilt. Die Hälfte der Gesamtbevölkerung dieser Täler verschwand, ganze Familien: Vater, Mutter, Kinder hörten auf zu sein.

Hundert Jahre später fand ein noch schreklicheres Blutbad statt. Der Kardinallegat des Papstes Innozenz VIII., Albert von Cremona, drang in das Tal Ballouise ein; die Waldenser hatten sich in eine große Höhle des Berges Pelvoux zurückgezogen. Der Vertreter des „Statthalters Christi" ließ am Eingang der Höhle Feuer anzünden. Fünfzehnhundert Menschen, darunter Frauen und Kinder, kamen teils durch Feuer und Rauch, teils durch das Schwert um. Am 29. März 1539 wurden zu Cavaillon in der Provence dreizehn Waldenser verbrannt. An diesem Blutgericht beteiligten sich die Bischöfe von Sisteron, Apt und Cavaillon. Bis zum Jahre 1550 schätzt man die in der Provence gemordeten Waldenser: Männer, Frauen, Kinder, auf über dreitausend. Besonders heftig wütete die Verfolgung in zwei Ortschaften, die zum päpstlichen Gebiete von Avignon gehörten, Merindol und Cabrieres. In der Kirche von Cabrieres wurden zwischen vier- und fünfhundert Menschen, meistens Frauen, die sich dorthin geflüchtet hatten, niedergemetzelt. Fünfundzwanzig Waldenser hatten sich in einer Höhle verborgen. Der päpstliche Vizelegat Mormoiron, wohl sich erinnernd der Geschicklichkeit seines Vorgängers am Berge Pelvoux, ließ am Eingang der Höhle Feuer anzünden, und alle fanden den Tod.

2. Die Niederlande.

Wohl die früheste Ketzerverbrennung in diesen Landstrichen fand im Jahre 1164 zu Utrecht statt. Dann folgen sie sich in rascher und langer Reihenfolge.

Auf Befehl des Bischofs von Arras wird der Priester Robert im Jahre 1172 als Ketzer verbrannt. Im Jahre 1183 ließ Wilhelm Erzbischof von Reims und päpstlicher Legat viele Ketzer in Flandern verbrennen. Ihre Güter fielen teils dem Erzbischof, teils dem Landesherrn zu.

Unter diesen Verbrennungen ist die eines jungen Mädchens hervorzuheben. Erzbischof Wilhelm ritt eines Tages mit seinem geistlichen Gefolge in der Nähe von Reims spazieren. Sie begegnen einem schönen jungen Mädchen; ein junger Kleriker, Magister Gervasius, will sie zu seiner Buhle machen. Sie weigert sich, weil sie dann der Hölle verfiele. Daraufhin wird sie von Gervasius als Ketzerin angeklagt und auf Befehl des Erzbischofs verbrannt.

Auf Befehl des Bischofs von Cambrai werden im Jahre 1217 mehrere Ketzer verbrannt. In Cambrai und Douais werden im Jahre 1235 sehr viele Männer und Frauen durch den Dominikanerinquisitor Robert verbrannt.

Am 2. Mai 1236 folgen diesen Opfern zehn andere Ketzer zu Douais; sie werden in Gegenwart der Bischöfe von Reims, Arras und Tournay dem Feuer übergeben. Das gleiche

Geschick trifft im Jahre 1238 eine Anzahl Ketzer in Brabant. Ein Geschichtschreiber des Dominikanerordens, der Dominikaner Hyazinth Choquet, verherrlicht noch im Jahre 1618 diese Bluttaten seines Ordensgenossen Robert. Er preist sie rühmend als Beweis dafür, daß der Dominikanerorden stets „in apostolischem Eifer" den Glauben verteidigt habe. Auf Befehl flandrischer Bischöfe wird im Jahre 1329 ein Ketzer verbrannt.

Am 29. März 1414 werden zu Monts in Gegenwart des Bischofs von Cambrai und vieler Geistlicher mehrere Ketzer verbrannt. Am 3. Februar 1416 lassen der Bischof von Tournay und der Dominikanerinquisitor Peter Floure einen Ketzer zu Tournay verbrennen. Derselbe Peter Floure ließ im Jahre 1417 zu Lille drei Ketzer verbrennen, obwohl die Stadtobrigkeit ihn und den Bischof von Tournay gebeten hatte, milde mit ihnen zu verfahren. Zu Douais und Arras werden im Jahre 1421 mehrere Ketzer durch den Bischof und den Inquisitor verbrannt. In Gegenwart des Bischofs von Tournay, von zwei anderen Bischöfen und drei Äbten wird auf dem Markt von Tournay im Jahre 1423 ein Ketzer verbrannt. Im Jahre 1429 wird auf Befehl des Inquisitors und des Bischofs ein Ketzer in Tournay verbrannt. Im gleichen Jahre werden zu Lille vier Ketzer verbrannt. Zwei Ketzer werden im Jahre 1430 zu Tournay verbrannt. Zu Monts wird im Jahre 1447 ein Ketzer verbrannt. Am 26. März 1459 wird zu Lille ein Ketzer verbrannt. Mehrere Ketzer werden zu Utrecht im Jahre 1460 verbrannt. Im gleichen Jahr wird zu Cambrai ein Ketzer verbrannt. Sechs Ketzer werden am 22. Juni 1460 zu Arras verbrannt. Im September 1645 wird zu Lille ein Ketzer verbrannt. In den Jahren 1500 und 1502 wird zu Brüssel je ein Ketzer verbrannt. Am 14. Dezember 1512 wird im Haag der Ketzer Hermann Rijswijk „zu Pulver und Asche verbrannt". Im Jahre 1517 wird zu Bouvignes bei Namür eine Ketzerin verbrannt.

Alle diese Hinrichtungen waren gleichsam nur Vorspiel. Als Karl V. der Inquisition seine mächtige Hand reichte, begann ihr eigentliches Werk.

Am 23. April 1522 ernannte der Kaiser den Laien Franz van der Hulst zu seinem Sonderbevollmächtigten, „um die ausfindig zu machen, welche vom Gifte der Ketzerei ergriffen sind".

Die Befugnisse dieses „Großinquisitors" waren weitreichend; Berufung von seinem Urteil gab es nicht. Papst Hadrian VI. bestätigte in einer Bulle vom 1. Juni 1523 die Ernennung van der Hulsts und erteilte ihm, obwohl er Laie war, alle Vollmachten eines päpstlichen Inquisitors.

Van der Hulst hatte es eilig; schon am 1. Juli 1523 ließ er die ersten lutherischen Ketzer zu Brüssel hinrichten, und Karl V. schrieb am 22. August dem Papst: „Er suche das niederländische Volk vom Irrtum zu befreien, indem er die der Gottlosigkeit Überführten hinrichten ließ".

Die Herrschaft des Laien=Inquisitors dauerte jedoch nicht lange. An seiner Absetzung war teils die übergroße Grausamkeit des Mannes schuld, teils und hauptsächlich der Wunsch Roms, die Macht der Inquisition nicht einem Laien zu überlassen. Papst Klemens VII. ernannte am 19. März 1525 die Geistlichen Buedens, Housseau und Coppin zu Inquisitoren, mit dem Rechte, ihre Gewalten auf andere zu übertragen. Ein ganzer Schwarm von Inquisitoren, Unterinquisitoren usw. überschwemmte nun Belgien; die meisten waren Dominikaner.

Auch die niederländische Inquisition trug, wie aus dem souveränen Eingreifen der Päpste hervorgeht, wesentlich kirchlich=päpstlichen, nicht staatlichen Charakter. Selbst der gut katholische, aber ehrliche Poullet gesteht dies unumwunden zu: „Die niederländischen Inquisitoren erhielten ihre Anweisungen ausschließlich vom päpstlichen Stuhl; keine Bestimmung des weltlichen Herrschers begrenzte weder die Form noch den Inhalt ihrer Gerichtsbarkeit."

Papst und Kaiser wetteiferten in der Verfolgungswut; Hadrian VI. schrieb an Karl V., daß sein [des Kaisers] irdisches Glück von der Inquisition abhänge, und daß er die Welt erkennen lassen solle, daß er ein Feind der Feinde Christi sei. Klemens VII. ermahnte ihn, mit Eisen und Feuer die unreine Ketzerei zu vertilgen. Karl V. selbst erklärte, diese Pest mit der Wurzel ausrotten zu wollen.

Ein kaiserlicher Erlaß aus Maestricht vom 28. Februar 1546 schärfte aufs neue ein, daß die weltlichen Richter die von der Kirche Verurteilten sofort hinrichten lassen sollen.

Wie erfolgreich und von welcher Art die Tätigkeit der päpstlichen Inquisitoren war, erhellt am besten aus den Worten eines kaiserlichen Rats, der an Karl V. schrieb: „Möchten Ew. Majestät bewirken, daß die Angestellten der Inquisition sich nicht vom Blute der Menschen nähren".

Erdrosseln und Verbrennen — "Auskochen" — dies römische Rezept (oben S. 27) verordnete auch Karl V. in einem Briefe vom 29. Mai 1558 für die Ketzer der Niederlande. Roms Wünsche waren eben überall die gleichen, und überall wurden sie erfüllt.

Am meisten gefürchtet wurde Peter Titelmans, Dechant von Renaix, "apostolischer Inquisitor des heiligen Glaubens, Bevollmächtigter des hl. Stuhles und durch den Willen Sr. Majestät Unterinquisitor von Flandern". Das Auftreten dieses "päpstlichen Bevollmächtigten" zeigt, welche Auffassung die Inquisitoren von ihrem Verhältnis zur staatlichen Gewalt hatten. Titelmans hatte am 4. Oktober 1550 den Rat von Flandern benachrichtigt, er habe den Henker von Gent bereit zu halten, um einen Ketzer in Sotteghem hinzurichten. Der flandrische Rat verlangte auf Grund kaiserlicher Verfügungen die Mitteilung der Prozeßakten. Titelmans erwiderte, als Bevollmächtigter des Papstes habe er niemand solche Mitteilung zu machen, er verwalte sein Amt nur nach den Grundsätzen des Kirchenrechts und gemäß der päpstlichen Vollmacht.

Die Verfolgungswut der Inquisitoren stieg so, daß selbst ein Philipp II. sie für noch unbarmherziger erklärte, als die spanische Inquisition.

Ein alter Bericht schließt die Schilderung der Tätigkeit der niederländischen Inquisitoren mit den Worten: »Les persécutions se continuoyent à toute rigueur, bruslant, noiant et nectant à mort à force, à quoy s'employoient de bonne sorte lesdicts inquisiteurs«.

Aber auch hier, wie bei uns in Deutschland, hat die ultramontane "Wissenschaft" es fertig gebracht, daß der klerikale Abgeordnete Dümortier am 20. Dezember 1876 in der belgischen Kammer, ohne Widerspruch zu finden, erklären konnte: "Niemals hat die Inquisition in Belgien existiert!"

3. Deutschland.

a. Vereinzelte Angaben über Ketzerverbrennungen in verschiedenen Teilen Deutschlands.

Zunächst reihe ich einige Angaben über verschiedene Ketzerverbrennungen in unserm Vaterlande lose aneinander; daran knüpfe ich die zahlreichen Nachrichten über Waldenserverfolgungen auf deutschem Boden. Den Schluß der aphoristischen Darstellung bilden drei mehr abgerundete Geschichtsbilder, aus deren Betrachtung man leicht auf die übrige Tätigkeit der Inquisition in Deutschland schließen kann.

Durch eine Bischofsversammlung in Goslar im Jahre 1051 wurden mehrere als Ketzer zum Tode verurteilt, weil sie sich geweigert hatten, Hühner zu töten: denn es entspräche den Anschauungen der Katharer, keine Tiere zu töten. Ja selbst das Aussehen der Angeschuldigten genüge, sie als Ketzer zu verurteilen, weil ihre Blässe zurückzuführen sei auf den der Lebensführung der Katharer entsprechenden ausschließlichen Genuß von Pflanzennahrung.

Erzbischof Bruno von Trier läßt im Jahre 1112 zwei Priester als Ketzer hinrichten. Unter dem Erzbischof Reinold wurden am 2. August 1163 zu Köln acht Ketzer, sechs Männer und zwei Frauen, verbrannt. Der Mönch Caesarius von Heisterbach erzählt diese Verbrennung mit großem Behagen. Im Jahre 1164 wurden viele Ketzer zu Trier verbrannt.

Im Jahre 1392 ließ der päpstliche Inquisitor Martinus mehrere Ketzer zu Erfurt verbrennen. Im Jahre 1402 wurden durch den Inquisitor Eylard Schönefeld zwei Ketzer zu Lübeck und Wismar öffentlich verbrannt.

Zu Zürich und Uri werden im Jahre 1438 zahlreiche Ketzer verbrannt. Der Inquisitor Johann von Frankfurt berichtet selbst, daß er am 4. Juni 1429 zu Würzburg den Ketzer Johann Futyger öffentlich verbrannt habe: "Unter großer Feierlichkeit, an öffentlichem Ort vor einer großen Volksmenge nach einer herrlichen Predigt übergab der Inquisitor ihn dem weltlichen Gericht, damit er verbrannt werde."

Großen Umfang nahmen auch in Deutschland die Waldenserverfolgungen an. Ehe ich sie in ihren Hauptzügen vorführe, erscheint es nicht unangebracht, etwas von den Anklagen mitzuteilen, auf Grund deren die Waldenser durch die päpstlichen Inquisitoren den Flammen überliefert wurden. Auch das in den Waldenserprozessen beobachtete Inquisitionsgerichtsverfahren verdient eine, wenn auch nur flüchtige Beleuchtung.

Neben Ketzerei wurden die Waldenser auch der Hexerei beschuldigt. Die "Memoiren" des Jaques du Clerq und die von Fredericq gesammelten Akten erbringen dafür den Beweis. So wird dort der in Douai verbrannten Waldenserin Denisette Greniere ihr Teufelsbündnis vorgeworfen. Bei mehreren Waldenserprozessen aus dem Jahre 1460 in Arras lautet die Anklage auf Teufelsbuhlschaft: der Teufel habe in Gestalt eines Menschen, Stiers, Wolfs, Hasen mit den angeklagten Frauen geschlechtlich verkehrt. Ein Domherr von Dortrecht, Doktor der Theologie, Johann

Tinktoris, beschuldigte in einer Predigt die Waldenser: aus ermordeten Kindern bereiteten sie eine Salbe, die sie fähig macht, mit dem Teufel durch die Luft zu fliegen.

Riezler macht interessante Mitteilungen über eine Handschrift der Pariser Nationalbibliothek, deren Inhalt hierher gehört.

Die Handschrift ist aus dem 15. Jahrhundert; sie enthält: 1. eine quaestio de strigis (Untersuchung über Hexen) vom Dominikanerpater und Magister der Theologie Jordan von Bergamo; 2. ein Buch gegen magische Künste von Johann Vincentius, Prior der Kirche de Monasteriis super Ledum; 3. „eine Übersicht über den Zustand und die Verhältnisse der götzendienerischen Waldenser, geschöpft aus der Praxis und den Belehrungen vieler Inquisitoren und anderer Sachkenner, sowie aus den Geständnissen und Prozeßakten der Waldenser selbst aus dem Jahre des Herrn 1460 zu Arras".

Diese dritte Abhandlung ist die wertvollste. Ihr Verfasser, ein Inquisitor, wirft den Waldensern vor: Hexenfahrten und Teufelsbuhlschaften; die Teufelsanrufung liege im Wesen der Waldenserei. In den Versammlungen der Waldenser führe der Teufel sichtbar den Vorsitz; es fänden dort Teufelsanbetung und, bei ausgelöschten Lichtern, die greulichste Unzucht statt. Alles genau so, wie Papst Gregor IX. es schon 200 Jahre früher (1233) in seiner Bulle Vox in Rama geschildert hat.

Lehrreich in dieser Abhandlung sind auch die Mitteilungen über das gegen die Waldenser von den päpstlichen Inquisitoren beobachtete Prozeßverfahren. Da heißt es: die Zeugen dürfen dem Angeklagten nicht genannt werden; auf den Widerruf vor der Hinrichtung sei nichts zu geben; ferner: „Vor der Folter soll der Angeschuldigte ganz entkleidet, geschoren und an allen Teilen untersucht werden; seine Nägel müssen abgeschnitten werden, damit sich unter ihnen kein Hexenmal, kein Geschenk des Teufels in Gestalt eines Korns oder einer Pille verberge, worin sie ihr Vertrauen auf den Teufel setzen." Hat der Gefolterte sein Geständnis widerrufen, so soll er alsbald, solange der Schmerz noch frisch in der Erinnerung ist, aufs neue gefoltert werden; auch solle man ihn in einen fürchterlichen Kerker sperren und dort schlecht ernähren, denn Hunger und ein finsteres Gefängnis seien sehr wirksam. Ferner: „Die Folter nicht anwenden, durch die allein man für gewöhnlich etwas herausbekommt, heißt nichts andres, als offen den Teufel begünstigen, unter Verachtung des lebendigen und wahrhaftigen Gottes. Diese Art Teufel kann nur ausgetrieben werden durch — Folter und Qual." Eine Verzerrung des bekannten Wortes Christi vom Austreiben der Teufel durch Gebet und Fasten. Das sechste Kapitel enthält die Beschuldigung, die Waldenser erregten durch ein in die Luft gestreutes Pulver Unwetter und Krankheiten.

Zum Schlusse werden die weltlichen Richter ermahnt, den Inquisitoren „blinden Gehorsam" zu leisten.

Die Waldenserverfolgungen in Deutschland wüteten vorzugsweise im Südosten.

Die Klosterneuburger Annalen zum Jahre 1210 berichten, daß viele „pestilenzialische Paterer getötet wurden". Vielleicht bezieht sich diese Nachricht auf die überaus grausame Ketzerverfolgung durch Herzog Leopold VI. von Österreich (1198—1230), der die Ketzer sieden ließ. Im Salzburgischen fand eine Ketzerverbrennung im Jahre 1285 statt; kurz darauf erlitten in Krems 16, in St. Pölten 11, in Wien 102 Ketzer den Feuertod.

„Eine wahre Flut von päpstlichen Bullen erging am 1. Mai 1318 an die Bischöfe von Olmütz, Meißen und Krakau, an den König von Böhmen, den Markgrafen von Meißen, die Herzöge von Krakau und Breslau, die böhmischen Landherren und die Magistrate der böhmischen und mährischen Städte, welche den Adressaten die geschehene Ernennung von päpstlichen Inquisitoren für die bezeichneten Gebiete ankündigten und deren eifrige Unterstützung in dringlichster Weise forderten."

Alle dort ernannten Inquisitoren waren Dominikaner und Franziskaner, die übrigens schon vor dieser päpstlichen Ermahnung ihres Amtes als geborene Ketzerverbrenner nachdrücklich gewaltet und in einigen „Nachfolgern der Apostel" sehr kräftige Förderer ihrer „christlichen" Tätigkeit gefunden hatten. So ließ Bischof Heinrich I. von Breslau durch die Dominikaner und Franziskaner im Jahre 1315 zu Schweidnitz 50 Ketzer auf einmal verbrennen. Der Domdechant Heinrich von Regensburg ließ als päpstlicher Inquisitor in den Jahren 1378 und 1384 eine Anzahl von Frauen als waldensische Ketzerinnen verbrennen. Zu gleicher Zeit wütete eine Waldenserverfolgung in Nürnberg. Zahlreiche Personen, auch aus den Patrizierfamilien, wurden verbrannt; 15 Ketzer wurden in den Jahren 1378 und 1379 verbrannt; sechs Frauen und ein Mann teilten im Jahre 1399 das gleiche Schicksal. Zu Wolfern in Niederösterreich wurden durch den Dominikanerinquisitor Petrus im Jahre 1393 mehrere Waldenser verbrannt. Aus dem Jahre 1397 berichten die Klosterannalen von Garsten, daß im nahegelegenen Steyer mehr als tausend Personen wegen Ketzerei eingekerkert und achtzig bis hundert unter ihnen verbrannt worden seien. Vier Ketzer — drei Frauen, ein Mann — werden im Jahre 1398 zu Garsten durch den Inquisitor Petrus dem Scheiterhaufen übergeben. Ein Urteil des ebengenannten Inquisitors vom 27. Februar 1401 überliefert eine Anzahl Frauen zu Hartberg in Steiermark als Ketzerinnen dem Scheiterhaufen. In Wien werden in den Jahren 1411 und 1467 zwei Ketzer verbrannt.

Wattenbach hat in den „Abhandlungen der Königlichen Akademie der Wissenschaften zu Berlin" (1886) aus einer Wolfenbütteler Handschrift des 14. Jahrhunderts ausführliche Mitteilungen gemacht über die Waldenserverfolgungen im Norden Deutschlands, besonders in der Neumark und Uckermark. Die Handschrift enthält die Aufzeichnungen des päpstlichen Inquisitors Petrus über seine Tätigkeit in den Jahren 1393—1395. Inquisitionsprozesse und Verhöre finden statt in Bärwalde (11), Bellin (4), Groß-Wubiser (13), Klein-Wubiser (13), Falkenwalde (6), Grüneberg (1), Klein-Mantel (1), Mohrin (6), Selchow (7), Voigtsdorf (3), Wrechow (4), Zehden (4), Prenzlau (4), Angermünde (1), Gerswalde (3).

Das Tribunal des Inquisitors für diese nordischen Gegenden war in Stettin. Aus dem Jahre 1458 erhalten wir Nachricht über Ketzerverfolgungen in Berlin. Dort waren zu Zeiten des Kurfürsten Friedrich II. der Bischof Stephan von Brandenburg und der Franziskaner Johann Kannemann Inquisitoren. Am 28. April 1458 verurteilten sie Matthäus Hagen als Ketzer zum Feuertod und übergaben ihn in feierlicher Form den kurfürstlichen Beamten.

Auch an anderen Orten der Mark wurden Ketzer verbrannt. „In Königsberg (Mark) heißt noch jetzt eine Stelle an der Stadtmauer, wenn man zum Bernikower Tor hineinkommt, rechter Hand, der Kötterberg (Ketzerberg), da mögen wohl einst die Scheiterhaufen geflammt haben."

b. Straßburg.

Im Jahre 1209 kam im Gefolge Kaiser Otto IV. der Bischof von Straßburg, Heinrich II. von Behringen, nach Rom. Er wurde dort mit einigen Genossen des Dominikus, des Stifters des Dominikanerordens, bekannt und nahm sie mit nach Straßburg, wo sie „bei der Heilmannskapelle im Finckewiller" ihre Wohnung aufschlugen.

Als die Waldenser-Lehre auch in Straßburg Wurzel faßte, bestellte Bischof Heinrich den Beschlüssen der Synode von Verona (1184) entsprechend die Dominikaner zu Inquisitoren gegen die „ketzerische Bosheit".

Zunächst wurden Disputationen mit den Ketzern veranstaltet, um sie ihres Irrtums zu überführen. „Aber es wardt niemandts under allen geistlichen befunden, der ihnen kunte zukomen, also wol wusten sy ihr sachen mit Gottes wort zu verantworten."

So schritt man denn zu anderen Maßregeln. Beweise für oder gegen wurden fallen gelassen; die Lehre der Kirche wurde als Maßstab genommen, was nicht mit ihr übereinstimmte, war ketzerisch, und „wer darinnen begriffen würde, wurde ohn' all urtel verbrannt". Von den fünfhundert Gefangenen blieben achtzig, darunter 12 Priester, 23 Frauen und viele Adelige, ihrem Glauben treu. Ihr geistliches Haupt, der Priester Johannes, stärkte sie. Johannes berief sich auf die Schrift, die Dominikanerinquisitoren beriefen sich auf das Lehramt der Kirche, d. h. auf den Papst: „daß es niemands gebür, auch ihnen selbs nit, ausz göttlicher Geschrifft ohne Erlaubnüsz des Papst zu reden". Die Inquisitoren forderten die Angeklagten auf, das Gottesurteil des glühenden Eisens über sich ergehen zu lassen; die Ketzer wiesen dies Ansinnen als eine Versuchung Gottes zurück; nur einige scheinen sich dem Gottesurteil unterzogen zu haben.

Im Anblick der Scheiterhaufen las man den Ketzern in 17 Artikeln ihre Ketzerei vor. Artikel 16 lautet: „Zum andern haben sy heimliche samlungen gehalten by nacht, damit sy ihre bulerey mit den weybern kunten vollbringen." Der Priester Johannes wies diese Beschuldigung als Verleumdung zurück; nicht der Unzucht, sondern des Gottesdienstes wegen seien sie nachts zusammengekommen, weil sie unter tags vor Verfolgungen nicht sicher gewesen seien. Im übrigen geständen sie gerne, daß sie alle Sünder seien; aber Sünder wider den christlichen Glauben und Lasterhaftigkeit werfe man ihnen zu Unrecht vor. Von der Barmherzigkeit Gottes erwarteten sie Verzeihung ihrer Fehler.

Darauf wurde der Kirchenbann gegen sie erneuert; den Priestern unter ihnen wusch man symbolisch die Hände, um das geweihte Chrisam abzuwaschen. „An einer weiten Grube war der Scheiterhaufen errichtet, auf dem die Unglücklichen gemeinsam verbrannt wurden."

c. Die Stedinger.

Ein Seitenstück zu den Kreuzzügen gegen die Albigenser im Süden bildet die blutige Ausrottung der Stedinger im Norden Europas.

Das Stedingerland ist eine der Flußmarschen des Großherzogtums Oldenburg. Die Bewohner waren Friesen. Die geistliche und weltliche Gewalt übten die Erzbischöfe von Bremen und die Grafen von Oldenburg aus; aber das kräftige Bauernvolk wußte sich ein gut Teil Selbständigkeit und Freiheit zu wahren.

Die erste Urkunde über den Streit der Stedinger mit ihrem Bremer Erzbischof Gerhard II. ist ein aus dem Jahre 1230 stammendes Schreiben dieses Bischofs: „Gerhard von Gottes Gnaden der heiligen Bremischen Kirche Erzbischof, allen, die diese Schrift lesen werden, Heil in Christo! Bekannt sei sämtlichen Christgläubigen, daß unter userm Vorsitz auf der Synode der Bremischen Kirche öffentlich und feierlich in folgender Weise das Urteil ergangen ist. Weil es offenkundig ist, daß die Stedinger die Schlüsselgewalt der Kirche und die Sakramente verachten, daß sie die Lehre unserer heiligen Mutter der Kirche für Tand halten, daß sie Geistliche jeder Regel und jeden Ordens anfallen und töten, daß sie Klöster und Kirchen durch Brand und Raub verwüsten, daß sie ohne Scheu sich erlauben, Schwüre zu brechen, daß sie mit des Herrn Leib abscheulicher verfahren, als der Mund aussprechen darf, daß sie von bösen Geistern Auskunft begehren, von ihnen wächserne Bilder bereiten, bei wahrsagerischen Frauen sich Rats erholen und andere verabscheuungswürdige Werke der Finsternis verüben, weil solches offenkundig, sind sie deswegen für Ketzer zu erachten und zu verbrennen? Hierauf erging das Urteil: Weil zweifellos feststeht, daß das wider die Stedinger Vorgebrachte wahr ist, so sind sie für Ketzer zu verachten und zu verbrennen. Da das Urteil von allen Prälaten, von allen Geistlichen, weltlichen wie klösterlichen Standes, gebilligt worden, so haben wir beschlossen, die Stedinger für Ketzer zu erklären. So geschehen zu Bremen auf der Synode am Sonntage Laetare."

„So wurde also gegen das Bauernvolk der Weserflußmarschen die Beschuldigung wegen Ketzerei erhoben. Die ehrwürdigen Väter, die in der Peterskirche zu Bremen versammelt waren, wußten, welche Bedeutung solche Anklage habe. Wider Ketzer waren die furchtbarsten Waffen zu ergreifen."

Worin die „Ketzerei" der Stedinger eigentlich bestanden haben soll, ist nirgends mit Bestimmtheit angegeben. Die päpstlichen und bischöflichen Kundgebungen gegen sie enthalten nur allgemeine Ausdrücke. Es wird ihnen ergangen sein wie so vielen anderen vor und nach ihnen: ihr berechtigter Widerstand gegen kirchliche Bedrückung (Zehnten usw.) wurde, um mit weltlichen Zwangsmitteln gegen sie vorgehen zu können, zur Ketzerei gestempelt.

Mit Erzbischof Gerhard Hand in Hand ging der päpstliche Pönitentiar und Legat Johann von Vincenza, ein Dominikaner, der wenige Jahre später die Scheiterhaufen in der Lombardei entzündete. Seinem Einfluß ist wohl das Schreiben des Papstes Gregor IX. vom 26. Juni 1231 zu verdanken. Es ist gerichtet an den Bischof Johann von Lübeck, an den Dominikanerprior in Bremen und an Johann von Vincenza: „Enthalten die Berichte Wahrheit, die uns über die Stedinger zugegangen sind, so haben sie sich völlig Gott zum Feinde gemacht und sich zu Feinden Gottes. Von seiten unseres ehrwürdigen Bruders, des Erzbischofs, unserer teueren Söhne im Kapitel und der gesamten Geistlichkeit ist uns vor kurzem gemeldet — und nicht ohne Entsetzen und Schaudern haben wir es vernommen —, daß jene Menschen, Kirchenschändung nicht scheuend, die Gotteshäuser mit Raub und Brand verwüsten und nicht bloß keines Alters, keines Geschlechts schonen, sondern selbst Geistliche anfallen; daß sie sogar bei der Plünderung der Kirchen des Herrn Leib aus den heiligen Gefäßen verschütten und mit Füßen treten, daß sie, aller Gottesfurcht sich entledigend, abfallen zur Verehrung böser Geister. Da nun solche Verhöhnung Gottes nicht mit Gleichmut zu ertragen ist, so geben wir euch den Auftrag, daß ihr Sorge traget, an unserer Statt jene von ihren Verruchtheiten abzubringen, in welcher Weise es euch angemessen erscheint, indem ihr die Mächtigen der Nachbarschaft aufruft, ihre Ungläubigkeit auszurotten." Diesem päpstlichen Schreiben folgte bald ein zweites vom 29. Oktober 1232.

Mit diesen zwei Schreiben des „Statthalters Christi" war der „Kreuzzug" gegen die Stedinger eingeleitet und ihr Schicksal besiegelt.

Allein der erste Kreuzzug war ein Fehlschlag; die Stedinger Bauern blieben siegreich gegen die geistlichen und weltlichen Herren.

Doch mit unbeugsamer Energie verfolgte der greise Gregor IX. seinen Plan.

Am 19. Januar 1233 schrieb er: „Gregor, Bischof, Knecht der Knechte Gottes, seinen ehrwürdigen Brüdern, den Bischöfen von Paderborn, Hildesheim, Verden, Münster, Osnabrück, Heil und apostolischen Segen! Da schon lange die Bremische Kirche zu uns schreiet wegen des Unglaubens jener Ketzer, der Stedinger, die das Volk der Gläubigen wilden Tieren gleich zerreißen, haben wir unseren ehrwürdigen Brüdern, den Bischöfen von Ratzeburg, Minden und Lübeck, den Auftrag gegeben, daß sie, den Gläubigen Vergebung der Sünden verheißend, alle Getreuen wider jene Ketzer aufrufen, auf daß dieselben mit deren Hilfe durch Gottes Kraft entweder rasch der Bekehrung gewonnen, oder in die Grube der Verdammnis gestürzt werden." Zugleich richtete er eine Aufforderung an die Bremer Bürger, die Sache der Kirche gegen die Stedinger kräftig zu unterstützen.

Aus ganz Norddeutschland strömten die Scharen in Bremen zum Kreuzzuge zusammen. „Am 26. Juni 1233 brach das Kreuzheer in das Oststedinger Land ein. Raub und Plünderung wüteten weit und breit; auch Weiber und Kinder wurden erschlagen; wie die Erde blutig sich färbte, so auch der Himmel; aber nicht bloß der Brand der Ortschaften zeigte die Wut der Sieger; auch die Lohe der Scheiterhaufen, auf denen die Gefangenen verbrannt wurden, verkündete die Grausamkeit, die im Namen der christlichen Kirche verübt ward."

Zu gleicher Zeit erließ Gregor IX. seine dritte Stedinger-Bulle, worin er allen, die gegen sie zu Felde ziehen, die gleichen Ablässe verleiht, wie den Kreuzfahrern ins heilige Land. Es war dem „Statthalter Christi" Ernst mit der Ausrottung des deutschen Bauernstammes; deshalb öffnete er weit die Schatzkammern seiner geistlichen Gnaden.

Diese Bulle erhöhte die Beutelust und Blutgier der Kreuzfahrer. Allein sie holten sich in Weststedingen am Hemmelskamper Walde noch einmal eine schwere Niederlage. Graf Burchard von Oldenburg, der Anführer, und mit ihm zweihundert Ritter, die das Kreuz genommen hatten, wurden erschlagen.

Da ersann der Bremer Erzbischof Gerhard einen wahrhaft teuflischen Plan. Der „Statthalter Christi" hatte ihm „Feuer und Eisen" als „Heilmittel" angeraten; sie waren vergeblich angewandt worden. Jetzt sollte es mit Wasser versucht werden: Gerhard wollte die Deiche zerstören, um durch Hochwasser und Flut das Stedingerland zu überschwemmen und so seine ketzerischen Bewohner zu vernichten. Auch diesmal erwiesen sich die Bauern als die stärkeren: die Mannen ihres „Seelenhirten", die er mit der Absicht, die Stedinger zu ertränken, ausgeschickt hatte, mußten unverrichteter Dinge nach Bremen zurückkehren.

Das war im Spätherbst 1233. Das Frühjahr von 1234 sah den letzten Aufzug des schaurigen Dramas, in dem ein heldenmütiger deutscher Bauernstamm den Gewaltmitteln des vom „Statthalter Christi" geschürten religiösen Fanatismus erlag.

An Aufreizung zur Vernichtung der Stedinger wurde das Menschenmöglichste geleistet. „Wie Gewitterwolken", schreibt der Abt Emo von Witt-Werum, „zogen die Predigermönche durch die Rheingegend, durch Westfalen, Holland, Flandern, Brabant und riefen Fürsten und Volk auf gegen die Stedinger."

Die Vorbereitungen waren so gewaltig und die Erbitterung so hoch gestiegen, daß selbst Gregor IX., der durch seine Bullen das meiste zu dem bis dahin angerichteten Unheil beigetragen hatte, etwas wie Reue ergriff. Am 18. März 1234 sandte er seinem Legaten für Deutschland, Bischof Wilhelm von Modena, folgendes Schreiben: „Der schwere und schreckliche Streit, der vordem ausgebrochen ist zwischen unserm ehrwürdigen Bruder, dem Erzbischofe, sowie der Geistlichkeit und den Bürgern von Bremen auf der einen Seite und denen, so Stedinger heißen, auf der andern Seite, ist, wie unserm apostolischen Amte geschrieben, durch die Ränke des Erzfeindes der Menschheit so sehr gewachsen, daß infolge davon Morden und Brennen und Verwüstungen der Ortschaften und andere, den Erzähler wie den Hörer entsetzende Taten begangen sind, die Gott mißfallen, dem Fürsten der Finsternis aber gefallen. Ob so großer Bedrängnis unserer Söhne nicht ohne Grund tief bewegt, werden wir durch unser seelsorgerliches Amt und Mitgefühl getrieben, für ihr Heil zu sorgen. Deshalb geben wir dir, da du nach göttlicher Schickung deinen Weg durch jene Gegend nimmst, den Auftrag, eifrig das deinige zu tun, um, wenn es möglich ist, wegen jener Angelegenheit unter den Genannten einen Vergleich zustande zu bringen, sie hierzu anleitend mit heilsamen Ermahnungen. Sollten sie deinen Ermahnungen nicht folgen, so mögest du dafür sorgen, daß die Umstände der ganzen Angelegenheit uns mitgeteilt werden, auf daß wir, durch deine Meldung unterrichtet, besser dieser Angelegenheit uns anzunehmen vermögen."

Den Gang der von ihm selbst getriebenen Ereignisse hielten diese Worte Gregors nicht mehr auf. Im April 1234 sammelte sich das Kreuzheer. Zur Schmach sei es gesagt, die Blüte des deutschen Adels und seiner Fürstengeschlechter hatte sich eingefunden, um im Namen des Christentums eines der grausamsten und blutigsten Werke zu verrichten, das die deutsche Geschichte kennt. Graf Ludwig von Ravensberg, Graf Florentin von Holland, Graf Otto III. von Geldern, Herzog Heinrich der Jüngere von Brabant, Adolf VII. von Berg, Wilhelm IV. von Jülich, Dietrich von Kleve sind einige der hervorragendsten Teilnehmer. Bremen war der Sammelpunkt der mord= und beutegierigen Kreuzfahrer. Der 25. Mai, das Fest des hl. Urban, des ersten Papstes, der das Kreuz predigen ließ, ward noch mit besonderem Glanz gefeiert, dann, am 27., rückte das Kreuzheer aus. „Gefolgt von der Klerisei mit ihren Fahnen und hochragenden Kreuzen, zogen die Scharen von Ledense aus nordwärts."

Bei dem Orte Altenesch, dem äußersten Punkte der Lechterinsel, zwischen den drei Flüssen Ollen, Lintow und Ochtum fiel die Entscheidung. Dort hatten sich die Bauern von Weststedingen, nur bewaffnet mit Schwert, Knotenspieß und Lederschild, aufgestellt.

Herzog Heinrich von Brabant leitete den Angriff. Auf einer Anhöhe stand die zahlreiche Geistlichkeit mit Kreuz und Fahne und sang das bekannte mittelalterliche Lied. Media vita in morte sumus: Mitten im Leben sind vom Tod wir umgeben. Durch die Übermacht wurden die Stedinger, die wie die Löwen kämpften, erdrückt. Nur wenige wandten sich zur Flucht; über sechstausend wurden getötet. Die Ketzer, d. h. ein freiheitsliebender, kerniger deutscher Volksstamm, waren vernichtet.

Für Bremen wurde die Schlacht von Altenesch ein kirchlicher Feiertag.

Wenige Monate nach der Schlacht, am 28. November 1234, schrieb Gregor IX., an dessen Händen das stromweise vergossene Blut klebte, an das Domkapitel von Bremen: „Durch euere demütigen Bitten bewogen, gestatten wir euch, daß ihr, weil auf den Beerdigungsplätzen der Kirchen im Lande der Stedinger viele Leiber von Ketzern und Verfluchten, die von den Leichen der Gläubigen nicht getrennt werden können, begraben worden sind, von neuem jene Kirchen und Beerdigungsplätze weihen lasset."

Diese Worte Gregor IX. sind die Inschrift auf dem Grabstein der religiösen und bürgerlichen Freiheit des Stedingervolkes. Das Papsttum, seinen gewaltigen Arm bis in die äußerste Nordmark unseres Vaterlandes hinaufreckend, hatte dort „mit Feuer und Eisen" eine „Kulturarbeit" geleistet. Das Kreuz des Papstes und des Erzbischofs erhob sich siegreich über dem weiten Totenacker der Weserflußmarschen. „Aldus namen de Stedinge eren ende" sagt mit ergreifender Kürze eine alte Chronik.

Ihr Andenken wird erhalten durch einen ehernen Obelisken, der von Eichen umgeben auf einsamem Hügel am Ufer der Unterweser sich erhebt. Der Weltverkehr flutet an diesem Zeichen vorüber. Millionen, die es sehen, ahnen nicht, daß es eine sozialkulturelle Tat der „Statthalter Christi" kündet.

d. Konrad von Marburg.

Konrad von Marburg ist unzertrennlich mit der päpstlichen Inquisition in Deutschland verbunden. Daß Konrad Priester war, ist zweifellos, ob er dem Franziskaner= oder Dominikanerorden angehörte, ist nicht so gewiß. Sehr wahrscheinlich ist aber seine Zugehörigkeit zum Dominikanerorden. Seine erste Tat als Inquisitor scheint die Verbrennung der 80 Waldenser in Straßburg im Jahre 1212 gewesen zu sein; so berichtet wenigstens der Abt Trithemius. Sicher ist, daß Konrad im Jahre 1214 päpstlicher Inquisitor war und eine sehr rührige Tätigkeit gegen die Ketzer entfaltete. „Im Jahre 1214 fing Bruder Konrad von Marburg an zu predigen, und welche Ketzer er immer wollte, ließ er in ganz Deutschland, ohne Widerspruch zu finden, verbrennen. Und so predigte er zehn Jahre lang." Allerdings eine eindrucksvolle Predigtart! Im Jahre 1224 nahm Konrad an dem Inquisitionsverfahren gegen den Propst des Klosters Mariengarten zu Goslar teil, der der Ketzerei beschuldigt war. Das Verfahren, in Gegenwart des päpstlichen Legaten, Konrad von Porto, endete mit Verbrennung des Propstes.

Am 12. Juni 1227 forderte Papst Gregor IX. Konrad auf: „das Unkraut [die Ketzer] vom Acker des Herren auszurotten". Das Elsaß und der Breisgau waren von 1229—1231 der Schauplatz zahlreicher Ketzerverbrennungen. Als Lohn seiner Tätigkeit erhielt Konrad ein zweites Schreiben des Papstes.

Welche „Mithelfer" Konrad sich auf die päpstliche Aufforderung hin zugesellte, und wie sie vorgingen, erhellt am besten aus zeitgenössischen Stimmen: „Durch Gottes Zulassung kam im Jahre des Herrn 1231 eine erbärmliche Plage und ein sehr hartes Los. Ein Frater Konrad Dorso aus dem Predigerorden [der ständige Begleiter Konrads von Marburg] trat auf und brachte einen Laien namens Johannes mit sich, der einäugig, verstümmelt und ein ganzer Taugenichts war. Die fingen zunächst an am obern Rhein gegen die Ketzer niedern Standes vorzugehen, behauptend, ihnen wäre es gegeben, die Ketzer zu erkennen. Da nun einige sich weigerten, ihre Sekte zu verlassen, fingen sie an, sie zu verbrennen. Sie ließen in den Städten und Dörfern verhaften, wen sie nur wollten, und übergaben diese Leute den Richtern ohne alle weiteren Beweise mit den Worten: das sind Ketzer, wir ziehen unsere Hand von ihnen zurück. So waren die Richter genötigt, dieselben zu verbrennen. Viele verurteilten sie, die in der Todesstunde aus ganzem Herzen unsern Herrn Jesus Christus, die Hilfe der Gottesgebärerin und aller Heiligen laut anriefen, selbst in der Mitte des Scheiterhaufens noch. Groß war das Elend! Indessen sahen diese Richter ohne Erbarmen ein, daß sie ohne Beihilfe der Herren nicht die Überhand gewinnen konnten. Daher wandten sie sich an den König Heinrich und andere Herren und gewannen sie, indem sie sagten: Wir verbrennen viele reiche Ketzer, und ihre Güter sollt ihr haben. In den bischöflichen Städten soll die eine Hälfte der Bischof, die andere aber der König oder ein anderer Richter bekommen. Darüber freuten sich nun diese Herren, leisteten den Inquisitoren Vorschub, beriefen sie in ihre Städte und Dörfer. Auf diese Weise gingen viele Unschuldige zugrunde, bloß um der Güter willen, welche jetzt die Herren erhielten. Das Volk sah dies, und von Furcht und Erbarmen zugleich bewegt frug es: Warum geht ihr also vor? Jene aber gaben die entsetzliche Antwort: Hundert Unschuldige verbrennen wir, wenn nur ein Schuldiger darunter ist. Da zitterte das Land vor ihnen, und auch Mächtige waren hier machtlos." „Im Jahre 1231 entstand durch ganz Deutschland eine Ketzerverfolgung, und ununterbrochen gab es drei Jahre hindurch viele Verbrennungen. Das Haupt und der Führer der ganzen Verfolgung war Magister Konrad von Marburg mit seinen Genossen Dorso und Johannes. Ihm und seinen Genossen halfen auch in einzelnen Städten die Predigermönche; von solchem Eifer waren alle beseelt, daß niemandes Entschuldigung oder Einsprache, Rechtsverwahrung oder Zeugnis zugelassen wurde; niemand wurde Gelegenheit gegeben, sich zu verteidigen, oder auch nur die Zeit, sich die Sache zu überlegen, sondern sofort mußte man sich entweder als schuldig bekennen und wurde dann als Büßer geschoren, oder man leugnete das Verbrechen, und dann wurde man verbrannt. War man aber geschoren, so mußte man die Mitschuldigen angeben, widrigenfalls man verbrannt wurde. Daher glaubt man, daß auch Unschuldige verbrannt wurden. Denn viele bekannten aus Liebe zum eigenen Leben und um ihrer Erben willen, sie seien gewesen, was sie nie waren. Darauf wurden sie gezwungen, Mitschuldige anzugeben; sie verklagten Leute, ohne sie verklagen zu wollen; Dinge aussagend, von denen sie nichts wußten. Auch wagte es niemand, für jemand, der verklagt war, Fürsprache zu erheben oder auch nur Milderungsgründe vorzubringen, denn dann wurde er als Verteidiger der Ketzer betrachtet, und für diese und die Hehler der Ketzer waren vom Papste die gleichen Strafen wie für die Ketzer selbst bestimmt. Hatte jemand der Sekte abgeschworen und wurde er rückfällig, so wurde er, ohne noch einmal widerrufen zu können, verbrannt." „Wegen wirklicher oder angeblicher Ketzerei wurden viele Adelige, Geistliche, Mönche, Bürger, Bauern von Bruder Konrad in verschiedenen Teilen Deutschlands in überstürzter Eile — wenn es erlaubt ist, so zu sagen — dem Feuer überliefert." Die „überstürzte Eile" hatte in einer päpstlichen Verordnung ihren Grund. Gregor IX., der große Ketzerverfolger und Gönner Konrads, hatte 1231 die Verfügung erlassen: „Berufungen derlei Personen [der Ketzer] sind nicht zuzulassen; kein Anwalt, kein Notar darf ihnen seine Dienste leihen, sonst verlieren sie für immer ihr Amt".

Nicht nur am Rhein wütete unter Anführung Konrads die Ketzerverfolgung, auch nach Mitteldeutschland erstreckte sich seine Inquisitor=Tätigkeit. „Viele Ketzer wurden geschoren und verbrannt durch Magister Konrad von Marburg, auf Befehl des Herrn, des Papstes Gregor IX.", schreibt Siegfried von Balnhusin.

Besonders stark wütete das von Konrad entzündete Feuer am Mittelrhein. „Erstaunlich ist es, daß in diesen Zeiten das Feuer so sehr gegen das Menschengeschlecht erstarkte. Eine ungezählte Zahl von Menschen ging in Deutschland auf dem Scheiterhaufen zugrunde."

Jedem Denunzianten schenkte Konrad unbedingten Glauben. „Die Folgen eines solchen Verfahrens", sagt Kaltner, „konnten natürlich nicht ausbleiben. Da jeder Denunzierte, auch wenn er unschuldig war, von vornherein verurteilt war, so blieb ihm nichts übrig, als entweder zu bekennen, er sei ein Ketzer und bereue seinen Irrtum; in diesem Falle wurde er als Ketzer geschoren und stand öffentlich entehrt da, oder er beteuerte seine Unschuld und wurde als verstockt betrachtet und zum Scheiterhaufen geführt." Das Urteil wurde sofort vollstreckt. „An demselben Tage, an dem jemand gerechter oder ungerechterweise angeklagt wurde, wurde er auch, ohne jede Möglichkeit der Verteidigung oder Berufung, verurteilt und den grausamen Flammen übergeben." Wer vor Magister Konrad einmal angeklagt war, hatte entweder zu bekennen, er sei ein Ketzer und habe den Teufel in Gestalt einer Kröte oder eines blassen Mannes geküßt, oder er wurde als hartnäckiger Ketzer verbrannt. Die Gesta Trevirorum sprechen von einer „ungeheuren Menge von Menschen beiderlei Geschlechts", die in den Flammen umgekommen sind.

Schließlich erreichte die Verfolgungswut Konrads einen solchen Höhepunkt, daß selbst die Erzbischöfe von Köln und Mainz, seine früheren Freunde, sich gegen ihn wandten. Doch Gregor IX. blieb seinem Inquisitor treu. In einem Schreiben vom 10. Juni 1233 stachelte der „Statthalter Christi" den Eifer Konrads aufs neue an: „Umgürte deine Hüfte mit dem Schwerte des Geistes, welches ist das Wort Gottes. Bemühe dich, die Ketzer durch emsige Sorge und sorgsame Emsigkeit auf bessere Wege zu bringen. Falls jedoch trotz deiner Predigt die Leuchte des Herrn diese verpesteten Leute nicht mehr erleuchtet, sondern sie verhärtet, so müssen, wenn leichte Mittel nicht mehr nützen, starke gebraucht, wenn lindernde Arznei nicht hilft, das faulende Fleisch mit Feuer und Eisen entfernt werden. In diesem Falle also biete gegen die Ketzer die Gewalt des geistlichen und weltlichen Schwertes auf und mahne eifrig die Christgläubigen, daß sie Christum gegen diese Feinde männlich verteidigen." Zu gleicher Zeit schrieb Gregor IX. an König Heinrich und an den Erzbischof von Mainz, um sie zu energischem Vorgehen gegen die Ketzer zu veranlassen. In dem Briefe an König Heinrich kommt die Stelle vor: „Wo ist der Eifer eines Moses, der an einem Tage 23,000 Götzendiener vernichtete? Wo ist der Eifer eines Phinees, der den Juden und die Madianiterin mit einem Stoße durchbohrte? Wo ist der Eifer eines Elias, der die 450 Baalspropheten mit dem Schwerte tötete? Wo ist der Eifer eines Mathatias, der entflammt für das Gesetz Gottes am Altare den Juden tötete, der den Göttern opferte?"

Und das schrieb der Papst, obwohl Erzbischof Siegfried von Mainz über das Treiben Konrads folgendes nach Rom berichtet hatte: „Ein gewisser Amfried bekennt, daß auf sein Zeugnis hin viele Unschuldige verbrannt worden seien, auf Befehl des Magister Konrad. Magister Konrad erlaubte keinem, sich zu verteidigen oder seinem eigenen Pfarrer zu beichten. Jeder mußte bekennen: er sei ein Ketzer, habe eine Kröte berührt und geküßt. Manche wollten lieber sterben, als so Schreckliches von sich aussagen; andere erkauften das Leben durch Lüge und sollten nun angeben, wo sie solche Dinge gelernt hätten. Da sie niemand zu nennen wußten, baten sie um Bezeichnung der Verdächtigen, und als man ihnen die Grafen von Sayn und Arnsberg und die Gräfin von Looz nannte, sagten sie: Ja, diese sind schuldig. So wurde der Bruder vom Bruder angeklagt. Ich [der Erzbischof von Mainz] habe den Meister Konrad zuerst unter vier Augen, dann in Gemeinschaft mit den Erzbischöfen von Köln und Trier ersucht, er möge mit mehr Mäßigung verfahren, aber er gab nicht Ruhe."

Im Juli oder August 1233 wurde Konrad vom Hasse des von ihm so hart bedrängten Volkes erschlagen. Gregor IX. widmete ihm in einem Schreiben an die Bischöfe Deutschlands vom 21. Oktober 1233 einen begeisterten Nachruf: Wie ein Donnerschlag habe die Nachricht von Konrads Tode die Kirche getroffen, die sich seiner Kämpfe und Siege gefreut hatte. „Ihr Kirchenfürsten von Deutschland, was ist denn das, daß ihr über die grausame, von Dienern der Finsternis verübte Ermordung Konrads von Marburg, des Dieners des Lichts und Führers der Braut Jesu Christi, nicht weinet und trauert?" Niemand habe die Ketzer mehr erschreckt und die Kirche mehr verteidigt, als Magister Konrad, der wie Josua gegen Jericho, wie Mardochäus gegen Aman, gegen die Ketzer aufgetreten sei. Ein Verbrechen wie die Ermordung Konrads, „eines Mannes von vollendeter Tugend und eines Heroldes des christlichen Glaubens", könne überhaupt nicht nach Gebühr gezüchtigt werden.

4. Rom.

Zu den hergebrachten und systematisch verbreiteten Unwahrheiten ultramontaner „Wahrhaftigkeit" gehört der Satz: In Rom ist niemals ein Ketzer hingerichtet worden.

Allerdings, ein solcher Greuel, die Tötung eines Menschen seines Glaubens wegen, hätte am Sitze des „Statthalters Christi" und unter seinen Augen niemals vor sich gehen dürfen. Aber er ist vor sich gegangen, nicht nur einmal, sondern viele Male.

Im Jahre 1432 wurde der bretonische Karmelitermönch Thomas Conecte zu Rom als Ketzer verbrannt. In dem Bericht darüber heißt es: die vom Papst Eugen IV. bestellten Untersuchungsrichter, die Kardinäle von Rouen und Navarra, fanden ihn als Ketzer des Todes schuldig; er wurde vor dem Volke verbrannt. Im Jahre 1533 wurden der Minorit Giovanni

Mollio und ein Peruginer gehängt und dann verbrannt; 1558 wurde der in Kalabrien verhaftete Waldenserprediger Gianlodovico Pasquali lebendig verbrannt. Unter dem 29. Juni 1566 berichtet der venetianische Gesandte: „Am letzten Sonntag wurden in der [Kirche] Minerva in Gegenwart aller Kardinäle die Urteile der Inquisition gegen 15 Anwesende und einen Abwesenden verkündigt: sieben wurden als falsche Zeugen zu Galeerenstrafen verurteilt, sieben, die Ketzer gewesen, schworen öffentlich ab; einer, der früher vor dem jetzigen Papste [Pius V.], als er Kommissar der Inquisition war, abgeschworen hatte, wurde als rückfällig dem weltlichen Arm übergeben [d. h. er wurde verbrannt]. Es ist Don Pompeo di Monti, ein Bruder des Marchese di Carrigliano, ein naher Verwandter des Kardinals Colonna." 1567 wurde der frühere Protonotar Pietro Carnesecchi hingerichtet. Der venetianische Gesandte erzählt: „27. September 1567. Am Sonntag fand der feierliche Akt der Inquisition in der Minerva statt in Gegenwart aller Kardinäle, die Seine Heiligkeit im letzten Konsistorium ermahnt hatte, zu kommen. Von den 17 Schuldigen schworen 15 ab und wurden teils zur Einmauerung [ewiger Kerker: serrati in perpetuo fra due muri], teils zu lebenslänglichem Gefängnis verurteilt. Die beiden anderen wurden dem weltlichen Arm übergeben. Der eine ist ein Franziskaner-Konventuale aus Cividal di Belluno; der andere ist Carnesecchi. Beide wurden mit einem mit Flammen bemalten Gewande angetan und in die Sakristei geführt, um degradiert zu werden. 4. Oktober 1567. Carnesecchi und der Franziskaner sind enthauptet und dann verbrannt worden. Wenn Carnesecchi Reue gezeigt hätte, wären der Papst und die Kardinäle geneigt gewesen, ihn zu begnadigen. 28. Mai 1569. Am Sonntag wurden in der Minerva in Gegenwart von 22 Kardinälen vier Unbußfertige zum Feuertode verurteilt; einem von diesen wurde, da er sich unmittelbar vor der Hinrichtung bekehrte, das Leben geschenkt."

Aus dem Jahre 1567 liegen noch folgende Todesurteile der römischen Inquisition vor: „Unter Anrufung des Namens Gottes verkünden und erklären wir, daß du Gregor Perini ein rückfälliger und unbußfertiger Ketzer bist; wir erklären deine beweglichen und unbeweglichen Güter gemäß den heiligen Kanones für beschlagnahmt, und wir stoßen dich aus unserm kirchlichen Forum und aus unserer heiligen und unbefleckten Kirche, und wir übergeben dich dem weltlichen Gericht, d. h. euch, dem Herrn Gouverneur von Rom, der hier anwesend ist. Wir bitten, daß Ihr Euer Urteil mäßigen möchtet, daß es nicht laute auf Blutvergießen und Leibesgefahr[1]."

„Unter Anrufung des Namens unseres Herrn Jesu Christi und der glorreichen Jungfrau Maria verkünden wir, daß du Julius Maresio als rückfälliger und unbußfertiger Ketzer aus dem kirchlichen Forum und aus unserer heiligen und unbefleckten Kirche entlassen seiest, wir übergeben dich dem weltlichen Gericht, d. h. Euch, Herr Gouverneur von Rom, der Ihr gegenwärtig seid; wir bitten Euch, Ihr wollet Euer Urteil mäßigen, daß es nicht zum Blutvergießen und Lebensgefahr kommt[1]."

Beide Bluturteile tragen die Unterschriften der „Herren Kardinal-Inquisitoren".

Am 3. Juli 1570 wurde Aonio Paleario, obschon er sich zu einem Widerruf verstand, gehängt und dann verbrannt. Er mußte vor seinem Tode die schriftliche Erklärung abgeben, daß nicht nur die Kirche im allgemeinen das Recht habe, Ketzer zu töten, sondern daß in gewissen Fällen der Papst selbst mit eigener Hand Ketzer töten dürfe.

Aus der Zeit Gregor XIII., aus dem Jahre 1581, berichtet der Venetianische Gesandte: „An einem Sonntag sprang ein Engländer auf einen die Messe lesenden Priester zu, der eben die konsekrierte Hostie erheben wollte, und suchte sie ihm zu entreißen; da ihm dies nicht gelang, ergriff er den Kelch und goß den Wein auf die Erde. Im Inquisitionsgefängnis gestand er, er sei mit einigen anderen aus England herübergekommen, um etwas der Art zu tun und für seinen Glauben zu sterben. Er wurde lebendig verbrannt, nachdem er auf dem Wege zum Richtplatze fortwährend mit brennenden Fackeln gebrannt worden war. 20. Februar 1583. Am letzten Sonntag wurden in der Minerva die Urteile der Inquisition gegen 17 Personen verkündigt: drei wurden als Rückfällige zum Tode verurteilt. Unter denjenigen, die lebendig verbrannt werden sollten, war einer aus dem Hause der Paläologen, gebürtig aus Scio. Als er zur Hinrichtung abgeführt wurde, bat er um Zeit, sich zu bekehren. Er wurde in das

---

[1] Über die Unwahrhaftigkeit und den Pharisäismus dieser hergebrachten „Bitte" um Schonung des Lebens s. den Abschnitt: „Papsttum und Todesstrafe". Hier in Rom, wo der „Statthalter Christi" selbst „der weltliche Arm" war, wird der Pharisäismus dieser „Bitte" zum brutalen Zynismus.

Gefängnis zurückgeführt; man glaubt, er werde dort hingerichtet, aber nicht lebendig verbrannt werden. Von den beiden anderen starb einer als rückfälliger, aber reumütiger Ketzer am Galgen, der andere wurde als hartnäckiger Ketzer in Gegenwart eines großen Teiles der Bevölkerung langsam verbrannt[1]."

Unter Sixtus V. wurde Bartolomeo Bartoccio verbrannt. Unter Klemens VIII. wird 1594 oder 1595 wieder von einem fanatischen Engländer berichtet: er suchte während einer Prozession dem Priester die Monstranz [das goldene Gefäß, in dem die konsekrierte Hostie aufbewahrt und dem Volke zur Anbetung gezeigt wird] zu entreißen. Nachdem er zum Tode verurteilt worden, wurden ihm vor der Kirche, wo er den Angriff gemacht hatte, die Hände abgehauen und ein Maulkorb angelegt, nach einem andern Bericht auch die Zunge abgeschnitten; dann wurde er zum Campo di Fiore geführt, unterwegs mit brennenden Fackeln gebrannt und lebendig verbrannt. In den Berichten über diesen Vorfall wird beigefügt: in demselben Jahre sei ein alter flämischer Lutheraner mit langem Barte als hartnäckiger Ketzer lebendig verbrannt worden; auf dem Wege zur Richtstätte habe er mit zwei Kapuzinern beständig über Glaubenslehren gestritten.

Am 17. Februar 1600 wurde Giordano Bruno lebendig verbrannt.

Bei den letzten von der Inquisition zu Rom angeordneten Hinrichtungen, über die uns gleichzeitige Berichte vorliegen, handelt es sich nicht um Ketzer im eigentlichen Sinne, sondern um Juden. Im Jahre 1635 wurde ein portugiesischer Jude lebendig verbrannt, weil er sich mehrere Male hatte taufen lassen. Er starb im Bekenntnis seines jüdischen Glaubens; seine Asche wurde mit Kot vermischt und in die Tiber geworfen. Im Jahre 1643 schworen Ferdinand Alvarez und seine Frau Leokadia das Judentum ab. Alvarez wurde in Pisa rückfällig. Die dortige Inquisition machte ihm den Prozeß, wurde aber von der römischen Inquisition angewiesen, ihn ihr zuzuschicken. In Rom wurde dann Alvarez von der Inquisition verurteilt, lebendig verbrannt zu werden; und der Governatore von Rom, Monsignore Spada, wurde angewiesen, das Urteil zu vollstrecken. Als nun dem Alvarez der Strick um den Hals gelegt wurde, stieß er selbst das Brett, worauf er erhöht stand, mit dem Fuße fort und endete so nicht durch Feuer, sondern durch den Strick.

Diesen Tatsachen gegenüber nehmen sich die vom Ultramontanismus über die römische Inquisition verbreiteten Lügen recht bezeichnend aus. Einige dieser Lügen mögen hier Platz finden.

In einem in ultramontanen Kreisen viel gelesenen Buche — sein zutreffender Titel ist: „Geschichtslügen" und sein Verfasser ist der frühere Redakteur der „Germania" und Zentrumsabgeordnete Majunke — heißt es:

„Eine neue Organisierung erhielt der [römische] Inquisitionsprozeß im 16. Jahrhundert durch die Errichtung des heiligen Offiziums von Kardinälen [so!] unter den Päpsten Paul III., Pius IV. und V. und Sixtus V. Seitdem gibt es nirgend in der Welt einen besser und weiser und milder organisierten Gerichtshof, und man muß ausdrücklich lügen wollen, wenn man jetzt noch die Entscheidungen der römischen Inquisition verunglimpft."

Die Jesuitenzeitschrift Civilta cattolica versteigt sich zu dem Satz: die Inquisition sei »un sublime spettacolo della perfezione sociale«. Der ultramontane Kirchenrechtslehrer Philipps sagt, man mache der Inquisition sehr unverdienterweise den Vorwurf der Strenge; sie sei im Gegenteil sehr milde gewesen. Bischof Martin von Paderborn erzählt seinen Lesern, die Inquisition in Rom habe niemals ein Todesurteil vollzogen.

Das große Nachschlagewerk von Moroni, an dem Papst Gregor XVI. Mitarbeiter war, und das auf Kosten „der päpstlichen Kammer" herausgegeben wurde, nennt die römische Inquisition „eine heilsame und gütige Einrichtung... Überaus süß und väterlich war stets das Auftreten der römischen Inquisition."

Die „Germania", das „Zentralorgan der Zentrumspartei", verbreitete am 15. Mai 1897 in ihrem Leserkreis die Lüge, daß innerhalb achtzehn Jahrhunderten, von Petrus bis Leo XIII., nur vier Ketzer die Todesstrafe in Rom erduldet hätten, und zwar nicht nach kirchlichem, sondern

---

[1] Ein lehrreiches Gegenstück zu dieser Behandlung von Ketzern durch den „Statthalter Christi", Gregor XIII., liefert sein Verhalten einem gemeinen Mörder gegenüber: Ein berüchtigter Bandit, Guercino, hatte 44 Morde begangen; dennoch willigte Gregor XIII. auf Bitten des Kardinals Odescalchi in seine Begnadigung ein. Vielleicht weil der mordende Bandit — Priester war, und weil der „Statthalter Christi" zur Erkenntnis kam, er könne für das, was er, der „Hohepriester", selbst tue, nämlich morden, nicht wohl einen, wenn auch untergeordneten Amtsgenossen mit dem Tode strafen.

nach staatlichem Recht. Das sei durch Spezialstudien von katholischer, altkatholischer und protestantischer Seite festgestellt[1]."

5. Spanien.

„Zuerst gingen die Inquisitoren in Sevilla gegen die Ketzer mit der Folter vor. Nach langen Kerker- und Folterqualen wurden sie durch Feuer getötet; ihren Familien wurde dauernde Infamie eingeprägt, ihre Güter wurden beschlagnahmt."

Diese Worte des Jesuiten Mariana schildern in Taziteischer Kürze das Wirken der päpstlich-spanischen Inquisition. Ich vervollständige die gedrängte Darstellung des Jesuiten.

Wann die erste Ketzerverbrennung in Spanien stattfand, ist unsicher; sicher ist, daß diese Todesstrafe mit dem Auftreten des Dominikanerordens eingeführt wurde. Aber schon ehe die Inquisition mit dem Auftreten der Dominikaner sich amtlich, als bleibende Einrichtung in Spanien festsetzte, loderten dort die Scheiterhaufen.

„Im Gehorsam gegen die Kanones der heiligen römischen Kirche" verordnete schon im Jahre 1197 Peter II., König von Aragonien, die Ketzer sollen sein Land verlassen; wer nach einem bestimmten Zeitraum noch angetroffen wird, verliert sein Vermögen und wird verbrannt.

Am 11. Januar 1257 ließen die Dominikaner Peter de Tonenes und Peter de Cadireta die „ketzerischen Gebeine" des Grafen Raimund de Urgel ausgraben und zu Barcelona verbrennen. Ein gleiches Urteil durch die nämlichen Inquisitoren erging am 2. November 1269 gegen den Grafen von Castelbon und seine Tochter Ermesinda; beide waren schon seit 28 Jahren tot.

Auf das Verbrennen der Toten folgte sehr bald das der Lebenden.

Im Jahre 1302 übergab der Dominikanerinquisitor Bernard mehrere Ketzer „dem weltlichen Arm", d. h. er ließ sie verbrennen. Am 12. Juli 1325 wurde Peter Durand de Baldach durch den Dominikaner Arnold Burguete zum Feuertod verurteilt; das Urteil wurde in Gegenwart des Königs Jakob von Aragonien und mehrerer Bischöfe vollstreckt. Im Jahre 1334 ließ der Dominikanerinquisitor Wilhelm de Costa den Mönch Bonato verbrennen. Der berühmte Inquisitor Nikolaus Eymerikus, der Verfasser des Directorium Inquisitorum, begann seine Inquisitortätigkeit damit, daß er am 30. Mai 1357 einen Priester namens Nikolaus verbrennen ließ. Der Dominikaner Bernhard Ermengol, Inquisitor von Valencia, ließ im Jahre 1360 mehrere Ketzer verbrennen. Eine große Anzahl von Ketzern wurde im Jahre 1441 durch den Dominikaner Michael Ferriz, Inquisitor von Aragonien, verbrannt.

Das Verbrennen im großen Maßstab beginnt aber erst unmittelbar vor, bei und nach der amtlichen Begründung der spanischen Inquisition durch Papst Sixtus IV.

Das erste Inquisitionsgericht, das zu Sevilla, ließ am 6. Januar 1481 sechs Ketzer verbrennen; siebzehn wurden am 26. März und mehr als zwanzig im April des gleichen Jahres verbrannt. Im November dieses Jahres überstieg die Zahl der in der Stadt Sevilla lebendig Verbrannten schon 298. Unter dem ersten päpstlichen Großinquisitor der spanischen Inquisition, dem Dominikanerprior Torquemada, wurden, wie die unverdächtigsten Zeugen berichten, zweitausend Christen als Ketzer verbrannt.

Der Schrecken über dies Vorgehen trieb ungezählte Tausende zur Auswanderung nach Frankreich und Nordafrika. Ferreras berichtet, 30 000 Familien, meistens jüdische, seien damals vor der Inquisition geflohen. Sie waren gezwungen, ihr Eigentum zu den niedrigsten Preisen zu veräußern, z. B. Häuser für ein Maultier.

Die Klagen wurden so laut, so heftig, auch in Rom, daß Sixtus IV. sich genötigt sah, das Vorgehen der von ihm bestellten Inquisitoren, in einem Breve vom Januar 1481, zu tadeln. Allein statt das einzig Durchgreifende zu tun, nämlich diese Blutmenschen abzusetzen, bestätigt er sie aufs neue, wegen des guten Leumundszeugnisses, das Ferdinand und Isabella ihnen ausgestellt hatten, und begnügt sich mit der Androhung künftiger Absetzung, wenn sich Ähnliches wiederholen sollte. Wie diese päpstlichen Inquisitoren gehaust haben, geht aus den Worten des Breve wenigstens in etwas hervor: „Ohne Innehaltung irgendwelchen Rechtsverfahrens haben sie viele ungerecht eingekerkert, schrecklichen Folterqualen unterworfen, ungerecht als Ketzer ausgegeben und ihres Vermögens beraubt, die dann die Todesstrafe erlitten haben".

Also obwohl der Statthalter Christi seine Bevollmächtigten zahlreicher Justizmorde und

---

[1] Wie unwahrhaftig die ultramontane Presse ist, geht daraus hervor, daß die „Germania", zweimal von mir öffentlich aufgefordert, diese von ihr verbreitete Unwahrheit richtig zu stellen, dieser Pflicht der Wahrhaftigkeit nicht nachkam. Die ultramontane Presse will ihre Leser in der Unwissenheit halten.

anderer schwerer Verbrechen für schuldig erklärt, beläßt er sie doch in ihrem Amte!

Vom „Statthalter Christi" Sixtus IV. wissen wir übrigens auch noch anderes. Als er von den zahlreichen Hinrichtungen hörte, die der Großinquisitor Torquemada vornehmen ließ, schrieb er ihm: seine Taten erfüllten ihn — den Papst — mit größter Freude, wenn er so fortfahre, werde er die höchste päpstliche Gunst erwerben.

Solche Massenbrände erheischten besondere Vorkehrungen. Außerhalb der Stadt Sevilla, auf einem Platze Namens Tablada, wurde aus feuerfesten Steinen ein Riesenschaffot erbaut, das die Bezeichnung Quemadero erhielt. Auf ihm wurden aus Ziegelsteinen vier ungefüge, hohle Bildsäulen errichtet, die man „die vier Propheten" nannte. Innerhalb dieser Bildsäulen wurden die Ketzer langsam zu Tode geröstet! Überreste dieses Quemadero haben sich bis zu Anfang dieses Jahrhunderts erhalten.

Auch die Wut gegen die Toten blieb an ihrer „christlichen" Arbeit. Im August und September des Jahres 1484 wurden in Ciudad Real vierzig Verstorbene wegen Ketzerei verurteilt. Richter in diesem Prozeß waren die päpstlichen Inquisitoren Pedro de la Costana, Domherr in Burgos, und Franz Sanchez, Domherr in Zamora.

Im Namen Jesu Christi erging an die Erben und Verwandten der Verstorbenen die Aufforderung, vor den Inquisitoren zu erscheinen, um die Anklage zu hören, „und, wenn es euere Absicht ist, die Verteidigung des Gedächtnisses, des Vermögens und der Gebeine der Angeklagten zu übernehmen". Der Schrecken vor der Inquisition war schon so groß, daß niemand erschien, und so erging das Urteil, die Leichen auszugraben und sie den Flammen zu übergeben: „da wir wissen, lautet der Schluß des Urteils, daß die genannten Toten in geweihter Erde liegen, und da kein Ketzer, kein Apostat, kein Exkommunizierter dort liegen darf, da wir wissen, daß man sie fortschaffen kann, ohne daß die Gebeine der treuen Katholiken berührt werden, so befehlen wir, daß alle und jeder einzelne von ihnen ausgegraben werde, und daß ihre Überreste und Gebeine in den Flammen umkommen sollen, wie auch die Erinnerung an sie." Am 15. März 1485 wurde das Urteil vollstreckt. Vierzig Leichname wurden „im Namen Jesu Christi" auf Scheiterhaufen verbrannt!

Molenes, der das Urteil aus den Akten mitteilt schreibt dazu: „Wenden wir unsere Augen weg von diesem Auto da Fe, bei dem man Skelette und faulende Leichen an 40 Pfählen den zweiten Tod, den Feuertod, erleiden machen will. Schrecklicher noch, als dies grausige Bild, erscheint uns das Schicksal der lebenden Verwandten und Erben, die das grauenhafte Urteil vernehmen, die, aus ihren Wohnungen vertrieben, ihres Vermögens beraubt, rechtlos umherirren und Zuflucht in der Fremde suchen. Sind das etwa die Milderungen, die durch die Inquisition bei den weltlichen Gerichten eingeführt sein sollen??"

Am 16. November 1491 verkündet die Inquisition zu Avila das Todesurteil gegen Juce Franco. Auf dem großen Markt sind zwei Schaugerüste aufgeschlagen; auf dem einen sitzen die Inquisitoren Pedro de Villada, Fernando de Santo Domingo, Alonzo de Guevara (alle drei Dominikaner); auf der andern steht der Angeklagte. Das Urteil füllt 10 Druckseiten; die eigentliche Urteilsformel lautet: „Gott vor Augen habend und Christus anrufend, erklären und verkünden wir, daß Juce Franco der Ketzerei schuldig ist. Wir übergeben ihn dem weltlichen Arm, dem edeln Herrn Alvaro de Sentistevan, dem Gouverneur (corregidor) dieser Stadt, in Vertretung der erlauchten Könige, unserer Herren, und den Alkalden, damit sie mit dem Verurteilten tun, wie sie von Rechts wegen tun müssen, damit sie seine Güter, die wir für beschlagnahmt erklären, dem königlichen Fiskus überweisen. Die hochwürdigen Herren Inquisitoren ersuchen den edeln Herrn de Sentistevan, daß er barmherzig verfahre mit Juce Franco, und daß er ihn nicht töte oder durch Verstümmelung sein Blut vergieße; sie erklären, daß, wenn dies doch geschieht, sie nicht daran schuld seien, und sie verlangen hierüber eine notarielle Bescheinigung." Der Gouverneur antwortet, daß er den genannten Juce Franco in seine Gewalt nehme, als einen Verfluchten, Exkommunizierten und von der hl. Mutter der Kirche Getrennten, und daß er bereit wäre, mit ihm zu tun, was zu tun ihm von Rechts wegen obliege.

„Und dann, am Mittwoch, den 16. November 1491, in der genannten Stadt Avila, befehlen die hochwürdigen Herren Inquisitoren, mir, dem Notar Anton Gonzalez, daß ich an dem Orte gegenwärtig sei, wo der Corregidor dieser Stadt, Alvaro de Santistevan, die Hinrichtung der Ketzer vornimmt, die ihre Hochwürden dem weltlichen Arm übergeben haben. Ich, der Notar, begab mich an diesen Ort, und ich sah, wie der genannte Juce Franco an einen Pfahl gebunden wurde, an dem man ihn verbrannte." Am gleichen Tage wurden noch Benito Garcia, Juan de Ocaña und Johann Franco verbrannt.

Bei den Akten dieser Prozesse findet sich auch ein Brief des Notars, Anton Gonzalez, den er am Tage nach der Hinrichtung an die Alkalden der Stadt de la Guardia schrieb: „Avila, den 17. November 1491. Tugendsame und edle Herren. Ich schicke Ew. Gnaden die Berichte über die Verbrechen des Benito Garcia, und ich werde euch auch noch die über den Franco zuschicken. Gott sei Dank kann ich euch mitteilen, daß Benito Garcia, Juan Ocaña und Johann Franco, die ich vor dem Verbrennen erdrosselt werden sah, als gute Katholiken mit Reue starben. Die anderen [es waren also noch mehrere, als die Genannten] wurden lebendig bei schwachem Feuer verbrannt; sie starben als gute Juden, ohne Gott oder die Jungfrau Maria anzurufen oder auch nur das Kreuzzeichen zu machen."

Eine Inschrift am Inquisitionsgebäude von Sevilla vom Jahre 1524 besagt: „Im Jahre des Herrn 1481 unter dem Pontifikat Sixtus IV. und unter der Herrschaft Ferdinands und Isabellas nahm hier die hl. Inquisition ihren Anfang. Bis zum Jahre 1524 haben hier mehr als 20 000 Ketzer ihr scheußliches Verbrechen abgeschworen; fast eintausend hartnäckige Ketzer sind dem Feuer überliefert worden, unter Billigung und Gutheißung der Päpste Innozens VIII., Alexander VI., Pius III., Julius II., Leo X., Adrian VI. und Klemens VII. Der Lizenziat de la Cueva hat, auf Befehl und auf Kosten des Kaisers unseres Herrn, diese Inschrift anbringen lassen, die verfaßt ist von Diego von Cortegano im Jahre 1524."

Zutreffend sind hier die Worte des alten Spittler: „Also in 33 Jahren bei tausend verbrannt! Und das nur in dem Inquisitionssprengel von Sevilla! In einem Sprengel Jahr für Jahr ungefähr dreißig verbrannt! Und so mehr als ein Menschenalter jährlich fortgefahren!

Und wieviele Opfer zählte man in Cordova, Jaen, Toledo, Valladolid, Calahorra, Murcia, Cuenca, Saragossa, Santiago, Madrid, Valencia? Denn in all diesen Städten war die Inquisition zur selben Zeit auch eifrig an der Arbeit. Wenn man mit Llorente die Zahl der durch die Inquisition bis zum Jahre 1499 den Flammen Übergebenen auf zehntausend schätzt, so ist das nicht zu hoch gegriffen. Dazu kommt, daß von 94 400 Personen während dieses Zeitraums die Vermögen beschlagnahmt und daß sechstausend achthundert und sechzig bildlich verbrannt wurden

Welch ein Bild sozialer Wirksamkeit!

Der zweite spanische Großinquisitor Diego Deza bewies seinen Eifer zunächst dadurch, daß er die Inquisition auch in Sizilien einführte. Die Grausamkeit der Inquisitoren veranlaßte dort im Jahre 1516 einen Volksaufstand. Auch das neu eroberte Königreich Granada erhielt unter Deza die soziale Wohltat der Inquisition, indem für Granada die Inquisitoren von Kordova bevollmächtigt wurden. Der dortige Inquisitor Lucero, Domherr von Almeria, beging so unmenschliche und soviele Grausamkeiten, daß auf die Nachricht seiner Absetzung hin selbst Peter Martyr, ein durch Tugend ausgezeichneter Mann, einem Freunde schrieb: „Für die Qualen, die er so vielen Leibern und so vielen Seelen zugefügt hat, für die Schande, mit der er viele Familien bedeckt hat, wird er eingekerkert. Unglückliches Spanien, das du entweiht wirst durch eine solche Geißel! Wie kann der Kopf dieses einen Thersites genugtun für die Übel, die er so vielen Hektors zugefügt hat!"

Am 22. Februar 1501 wurden zu Toledo 38 Ketzer verbrannt. Im ganzen ließ Deza während seiner achtjährigen Amtszeit über 2500 Personen lebendig verbrennen.

Auf Deza folgte als dritter Großinquisitor Franz Ximenes de Cisneros, Kardinal-Erzbischof von Toledo. Wie verrufen die Inquisition schon damals war, welche Schandtaten sie beging, beweist ein Brief des Ritters Gonzalo de Ayora an den Geheimschreiber des Königs Ferdinand: „Die Inquisitoren Deza, Lucero und Johann de la Fuente haben das Land entehrt; die meisten ihrer Beamten kennen weder Gott noch Gerechtigkeit. Zur Schande und zum Schaden der Religion morden und stehlen sie und notzüchtigen Frauen und Mädchen". Die Vergewaltigung weiblicher Inquisitionsgefangener durch die Angestellten der „heiligen Inquisition" hatte so überhand genommen, daß Ximenes die Todesstrafe für dieses Vergehen festsetzte.

Trotz seiner großen Eigenschaften und seiner in vieler Hinsicht unleugbaren Verdienste als Staatsmann und Vaterlandsfreund war Ximenes als Großinquisitor vom gleichen Geiste der Unduldsamkeit und des Fanatismus beseelt, wie seine Vorgänger und Nachfolger. Ein beredtes Zeugnis dafür liefert eine Eingabe, die er an Kaiser Karl IV. richtete.

Eine der schlimmsten Seiten der Inquisition

war die Heimlichkeit ihres Verfahrens, die sich besonders verderblich darin äußerte, daß den Angeschuldigten die Namen der gegen sie aussagenden Zeugen vorenthalten wurden. Die schändlichste, leichtfertigste Angeberei wurde dadurch begünstigt.

Zur Zeit des Regierungsantrittes Karl V. war nun eine große Bewegung zur Abschaffung dieser Heimlichkeit in Fluß gekommen. Da war es Ximenes, der durch sein Ansehen die so sehr berechtigte Forderung abweisen ließ. Er schrieb: „Mit der schuldigen Untertanentreue und mit dem Eifer, den ich für die Würde haben muß, in die mich Ew. Majestät gesetzt hat, bitte ich, die Augen zu öffnen und keine Veränderung in der Verfahrungsweise der Inquisition zuzugeben, wobei ich bemerke, daß jeder Einwurf, den die Gegner vorbringen, schon unter den katholischen Königen (Ferdinand und Isabella) widerlegt worden ist, und daß eine Abänderung auch nur des geringsten Gesetzes der Inquisition nicht ohne Verletzung der göttlichen Ehre und Herabwürdigung Eurer erlauchten Ahnen geschehen kann .... Der Haß gegen die Angeber (d. h. gegen diejenigen, die andere wegen Ketzerei bei der Inquisition anzeigen) ist so groß, daß, wenn der Bekanntwerdung ihrer Namen nicht vorgebeugt wird, sie nicht bloß insgeheim, sondern an öffentlichen Plätzen und selbst in der Kirche umgebracht werden, und niemand würde in Zukunft durch solche Angaben sein Leben in Gefahr bringen wollen. Dann ist aber auch dies heilige Gericht zugrunde gerichtet und die Sache Gottes ist ohne Verteidiger. Ich vertraue, daß Ew. Majestät, mein König und Herr, Ihrem katholischen Blute nicht untreu werden und sich überzeugen wird, daß die Inquisition ein Tribunal Gottes und eine ausgezeichnete Einrichtung der Vorfahren Ew. Majestät ist."

Über dreitausend Ketzer bestiegen unter Ximenes den Scheiterhaufen.

Der vierte Großinquisitor war der Kardinal Hadrian, ein Niederländer, der im Jahre 1522 als Hadrian VI. zum Papst erwählt wurde. Ungefähr 1620 Personen wurden unter ihm den Flammen übergeben.

Im Jahre 1527 verhaftete die Inquisition von Valladolid den Arzt Johann de Salas auf die Anzeige eines Mannes hin, der selbst von der Inquisition verfolgt worden war. Salas sollte zum Geständnis seiner Ketzerei gebracht werden, und so verordnete der Inquisitor Moriz die Folter: „Wir verordnen, daß die Folter solange und in der Weise angewandt werde, wie wir es für gut halten; wir erklären aber, daß, wenn durch die Folter schwere Verletzungen oder der Tod erfolgen, dies nur dem Salas selbst zuzuschreiben ist?" Der amtliche Bericht über diese Folterung lautet: „Am 21. Juni 1527 ließ der Inquisitor Moriz den Johann de Salas vorführen. Salas erklärte, nichts von dem, dessen er beschuldigt war, getan zu haben. Darauf ließ ihn Moriz in die Folterkammer führen. Dort wurde er entkleidet. Der Folterknecht Petrus Porras band ihn mit Stricken von Hanf an die Folterbank, indem er Arme und Beine je elfmal mit den Stricken umwickelte. Salas wurde aufgefordert, die Wahrheit zu sagen, aber er blieb bei der Beteuerung seiner Unschuld. Darauf wurden ihm, der in der angegebenen Weise gefesselt blieb, ein durchnäßtes, feines Linnentuch auf das Gesicht gelegt, das mit Wasser übergossen wurde, so daß das Wasser ihm in die Nasenlöcher und in den Mund lief. Dennoch beteuerte Salas seine Unschuld. Darauf wurde sein rechtes Bein mittels einer Kurbel einmal gedreht und zu gleicher Zeit wieder das Wasser eingegossen. Dann wurde das Bein noch einmal gedreht. Aber Salas gestand nicht. Nachdem sodann der Inquisitor Moriz erklärt hatte, daß die Folterung begonnen habe, aber noch nicht beendigt sei, wurde Salas von der Folterbank losgebunden. Während der ganzen Dauer der Folterung war ich, Heinrich Paz, Notar anwesend."

Salas wurde verurteilt, öffentlich, nur mit einem Hemde bekleidet, eine Kerze in der Hand, die Ketzerei abzuschwören und — an die Inquisition zehn Goldkukaten zu zahlen für die Kosten des Verfahrens.

Die Inquisition von Calahorra ließ im Jahre 1507 dreißig Frauen als Zauberinnen verbrennen.

Welchem Aberglauben auch die spanische Inquisition in bezug auf Zauberei huldigte, geht aus einem Bericht des Bischofs Sandoval von Pampeluna hervor. Zwei Mädchen von 9 und 11 Jahren gaben sich selbst bei der Inquisition von Navarra als Zauberinnen an; wenn man sie begnadigte, würden sie dem Gericht alle übrigen Zauberinnen zur Anzeige bringen; denn sie könnten die Zauberinnen am linken Auge erkennen! Die Richter gingen darauf ein. Ein Beamter der Inquisition durchzog mit den Kindern, begleitet von 50 Bewaffneten, die Gegend. In jedem Ort wurden den Kindern die Frauen vorgeführt, und — wie Bischof Sandoval bemerkt — es ergab sich, daß alle von den Kindern Bezeichneten wirklich Zauberinnen waren! Sie legten folgendes Geständnis ab: Jeder Frau, die sich ihnen anschließen wollte, wurde ein Mann angewiesen, mit dem sie geschlechtlich verkehren mußte. An einem bestimmten Tage mußte sie Christus verleugnen. Dann erschien ein schwarzer Bock, den die anwesenden Frauen auf den Hintern küßten. Nach einer Mahlzeit aus Brot, Wein und Käse fand eine geschlechtliche Vermischung statt. Darauf rieben sich die Teilnehmer mit den Absonderungen von Kröten oder Raben ein und flogen durch die Luft davon, dorthin, wo sie Schaden anrichten wollten. In der Nacht vor Ostern und anderen großen Festen fanden ihre Hauptversammlungen statt.

Unter dem siebenten Großinquisitor, Kardinal Loaisa, wurden im Jahre 1546 einhundert und zwanzig Ketzer verbrannt. Sein Nachfolger, der Kardinal-Erzbischof Ferdinand Valdes, hatte es besonders auf die Unterdrückung der lutherischen Bewegung abgesehen. Er erwirkte am 4. Januar 1559 vom Papst ein Breve, das „die Auslieferung an den weltlichen Arm", d. h. das Verbrennen auch solcher gestattete, die des Luthertums verdächtig, die aber weder rückfällig noch hartnäckig waren. Sonst stand nämlich die Todesstrafe nur auf Rückfälligkeit und Hartnäckigkeit.

Im Auto da Fe von Valladolid vom 21. Mai 1559 wurden 14 Personen lebendig verbrannt. Die Hinrichtung fand statt am Dreifaltigkeits-Sonntag in Gegenwart des Prinzen Don Carlos, der Prinzessin Johanna und einer großen Menge Bischöfe, Adeliger und Bürger.

Außerdem wurden in demselben Auto da Fe die Gebeine und das Bildnis der Eleonora de Bibero verbrannt, gleichfalls weil sie die lutherische Lehre angenommen hatte. Sechzehn andere des Luthertums Angeklagte wurden zu verschiedenen Strafen verurteilt; meistens zur ewigen Einkerkerung und zum Tragen der Zamarra, des Bußkleides. Unter ihnen befand sich eine Palastdame der Königin, Dona Mencia de Figueroa. Melchior Canus, einer der berühmtesten Theologen des Dominikanerordens, hielt im Angesicht der Opfer und der sie erwartenden Scheiterhaufen die übliche „Glaubenspredigt".

Schon am 8. Oktober desselben Jahres fand ein zweites Auto da Fe zu Valladolid statt, noch feierlicher, als das erste, da König Philipp II. ihm anwohnte. Diesmal wurden dreizehn Menschen verbrannt. Die „Glaubenspredigt" hielt der Bischof von Cuenca. Als die Scheiterhaufen erloschen waren, trat der Großinquisitor, der Kardinalerzbischof Valdes, vor Philipp II. hin und forderte ihn nach alter Sitte auf, zu schwören, stets die heilige Inquisition schützen zu wollen, und alles, was gegen den Glauben geschehe oder gesagt werde und zu seiner, des Königs, Kenntnis gelange, ihm, dem Großinquisitor, anzuzeigen. Der König leistete den Eid.

Ungefähr zur gleichen Zeit fanden auch in Sevilla zwei besonders feierliche Autos da Fe statt; das erste am 24. September 1559. Vier Bischöfe, der gesamte Sevillanische Adel, an seiner Spitze die schöne Herzogin von Bejar, umgeben von zahlreichen Damen, und eine große Volksmenge wohnten dem blutigen Schauspiele bei. Einundzwanzig Menschen wurden lebendig verbrannt; achtzig zu verschiedenen schweren Strafen verurteilt. Die meisten erlitten den Tod und die Bestrafung, weil sie Luthers Lehre anhingen. Am 22. Dezember des folgenden Jahres, zwei Tage vor dem Weihnachtsfest, wurde das zweite „Brandopfer" dargebracht: vierzehn Menschen waren die Opfertiere.

Zu Murcia waren die Verbrennungen besonders zahlreich: Am 7. Juni 1557 wurden elf Ketzer lebendig verbrannt, und am 12. Februar 1559 sogar dreißig. Der 4. Februar 1560 sah vierzehn Scheiterhaufen, und am 8. September 1560 fanden nochmals 16 Ketzer den Tod in den Flammen. Am 15. März 1562 wurden 23 Menschen verbrannt; am 20. Mai 1563 siebzehn. Im Jahre 1564 wurde nur (!) ein Ketzer verbrannt. Am 9. Dezember 1565 verbrannte man vier Menschen; am 8. Juni 1567 sechs. Am 7. Juni 1568 bestiegen vierundzwanzig Ketzer die Scheiterhaufen.

Ein besonders berüchtigtes Auto da Fe fand am 25. Februar 1560 zu Toledo statt. Wenige Tage vorher war dort die Hochzeit Philipp II. mit Elisabeth von Valois gefeiert worden. Die Reihe der glänzenden Feste bei dieser Gelegenheit wurde beschlossen durch die Verbrennung einer größern Anzahl von Ketzern! Im folgenden Jahre wurden dort vier Lutheraner verbrannt. Am 17. Juni 1565, wiederum am Dreifaltigkeits-Sonntag, wurden elf Menschen in Toledo verbrannt. Am Tage nach Pfingsten 1571 wurden zwei Menschen verbrannt.

Am 27. Mai 1593 wurden fünf Menschen in Granada verbrannt. In Logrogno wurde im Jahre 1565 eine Frau durch die Inquisition verbrannt; ihr folgten im Jahre 1593 am 14. November noch fünf Personen. Im Jahre 1610 wurden in Logrogno sechs Ketzer verbrannt. Am 30. November 1630 wurden zu Sevilla acht Menschen verbrannt; zu Kordova im Jahre 1627 vier. In Gegenwart des Königs, Philipp IV., wurden im Jahre 1632 zu Madrid sieben Ketzer verbrannt. Am 29. Juni 1654 wurden zu Cuença zehn Menschen verbrannt. Am 13. April 1660 wurden zu Sevilla drei Menschen verbrannt.

Im Jahre 1680 wiederholte sich zu Madrid das schändliche Schauspiel, das 120 Jahre früher Toledo gegeben hatte: zur Feier einer königlichen Hochzeit — Karl II. heiratete Marie-Luise von Bourbon — wurde ein Auto da Fe veranstaltet, bei dem 19 Ketzer verbrannt wurden.

Während der Jahre 1700—1746 wurden 1564 Menschen durch die Inquisition verbrannt und 14076 Personen von ihr bestraft.

Über diese letzte blutige Zeit der spanischen Inquisition unterrichtet uns in trockener, aber eindringlicher Sprache ein Sammelband der K. Bibliothek zu Berlin, der die Protokolle spanischer Autos da Fe aus den Jahren 1721—1745 enthält. Einige dieser Autos lasse ich folgen: Auto da Fe zu Pampeluna vom 18. Mai 1721: 1 Mann und 3 Frauen wurden lebendig, 2 Männer und 3 Frauen wurden in effigie als unaufrichtige Juden-Christen verbrannt. Auto da Fe zu Granada vom 30. November 1721: ein Mann und zehn Frauen wurden als unaufrichtige Juden-Christen verbrannt. Weitere 37 Menschen wurden zu Galeeren- und Kerkerstrafen verurteilt. Auto da Fe zu Sevilla vom 14. Dezember 1721: 1 Mann und 1 Frau wurden in effigie verbrannt; von fünf verstorbenen Juden-Christen wurden die Gebeine ausgegraben und sie selbst in effigie verbrannt. Auto da Fe zu Pampeluna vom 22. Februar 1722: Zahlreiche werden zu ewigem Kerker verurteilt, ihre Vermögen werden beschlagnahmt. Auto da Fe zu Sevilla vom 4. Februar 1722: dreizehn Personen werden zu verschiedenen Strafen (ewiger Kerker, Galeere) verurteilt. Auto da Fe zu Toledo vom 15. März 1722: Eine 75 jährige Frau, Maria de Ribera, wird lebendig verbrannt: Zehn Verstorbene (3 Männer, 7 Frauen) werden in effigie verbrannt, ihre Gebeine werden ausgegraben. Auto da Fe zu Kordova vom 2. April 1722: 2 Männer und 2 Frauen werden lebendig verbrannt, zur großen Erbauung der Volksmenge. Auto da Fe zu Murcia vom 7. Mai 1722: 38 Personen werden zu verschiedenen Strafen verurteilt. Auto da Fe zu Cuença und Mallorka vom 31. Mai und 29. Juni: 23 Personen werden zu verschiedenen Strafen verurteilt. Auto da Fe zu Sevilla vom 5. Juli 1722: 4 Männer werden lebendig, 2 in effigie verbrannt; eine Verstorbene wird ausgegraben. Auto da Fe zu Murcia vom 18. Oktober 1722: 27 Personen werden zu verschiedenen Strafen verurteilt. Auto da Fe zu Santiago vom 21. September 1722: 4 Personen werden zu verschiedenen Strafen verurteilt. Auto da Fe zu Cuença vom 22. November 1722: 1 Mann und 2 Frauen werden in effigie verbrannt. Auto da Fe zu Sevilla vom 30. November 1722: 2 Männer und 2 Frauen werden zuerst erdrosselt, dann verbrannt: 43 Personen werden zu verschiedenen Strafen verurteilt. Auto da Fe zu Llereña vom 30. November 1722: 19 Personen werden zu verschiedenen Strafen verurteilt. Auto da Fe zu Granada vom 31. Januar 1723: 4 Männer und 8 Frauen werden lebendig verbrannt; 48 Personen werden zu verschiedenen Strafen verurteilt. Den Schluß des Protokolls bildet ein acht Seiten langes Loblied auf dies Auto, bei dem 12 Menschen gemordet wurden. Die erste Strophe lautet: Canto la exaltacion, el triunfo canto/De la firme Catholica Fe nuestra/Que contra ingratos perfidos Hereges / Consignó victoriosa en Lliberia. In der 21. Strophe wird besungen, wie „das sichtbare irdische Feuer die Leiber der Ketzer in Asche auflöst": el incendio temporal visibile, que resuelve sus cuerpos en pavesas. Auto da Fe zu Barcelona vom 31. Januar, zu Cuença vom 21. Februar, zu Toledo vom 24. Februar 1723: 11 Personen werden zu verschiedenen Strafen verurteilt. Auto da Fe zu Valencia vom 24. Februar 1723: ein Mann und eine Frau werden lebendig verbrannt. Auto da Fe zu Murcia vom 13. Mai 1723: ein Mann wird lebendig verbrannt. Auto da Fe zu Sevilla am 6. Juni 1723: ein Mann und eine Frau werden lebendig verbrannt. Auto da Fe zu Kordova vom 13. Juni 1723: 6 Männer werden lebendig verbrannt; zwei Verstorbene werden ausgegraben. Auto da Fe zu Llerena vom 26. Juli 1723: eine Frau wird lebendig verbrannt. Auto da Fe zu Toledo vom 28. Oktober 1723: ein Mann wird lebendig verbrannt. Auto da Fe zu Madrid vom 12. März 1724: zwei Männer und zwei Frauen werden lebendig verbrannt. Auto da Fe zu Kordova vom 23. April 1724: drei Männer und eine Frau werden lebendig verbrannt. Auto da Fe zu Sevilla vom 11. Juni 1724: ein Mann wird lebendig verbrannt. Auto da Fe zu Sevilla vom 25. Juni 1724: ein Mann und vier Frauen werden lebendig, 15 Personen werden in effigie verbrannt. Auto da Fe zu Cuença vom 23. Juli 1724: drei Männer und drei Frauen werden lebendig verbrannt. Auto da Fe zu Murcia vom 30. November 1724: ein Mann und eine Frau werden lebendig verbrannt. Auto da Fe zu Cuença vom 14. Januar 1725: zwei Frauen werden lebendig verbrannt. Auto da Fe zu Toledo vom 4. Juli 1725: ein Mann wird lebendig verbrannt. Auto da Fe zu Sevilla vom 30. November 1725: ein Mann und zwei Frauen werden lebendig verbrannt. Auto da Fe zu Granada vom 16. Dezember 1725: eine Frau wird lebendig verbrannt. Auto da Fe zu Valladolid vom 13. Juni 1745: ein Mann wurde lebendig verbrannt.

Ein Augenzeuge schildert das Auto da Fe zu Goa vom 16. Januar 1676: Ein Mann und eine Frau wurden als rückfällige Ketzer dem weltlichen Arm übergeben; die Bilder von vier Verstorbenen wurden mit ihren ausgegrabenen Gebeinen, die in Holzkisten gesammelt waren, verbrannt. Bei der Auslieferung der Rückfälligen wurde vom päpstlichen Inquisitor verkündet: da die Inquisition keine Gnade walten lassen könne wegen der Größe des Verbrechens, so würden sie dem weltlichen Arm überliefert, mit der Bitte, Barmherzigkeit an ihnen zu üben und ihr Blut nicht zu vergießen. Dann wurde das auf dem schwarz verhängten Altar aufgestellte Kruzifix mit dem Rücken gegen die Ausgelieferten gedreht, zum Zeichen, daß die Kirche nichts mehr mit ihnen zu tun habe. Der Inquisitor gab ihnen — das Symbol der Auslieferung — einen leichten Stoß auf die Brust, und die weltlichen Beamten legten Hand an sie. In kurzer Entfernung vom Orte der Auslieferung waren die Scheiterhaufen errichtet. Der weltliche Richter stellt an die Unglücklichen die Frage, in welcher Religion sie sterben wollen; antworten sie: in der katholischen, so werden sie zuerst erdrosselt und dann auf die Scheiterhaufen geworfen; antworten sie: in der ketzerischen, so werden sie lebendig den Flammen übergeben. Abbildungen der Verbrannten werden am Tage nach dem Auto da Fe in der Dominikanerkirche aufgehangen mit der Unterschrift: verbrannt als hartnäckiger oder rückfälliger Ketzer.

Von Frankreich aus drang der Geist der Aufklärung und Menschlichkeit — das Papsttum nannte ihn den Geist der Gottlosigkeit — auch in Spanien ein und übte nach und nach seine Wirkung. Vom Jahre 1746 bis zum Jahre 1759 wurden nur (!) zehn Menschen von der Inquisition verbrannt; zwischen 1760 und 1774 wurden nur (!) zwei Menschen verbrannt; zwischen 1775 und 1783 wurden gleichfalls nur (!) zwei Menschen verbrannt. Das letzte Todesurteil wurde von der Inquisition von Saragossa im Jahre 1802 über den Pfarrer von Esco gefällt, aber nicht vollstreckt, da der Großinquisitor, Don Ramon Joseph de Arce, Erzbischof von Burgos und Patriarch von Indien, menschlich und christlich genug war, die Bestätigung zu versagen.

Vierhundert Jahre hatte die Menschlichkeit gebraucht, um das „Christentum" des „apostolischen Großinquisitor" Torquemada, der innerhalb 17 Jahren zweitausend Ketzer verbrennen ließ, umzugestalten in das Christentum des Joseph de Arce, der die Bestätigung eines Todesurteils verweigerte[1].

Innerhalb dieser vierhundert Jahre sind von der spanischen Inquisition im Namen Gottes und des Christentums viele Tausende lebendig verbrannt, Ungezählte sonst schwer an Leib, Geld und Gut gestraft worden.

Was diese Zahlen enthalten an Leibes- und Seelenqualen, an Vernichtung menschlichen Glückes, an Zerreißung von Familienbanden, an Zerstörung vaterländischen Wohlstandes, ist unausdenkbar. Das menschliche Elend, die menschliche Verzweiflung, der menschliche Jammer, die hier vor uns stehen, sind riesengroß.

Lasse man die Flammen aller in diesen vierhundert Jahren entzündeten Scheiterhaufen zusammenschlagen, lasse man das Blut der hingemordeten Christenmenschen zusammenfließen: ein Meer von Feuer, ein Meer von Blut würde entstehen. Und aus diesem Meere würden aufsteigen, schrecklicher als das Heulen des gewaltigsten Sturmwindes, die Schmerzensschreie der Gefolterten, das Todesröcheln der Gemordeten, das Wehklagen der Witwen und Waisen!

Wo ist die Einbildungskraft, die das Bild solcher Schrecknisse, auch nur annähernd der Tatsächlichkeit entsprechend, zu schildern oder zu zeichnen vermöchte!

Wer es aber vermag, muß unter dies Bild die Worte des „Statthalters Christi", des Papstes Sixtus V. setzen, die er aussprach in seiner Bulle

---

[1] Und diesen Tatsachen gegenüber schreibt Hefele: „Der römische Stuhl steht in der Geschichte der spanischen Inquisition wirklich ehrenhaft und als ein Beschützer der Verfolgten da, was er zu allen Zeiten gewesen ist" (Kardinal Ximenes, S. 318)! Allerdings nachdem derselbe Hefele diesen „Schutz" an der eigenen Person kennen gelernt hatte, schrieb er am 3. Dezember 1870: „Es fehlt wahrlich nicht am Willen der Hierarchie, wenn nicht im 19. Jahrhundert wieder Scheiterhaufen errichtet werden." (Schulte, Altkatholizismus, S. 225.)

Immensa Dei vom 22. Januar 1588: „Es ist unsere Absicht, daß in der heiligen Inquisition der spanischen Länder, die durch die Vollmacht des päpstlichen Stuhles eingesetzt worden ist, und durch die wir auf dem Acker des Herrn täglich reichliche Früchte zeitigen sehen, ohne unser oder unserer Nachfolger Wissen nichts geändert werde."

Aber neben den Worten seines „Statthalters" müssen Christi Worte stehen: „An ihren Früchten werdet ihr sie erkennen".

Der apostolische Großinquisitor der spanischen Inquisition hat sich, wie wir gesehen haben, innerhalb 400 Jahren gewandelt, seine Hand wurde nach und nach rein vom Blute ermordeter Christen. Hat sich aber Rom, das Rom, von dem der Großinquisitor seine Vollmachten erhielt, gewandelt?

Es ist der 28. Februar 1484. Im Inquisitionsgebäude von Kordova ist soeben ein Urteil verkündet worden: „Bruder Martin Caso vom Orden des hl. Franziskus und der hl. Theologie Magister; Dr. Peter Martinez de Barrio; der Baccalaureus Anton Ruiz de Morales, hiesiger Kirche Kanonikus; der Lizentiat Johann Guttierez de las Cañas; der Herr Lopez de Santoval; der Herr Franz de Valenzuela, Erzdiakon von Kordova; der Herr Peter Gonzalez de Hozes, Kantor; Simon Lopez de Valenzuela und Aloysius Mendez de Morales, Domherr mit vielen anderen Klerikern und Benefiziaten der Domkirche von Kordova

und

der Herr Garcia Fernandez de Manrique, Rat des Königs und der Königin, unserer Herren, und Oberrichter dieser Stadt, mit vielen anderen Rittern

und

der Baccalaureus Petrus de la Cuba, Vorsteher des Gerichtshofes, und der hochwürdigste Herr Roderich de Soria, Bischof von Malaga.

Alle diese waren vereinigt, um zu erklären, daß der Schatzmeister hiesiger Domkirche, der Priester Peter Fernandez de Alcaudete, ketzerisch dem Judentume zuneige, und zu veranlassen, daß der Genannte vom Bischof der kirchlichen Weihen entkleidet werde. Darauf setzten sich die genannten Herren Patres Inquisitoren zum Urteilsspruch... und verkündeten, daß der genannte Peter de Alcaudete als rückfälliger Ketzer überführt sei, und sie übergaben und überließen ihn dem weltlichen Arm, und der anwesende Oberrichter nahm ihn in Empfang, um ihn nach den göttlichen und menschlichen Gesetzen die Todesstrafe erleiden zu lassen.

Der Oberrichter erklärte: Ich nehme ihn in meine Gewalt... und ich verurteile ihn zum Tode durch das Feuer; er soll zu Asche verbrannt und seine Güter beschlagnahmt werden. Und ich befehle dem Andreas Palacios, dem Büttel dieser Stadt, daß er diesen Urteilsspruch ausführe: der Verurteilte soll auf einem Esel reiten mit einem Strick um den Hals, und mit gebundenen Händen soll er lebendig verbrannt werden an dem Tore, das das untere heißt."

Dies Bluturteil, gefällt vor vierhundert Jahren, findet sich im Januar 1895 abgedruckt in einer ultramontanen, in Rom erscheinenden theologisch-politischen Monatsschrift, die geleitet wird von einem „Hausprälaten Seiner Heiligkeit des Papstes Leo XIII.", dem Priester Felix Cadene; deren Titelblatt das Wappen Leo XIII. trägt mit der Umschrift: „Ubi Petrus ibi Ecclesia, wo Petrus, da ist die Kirche". Die Zeitschrift heißt: Analecta ecclesiastica, Revue Romaine.

Und ist etwa dies Urteil, das dem christlichen Namen zur Schande gereicht, in der päpstlichen Revue Romaine mißbilligt, oder nur als geschichtliches Schriftstück veröffentlicht?

Als Antwort lasse ich die Sätze folgen, die dem Wortlaut des abgedruckten Urteils unmittelbar angefügt sind: „Gewiß wird es unter den Söhnen der Finsternis manche geben, die, wenn sie dies Urteil lesen, mit rollenden Augen, aufgeblähten Backen und erweiterten Nasenlöchern gegen die sogenannte Unduldsamkeit des Mittelalters losziehen. Den Unwert solch dummen Geschwätzes brauchen wir unseren Lesern nicht klar zu machen.... Mit vollem Recht haben das kirchliche und das bürgerliche Gesetz vereint gegen derartige Sykophanten [gemeint ist der verbrannte Ketzer] gekämpft, damit die Schafherde nicht verwüstet werde durch Wölfe im Schafsfell. Wölfe sollen bei den Wölfen bleiben; kommen sie aber, angetan mit Schafsfellen, um die Lämmer zu zerreißen, dann sollen sie mit Feuer und Schwert aus dem Schafsstall vertrieben werden.... Fern sei es deshalb von uns, daß wir, unklar gemacht durch die Dunkelheit des Liberalismus, der sich in das Gewand der Klugheit kleidet, schwächliche Gründe aufsuchen, um die heilige Inquisition zu verteidigen. Fort mit den Redensarten von der damaligen Zeit, von der Härte der Sitte, von übertriebenem Eifer, als ob unsere heilige Mutter, die Kirche, sei es in Spanien, sei es anderswo, entschuldigt werden müßte wegen der Taten der heiligen Inquisition! Der glücklichen Wachsamkeit der heiligen Inquisition ist der religiöse Friede und die Glaubensfestigkeit zuzuschreiben, die das spanische Volk ziert. O ihr gesegneten Flammen der Scheiterhaufen! Durch euch wurden, nach Vertilgung weniger und ganz und gar verderbter Menschen, Tausende und Tausende von Seelen aus dem Schlunde des Irrtums und der ewigen Verdammnis gerettet; durch euch ist auch die bürgerliche Gesellschaft, gesichert gegen Zwietracht und Bürgerkrieg, durch Jahrhunderte hindurch glücklich und unversehrt erhalten worden! O erlauchtes und ehrwürdiges Andenken Thomas Torquemada's [dieser erste Großinquisitor hat 2000 Ketzer verbrennen lassen], der durch klugen Eifer und unerschütterliche Standhaftigkeit, während er die Juden und Ungläubigen nicht zur Taufe zwang, die Getauften durch heilsamen Schrecken, unter Mitwirkung beider Gewalten, vom Abfalle ruhmreich zurückhielt und so seinem Vaterlande größern und edlern Wohlstand verschaffte, als durch die Angliederung der indischen Reiche ihm wurde."

Also das Rom des 15. und das Rom des 19. Jahrhunderts dienen dem gleichen „Christentum". Was früher innerhalb des Machtbereiches des päpstlichen Rom blutige Wirklichkeit war, ist jetzt blutiger Wunsch desselben Roms.

VII. Papsttum und Todesstrafe.

Ecclesia non sitit sanguinem! Die Kirche dürstet nicht nach Blut, die Kirche vergießt kein Blut!

Dieser Satz ist in der katholisch-ultramontanen Welt fast zum Dogma, d. h. zur zweifellosen, göttlichen Wahrheit geworden. In Wirklichkeit enthält er eine der derbsten Geschichtslügen. In ihrer ganzen Nacktheit werde ich sie vorführen.

Gegen Ende des 12. und zu Anfang des 13. Jahrhunderts mehren sich die Anzeichen, daß die Einführung der Todesstrafe als gesetzlicher Strafe für die Ketzerei nur mehr eine Frage sehr kurzer Zeit sei.

Die strafgesetzliche Entwickelung in diese Richtung gedrängt und Blutvergießen als Ahndung für religiöse Überzeugungen zum Gesetz innerhalb der Christenheit erhoben zu haben, ist die Tat der römischen Kirche, d. h. ihres Hauptes, des „Statthalters Christi".

Religiös, kulturell und sozial ist diese geschichtliche Wahrheit so wichtig, daß wir bei ihr, trotz allem, was über das Wüten der Päpste gegen die Ketzer schon vorgebracht worden ist, verweilen müssen. Es muß gezeigt werden, daß die Taten päpstlicher Grausamkeit ihre Wurzel haben in einer päpstlichen Theorie der Grausamkeit.

Was das Papsttum überhaupt hielt von Tötung der mit ihm Zerfallenen, geht aus einem von Papst Urban II. (1088—1099) ganz allgemein ausgesprochenen Grundsatze hervor, der Aufnahme gefunden hat ins kanonische Recht und der bis zur heutigen Stunde als kirchlicher Grundsatz dort steht. „Wir halten jene", schreibt Urban II., „nicht für Mörder, die, brennend gegen Exkommunizierte, voll Eifer für die katholische Mutter, die Kirche, einige von ihnen totgeschlagen haben. Damit jedoch die Zucht derselben Mutter nicht verlassen werde, so lege ihnen eine passende Buße auf, wodurch sie die Augen der göttlichen Einfalt gegen sich wohlgefällig zu machen vermögen, wenn sie vielleicht aus menschlicher Schwäche bei diesem Fehltritt sich etwas Sündhaftes zu Schulden kommen ließen."

Hier ist wilde, regellose „Abschlachtung" von Exkommunizierten, d. h. von dem Papste Ungehorsamen, durch den ersten Besten als keine Mordtat erklärt. Die Lehre, daß die gesetzmäßige Hinrichtung von Ketzern verdienstlich sei, war dadurch vorbereitet.

Schon Innozens III. war in der Verfolgung der Ketzer bis an die Grenze des Äußersten gegangen. Das Versprechen, das Kaiser Otto IV. ihm am 22. März 1209 ablegen mußte, und die Bestimmungen des 4. Laterankonzils vom Jahre 1215 enthalten alle Härten gegen die Ketzer, mit Ausnahme der Todesstrafe: Acht und Bann, Güterbeschlagnahme, Ehrlosigkeit der Kinder, Zerstörung ketzerischer Wohnungen usw.

Vom päpstlichen Stuhle aus drang dieser Verfolgungsgeist zunächst in die Städteordnungen vieler italienischen Stadtgemeinden.

Zu Prado wurden 1206 die Ketzer verbannt; niemand, dessen Rechtgläubigkeit verdächtig war, durfte Konsul werden. In demselben Jahre wurde zu Florenz ein Statut gegen die Ketzer beschlossen, dessen Hauptinhalt wir daraus ersehen, daß der Papst der Stadt Faenza empfahl, sich dasselbe anzueignen und darauf bedacht zu sein, „alle Ketzer aus der Stadt zu verjagen". In den Statuten von Verona, ihrer Hauptmasse nach vor 1218, hat der Podesta zu schwören: „Die Ketzer werde ich aus der Stadt und ihrem Gebiete vertreiben, wenn sie sich nicht dem Willen des Bischofs fügen. Ich lasse sie nicht hier verweilen; das geschieht nach dem

Willen des Herrn Bischofs. Die Häuser, in denen Ketzer wohnen, lasse ich zerstören."

Ob schon in der Satzung des Konzils von Verona (1184), die dem kanonischen Recht eingefügt wurde: „der Ketzer soll dem weltlichen Gericht zur gebührenden Strafe überlassen werden", die Todesstrafe verhüllt ausgesprochen ist, bleibe dahingestellt. Jedenfalls liegt aber ein Hinweis auf die Todesstrafe in der Aufforderung Innozens III. an den Erzbischof von Aix, die weltlichen Großen anzuhalten, die Ketzer mit Verbannung zu bestrafen, und wenn sie trotzdem im Lande blieben, mit Schlimmern gegen sie vorzugehen. Diese Annahme ist um so berechtigter, als zur gleichen Zeit (1198) König Peter von Aragonien den Feuertod über Ketzer verhängte, die trotz des Verbannungsbefehles noch im Lande betroffen würden. Noch deutlicher ist die Sprache des Papstes in der Anweisung an seine Legaten in der Provence: sie sollen die Ketzer zum Untergang des Fleisches dem Satan übergeben.

Den Bischöfen von Viterbo und Orvieto befiehlt Innozens III. im Jahre 1205, die Einwohner zur Austreibung der Ketzer zu verhalten. Da das keinen Erfolg hatte, kam der Papst 1207 selbst nach Viterbo; er ließ einige Häuser, wo Ketzer gewohnt hatten, zerstören und gab ein für den ganzen Kirchenstaat gültiges Gesetz: „Jeder Ketzer soll ergriffen und dem weltlichen Gericht [hier der Papst selbst als Landesherr!] zur Bestrafung übergeben werden".

Es lag also, durch päpstliche Einwirkung veranlaßt, das Wort: „Todesstrafe" den Gesetzgebern dieses Zeitalters, sozusagen, auf der Zunge. Kaiser Friedrich II. sprach es im Jahre 1224 in seiner Konstitution für die Lombardei erstmalig aus, und der Veranlasser dieser Konstitution war Erzbischof Albert von Magdeburg. Er war kaiserlicher Legat für Oberitalien und investiert mit der Grafschaft Romagna. Um die Ketzer seines Landes mit dem Tode bestrafen zu können, wandte er sich an Friedrich II., und dieser gestattete ihm, sie zu verbrennen, oder, wenn man nachsichtig sein wolle, ihnen die Zunge auszureißen.

Schon 1230 wird dies Friederizianische Gesetz in die Stadtordnung von Brescia aufgenommen: der Podesta schwört, alle Ketzer in die Acht zu tun und die vom Bischof verurteilten Ketzer als Manichäer nach dem kaiserlichen Gesetz — also mit der Todesstrafe — zu bestrafen. Dann folgt der Wortlaut des kaiserlichen Gesetzes mit der Strafe des Verbrennens.

Dem Blutgesetz gegen die Ketzer der Romagna läßt Friedrich II. im Jahre 1231 ein ähnliches für das Königreich Sizilien folgen: die hartnäckigen Ketzer sollen in Anwesenheit des Volkes lebendig verbrannt werden. Aus einem Schreiben des Kaisers an den Papst vom 28. Februar 1231 ist ersichtlich, daß Gregor IX. ihn zu diesem Vorgehen aufgefordert hatte. Selbst der Katholik Ficker schreibt: „Die größere Strenge, mit der seit 1231 überall gegen die Ketzer vorgegangen wird, das Verbrennen derselben auch in Italien, gehen allerdings zunächst auf vom Papste erlassene Weisungen zurück."

Nicht nur päpstlicher Einfluß, sondern päpstliches Vorbild bestimmte endlich den Erlaß der berüchtigten kaiserlichen Ketzergesetze von Ravenna aus dem Februar und März 1232. Der päpstliche Einfluß hatte sich hierbei geltend gemacht durch die Anwesenheit des Dominikanerbischofs und päpstlichen Beraters Guala am kaiserlichen Hoflager von Ravenna; das päpstliche Vorbild war ein Erlaß Gregor IX. an alle Erzbischöfe aus dem Jahre 1231.

Dieser päpstliche Erlaß ist zum größten Teil eine Wiederholung der Bestimmungen des 4. Laterankonzils (1215) unter Innozens III.: Rechtlosigkeit, Güterbeschlagnahme, Häuserzerstörung, Auslieferung an den weltlichen Arm; neu ist der Zusatz: Ketzer, die sich bekehren, sollen lebenslänglich eingekerkert werden. Damit ist allerdings der Schluß nahe gelegt, daß der Papst, wenn er schon die Widerrufenden mit so harter Strafe belegt wissen will, für die hartnäckigen Ketzer kaum etwas anderes im Auge gehabt haben kann, als die Hinrichtung. Zur Gewißheit wird diese päpstliche Absicht durch die Vorgänge in Rom selbst. Die Vita Gregorii IX. berichtet, daß der Papst im Februar 1231 in Gegenwart von Senator und Volk viele Priester, Kleriker und Laien beiderlei Geschlechts auf Aussagen von Zeugen oder auf eigenes Geständnis hin als Ketzer verurteilte. Was mit ihnen dann weiter geschah, erfahren wir durch Richard von San Germano: „Zur selben Zeit wurden einige Ketzer in Rom entdeckt, von denen einige verbrannt wurden, da sie hartnäckig blieben; andere wurden nach Casino und La Cava zur Buße geschickt." Die Reuigen wurden also eingekerkert, die Hartnäckigen wurden verbrannt. Aber — und hier tritt der Pharisäismus klar zutage — der „Statthalter Christi" hat das Wort „Todesstrafe" nicht ausgesprochen. „Die milde Mutter, die Kirche" begnügte sich mit der Tat[1].

Richtig sagt Ficker: „Bei Beurteilung der kaiserlichen Konstitutionen von 1232 scheint mir zu wenig beachtet zu sein, daß dieselben sich aufs engste an vorhergehende päpstliche Verfügungen anschließen, und daß diese es zunächst waren, welche die 1231 beginnende, insbesondere in Deutschland alles Maß überschreitende Ketzerverfolgung veranlaßten."

Diese Tatsache ist durch die geschichtlichen Quellen so offenbar gemacht worden, daß selbst ein so ultramontan-schönfärberischer Schriftsteller wie Felten gestehen muß: „Ohne Zweifel kam der Kaiser mit seinen Ketzerbestimmungen den Wünschen der Päpste [Honorius III. und Gregor IX.] vielfach entgegen". Daß die „Wünsche" der „Statthalter Christi" auf Tötung der Ketzer gerichtet waren, verschweigt aber Felten seinen Lesern.

Die blutigen Gesetze Friedrich II. stehen bis zur gegenwärtigen Stunde im Gesetzbuch der „Statthalter Christi", im kanonischen Recht! Allerdings, dort stehen sie am richtigen Platz, denn die „Statthalter Christi" sind ihre geistigen Urheber, und alles infolge dieser Gesetze vergossene Christenblut fällt nicht nur wegen dieser Urheberschaft auf das Papsttum zurück, sondern auch deshalb, weil die Päpste, und nicht die Kaiser, die eifrigsten Verbreiter dieser Gesetze waren und ihre unnachsichtliche Befolgung unter Androhung der härtesten kirchlichen Strafen erzwangen.

Wenn diese unmoralischen und widerchristlichen Gesetze eine Schmach sind für den deutschen Namen und ein Schandfleck auf dem Andenken eines deutschen Kaisers, was sind sie dann für das Papsttum?

Was die päpstliche Urheberschaft betrifft, so ist, außer dem schon Vorgebrachten, das Drum und Dran des kaiserlichen Blutgesetzes vom Jahre 1232 besonders beachtenswert.

Es war in keiner Weise eine proprio motu entstandene Kundgebung des Kaisers Friedrich II., sondern es war berechnetes Nachgeben an päpstliche Wünsche. Die Erfüllung dieser blutigen Wünsche war vielerorts auf Schwierigkeiten gestoßen; zur Brechung dieses Widerstandes hatte sich die Berufung auf den „Statthalter Christi" unausreichend erwiesen; so sollten denn die Inquisitionsrichter ihre Forderungen auf Tötung der Ketzer kraft kaiserlichen Ansehens durchsetzen.

Dieser Tatbestand ergibt sich zunächst aus der Art der Verkündigung des Blutgesetzes.

Die Adressaten waren zwar die Fürsten und Beamten des Kaiserreiches, aber bezeichnenderweise wurde es nicht ihnen zugestellt, sondern den vom Papste mit der Inquisition beauftragten Dominikanerklöstern. Die päpstlichen Inquisitoren sollten also das Blutgesetz bei den weltlichen Gerichten zur Anwendung bringen lassen.

Auch der Inhalt des Erlasses bestätigt diese Auffassung. Der Kaiser nimmt die Inquisitoren bei Ausübung ihres Amtes in seinen besondern Schutz, und er befiehlt, an den von ihnen Verurteilten die gesetzliche Strafe, d. h. die Todesstrafe, zu vollziehen. Die bedeutsame Tatsache ferner, daß zur Zeit, als dies Gesetz erging, der Vertraute Gregor IX., der Dominikaner Guana, am kaiserlichen Hoflager in Ravenna als Berater anwesend war, ist schon hervorgehoben worden.

Endlich besitzen wir unverdächtige und geradezu klassische Zeugen dafür, daß Gregor IX. diese Gesetze veranlaßt hat.

In unbefangenster Offenheit berichtet der päpstliche Inquisitor und Dominikanermönch Bernhard Guidonis im vierten Teil seiner Practica Inquisitionis: „Zu verschiedenen Zeiten hat der apostolische Stuhl Verordnungen erlassen gegen die ketzerische Bosheit; auch die kaiserlichen Gesetze wurden zu diesem Zweck vom Kaiser Friedrich auf Betreiben des apostolischen Stuhles verkündet."

Der Franziskanermönch Thomas Tuscus sagt ausdrücklich: Die Verkündigung dieser Gesetze sei nur erfolgt, weil der Kaiser dem Papste zu Gefallen, sich als rechtgläubig und katholisch erweisen und so der ihm damals drohenden päpstlichen Exkommunikation entgehen wollte.

Der päpstlichen Vaterschaft entspricht die weitere Fürsorge der Päpste für diese Kinder ihres Geistes.

Innozenz IV., Alexander IV., Urban IV., Klemens IV. haben die Gesetze Friedrich II. wiederholt bestätigt und eingeschärft. Besonders eifrig war Innozenz IV. (1243—1254); nicht

---

[1] „In der kirchlichen Gesetzgebung", sagt der Präsident des Kassationshofes von Paris, Tanon, „ist die Todesstrafe nicht ausdrücklich aufgeführt, sie wird stillschweigend vorausgesetzt. In allgemeinen Wendungen ist sie enthalten, die sie bezeichnen, ohne sie zu nennen, und die oft nur bestehen in einem Sichbeziehen auf weltliche Gesetze, oder in der Erwähnung, der Ketzer sei dem weltlichen Arm überliefert worden, um die gesetzliche Strafe zu empfangen."

weniger als viermal bringt er in den stärksten Ausdrücken auf Befolgung der Gesetze.

Wie gleichartig nach Sinn und Ausdrucksweise sind doch solche Kundgebungen der „Stellvertreter Christi" mit den Äußerungen Christi selbst: „Und die Samaritaner nahmen ihn nicht auf. Da aber das seine Jünger sahen, sprachen sie: Herr, willst du, so wollen wir sagen, daß Feuer vom Himmel falle, und verzehre sie, wie Elias tat. Jesus aber wandte sich, schalt sie und sprach: Wisset ihr nicht, wessen Geistes Kinder ihr seid? Des Menschen Sohn ist nicht gekommen, der Menschen Leben zu verderben, sondern zu erhalten."

Christus weist es entrüstet von sich, Menschen, die ihm nicht freiwillig folgen wollen, durch Feuer zu töten; seine „Statthalter" ruhen und rasten nicht, bis allerorten die Scheiterhaufen flammen, um diejenigen, welche ihnen nicht anhangen wollen, zu verzehren. Kann es einen bessern Beweis dafür geben, daß die Päpste wirklich von „Christi Geist" erfüllt, daß sie wirklich die „Fortsetzer" seines Werkes sind??

Von 1232 an hielt mit der Weiterverbreitung des Erlasses Gregor IX. das Aufflammen der Scheiterhaufen gleichen Schritt. In Bercelli ließ der Franziskanerinquisitor Bruder Heinrich von Mailand die Strafe des Feuertodes in die Stadtordnung aufnehmen. Der Dominikanerinquisitor Johann ließ im Juli 1233 sechzig angesehene Frauen und Männer zu Florenz als Ketzer verbrennen. Von Mailand heißt es aus dem Jahre 1233: „man fing an die Ketzer zu verbrennen", und eine heute noch am Palazzo della Raggione zu Mailand vorhandene Inschrift unter dem Standbild des damaligen Podesta der Stadt, Oldrado di Tresseno, rühmt von ihm: „Die Ketzer verbrannte er, wie es seine Pflicht war". Überdies erhielten die Mailänder Ketzerbrände die ausdrückliche Gutheißung des Papstes. In einem Schreiben vom 1. Dezember 1233 beglückwünscht Gregor IX. den Erzbischof und den Klerus von Mailand zu ihrem Eifer in Vertilgung der Ketzer.

Nach allem Gesagten kann es nicht mehr zweifelhaft sein, wie in Italien die dort bisher unbekannte Strafe des Scheiterhaufens Eingang fand. Den Ausgangspunkt bildete allerdings die kaiserliche Verordnung von 1224. Aber sie scheint ohne alle unmittelbare Wirkung geblieben. Sie gewann erst dadurch Bedeutung, daß die kirchlichen Gewalten sie zu verwerten wußten; daß zuerst der Predigerbruder Guala als Bischof von Brescia sie hervorzog; daß dann seit 1231 auch der Papst verlangte, daß die in seinen neuen Statuten vorgesehene Bestrafung hartnäckiger Ketzer durch den weltlichen Richter nach jener Konstitution des Kaisers zu geschehen habe. Die damaligen Inquisitoren waren auf Grund päpstlicher Willenskundgebungen „durchaus zu dem Verlangen berechtigt, daß die weltlichen Richter die endgültig verurteilten Ketzer dem Scheiterhaufen übergeben sollten". So lautet das Urteil des katholischen Geschichtsforschers Ficker.

Zu gleichem Ergebnis kommt ein anderer Forscher, Hermann Haupt, der mit Bezug auf die friederizianischen Blutgesetze schreibt: „Es ist bekannt, daß seine [Kaiser Friedrichs] auf dem Reichstage zu Ravenna erlassenen Konstitutionen vom März 1232 zum ersten Male die Hinrichtung der Ketzer reichsgesetzlich forderten und das jedem Herkommen, aber auch den einfachsten Forderungen der Gerechtigkeit widersprechende Gerichtsverfahren der päpstlichen Inquisitoren durch die rückhaltlose Bestätigung der vorausgegangenen päpstlichen Erlasse für immer sanktionierten."

Die Begriffe Papsttum und Todesstrafe für Ketzerei stehen also nach dem Zeugnisse der Geschichte zueinander im Verhältnis von Ursache und Wirkung. Daran läßt sich nicht rütteln; wohl aber läßt sich diese Wahrheit durch weitere Geschichtstatsachen befestigen. Diese Tatsachen werfen zugleich helles Licht auf den wahrhaft widerlichen Pharisäismus, mit dem die „Statthalter Christi" ihre Mordlust umhüllten.

Wenn man nämlich dem Ultramontanismus die Greuel der Inquisition als Sünden des Papsttums vorwirft, so gibt er jedesmal die Antwort: gerade die Inquisitionsgeschichte beweist, daß die Kirche, d. h. das Papsttum unschuldig ist an dem vergossenen Blute; denn der Inquisitionsrichter hat nicht nur niemals ein Todesurteil gefällt, er hat nicht nur stets den von ihm als Ketzer Erklärten „dem weltlichen Arm übergeben", der ihn dann nach seinen Gesetzen bestrafte, sondern — und das ist entscheidend — der Inquisitionsrichter hat bei jeder „Auslieferung an den weltlichen Arm" der weltlichen Obrigkeit die dringende Bitte ausgesprochen, Leib und Leben des Ausgelieferten zu schonen.

Wer die Urheber der weltlichen Gesetze waren, nach denen die Ketzer getötet wurden, haben wir gesehen; mit der Urheberschaft der Blutgesetze ist aber auch die Verantwortlichkeit für ihre Wirkungen bewiesen. Doch lassen wir das einmal beiseite;

nehmen wir sogar an, das Papsttum stände wirklich nicht hinter den weltlichen Blutgesetzen als ihr Vater. Wäre es unter dieser günstigsten, aber nicht geschichtlichen Voraussetzung der Blutschuld ledig? Nein, die Flut von Tränen und Blut, die das Zeitalter der Inquisition durchströmt, schlägt doch über dem Haupte des Papsttums zusammen, und die so sehr betonte „Auslieferung an den weltlichen Arm" und die noch mehr betonte „Bitte um Schonung des Ketzerlebens" vermögen auch nicht einen einzigen Tropfen des Menschenblutes abzuwaschen, das jahrhundertelang die Gewänder der „Statthalter Christi" durchtränkt und durchfärbt hat. Im Gegenteil; die Blutschuld der „Statthalter Christi" wird durch die „Auslieferung" und durch die „Bitte" ums Hundertfache schwerer. Denn „Auslieferung" und „Bitte" waren ein frevelhaftes Spiel mit Worten, sie waren eine der schändlichsten Unaufrichtigkeiten, welche die lange Geschichte menschlichen Lugs und menschlichen Trugs kennt. Innerhalb der christlichen Geschichte steht solch ein systematischer Mißbrauch der Sprache geradezu beispiellos da.

„Die Auslieferung des Ketzers an den weltlichen Arm" und die an die weltliche Obrigkeit gerichtete „Bitte um Schonung des Ketzerlebens" hatten nicht den Sinn, den die Worte auszudrücken scheinen, nämlich Blutvergießen zu verhindern, sondern ihr Sinn war nur der, die päpstlichen Inquisitoren vor der kanonischen Irregularität zu bewahren, die sich Geistliche, Priester dadurch zuziehen, daß sie in irgendwelcher Weise (außer in Notwehr) an der Tötung oder Verwundung eines Menschen sich beteiligen[1].

Wehe dem „weltlichen Arm", der die „Bitte um Schonung des Lebens" ernst genommen, der sie erfüllt, d. h. der dem Ketzer das Leben geschenkt hätte! Bannfluch und Interdikt wären auf ihn niedergefallen.

Ich lasse die Quellen und die geschichtlichen Tatsachen sprechen.

Zunächst, was sagen Quellen und Tatsachen über die Bedeutung „der Auslieferung des Ketzers durch die Inquisitoren an den weltlichen Arm?"

Als erster klassischer Zeuge sei Thomas von Aquin angeführt.

„Wenn die Kirche keine Hoffnung mehr hat, den Ketzer zu bekehren, so trennt sie ihn, in Fürsorge für das Wohl der anderen, durch die Exkommunikation von ihrer Gemeinschaft, und überdies überläßt sie ihn dem weltlichen Gericht, damit es ihn durch den Tod aus der Welt schaffe: ulterius relinquit eum judicio saeculari a mundo exterminandum per mortem. Ketzer, die bereuen, werden zwar von der Kirche zur Buße zugelassen, es wird ihnen aber darum nicht das Leben geschenkt." Also die Auslieferung geschah in der Absicht, daß der Staat, als Henker der Inquisition, den Ausgelieferten töte.

Der schon oft erwähnte päpstliche Inquisitor Bernhard Guidonis, in bezug auf Wesen und Gepflogenheiten der Inquisition gleich gut erfahren, schreibt in seinem „Handbuch der Inquisition": „Zweck der Inquisition ist die Zerstörung der Ketzerei; die Ketzerei kann aber nicht zerstört werden, außer durch Vernichtung der Ketzer;.... Auf zweierlei Art werden aber die Ketzer vernichtet; erstens, indem sie sich von der Ketzerei zur katholischen Religion zurückwenden, zweitens, indem sie, dem weltlichen Gericht überliefert, körperlich verbrannt werden...." „Bleiben die Ketzer hartnäckig, so sollen sie, in Gegenwart der weltlichen Gewalten abgeurteilt, dem weltlichen Arm überliefert werden, um mit der gebührenden Strafe [Verbrennen] bestraft zu werden. Bekehren sich Ketzer nach der Fällung des Inquisitionsurteils, so ist anzunehmen, daß sie sich aus Furcht vor dem Tode bekehren. Rückfällige Ketzer sind in Gegenwart der weltlichen Gewalten abzuurteilen

---

[1] Unter Irregularität versteht man im kanonischen Recht einen, sei es durch Vergehen, sei es durch Mangel gewisser Eigenschaften eingetretenen Zustand, in dem der Betreffende unfähig ist zum Empfang einer kirchlichen Weihe, oder in Ausübung einer schon empfangenen Weihe, zur Beförderung in kirchliche Würden, Ämter oder Pfründen. Blutvergießen verletzt die für einen „Priester Gottes und Diener Christi" nötige „Sanftmut" und bewirkt die „Irregularität wegen mangelnder Sanftmut". Auch gerechtes Blutvergießen, z. B. in einem gerechten Kriege oder infolge eines gerechten Urteilsspruches, zieht diese „Irregularität" nach sich; nur das im Zustand der Notwehr zur Verteidigung des eigenen Lebens vergossene Blut macht nicht „irregulär"; aber selbst bei der Notwehr muß die Mäßigung in der Verteidigung beobachtet werden. Für sein heiliges Amt, dessen Ausübung wesentlich auf Sanftmut und Milde beruhen soll, muß „der Priester Gottes und Diener Christi" ganz und gar frei sein von allem, was auf Härte oder Grausamkeit schließen lassen könnte. Es ist gut, diese schönen Grundsätze im Auge zu behalten, um den Pharisäismus und die Heuchelei der päpstlichen Inquisition bei ihrer Tätigkeit ganz zu erfassen.

und ohne irgendwelches Gehör dem weltlichen Arm zu überliefern."

Als dritten Zeugen rufe ich den berühmten „Hexenhammer", d. h. seine Verfasser, die päpstlichen Dominikanerinquisitoren Jakob Sprenger und Heinrich Institoris, auf: „Dem rückfälligen, aber reumütigen Ketzer sind, wenn er demütig darum bittet, die Sakramente der Buße und des Altars nicht zu verweigern, aber, er mag noch so sehr bereuen, dennoch ist er dem weltlichen Arm zu übergeben, um hingerichtet zu werden. Bewährte Männer sollen ihm, im Auftrage des Bischofs oder Inquisitors, mitteilen, daß er dem irdischen Tode nicht mehr entgehen kann und daß er deshalb für sein Seelenheil sorgen muß. Weil die Auslieferungen an den weltlichen Arm zum Tode führen, sollen sie nicht in der Kirche geschehen. Bei der Auslieferung des rückfälligen, unbußfertigen Ketzers spricht der Inquisitor: du hast, verhärtet, vorgezogen, hier durch irdisches Feuer verbrannt zu werden."

Vierter Zeuge ist der päpstliche Generalinquisitor Nikolaus Eymeric, dessen berühmten „Wegweiser für Inquisitoren" ich schon eingehend besprochen habe. Er und sein Erläuterer Pegna genügen allein, um die Bedeutung der „Auslieferung an den weltlichen Arm" endgültig festzustellen: „Der reuige, aber rückfällige Ketzer, mag seine Reue auch noch so groß sein, ist als Rückfälliger dem weltlichen Arm zur Hinrichtung zu übergeben. Der Bischof und der Inquisitor sollen zu dem Rückfälligen einige ihm bekannte und befreundete Personen schicken, die ihm sprechen sollen von der Verachtung der Welt, von den Leiden dieses Lebens und den Freuden des Paradieses. Dies vorausgeschickt, sollen sie ihm im Auftrage des Inquisitors und des Bischofs mitteilen, daß er dem zeitlichen Tode nicht mehr entgehen kann. Der Bischof und der Inquisitor befehlen dann dem weltlichen Gewalthaber, er solle sich an einem bestimmten Tage, nicht aber an einem Festtage, an einem bestimmten Ort, aber außerhalb der Kirche einfinden, um vom Bischof und Inquisitor einen Rückfälligen entgegenzunehmen." Das Urteil lautete: „Wir, der Bischof und der Inquisitor, vom h. apostolischen Stuhle dazu delegiert .... halten dich nach den kanonischen Gesetzen für einen rückfälligen Ketzer, was wir mit Schmerz verkünden, und verkündigend schmerzlich beklagen. Weil du aber reumütig in den Schoß der Kirche zurückgekehrt bist, gestatten wir dir den Empfang der Sakramente, der Buße und der Eucharistie. Da aber die Kirche Gottes, nachdem sie so barmherzig an dir gehandelt hat, nichts mehr mit dir zu tun hat, deshalb stoßen wir, der Bischof und Inquisitor, die heiligen Evangelien vor uns habend, damit unser Urteil vom Angesichte Gottes ausgehe und unsere Augen die Gerechtigkeit schauen, Gott allein vor Augen habend, die Rückfälligen, obwohl Reumütigen von unserer Gerichtsbarkeit aus und übergeben dich dem weltlichen Arm." „Der Bischof und Inquisitor sollen zum Rückfälligen einige erprobte Männer schicken, die ihm das bevorstehende Todesurteil ankündigen und ihn zur Geduld ermahnen, und die nach dem Urteil bei ihm bleiben, bis er seinen Geist aufgegeben hat. Diese sollen aber sehr vorsichtig sein, daß sie nichts tun oder sagen, was den Tod des Verurteilten beschleunigen kann, damit sie nicht irregulär werden und so eine Schuld auf sich laden dort, wo sie ein Verdienst ernten sollten. Auch ist wohl zu beachten, daß ein solches Urteil, das den Rückfälligen dem weltlichen Arm übergibt, nicht gefällt werde an einem Festtage und auch nicht innerhalb einer Kirche; denn, da ein solches Urteil zum Tode führt, so ist es geziemender, daß es an einem Werktage und außerhalb der Kirche gefällt werde, da die Festtage und die Kirchen dem Herrn geweiht sind."

„Rückfällige Ketzer", heißt es an einer anderen Stelle, „sollen, nachdem ihr Rückfall unzweideutig festgestellt worden ist, ohne jedes Verhör, auch wenn sie bereuen und den katholischen Glauben bekennen, dem weltlichen Arm übergeben und mit der gebührenden Strafe bestraft werden. Einige sagen, es käme nichts darauf an, ob sie durch Schwert, Feuer, oder auf eine andere Art umgebracht würden, richtiger aber ist, daß sie gemäß den Gesetzen Friedrich II. durch das Feuer umkommen. Werden sie aber lebendig verbrannt, so ist durchaus vorzuschreiben, daß ihre Zunge festgebunden und ihr gottloser Mund geknebelt werde, damit sie nicht durch freies Sprechen den Anwesenden gotteslästerlich Ärgernis geben." Häufig kommt der Ausdruck vor: „Der Schuldige ist dem weltlichen Arm zu übergeben, damit er mit dem Tode bestraft werde." „Der unbußfertige und rückfällige Ketzer entgeht, auch wenn er bereut, dem Tode niemals. Das soll ihm, ehe er dem weltlichen Arm übergeben wird, durch erprobte Männer im Auftrage des Bischofs und des Inquisitors mitgeteilt werden."

Eymeric selbst hatte, wie wir eben gehört haben, angeraten, die Hinrichtungen der Ketzer nicht an kirchlichen Festtagen zu vollziehen; sein Erläuterer Pegna ist anderer Ansicht:

„Ich weiß, daß diese Vorschriften des Eymericus in vielen Städten Europas befolgt werden, und ich will diese Gewohnheiten nicht ändern. Aber ich gestehe offen, daß mir die Sitte einiger Inquisitionstribunale gut gefällt, diese Urteile gerade an Festtagen zu fällen. Denn es ist sehr nützlich, daß die Volksmenge die Qualen der Schuldigen sieht, damit sie sich fürchte, an Festtagen versammelt sich aber leichter eine große Menge. So wird die Sache meistens in Spanien gehandhabt, und das billige ich durchaus. Denn dies schreckliche und erschütternde Schauspiel ist gleichsam ein Abbild des letzten Gerichts, und nichts kann geeigneter sein, Schrecken einzujagen, woraus große Vorteile erwachsen. Die Lehre des Eymericus, daß die erprobten Männer, die dem Rückfälligen auf Befehl des Inquisitors das bevorstehende Todesurteil des weltlichen Gerichts ankündigen sollen, nichts tun dürfen, das seinen Tod beschleunige, damit sie nicht irregulär werden, ist durchaus richtig; sie wird schon vom hl. Antonin, Erzbischof von Florenz, gelehrt. Wer den Verurteilten ermahnt, daß er das Haupt dem Henker darbiete, oder die Stufen des Schaffots heraufsteige, oder wer den Henker ermahnt, daß er mit einem Schlage den Verurteilten töte, verfällt der Irregularität."

Alle, die rückfällig sind, sie mögen bereuen oder nicht, sollen ohne jedes weitere Verhör dem weltlichen Arm ausgeliefert werden, damit sie die gebührende Strafe erleiden ... Warum aber die Kirche die Rückfälligen, auch wenn sie sich bekehren wollen, nicht mehr aufnimmt, lehrt das Konzil von Narbonne im 11. Hauptstück: „Jene, die nach geschehener Abschwörung wieder in die abgeschworene Ketzerei zurückgefallen sind, sollt ihr, ohne jedes Gehör, dem weltlichen Gericht ausliefern, damit sie mit der gebührenden Strafe bestraft werden, denn es genügt, daß sie durch falsche Bekehrung die Kirche einmal getäuscht haben."

Carena, Fiskal der römischen Inquisition unter Urban VIII., ist vierter Zeuge. Seine „Abhandlung über die hl. Inquisition" eröffnet er mit dem Grundsatz: „Ketzer müssen mit Feuer und Schwert bezwungen werden, denn leichter werden sie überwunden, als überredet." „Nachdem der Ketzer dem weltlichen Arm übergeben worden ist, soll seine Reue nur in seltenen Fällen angenommen werden, denn die Bekehrung geschieht dann gewöhnlich nicht von Herzen, sondern aus Furcht vor den Schmerzen des brennenden Feuers und vor dem Tode." „Die unbußfertigen Ketzer sind dem weltlichen Gericht zu übergeben, damit sie lebendig verbrannt werden." „Der rückfällige Ketzer ist ohne jede Barmherzigkeit dem weltlichen Arm zu übergeben; denn es genügt, daß er durch eine falsche Bekehrung die Kirche einmal getäuscht hat. Die Übergabe hat zu geschehen, gleichviel ob der Rückfällige bereut oder nicht; jedoch mit dem Unterschied, daß der reumütige Rückfällige zuerst erdrosselt und dann erst verbrannt, der unbußfertige aber lebendig verbrannt wird." „Auch Minderjährige über 14 Jahre, die nicht bereuen wollen, sollen dem weltlichen Gericht zum Verbrennen übergeben werden." „Da Ketzerei unter allen Verbrechen das größte ist, so ist es nicht zu verwundern, daß die Todesstrafe durch Feuer für Ketzer festgesetzt ist. Gäbe es eine noch grausamere Strafe, als den Feuertod, so wäre sie gegen den Ketzer anzuwenden. Der weltliche Richter hat nichts anderes zu tun, als das Urteil der Inquisition sofort zu vollstrecken."

Als fünften Zeugen führe ich den Inquisitor Bernard Comensis an, der in seiner Lucerna Inquisitorum schreibt: „Die Vollstreckung des Urteils der Inquisitoren geschieht durch die weltlichen Gewalten. Diese Vollstreckung hat ohne Zögern zu geschehen; die gebührende Strafe ist zu vollziehen. Zögern die weltlichen Gewalten mit der Vollstreckung oder versuchen sie den Inquisitionsprozeß mittelbar oder unmittelbar zu verhindern, so verfallen sie der Exkommunikation. Die gebührende Strafe ist die Strafe, die Leib und Seele trennt."

An sechster Stelle sind die Theologen des Jesuitenordens zu nennen. Die zynischen Worte des Jesuiten Petra Santa habe ich schon mitgeteilt. Inhaltlich das gleiche lehren — ich begnüge mich mit einigen hervorragenden Namen — die Jesuiten Adam Tanner, Paul Laymann, Theophil Raynaud, Bellarmin und, um einen noch Lebenden anzuführen, der sehr bekannte Jesuit Grisar, deren Worte ich der Reihe nach folgen lasse:

„Die Todesstrafe gegen die Ketzer wird von den weltlichen Gewalten vollstreckt, aber im Auftrage und auf Befehl der kirchlichen Gewalt. Deshalb kann die weltliche Obrigkeit einen dem weltlichen Arm überlieferten Ketzer von dieser

Strafe nicht ausnehmen. Diese Strafe gilt nicht nur gegen die Ketzer, die früher katholisch waren und als Erwachsene abgefallen sind, sondern auch gegen die Ketzer, die die Ketzerei mit der Muttermilch eingesogen haben und die Ketzerei hartnäckig verteidigen. Das ist allgemeine Lehre."

„Die Inquisitoren der ketzerischen Bosheit werden nicht irregulär, wenn sie den unverbesserlichen Schuldigen der weltlichen Gewalt übergeben; denn sie selbst sprechen ja das Todesurteil nicht, noch führen sie es aus, sondern sie überlassen die Ausführung dem weltlichen Arm, den sie dazu noch aufmuntern können, ohne irregulär zu werden."

„Die Todesstrafe ist keine zu schwere Strafe für die Ketzer, welche die abscheulichsten und für das Gemeinwesen verderblichsten Verbrecher sind. Die Kirche bestraft zwar nach ihrer Milde die nicht rückfälligen Ketzer, die vor der Fällung des Urteils sich bekehren, nicht mit dem Tode. Die Schuld der Ketzerei könnte aber ohne Ungerechtigkeit auch dann mit dem Tode geahndet werden. Daß das Lebendigverbrennen, das weichlichen Christen als Grausamkeit erscheint, eine gerechte Bestrafung für Ketzerei ist, zeigt die alte Praxis, deren Castro gedenkt."

„Dem Ketzer geschieht kein Unrecht, wenn er von der Kirche zum Tode verurteilt, oder auch durch eine geistliche Hand getötet wird. Denn daß die Kirche die Tötung nicht selbst vornimmt, hat seinen Grund nicht, daß sie dadurch Unrecht verübte, sondern darin, daß es für sie nicht passend ist. Denn daß die Ketzer die Todesstrafe verdienen, ergibt sich aus der Schriftstelle: das Böse sollst du aus deiner Mitte hinwegtilgen. Man wird also sagen müssen: die Ketzer können von der Kirche dem weltlichen Arm übergeben und können und müssen von dem christlichen weltlichen Arm zum Tode verurteilt und von dem christlichen Henker getötet werden."

„Durch Starrsinnigkeit ihres eigenen Willens zogen sich die Unglücklichen [die Ketzer] die Todesstrafe zu."

Endlich führe ich als letztes und amtliches Zeugnis an einen Erlaß der „Kongregation der heiligen römischen Inquisition" aus dem Jahre 1657 an die päpstlichen Inquisitoren. Dort wird „die Auslieferung an den weltlichen Arm" ausdrücklich als gleichbedeutend mit der Todesstrafe bezeichnet; es heißt: „das Todesurteil oder die Auslieferung an den weltlichen Arm".

Geschichtliche Tatsachen bestätigen diese Auffassungen.

Als im Jahre 1237 die Toulouser Stadtobrigkeit sich weigerte, sechs Ketzer, die ihr von den Inquisitoren übergeben worden waren, zu verbrennen, sprachen die Inquisitoren mit dem Bischof feierlich die Exkommunikation gegen sie aus. Papst Nikolaus IV. beklagte im Jahre 1288 die Nachlässigkeit so vieler Obrigkeiten, die sich weigerten, die Urteile der Inquisition zu vollstrecken; er droht den Säumigen mit Kirchenbann.

Der Doge von Venedig, Marini Mauroceno, leistete im Jahre 1249 folgenden Eid: „im Namen des ewigen Gottes. Amen. Zur Ehre Gottes und der hochheiligen Mutter der Kirche und zur Verteidigung des katholischen Glaubens werden wir eifrig sein, daß für die Inquisition in Venedig tüchtige katholische Männer aufgestellt werden. Und alle, die uns durch den Patriarchen und die Bischöfe Venedigs als Ketzer überliefert werden, werden wir verbrennen lassen. Ich, Marini Mauroceno, durch Gottes Gnade Doge."

In Brescia sträubte sich die weltliche Obrigkeit, das ihr durch die „Auslieferung" zufallende Henkeramt bei einigen Ketzern auszuüben. Die Inquisitoren beschwerten sich darüber beim Papst Innozenz VIII., der folgendes Dekret erließ: „unser geliebter Sohn Antonius, Inquisitor der Lombardei, und der ehrwürdige Bischof von Brescia haben jüngst, wie uns berichtet worden ist, einige rückfällige Ketzer beiderlei Geschlechts zur gesetzmäßigen Strafe verurteilt und der Stadtobrigkeit aufgetragen, die Hinrichtung auszuführen. Zu nicht geringem Ärgernis hat die Stadtobrigkeit sich geweigert, das Urteil auszuführen, ehe sie nicht die Prozeßakten eingesehen hätte. Da aber das Verbrechen der Ketzerei ausschließlich der Kirche untersteht und unter keinen Umständen straflos bleiben darf, so tragen wir euch auf, der Stadtobrigkeit zu befehlen, daß sie innerhalb sechs Tagen, nachdem ihr sie aufgefordert habt, euer Urteil gegen diese Ketzer vollstrecke, und zwar ohne irgendwie in die Prozeßakten Einsicht zu nehmen. Sollte sie diesem Befehle nicht nachkommen, so verfällt sie der Exkommunikation. Gegeben zu Rom unter dem Fischerring am 30. September 1487 im dritten Jahre unseres Pontifikates."

Ein lebhafter Streit entstand im Jahre 1521 zwischen Venedig und Leo X. Die Inquisitoren und der Bischof von Justinopolis hatten einige Ketzer dem weltlichen Arm übergeben, um sie verbrennen zu lassen. Allein die Signoria verbot die Ausführung des Urteils und forderte die Prozeßakten ein. Mit Entrüstung erhob sich gegen diesen „frevelhaften Ungehorsam" der „Statthalter Christi", Leo X., in einer Bulle.

Eine lange Kette von Zeugnissen und Tatsachen! Sie ist so stark, so unzerreißbar, daß selbst ein Hefele, der schönfärberische Verteidiger der Inquisition, bei Gelegenheit des Berichtes über die Verbrennung des Propstes Minnike von Goslar am 22. Oktober 1224, gesteht, daß „die natürliche Folge" der Auslieferung an den weltlichen Arm der Feuertod gewesen sei. Freilich andere ultramontane Geschichtsfälscher fahren auch heute noch fort, die ultramontane Lesewelt über diesen wichtigen Punkt zu betrügen. So der Jesuit Laurentius in dem von Professor Kaulen in Bonn herausgegebenen „Kirchenlexikon": „die Kirche hat sich damit begnügt, den Schuldigen dem weltlichen Arm zu überliefern, mit der Bitte, das Leben des Verurteilten zu schonen. Der weltliche Richter verhängte dann, der Bitte ungeachtet(!), nach der ganzen Strenge des weltlichen Gesetzes die Strafe." Daß diese „Bitte" heuchlerischer Pharisäismus war, wird den ahnungslosen Lesern natürlich nicht mitgeteilt.

Selbstverständlich habe ich an Zeugnissen und Tatsachen nicht alles angeführt, was die Geschichte bietet. Das Vorgebrachte genügt aber nach Inhalt und Bedeutung vollständig zum Beweise, daß die Auslieferung des Ketzers an den weltlichen Arm durch die Kirche in der Absicht geschah, den Ketzer töten (erdrosseln, enthaupten, verbrennen) zu lassen.

Daraufhin ist aber der Schluß gerechtfertigt: also konnte die an die Auslieferung geknüpfte „Bitte, das Leben des Ketzers zu schonen", auch nicht ernst gemeint sein.

Doch wir brauchen uns für diesen zur Beurteilung des Wesens der päpstlichen Inquisition hervorragend wichtigen Punkt nicht mit mittelbaren, durch Schlußfolgerungen erlangten Beweisen zu begnügen; die Geschichte bietet uns unmittelbaren Beweisstoff.

Was kann es Rührenderes geben, als diese „innige Bitte" der pia mater Ecclesia? Weil der Ketzer nicht mehr in ihrem mütterlichen Schoße verweilen will, muß sie ihn aus ihrer Gemeinschaft entlassen; aber zärtlich fleht sie den Staat an, das Leben und die Gliedmaßen des verirrten Schäfleins zu schonen.

So wird tatsächlich in ultramontanen Darstellungen, mündlichen wie schriftlichen, das Verhalten der milden Mutter der Kirche hingestellt. Die Geschichte zerstört dies schöne Bild „mütterlicher Fürsorge" mit rauher Hand; sie deckt unbarmherzig die unter dem gleißnerischen Schein verborgene brutale und anekelnde Wirklichkeit auf.

Dank schulden wir hier den Inquisitoren selbst; sie kannten im strotzenden Vollgefühl ihrer Macht, hervorgerufen durch das Bewußtsein der damaligen Allgewalt des Papsttums, nichts von den Vertuschungsversuchen des heutigen Ultramontanismus, der temporum ratione habita, seine früheren Roheiten hinweg zu glätten versucht. Die Großinquisitoren, die „Statthalter Christi", so gut wie ihre Handlanger, die Mönche, stellen selbst in robuster Dreistigkeit ihre „innige Bitte" als das hin, was sie war: heuchlicher Schwindel.

Beginnen wir mit Guidonis, der die rührende „Bitte" in nicht weniger als sechs aufeinanderfolgenden Urteilsformularen wiederholt: „Deshalb übergeben wir diesen Ketzer dem weltlichen Arm und Gericht, mit der innigen Bitte, wie die Kanones vorschreiben, daß das Urteil über ihn nicht zum Tode und nicht zur Verstümmlung führe".

Was schreibt aber dieser „innig bittende" päpstliche Inquisitor unmittelbar darauf?

„Will der Ketzer sich aber bekehren und zur kirchlichen Einheit zurückkehren, so soll er am Leben erhalten werden; für diesen Fall behalten wir Inquisitoren uns volle Freiheit vor, ihm eine entsprechende Buße aufzuerlegen."

Also: trotz „inniger Bitte" trat die Hinrichtung regelmäßig ein, außer, der Ketzer bekehre sich noch vorher. Die „innige Bitte" war dem Sinne ihres Wortlautes nach leere Form; sie wurde gestellt einzig und allein, um die Inquisitoren vor der kanonischen Irregularität zu bewahren, da sie als Geistliche kein Blut vergießen und eine Hinrichtung nicht unmittelbar veranlassen durften. Der Hinweis auf die „kirchlichen Kanones" bei dieser „innigen Bitte" bedeutet nur, daß, weil die „Kanones" wegen Blutvergießen Irregularität aussprechen, die „Bitte" gestellt werden mußte, um die Irregularität zu vermeiden.

Guidonis bestätigt diese einzig richtige Auffassung des Sinnes der „Bitte" an vielen Stellen seiner Practica, z. B.: „Sollte es sich ereignen, was schon vorgekommen ist, daß ein Ketzer, nachdem er dem weltlichen Arm übergeben worden ist und schon zur Richtstätte geführt wird, sich bekehren will, so ist er den Inquisitoren wieder auszuliefern."

Auch will Guidonis trotz der „innigen Bitte", daß die rückfälligen Ketzer „ohne jedes Gehör dem weltlichen Arm übergeben werden". „Ohne jedes Gehör" heißt hier nichts anderes, als ohne jede

Barmherzigkeit; denn ohne Unterbrechung fährt Guidonis fort: „Darüber heißt es im Gesetze Friedrich II.: der Todesstrafe verfallen sind usw."

Die päpstlichen Inquisitoren Jakob Sprenger und Heinrich Institoris, denen die Kulturwelt den unflätigen und bluttriefenden „Hexenhammer" und die greuliche „Hexenbulle" Innozens VIII. verdankt, schreiben: „In feierlichster Form, unter Anrufung Gottes, wird der Verurteilte dem weltlichen Arm übergeben, mit der Bitte: die Obrigkeit möge das Urteil mildern, so daß kein Blutvergießen stattfinde. Es ist aber zu beachten, daß weder der Bischof noch der Inquisitor dem zum Tode verurteilten Ketzer diese unvermeidliche Strafe anzeigen sollen, damit das Gemüt des Verurteilten nicht etwa gegen sie eingenommen werde, was in Anbetracht des bevorstehenden Todes sorgfältig zu vermeiden ist, sondern es sollen fromme Männer zu ihm geschickt werden, die ihm den bevorstehenden Tod anzeigen." Es wirkt geradezu verblüffend, wie harmlos-zynisch die päpstlichen Inquisitoren die „Bitte" um Schonung des Ketzerlebens zwischen ihre sehr deutlichen Ausführungen über den „unvermeidlich bevorstehenden Tod" des Ketzers stellen.

Antonius Diana, Konsultor der Inquisition für das Königreich Sizilien, übertrumpft noch diesen Zynismus:

„Können die Inquisitoren gegen die weltlichen Richter vorgehen, wenn diese mit den Ketzern milde verfahren und ihnen die Todesstrafe durch Feuer nicht auflegen? Ja, denn die weltlichen Richter sind in bezug auf die Ketzer nur die Vollstrecker, und sie sind verpflichtet, den Ketzer sofort zum Tode zu verurteilen. In bezug auf die Vollstreckung des Inquisitionsurteils ist den weltlichen Richtern jeder Eigenwille entzogen. Dem steht nicht entgegen die bekannte Beschwörung, die von den Inquisitoren vorausgeschickt zu werden pflegt, wenn sie den schuldigen Ketzer dem weltlichen Arm überliefern, indem sie nämlich bitten, man möge barmherzig mit ihm verfahren. Denn diese Beschwörung ist nur eingeführt, damit die kirchlichen Richter der Gefahr entgehen, irregulär zu werden . . . . . Die Inquisitoren können die weltlichen Richter zwingen, daß sie den Ketzer dem Feuer übergeben, ohne Furcht, irregulär zu werden. Das geht hervor aus den Bullen Urban IV., Klemens IV. und Innozens IV."

Bliebe noch ein Rest von Zweifel über die Bedeutung der von unwissenden oder unehrlichen ultramontanen Schriftstellern so sehr betonten „Bitte um Milde", so verschwindet er vor den Worten des Herausgebers und Erläuterers des „Leitfadens für Inquisitoren", des römischen Theologen Pegna. Er schreibt zur Dekretale Innozens III. „Novimus": „Wenn die Inquisitoren die Schuldigen dem weltlichen Richter ausliefern, sprechen sie diese Bitte aus, damit sie nicht den Schein erwecken, dem Blutvergießen zuzustimmen, und dadurch irregulär werden. Covarruvias hält es zur Vermeidung der Irregularität für sicherer, daß die Inquisitoren den Verurteilten dem weltlichen Arm nicht ausliefern, sondern er rät, daß sie ihn in Gegenwart des weltlichen Richters verurteilen und daß der so Verurteilte, aus ihrer Gerichtsbarkeit entlassen, sogleich vom weltlichen Richter übernommen werde, um ihn hinzurichten. Ich muß hier mitteilen, was die wachsame Fürsorge der römischen Päpste veranstaltet hat, um von den Inquisitoren und Konsultoren die Irregularität abzuwenden. Da in den Sitzungen der römischen Inquisitionskongregation, deren Mitglieder Geistliche, Prälaten, Bischöfe, Kardinäle sind, es häufig vorkommt, daß Urteile gefällt werden, aus denen eine Gliederverstümmlung oder die Hinrichtung des Verurteilten erfolgt, so hat unser heiligster Herr Paul IV. am 20. April 1557 bestimmt, um die Gewissensbedenken der Mitglieder der Inquisition zu beruhigen, daß alle, die ihn (den Papst) im Richteramte unterstützten, ohne einer Zensur oder der Irregularität zu verfallen, ein Urteil fällen können, das die Folter oder den Tod des Verurteilten zur Folge hat. Dieses Dekret Paul IV. hat Pius V. erneuert. Nach diesen Dekreten erscheint also diese hergebrachte Bitte überflüssig geworden, da die Ketzer dem weltlichen Arm nur überlassen werden, damit die Inquisitoren der Irregularität entgehen. Dennoch soll diese Bitte nicht unterlassen werden, denn mehrere Mittel zur Erreichung des gleichen Zieles [Vermeidung der Irregularität] sind vorzuziehen. Ist es aber nicht verboten, für die Ketzer Bitten einzulegen? Eine Bitte ist verboten, wenn sie eine Gunstbezeugung für den Ketzer oder die Hinderung der gegen ihn zu handhabenden Gesetzesstrenge zum Zwecke hat, nicht aber wenn sie die Vermeidung der Irregularität [des Inquisitors] bezweckt."

An einer anderen Stelle erläutert Pegna das oben mitgeteilte Dekret Innozens VIII., das die weltlichen Richter unter Androhung der schwersten Kirchenstrafen zwingt, die Todesstrafe an den ihnen von den Inquisitoren ausgelieferten Ketzern zu vollziehen. Zunächst erklärt er die Weigerung der weltlichen Obrigkeit, das Inquisitionsurteil zu vollstrecken, für „ein schweres und unmenschliches Verbrechen", das zu bestrafen sei, wie die Begünstigung der Ketzerei. Dann fährt er fort: „Was soll nun aber der Inquisitor tun, wenn er sieht, daß die weltliche Obrigkeit die ihr übergebenen Ketzer nicht innerhalb von sechs Tagen hinrichtet? Ein sehr erfahrener Mann sagte mir, dann könne der Inquisitor der weltlichen Obrigkeit befehlen, daß sie die Ketzer verbrenne, weil diese Strafe für dies Verbrechen die gewöhnliche sei, weshalb er [der Inquisitor] auch nicht irregulär werde. Allein ganz ungefährlich scheint es [mit Rücksicht auf die daraus vielleicht entstehende Irregularität] doch nicht zu sein, die Strafe des Verbrennens mit Namen zu nennen; denn vielleicht verfällt er dadurch doch der Irregularität, zu deren Vermeidung er ja die hergebrachte Erklärung [über das Nicht-Blutvergießen] abgibt. Sicherer ist es deshalb, daß der Inquisitor nur im allgemeinen dem weltlichen Richter unter Androhung der Exkommunikation befiehlt, seinen Urteilsspruch auszuführen. Das wird auch in den beiden Reskripten Alexander IV. und Leo X. angeraten; und es genügt, um Irregularität zu vermeiden."

Wie bei der Erläuterung des Ausdruckes „dem weltlichen Arm übergeben" schließe ich auch hier die Beweiskette über den Sinn der „innigen Bitte" für das Leben des Ketzers mit dem durch die zwingende Macht der Tatsachen abgerungenen Geständnis eines ultramontanen Schriftstellers, des Jesuiten Grisar: „Es war gerade der kirchliche Charakter der Inquisition, der es mit sich brachte, daß ihre Richter die Vollziehung von Todesurteilen ablehnten. Und dieser Charakter veranlaßte auch jene Formalität der Bitte an den Staat, daß mit dem Schuldigen milde verfahren werden möchte, eine Formalität, die überall bei den kirchlichen Glaubensgerichten in Gebrauch war und mit den kanonischen Bestimmungen über die Irregularität im Zusammenhange stand." Wenn auch verschleiert ist hier doch die Wahrheit ausgesprochen.

Was ich am Anfange dieses Abschnittes sagte, ist durch die geschichtlichen Tatsachen vollauf gerechtfertigt worden: der Satz, die Kirche vergießt kein Blut, ist eine Unwahrheit. Sein Gegenteil ist Wahrheit. Meine Darlegungen haben die gleißnerische Fabel von der „Milde" der Kirche endgültig beseitigt.

Um so abschreckender wirkt aber dieser Blutdurst, weil er befördert wurde und wird von den „Statthaltern Christi", und weil er sie hüllt in das Gewand der Religion unter heuchlerischen Phrasen und widerlichem Pharisäismus.

In der Schrift gibt es eine Stelle, welche die Stellung der „Statthalter Christi" zum Blutvergießen gleichsam prophetisch klar legt. Die Stelle betrifft auch einen „Statthalter": „Da nahm Pilatus Wasser und wusch die Hände vor dem Volke und sprach: ich bin unschuldig an dem Blute, sehet ihr zu, nehmet ihr ihn und richtet ihn nach euerm Gesetze" (Matth. 27, 24; Joh. 18, 31).

VIII. Mordanschlag Pius V. auf Elisabeth von England; Gregor XIII. und die Bartholomäusnacht.

Zu den Handlungen der Päpste als solcher, d. h. als Träger des Papsttums, gehören unzweifelhaft der Mordanschlag des Papstes Pius V. auf die Königin Elisabeth von England und das Verhalten des Papstes Gregor XIII. gegenüber der Abschlachtung der Hugenotten.

Beides schließt passend die Ausführungen über die päpstliche Inquisition; denn obwohl der Mordanschlag und die Bluthochzeit nicht unmittelbar und formell Werke der Inquisition sind, so tritt in ihnen doch das Wesen der päpstlichen Inquisition scharf hervor: der Durst nach Ketzerblut und die Freude am Strömen dieses Blutes.

Pius V. ist ein kanonisierter Heiliger der römischen Kirche, und Gregor XIII. war ein großer Jesuitenfreund; zur Beurteilung ihrer Handlungsweise sind diese Eigenschaften nicht unwesentlich.

Am 25. Februar 1570 setzte Pius V. durch die Bulle Regnans in excelsis die Ketzerin Elisabeth als Königin ab.

Absetzung und Lösung des Treueides genügten aber dem „Statthalter Christi" nicht. Über weitere Schritte des Papstes erhalten wir die erste Mitteilung durch den Nachfolger Elisabeths, Jakob I. von England: „Wieviele Machinationen und Nachstellungen sind gegen das Leben der verstorbenen Königin [Elisabeth] gemacht worden, und zwar von Meuchelmördern, welche dazu von ihren Beichtvätern im Auftrage des Papstes veranlaßt wurden. Zum Beweise dafür genügt es, darauf hinzuweisen, daß von jener Zeit bis auf diesen Tag keinem Geistlichen wegen der Teilnahme an solchen Verschwörungen der Prozeß gemacht worden ist." Diese offenen Anschuldigungen blieben nicht nur unwiderlegt, sondern unwidersprochen; selbst Bellarmin, der die offizielle Entgegnung auf die Anklageschrift des englischen Königs übernahm, schweigt sich über diesen Punkt aus. Und daß Pius V. in diesem Punkte nicht rein war, beweisen seine eigenen Lobredner, Girolamo Catena und Gabutius. Ihre Vita del gloriosissimo Papa Pio quinto berichtet: „Mit allem Eifer sorgte er [Pius V.] dafür, daß Robert Ridolfi, ein florentiner Edelmann, der sich unter dem Vorwand des Handeltreibens in England aufhielt, die Gemüter der Einwohner errege, um Elisabeth nach Erregung eines Aufstandes zu vernichten."

Der päpstliche Agent Ridolfi wurde mit „Aufträgen" des Papstes an Philipp II. von Spanien gesandt. Die Natur dieser Aufträge enthüllt der Herzog Alba in einem Schreiben an Philipp II. vom 7. Mai 1571. Dreimal spricht er von dem Falle, daß Elisabeth „eines natürlichen oder andern Todes sterbe". In seiner Antwort an Alba vom 14. Juli 1571 erwähnt Philipp den geplanten Meuchelmord mit nackten Worten: Ridolfi habe ihm Briefe und Instruktionen des Papstes übergeben und Mitteilungen gemacht über Einzelheiten der Verschwörung; der günstigste Zeitpunkt zur Ausführung des Planes seien die Monate August oder September. Die Königin verlasse dann London, um aufs Land zu gehen; diese Gelegenheit könne man benutzen, sich ihrer Person zu bemächtigen und sie zu töten. Der hl. Vater, dem Ridolfi über alles berichte, habe ihm [dem König] geschrieben und ihm durch seinen Nuntius, den Erzbischof von Rossano, sagen lassen, daß er die Sache als sehr wichtig für den Dienst Gottes und das Wohl seiner Kirche ansehe, und ihn ermahnt, sie zu unterstützen. Das Ziel, um dessen Erreichung es sich handle, sei, daß der Herzog von Norfolk und seine Anhänger versuchen sollten, die Königin Elisabeth zu töten oder gefangen zu nehmen. Der Papst habe dem Könige vorgeschlagen, das Unternehmen solle in seinem [des Papstes] Namen und als Ausführung der Sentenz [Absetzungsbulle], die er gegen die Königin ausgesprochen, ausgeführt werden.

Die schlagendsten Schuldbeweise für den Anteil des „Statthalters Christi" an dem Mordplan liefert der Briefwechsel zwischen dem päpstlichen Nuntius in Paris, Castelli, und dem Kardinalstaatssekretär, Kardinal Como. Castelli schreibt am 2. Mai 1583 an Como: „Der Herzog von Guise und der Herzog von Mayene haben mir mitgeteilt, daß sie den Plan gefaßt haben, die Königin von England durch die Hand eines Katholiken, der aber äußerlich nicht als solcher erscheint, ermorden zu lassen. ... Sie sind übereingekommen, ihm oder seinen Söhnen 100 000 Franken dafür zu zahlen. ... Was die Ermordung dieses bösen Weibes angeht, so habe ich ihm [dem Herzog von Guise] gesagt, daß ich unserm Herrn [dem Papst] nicht darüber schreiben, noch Ew. Herrlichkeit ersuchen werde, ihm darüber zu sprechen. Denn obwohl ich glaube, daß unser Herr, der Papst, froh sein wird, wenn Gott in irgendeiner Weise (per qual si voglia modo) diese seine Feindin straft, so wäre es doch unpassend, daß sein Stellvertreter diese Strafe durch solche Mittel herbeiführt ..." Der Kardinalstaatssekretär teilte die „zarten Skrupel" des Nuntius nicht. Er antwortet am 23. Mai: „Ich habe unserm Herrn dem Papst Bericht erstattet über das, was Ew. Herrlichkeit mir unter Chiffre über die englischen Angelegenheiten geschrieben haben, und da Seine Heiligkeit es nur billigen kann, daß dies Königreich auf irgendeine Weise von der Unterdrückung befreit und Gott und seiner heiligen Religion zurückgegeben wird, so erklärt Seine Heiligkeit, daß, wenn die Sache zur Ausführung kommt, die 80 000 Kronen ohne Zweifel sehr gut angewandt sind."

Über die Schuld des Papsttums an den blutigen Greueln der Bartholomäusnacht zu Paris (24. August 1572) ist viel geschrieben und viel Stoff gesammelt worden. Ich werde mich auf die wenig bekannten, von ultramontaner Seite geflissentlich vertuschten Mitteilungen eines sehr unverdächtigen Zeugen, des Jesuiten Bonanni, beschränken. Die bezeichnende Stelle findet sich in dem Werke Bonannis: Numismata Pontificum Romanorum. Das Werk ist dem Papste Innozenz XII. gewidmet; außer dem gewöhnlichen Vermerk: „mit Erlaubnis des Ordensoberen", trägt es die Druckerlaubnis des Ordensgenerals Thyrsus Gonzalez und des Magister sacri Palatii.

„Durch ein großes Blutbad wurden die Hugenotten im September 1572 fast vernichtet, als sie sich zur Hochzeitsfeier Heinrichs von Navarra mit der Schwester des Königs, Margarethe, in Paris versammelt hatten. Der hochherzige König Karl entschloß sich zur Tötung der Ketzer. Das Blutbad begann am 24. August 1572, auf ein vom königlichen Palast aus mit der Glocke gegebenes Zeichen. Drei Tage und drei Nächte lang wurden die Böses sinnenden Ketzer getötet; 4000 von ihnen fielen durch das Schwert. Von Paris aus verbreitete sich das Blutbad in andere Städte; über 25 000 Menschen gingen in ihm unter. Dieses unverhoffte Ereignis erfüllte den Papst Gregor XIII. mit um so größerer Freude, je größer früher die Furcht gewesen war, die französischen Ketzer möchten auch Italien überschwemmen. Sobald er die Nachricht erhalten hatte, begab er sich zur Kirche des hl. Ludwig in feierlichem Bittgang; er schrieb für den christlichen Erdkreis ein Jubiläum aus und forderte die Völker auf, den König von Frankreich Gott zu empfehlen. Von dem Blutbad des Admirals Coligny und seiner Genossen ließ er durch Georgio Vasaro ein Gemälde für den Vatikan anfertigen, als ein Denkmal der gerächten Religion und als ein Siegeszeichen über die zu Boden geschlagene Ketzerei; seiner Hoffnung gab er Ausdruck, daß dieser reichliche Aderlaß schlechten Blutes der Gesundheit des erkrankten Königreiches heilsam sein werde. Seinen Kardinal-Legaten Flavius Ursinus schickte er zum König Karl, um ihn zu ermahnen, daß er starkmütig das Begonnene fortsetze und das mit kräftigen Mitteln begonnene Heilverfahren nicht störe durch Beimischung milderer Mittel. Überdies belehrte Papst Gregor die Welt, daß dies Blutbad nicht ohne Gottes Rat und Gottes Hilfe vor sich gegangen sei; denn er ließ eine Denkmünze prägen, auf der Gottes Engel, mit Schwert und Kreuz gerüstet, gegen die Aufrührer ankämpft."

Die Nachricht von der Bluthochzeit erreichte Rom am 5. September in der Frühe. Der Kardinal von Como berichtet, daß er sofort den Papst wecken ließ — es war noch vor Tagesanbruch — „damit er sich an der so wunderbaren Gnade erhebe, die unter seinem Pontifikat Gott der Christenheit gewährte. Seine Heiligkeit war höchst befriedigt und voll Freude bei Verlesung der Nachricht. Seine Heiligkeit unterläßt nicht, Gott zu bitten, daß er den allerchristlichsten König ganz dahin stimme, auf dem von der göttlichen Majestät eröffneten Wege weiter zu wandeln und das Königreich Frankreich gänzlich von der hugenottischen Pest zu säubern". Gregor XIII. selbst drückte die Hoffnung aus: „daß jetzt das Feuerwerk von selbst an allen Orten um sich greifen wird, wie wir denn schon einige Andeutungen von dem haben, was in Rouen und Lyon geschehen ist". Noch Anfang Dezember 1572 ließ Gregor XIII. den König von Frankreich durch seinen Legaten mahnen, daß er versprochen habe, binnen kurzer Zeit werde es keinen einzigen Hugenotten mehr in Frankreich geben.

Zweites Buch.
Papsttum und Aberglaube.

I. Allgemeines.

Licht und Finsternis schließen sich aus.

Die Religion Jesu Christi ist göttliches Licht, sie ist wahrhaft göttliche Aufklärung. Wohin sie in ihrer wahren und echten Gestalt bringt, da weichen die Schatten des Irrtums.

„Die Wahrheit wird euch frei machen", lautet eines der verheißungsvollsten und tiefsinnigsten Worte Christi. Frei soll seine Wahrheit uns machen von den Fesseln der Leidenschaften; frei soll seine Wahrheit uns machen von unvollkommenen oder verzerrten, von kindischen oder unwürdigen Gottesbegriffen; frei soll seine Wahrheit uns machen von dem Drucke brutal-heidnischer Ethik; frei soll seine Wahrheit uns machen — und diese Befreiung ist ein wahrhaft göttliches Geschenk — von der Knechtschaft wüsten, blöden Aberglaubens, von finsterm, menschenunwürdigem Glauben an Teufels- und Gespensterspuk.

Eine der beschämendsten Tatsachen ist die gewaltige Macht des Aberglaubens über den Menschengeist.

Neben der glorreichen, in hellem Licht und leuchtenden Farben strahlenden Geschichte menschlicher Geistestaten steht die düstere, unheimliche, Jahrtausende alte Geschichte menschlichen Aberwitzes. Jedes Volk, jedes Geschlecht, jedes Land, jede Religion haben Beiträge zu dieser Geschichte der Verirrungen des Verstandes und des Gemütes geliefert. Geradezu furchtbar, unglaublich, erschütternd sind die Einzelheiten, sind ganze Abschnitte dieser Geschichte. Schreckenerregende Ausgeburten einer wahnsinnigen Phantasie stehen verkörpert vor uns, und nicht etwa an den umfriedigten, von der geistig gesunden Menschheit abgeschlossenen Stätten krankhafter Geistesstörung finden wir sie; nein, sie sind Gemeinbesitz — Gemeingut kann man nicht sagen — des Geisteslebens ganzer Völker.

Auch innerhalb des Christentums, oder sagen wir besser, innerhalb der christlichen Zeitrechnung, denn das Christentum als solches wird nicht davon berührt, haben diese nächtlichen Schatten und diese giftigen Dünste sich ausgebreitet. Ja, ausgesprochen muß es werden: noch nirgendwo, in keinem Zeitalter und bei keinem Volke, ist es der christlichen Religion gelungen, der Nacht des Aberglaubens mit ihren phantastischen Schrecken und entehrenden Greueln das Hereinbrechen zu wehren. Es liegt dies nicht an der Lehre Christi selbst, an ihrem Wesen, sondern es liegt ausschließlich am Menschen. Teils erfaßt er die Lehre Christi falsch, er verzerrt sie; teils ist bei ihm die geistige Schwäche, die Hinneigung zur Finsternis stärker als die geistige Kraft, als die Freude am Licht.

Was uns die Schrift über Christus berichtet, ist ein klares, schattenloses Bild geistig-religiöser Gesundheit. In Christus spiegelt sich wieder ein geläuterter Gottesbegriff, eine menschenwürdige und menschenveredelnde Frömmigkeit, eine vollkommene Sittenlehre. Da ist nichts Verzerrtes, nichts Rohes; alles ist Ebenmaß, Abgeklärtheit. Gott ist der Vater, der Mensch ist das Kind. Das ist der Inbegriff des Reiches Christi, und sein Grundgesetz ist die Liebe; die Liebe zu Gott, dem Vater, und zu den Menschen, den Brüdern.

In diesem einfachen, lichten und klaren Aufbau ist kein Platz für abenteuerliche, nebel- und gespensterhafte Vorstellungen; in dieser hellen und lautern Religion gibt es keine Unreligion, keinen Aberglauben.

Verhält es sich so mit Christus und seiner Lehre, so muß das gleiche gelten bei dem, der mit dem göttlichen Anspruche auftritt, Christi „Stellvertreter", der irrtumlose Fortsetzer seines Werkes, der unfehlbare Hüter seiner Lehre zu sein.

Auch im Papsttum, in der Geschichte seines Wirkens muß — ist es wirklich göttlich und christlich — nur Licht, nur Klarheit sich finden. Das Unheilige, das Trübe, das Verworrene darf nicht ihm anhaften, nicht von ihm herrühren, sondern es muß sich als aus der Armseligkeit und

Verirrung des Menschen heraus geboren erweisen. Das göttliche Licht des Papsttums selbst muß in steter, ungetrübter Reinheit über den dunkeln Fluten wechselnder Irrungen und abergläubischer Meinungen leuchtend hinwegstrahlen; die Stimme des „Statthalters Christi" muß in seinem Beruf als Hirt der Herde Christi nur Wahrheit und nichts als Wahrheit verkünden.

Hier in der Stellung des Papsttums zum Aberglauben, in der umfassendsten Bedeutung dieses Wortes, liegt mehr als irgendwo anders der Prüfstein für seine Göttlichkeit.

Aberglaube ist Glaube, aber falscher, gottentfremdender, zum Verderben führender Glaube. Unfehlbarer Wächter des wahren, seligmachenden Glaubens ist aber — so lehrt es von sich selbst — das Papsttum. Aberglaube, auch in seiner leichtesten Form, ist Trübung der Moral, Trübung des richtigen, sittlichen Gefühles und Handelns. Unfehlbarer Hüter der echten Moral ist aber — so lehrt es von sich selbst — das Papsttum. Aberglaube ist Unkultur und ein sozialer Schaden, beides nicht selten in ungeheurem Maßstab. Pfleger der wahren Kultur, Führer auf der Bahn sozialen Fortschrittes ist aber — so lehrt es von sich selbst — das Papsttum.

Glaube und Moral sind das ureigenste Gebiet des „Statthalters Christi"; hier ist für ihn als „Haupt der Kirche Christi" jeder Irrtum theoretisch wie praktisch ausgeschlossen. Was er als dieses Haupt lehrt, oder was mit seinem Wissen von der Kirche und in der Kirche gelehrt oder gehandhabt wird, kann nicht gegen den göttlichen Glauben und gegen die christliche Moral verstoßen. Und weil Glaube und Moral die Grundlagen und Stützen jeder wahren Kultur und jedes wahren sozialen Fortschrittes sind, so ist es ausgeschlossen, daß das Papsttum jemals etwas veranlaßte oder beförderte, was ein sozialkultureller Irrtum wäre, was sozialkulturelles Verderben erzeugte.

So die katholische Lehre!

Wir schlagen die bänderreiche Geschichte des Aberglaubens auf, und wir finden, daß ihre furchtbarsten Blätter beschrieben sind von der Hand der „Statthalter Christi".

II. Der Teufel.
Einleitendes.

Auch in das Licht des Christentums, wie es in den Schriften des Neuen Testaments sich ausbreitet, ragen die Tiefenkräfte der Unterwelt hinein. Diese Tatsache ist nicht zu leugnen.

Wie immer sich Christus und seine Jünger den Teufel gedacht haben, das Dasein eines persönlichen Teufels stand für sie fest.

Freilich ist dabei eines nicht zu übersehen. Christi Anschauungen kennen wir nur aus Aufzeichnungen anderer. Was und wieviel da aus dem Innern dieser anderen in die Anschauungen Christi gemischt worden ist, entzieht sich der genauen Kenntnis. Die ethisch-religiöse Lehre Christi, wie die Evangelien sie wiedergeben, ist allerdings so überirdisch rein und erhaben, daß bei ihr von einer trübenden Beimischung fremdartiger Bestandteile kaum die Rede sein kann. Aber die äußere Geschichte Christi, seine Taten? Hier kann der biblische Erzähler manches Wundersame im Tun Jesu nach seiner eigenen, des Erzählers, Auffassung wiedergegeben und so nicht unwesentlich entstellt haben.

Doch lassen wir diese mehr textkritischen Fragen außer Spiel; nehmen wir die Schrift wie sie vor uns liegt. Der Teufel und sein Wirken zeigt sich in ihr; ich erinnere nur an den „Versucher" und an die zahlreichen „Besessenen". Aber trotz alledem, wie schlicht, wie diskret und besonders wie keusch wird das Diabolische behandelt! Die Geschichte des neutestamentlichen Teufels läßt sich auf die Handfläche schreiben, und jedes unschuldige Kind darf sie lesen. Der Teufel des päpstlichen Christentums steht da als Riese, nicht Foliobände fassen seine Geschichte, und wer sie liest, dem wird die Schamröte ins Gesicht getrieben ob der maßlosen Unflätigkeiten, die sie enthält, verbrieft und besiegelt durch **Unterschrift und Siegel des „Statthalters Christi".**

Das dogmatische, moraltheologische und asketische Schrifttum des Ultramontanismus bietet in bezug auf die Teufelslehre („Dämonologie") das Ungeheuerlichste, das Abschreckendste, was menschliche Phantasie zu ersinnen vermag. Das Papsttum hat die Teufelslehre zu einer eigenen „Wissenschaft" ausgestaltet. Und diese „Wissenschaft" steht nicht auf den luftigen Höhen dogmatischer Theorie; sie hat sich nicht damit begnügt, ganze Teile der Religion des Christentums zur Teufelsfratze zu verunstalten. Nein, geführt von der Hand des „Statthalters Christi", ist die Teufelslehre hinabgestiegen ins Alltagsleben; sie hat dort Verheerungen angerichtet in religiöser, sozialer und kultureller Beziehung, wie man sie ähnlich nur im rohesten Heidentum findet. Der Teufel des Papsttums ist zum Moloch geworden, dem Hekatomben von blühenden Menschenleibern geschlachtet wurden, der Christenblut in Strömen getrunken hat.

Es ist ein schauerliches Gebiet, in das ich den Leser führe; es birgt Schrecknisse, vor denen selbst die Schrecken der Inquisition wenigstens in etwas verblassen. Dort war es die religiös-fanatische Mordlust in ihrer, ich möchte sagen, nackten Gestalt, ohne Beiwerk; hier werden wir auch Scheiterhaufen aufflammen sehen — ohne Zahl —, aber ihr düster-roter Schein beleuchtet nicht nur die zuckenden Glieder des Ketzers, sondern er fällt zugleich auf greuliche Teufelsgestalten, auf fabelhafte Ungeheuer, mit denen die ultramontane, vom „Statthalter Christi" überwachte Theologie die Welt bevölkert hat. Die „Ketzer" der Inquisitionszeit hingen zu allermeist theoretischen Lehren an, welche die Gewissenstyrannei des Papsttums für todeswürdige Irrtümer erklärte; den in Scharen vom Papsttum gemordeten Schwarzkünstlern und Hexen wurde neben theoretischen Irrtümern zugleich die Verübung so furchtbarer geschlechtlicher Greuel, so wahnwitziger afterreligiöser Handlungen aufgebürdet, daß beim Lesen dieser Dinge der Atem stockt. Und diese Untaten, ihr Ersinnen, der Glaube an ihr tatsächliches Vorkommen ist die Frucht der Hirtentätigkeit der „Statthalter Christi"!

Auch bei Schilderung dieser Seite der sozialkulturellen Tätigkeit des Papsttums stütze ich mich lediglich auf päpstlich-ultramontane Quellen.

Ich beginne mit der maßgebendsten.

1. Das Rituale Romanum.

Rituale Romanum nennt man ein Buch, das die amtliche Zusammenstellung des Ritus der römischen Kirche, d. h. der Gebräuche, Segnungen, Zeremonien enthält, die bei den wichtigsten Kultushandlungen (Sakramentespendung usw.) anzuwenden sind.

Alles in ihm trägt die ausdrückliche Billigung der höchsten und in diesem Punkt unfehlbaren Autorität des Papstes. Der ultramontan-theologische Grundsatz: die Art wie die Kirche in ihren amtlichen Kultushandlungen betet und ihre religiösen Zeremonien vornimmt, ist, weil aus dem unfehlbaren Glauben hervorgehend, selbst wieder ein Gesetz dieses Glaubens, d. h. es kann in diese Gebets- und Ritusart schlechterdings nichts Irrtümliches sich einmengen, dieser Grundsatz findet seine vollste Anwendung auf den Inhalt des Rituale.

Schon in der Anweisung für die Spendung der Sakramente kehrt die Teufelaustreibung häufig wieder. Bei der Taufe spricht der Geistliche zu wiederholten Malen: „Ich treibe dich aus, unreiner Geist"; „Erkenne deine Verurteilung an, verfluchter Teufel, und weiche"; „Höre, verfluchter Satan, und weiche zitternd und seufzend." Das zur Taufe benutzte Salz und Wasser wird „exorzisiert", um es dem höllischen Einfluß zu entziehen. „Ich befehle dir, unreiner Teufel, weiche aus diesem Wasser." „Wo immer dies Wasser ausgesprengt wird, soll der böse Geist und jedes Schreckgespenst fliehen."

Außer diesen nur gelegentlich wiederkehrenden „Exorzismen" enthält das Rituale aber einen eigenen Abschnitt über „Teufelbeschwörungen", dessen Hauptstellen ich wörtlich wiedergebe.

„Der Geistliche soll nicht leichtfertig jemand für besessen halten, sondern er soll die Zeichen wohl kennen, wodurch ein vom Teufel Besessener unterschieden wird von einem, der an schwarzer Galle oder einer andern Krankheit leidet. Solche Zeichen der dämonischen Besessenheit sind: eine fremde Sprache sprechen oder sie verstehen; Entferntes und Geheimes kundtun; Körperkräfte, die das Alter und die Konstitution übertreffen, und dergleichen mehr. Damit er aber dies deutlicher erkenne, so frage er nach dem einen oder andern Exorzismus den Besessenen, was er an der Seele oder am Leibe verspüre, auch suche er zu erfahren, bei welchen Worten die Teufel am meisten erschrecken, um dann diese Worte stärker anzuwenden und zu wiederholen. Er gebe acht, welcher Künste und Täuschungen die Teufel sich bedienen, um den Exorzisten zu hintergehen; sie haben nämlich die Gewohnheit, falsch zu antworten und sich nur schwer zu offenbaren, damit der Exorzist ermüdet aufhöre, oder damit es den Anschein gewinne, der Kranke sei gar nicht vom Teufel geplagt. Zuweilen auch verbergen sie sich wieder, nachdem sie sich schon gezeigt hatten, und lassen den Leib frei von aller Beschwerde, damit der Kranke glaube, er sei befreit. Aber der Exorzist darf nicht nachlassen, bis er die Zeichen wirklicher Befreiung sieht. Zuweilen auch suchen die Teufel auf alle mögliche Weise zu verhindern, daß der Leidende sich den Exorzismen unterwirft, oder suchen die Überzeugung beizubringen, die Krankheit sei eine natürliche; auch versetzen sie mitten im Exorzismus den Leidenden in Schlaf, gaukeln ihm ein Trugbild vor, ziehen sich selbst zurück, um den Schein hervorzurufen, der Leidende sei befreit. Kurz die Kunstgriffe und Listen des Teufels sind zahllos, und der Exorzist gebe acht, daß er ihnen nicht zum Opfer falle. Der Exorzismus werde am Besessenen vorgenommen in der Kirche oder an einem religiösen, ehrbaren Ort; ist aber der Leidende krank, oder eine vornehme Persönlichkeit, so kann er auch in der Privatwohnung exorzisiert werden. Der Exorzist ergehe sich nicht in lange Unterhaltungen, auch stelle er keine überflüssige und neugierige Fragen, besonders nicht über zukünftige und verborgene Dinge, die seines Amtes nicht sind; sondern er befehle dem unreinen Geist, daß er schweige und nur auf die gestellten Fragen antworte. Auch schenke er dem Teufel keinen Glauben, wenn er vorgibt, er sei die Seele eines Heiligen, eines Verstorbenen, oder ein guter Engel. Notwendige Fragen aber sind: über die Zahl und die Namen der bösen Geister, über die Zeit, wann sie eingedrungen sind, über die Ursache und ähnliche. Scherze, Gelächter und Albernheiten des Teufels hindere der Exorzist oder verachte sie und ermahne die Umstehenden, deren Zahl gering sein soll, daß sie auf solche Dinge nicht achten."

„Die Exorzismen selbst nehme er vor und lese sie ab mit Macht und Autorität, in großem Glauben, Demut und Eifer. Wenn er bemerkt, daß der böse Geist gequält wird, so werde er noch eifriger und dringender. So oft er sieht, daß der Besessene an irgendeinem Körperteile erregt oder verletzt wird, oder daß sich irgendwo eine Anschwellung zeigt, so mache er dort das Zeichen des Kreuzes und besprenge die Stelle mit Weihwasser. Auch merke er sich, bei welchen Worten die Teufel am meisten zittern, diese wiederhole er dann häufiger; bei der Androhung angelangt, spreche er sie wieder und wieder aus und erhöhe die angedrohte Strafe. Sieht er, daß er voran kommt, so harre er aus, zwei, drei, vier Stunden und noch mehr, solange er kann, bis er gesiegt hat. Wird eine Frau exorzisiert, so sollen immer ehrbare Personen anwesend sein, die sie halten, wenn sie vom Teufel herumgezerrt wird. Der Exorzist befehle dem Teufel, zu sagen, ob er in dem betreffenden Körper sei aus Veranlassung einer magischen Kunst, magischer Zeichen oder Instrumente; hat der Besessene diese mit dem Munde erfaßt, so soll er sie ausspucken, oder befinden sie sich außerhalb des Körpers, so soll er angeben wo, und dann verbrenne man sie."

Nach diesen Vorbemerkungen, die für den Exorzisten als Unterweisung dienen, folgt dann im Rituale Romanum der Exorzismus selbst, bestehend aus Gebeten und Androhungen, z. B.: „Ich befehle dir, wer du auch immer bist, unreiner Geist, und allen deinen Genossen, daß du mir deinen Namen nennest, den Tag und die Stunde deines Austritts angebest mit einem äußern Zeichen" usw.

Diese und ähnliche Beschwörungen füllen im Rituale mehr als 20 Quartseiten.

Wenn man das noch Folgende aus der ultramontanen Teufelsliteratur zum Vergleiche heranzieht, so kann man bei Betrachtung des Inhaltes des Rituale noch von einer verhältnismäßigen Nüchternheit sprechen. Zwischen ihm und der Schrift gähnt allerdings schon eine unüberbrückbare Kluft. Im Rituale ist nicht nur das Dasein und Wirken des persönlichen Teufels erwähnt; seine Tätigkeit wird schon als eine regelmäßige, häufig wiederkehrende hingestellt. Die von Gott geschaffene leblose Natur, „das Buch Gottes", erscheint zunächst als vom Teufel beherrscht. Naturdinge, und zwar die dem täglichen Gebrauche der Menschen dienenden: Wasser, Salz, Öl müssen aus der Gewalt des Teufels befreit werden. Und wie abenteuerlich tritt das Wirken des Teufels auf! Die teuflische Besitzergreifung eines Menschen, die „Besessenheit", ist eine Wirkung zauberischer Künste anderer Menschen; der Besessene hat die Gegenstände, an die sich der höllische Zauber knüpft, teils in seinem eigenen Körper, teils an verborgenen Orten; nur wenn diese Gegenstände — wir werden sehen, daß es meistens Steine, Haare, Nägel, Leichenteile usw. sind — verbrannt werden, weicht der Teufel.

Die Keime für die wuchernden Giftpflanzen der ultramontanen Teufelsliteratur finden sich also schon im Rituale, und zunächst sind es die „Statthalter Christi" selbst, welche die Keime zur Entfaltung gebracht haben.

2. Die Päpste Gregor IX., Johann XXII., Eugen IV., und Innozens VIII.

Gregor IX. haben wir kennen gelernt als einen der eifrigsten Ketzerverfolger, als den Urheber der Friderizianischen Blutgesetze und den Vertilger der Stedinger. Er hat auch das „Verdienst", mächtiger Beförderer des blödesten Aberglaubens in Gestalt unflätigen Teufelsspukes gewesen zu sein.

Am 13. Juni 1233 erließ er in seiner Eigenschaft als Papst die Bulle: Vox in Rama. Die Bulle ist gerichtet an die Bischöfe von Mainz und Hildesheim und behandelt den Teufelskult in Deutschland. Als Tatsachen führt der „Statthalter Christi" an: „Wenn ein Neuling aufgenommen wird und zuerst in die Versammlung der Genannten eintritt, so erscheint ihm zuerst ein Frosch, den einige eine Kröte nennen. Diesem geben sie einen schmachwürdigen Kuß auf den Hintern, andere auf das Maul und ziehen dabei die Zunge und den Speichel des Tieres in den

Mund. Dasselbe erscheint zuweilen in natürlicher Größe, manchmal auch so groß wie eine Ente oder eine Gans; meistens jedoch nimmt es die Größe eines Backofens an. Wenn der Neuling weiter geht, so begegnet ihm ein Mann von wunderbarer Blässe, mit schwarzen Augen, so abgezehrt und mager, daß alles Fleisch geschwunden und nur noch die Haut um die Knochen zu hängen scheint. Diesen küßt der Neuling und fühlt, daß er kalt wie Eis ist, und nach dem Kusse verschwindet alle Erinnerung an den katholischen Glauben aus seinem Herzen. Hierauf setzt man sich zum Mahle, und wenn man sich nach demselben wieder erhebt, so steigt aus einer Bildsäule, die in solchen Versammlungen zu sein pflegt, ein schwarzer Kater von der Größe eines mittelgroßen Hundes rückwärts mit emporgehobenem Schwanze hervor. Der Neuling küßt ihn auf den Hintern, dann der Meister der Versammlung und nach ihm alle übrigen der Reihe nach, d. h. nur solche, die würdig und vollkommen sind. Die Unvollkommenen, die sich nicht für würdig halten, erhalten von dem Meister den Friedenskuß. Wenn nun alle ihre Plätze wieder eingenommen haben, sagen sie gewisse Sprüche, neigen ihr Haupt gegen den Kater, und der Meister spricht zuerst für sich, dann zu seinem Nachbar: Wer befiehlt uns dies? Der Nachbar antwortet: Unser höchster Meister; ein anderer fügt hinzu: Wir müssen gehorchen. Dann werden die Lichter ausgelöscht, und man ergibt sich ohne Rücksicht auf Verwandtschaft der greulichsten Unzucht. Sind mehr Männer als Weiber da, so befriedigen die Männer unter sich die schändliche Begierde; das gleiche tun die Weiber unter sich. Dann werden die Lichter wieder angezündet, und aus der dunkelsten Ecke des Saales tritt ein Mann hervor, oberhalb der Hüften glänzender und strahlender als die Sonne, unterhalb rauh wie ein Kater; sein Glanz erleuchtet den ganzen Raum. Jetzt reißt der Meister dem Neuling etwas vom Kleide und sagt zu dem Glänzenden: Herr, dies ist mir gegeben, ich gebe es dir wieder, worauf der Glänzende antwortet: Du hast mir gut gedient, du wirst mir noch mehr und besser dienen, ich vertraue deiner Sorge an, was du mir gegeben hast, und nach diesen Worten ist er verschwunden."

Der Ultramontanismus sucht den „Statthalter Christi" der Verantwortlichkeit für diesen „religiösen" Blödsinn dadurch zu entlasten, daß er seine Anhänger glauben macht, Gregor selbst habe nicht an die Tatsächlichkeit dieses Teufelsspukes geglaubt, sondern nur angeführt, was ihm berichtet worden sei. Eine unmögliche Ausrede, die Gregor IX. selbst durch die Schlußsätze der Bulle zerstört: „Wer sollte nicht in Zorn geraten über solche Bosheit? Wer sollte nicht in Wut entbrennen gegen solche schlechte Menschen? Wo ist der Eifer des Moses, der an einem Tage 20000 Götzendiener tötete? Wo ist der Eifer des Finees, der den Juden und den Madianiten mit einem Dolche durchbohrte? Wo ist der Eifer des Elias, der 450 Baalspriester mit dem Schwerte erschlug? Wo ist der Eifer des Mathatias, der den götzendienerischen Juden erschlug? Wahrlich, wenn die Erde, die Gestirne, die Elemente sich gegen solche erhöben und sie, ohne Rücksicht auf Alter und Geschlecht, vernichteten, so wäre es noch keine gebührende Strafe! Sollten sie euern Ermahnungen nicht folgen und sich nicht bekehren, so muß man zu kräftigern Mitteln greifen, und, wo Arzneien nicht helfen, müssen Eisen und Feuer angewandt und das faulende Fleisch muß ausgeschnitten werden. Rufet also gegen sie und ihre Begünstiger auf die Hilfe des weltlichen Schwertes und ermahnet die Christgläubigen, sich gegen sie zu rüsten. Wir aber, im Vertrauen auf Gottes Barmherzigkeit und auf die Macht der Apostel Petrus und Paulus, verleihen mit unserer höchsten Binde- und Lösegewalt allen, die sich zur Ausrottung dieser Ketzer rüsten und gegen sie das Kreuz nehmen, die gleichen Ablässe und Vorrechte wie den Kreuzfahrern in das heilige Land."

Der Papst fordert also in erregten Worten den Tod derer, die sich mit dem „Frosch- und Kater-Teufel so groß wie ein Backofen" eingelassen haben. Ist es aber möglich, die Tötung eines Menschen als Strafe zu fordern für Vergehen, die man nicht für tatsächlich hält?

Ein Jahrhundert später erging durch Papst Johann XXII. (1316—1334) die Bulle: Super specula. In feierlichster Sprache verkündet der „Statthalter Christi" tollsten Aberwitz:

„Auf der erhabenen Warte dessen stehend — ohne unser Verdienst, nur durch seine Güte —, der den ersten Menschen, das Urbild des menschlichen Geschlechtes, zum Herrn der Erde machte, ihn, mit göttlichen Tugenden geschmückt, zu seinem Gleichbild erhob, der den Gefangenen erlöste und loskaufte durch sein Leiden, haben wir schmerzlich bemerkt und erwägen es mit innerster Erregung, daß viele nur dem Namen nach Christen sind, daß sie so sehr verirrt sind, daß sie mit der Hölle ein Bündnis eingehen. Sie opfern den Teufeln, sie beten sie an; sie machen sich Bilder, Spiegel, Ringe oder Fläschchen und schließen zauberisch die Teufel darin ein; sie befragen sie; sie begehren ihre Hilfe, und diese scheußliche Pest verwüstet schwer die Herde Christi. Da wir nun kraft unseres Hirtenamtes die irrenden Schafe zum Schafstalle Christi zurückführen müssen, so ermahnen wir, nach Beratung mit unseren Brüdern, den Kardinälen, durch diesen für ewige Zeiten geltenden Erlaß, alle durch die Taufe Wiedergeborenen in Kraft des heiligen Gehorsams und unter Androhung des Bannes, daß niemand irgend etwas von den genannten Scheußlichkeiten lehren und lernen soll. Und da es billig ist, daß die, die durch ihre Werke den Allerhöchsten verachten, für ihre Vergehen gestraft werden, so verhängen wir über alle, die entgegen unseren heilsamen Ermahnungen und Befehlen etwas von dem Genannten tun, die Exkommunikation, die ipso facto eintritt. Wir setzen fest, daß gegen die, die nicht innerhalb acht Tagen, vom Tage der Mahnung an gerechnet, sich gebessert haben, außer der Vermögensbeschlagnahme die übrigen für Ketzer bestimmten Strafen von ihren zuständigen Richtern verhängt werden sollen . . . . . Gegeben zu Avignon."

Und wieder ein Jahrhundert später, da erläßt Eugen IV. im Jahre 1437 ein Rundschreiben an die Inquisitoren, das sich mit den Kundgebungen Johann XXII. inhaltlich so ziemlich deckt. Er behandelt Verträge mit dem Teufel und Teufelsanbetung als Tatsache; es ist für ihn ausgemacht, daß unter Anrufung der Teufel durch Zeichen und Bilder Krankheiten hervorgerufen und Gewitter verursacht werden.

Man sollte glauben, von solcher Stelle aus, vom „Stuhle Petri", hätte die abergläubische Verirrung nicht mehr gesteigert werden können. Aber das Unglaubliche geschieht. Papst Innozens VIII. bringt in den „religiösen" Teufelsspuk auch noch das geschlechtliche Moment hinein. Die Daemones incubi und succubi, viel ekelhaftere Gebilde als der Schwan der Leda, nehmen ihren Platz ein in der amtlichen Kundgebung eines „Statthalters Christi".

Die katholische Theologie kannte diese Mann-Teufel und Weib-Teufel allerdings schon vor Innozens VIII. Sie in die „christliche Gottesgelehrsamkeit" eingeführt zu haben, ist das Verdienst der scholastischen Theologie, insbesondere ihres Hauptes, des Thomas von Aquin, und da auf dem Felde der katholischen Theologie nichts von dauerndem Bestande hervorsproßt ohne Billigung des Papstes, so trifft die Verantwortung für das Auftreten solcher Scheußlichkeiten das Papsttum schon lange, bevor Giovanni Battista Cibo als „Statthalter Christi" seine Bulle erließ.

Dennoch ist Innozens VIII. mit seiner Kundgebung ein gewaltiger Markstein in der Geschichte des päpstlichen Widerchristentums. Wie kein zweites Aktenstück der christlichen Zeitrechnung hat seine Bulle Spuren im Menschengeschlecht zurückgelassen, Spuren von Blut und Tränen: die grausamen Hexenverfolgungen. Da die Bulle kräftigste Wirkursache für diese Verirrungen gewesen ist, so teile ich den Wortlaut des denkwürdigen Aktenstückes unten bei Behandlung des Hexenunwesens mit.

3. Thomas von Aquin.

Es gibt keinen theologischen Schriftsteller, der größeres Ansehen innerhalb des Ultramontanismus besitzt, als Thomas von Aquin. Er ist „Kirchenlehrer" und „Kirchenvater", er ist der „englische Lehrer", der „Fürst der Theologen". Päpste und Konzilien haben gewetteifert, sein Ansehen zu erhöhen. Eine der ersten Taten Leo XIII. war die Aussendung eines Rundschreibens (Enzyklika) „an alle Patriarchen, Primaten, Erzbischöfe und Bischöfe der katholischen Welt", worin er Thomas von Aquin als den Lehrer für die gesamte Philosophie und Theologie hinstellt. In diesem Rundschreiben heißt es u. a.: „Unter den Lehrern der Scholastik ragt weit hervor der Fürst und Meister aller, Thomas von Aquin. Der Sonne gleich hat er den Erdkreis mit dem Glanze seiner Lehre erfüllt. Man kann sagen, daß in den Konzilien von Lyon, Vienne, Florenz, Vatikan der heilige Thomas zugegen war und die Irrtümer der Griechen, der Ketzer und Rationalisten mit unwiderstehlicher Kraft bekämpfte. Aber ein höchstes Lob, das kein anderer Theologe mit ihm teilt, ist ihm dadurch zuteil geworden, daß die Väter des Konzils von Trient mitten im Versammlungssaale zugleich mit den Büchern der heiligen Schrift und den Erlassen der Päpste die „Summa" des heiligen Thomas [das Hauptwerk des Thomas von Aquin] auf dem Altare aufzulegen geboten, um aus ihr Rat, Beweise und Aufschlüsse zu schöpfen." Leo XIII. machte sich die Worte seines Vorgängers Innozens VI. zu eigen: „Die Lehre des heiligen Thomas von Aquin zeichnet sich aus vor allen anderen, nur ausgenommen die der kanonischen Bücher [die Bibel], durch Wahrheit der Lehrsätze, so daß, die ihnen folgen, niemals auf einem Irrtum betroffen werden."

In dieser „Summa" nun des Aquinaten, die würdig ist, mit den Büchern der hl. Schrift auf dem Altar zu liegen, lesen wir:

„Wenn aus dem Beischlaf der Teufel mit Menschen Kinder geboren werden, so sind sie nicht entstanden aus dem Samen des Teufels oder des von ihm angenommenen menschlichen Leibes, sondern aus dem Samen, den der Teufel sich dazu von einem andern Menschen verschafft hat. Derselbe Teufel, der sich als Weib mit einem Manne geschlechtlich vergeht, kann sich auch als Mann mit einem Weibe geschlechtlich vergehen."

4. Alphons von Liguori.

Der Stifter des Redemptoristenordens, Alphons Maria von Liguori, reicht mit seinem theologischen Ansehen nahe an den Aquinaten heran. Zwei Dekrete Pius IX. vom 11. März und 7. Juni 1871 zeugen dafür: „In diesen unsern Tagen rühmen die Völker so sehr seine Weisheit und ist die Kirche so voll seines Lobes, daß die meisten Kardinäle der h. römischen Kirche, fast alle Bischöfe der ganzen Welt, die Generaloberen der religiösen Orden, die Theologen berühmter Lehranstalten, hochgeachtete Kollegiatstifte und gelehrte Männer aus allen Kreisen Bittschriften eingereicht haben, in denen sie gemeinsam den einen Wunsch aussprachen, daß der h. Alphons von Liguori durch den Titel und die Ehre eines Lehrers der Kirche ausgezeichnet werde." „Wir wollen und befehlen, daß alle Bücher, Kommentare, Werke und Schriften dieses Kirchenlehrers (Liguori), kurz alles, was von ihm stammt, geradeso wie die Werke der anderen Kirchenlehrer (Augustin, Chrysostomus usw.) nicht bloß privatim, sondern öffentlich auf Gymnasien, Akademien, Schulen, Kollegien, in Vorlesungen, Disputationen, Predigten zitiert, vorgelesen und benutzt werden."

In seinem Hauptwerke lehrt dieser „Kirchenlehrer": Zur Bestialität rechnet man auch das geschlechtliche Vergehen mit dem Teufel. Diese Sünde wird zum Vergehen gegen die Religion, zur Sodomie, zum Inzest, zum Ehebruch, wenn der betreffende Mann oder das betreffende Weib mit sodomitischer, ehebrecherischer oder blutschänderischer Begier sich mit dem Teufel vermischt. Richtig bemerkt Busenbaum (Jesuit), daß der geschlechtliche Verkehr mit dem Teufel zur Bestialität gehöre, wie auch Tamburini und Elbel annehmen.. Begeht derjenige, der sich mit dem Teufel vermischt, der ihm unter der Gestalt einer Verheirateten, einer Nonne (!), einer Blutsverwandten erscheint, auch zugleich das Verbrechen des Ehebruchs, des Sakrilegs, der Blutschande? Busenbaum scheint dies im allgemeinen zu bejahen, aber sehr wahrscheinlich ist die gegenteilige Ansicht richtig, wenn nämlich der Betreffende sich an dem Teufel in Weibergestalt nicht ergötzt, insofern sie verheiratet, Nonne oder Blutsverwandte, sondern nur insofern sie schön ist; so lehren auch Lugo und Vasquez. Das Malefiz ist die aus einem Bund mit dem Teufel hervorgehende Kraft, anderen zu schaden. Es unterscheidet sich von der Schwarzkunst dadurch, daß letztere nur Wunderbares, ersteres Schädliches hervorbringen will. Es ist die allgemeine Meinung, wie Suarez, Lessius, Vasquez, Delrio [Jesuiten] lehren, daß es Hexen gibt, die mit Hilfe des Teufels von Ort zu Ort getragen werden. Delrio [Jesuit] versichert, die gegenteilige Meinung, die Luther, Melanchthon und auch einige Katholiken verteidigt haben, nämlich, derlei Dinge seien Illusionen und Phantastereien, sei der Kirche sehr schädlich; da sie dahin führt, solche Unholdinnen ohne Strafe zu lassen, wodurch dem christlichen Gemeinwesen sehr geschadet wird." „Ist ein Vertrag mit dem Teufel abgeschlossen worden unter der Bedingung, daß der Vertragschließende sich niemals mehr mit dem Kreuzzeichen bezeichne, oder sich niemals mehr wasche (!), so ist es ihm zur Auflösung des Vertrages erlaubt, sich mit dem Kreuze zu bezeichnen oder sich zu waschen." „Der Beichtvater soll die Betreffenden ermahnen, ihren Vertrag mit dem Teufel aufzulösen, ihre Zaubermittel zu verbrennen, auch die Urschrift ihres Vertrags mit dem Teufel zu verbrennen, wenn sie diese Urschrift besitzen; hat die Urschrift aber der Teufel, so ist es nicht nötig, daß er zu ihrer Herausgabe gezwungen werde, da die Buße des Beichtenden genügt, um den Vertrag aufzulösen."

Liguori ist aber nicht bloß „Kirchenlehrer" und Führer der gesamten „modern"-ultramontanen Theologie, er ist auch Volksschriftsteller. Seine erbaulichen Schriften haben buchstäblich die katholische Welt erobert. In alle Sprachen sind sie übersetzt, in stets sich erneuernden Auflagen dringen sie in fast jedes katholische Haus. Unter seinen zahlreichen Erbauungsschriften nimmt das Buch: „Die Herrlichkeiten Mariä" die erste Stelle ein. Von ihm sagt z. B. die angesehenste ultramontane Zeitschrift Deutschlands „Der Katholik" (Oktober 1896): „Die Herrlichkeiten Mariä haben soviele Sünder bekehrt, als das Buch Buchstaben zählt". Aus diesen „Herrlichkeiten" sind nachfolgende Stellen:

„Ein Jüngling in Perugia versprach dem Teufel, daß, wenn er ihm die Mittel verschaffe, eine Sünde, die er vorhatte, zu begehen, er ihm seine Seele übergeben wolle, er gab ihm dies Versprechen sogar schriftlich und mit seinem eigenen Blute unterschrieben. Nachdem der Jüngling die Sünde begangen hatte, verlangte der Teufel die Erfüllung und führte den armen Sünder in die Nähe eines Brunnens, wo er ihn bedrohte, daß, wenn er sich nicht selbst hinabstürzen wolle, er ihn mit Leib und Seele in die Hölle stürzen werde. Da der unglückliche Jüngling glaubte, daß es für ihn ganz unmöglich geworden sei, den Händen des Teufels zu entgehen, stieg er auf den Brunnen, um sich hinabzustürzen. Der Gedanke des nahen Todes aber verursachte dem Unglücklichen so große Angst, daß er dem bösen Feinde eingestand, er habe nicht den Mut, sich selbst hinabzustürzen, er möge, wenn er seinen Tod verlange, selbst Hand an ihn legen. Allein weil der Jüngling das Skapulier der schmerzhaften Mutter Gottes trug, sprach der Teufel zu ihm: Wirf zuerst das Skapulier hinweg, dann will ich dich hinabstürzen. Da der unglückliche Sünder jetzt erkannte, daß die göttliche Mutter ihm, um des Skapuliers willen, noch nicht allen Beistand versagt habe, wollte er es sich nicht selbst abnehmen. Nachdem sich beide eine Zeitlang gestritten, verließ ihn der Teufel ganz beschämt."

„Als der heilige Dominikus in Carcassone in Frankreich predigte, wurde ein Albigenser zu ihm geführt, welcher vom Teufel besessen war, weil er öffentlich die Rosenkranzandacht verspottet hatte. Da befahl der Heilige dem bösen Feinde im Namen Gottes, er solle erklären, ob das, was er vom Rosenkranz gepredigt habe, wahr sei. Heulend antwortete der Teufel: Hört ihr Christen, alles, was dieser mein Feind von Maria und dem heiligen Rosenkranz gesagt hat, ist wahr. Hierauf befahl der heilige Dominikus dem versammelten Volke, es solle den Rosenkranz beten, und, o Wunder! bei jedem Ave Maria stiegen aus dem Leibe des Unglücklichen eine Menge Teufel, in Form glühender Kohlen empor, so daß derselbe am Ende des Rosenkranzes gänzlich davon befreit war. Bei dieser Gelegenheit bekehrten sich viele Ketzer." „Ein Hauptmann, welcher einen sehr gottlosen Lebenswandel führte, befand sich eines Tages in seinem Schlosse. Zufälligerweise begab sich ein frommer Ordensgeistlicher zu demselben, welcher, von Gott erleuchtet, den Hauptmann bat, er wolle doch alle seine Knechte zusammenrufen. Alle erschienen, nur der Kammerdiener fehlte. Als man auch diesen endlich mit Gewalt herbeigeführt hatte, sprach der Ordensgeistliche zu ihm: Ich befehle dir im Namen Jesu Christi, daß du mir sagest, wer du bist. Jener antwortete: Ich bin der Teufel und diene schon seit vierzehn Jahren diesem gottlosen Manne, ich warte nur, bis daß er einmal jene sieben Ave Maria, welche er täglich zu beten pflegt, unterlasse, um ihn alsdann zu ersticken und mit mir in die Hölle zu ziehen. Da befahl der Ordensgeistliche dem Teufel, sogleich diesen Ort zu verlassen, worauf auch der Teufel plötzlich verschwand. Der Hauptmann fiel auf seine Knie nieder, bekehrte sich und führte hierauf ein heiliges Leben."

„Ein Soldat führte einmal seine Frau in den Wald, wo er sie dem Teufel übergeben wollte, welchem er dieselbe in einem Vertrage, den er mit ihm geschlossen, für eine gewisse Summe Geldes versprochen hatte. Da geschah es, daß beide an einer Mutter-Gottes-Kirche vorbeikamen, wo die arme Frau ihren Mann bat, er wolle ihr doch erlauben, die göttliche Mutter in dieser Kirche begrüßen zu dürfen. Der Mann willigte ein, und die Frau begab sich in die Kirche; allein bald darauf kam statt jener Frau die allerseligste Jungfrau, welche ihre Gestalt angenommen hatte, aus der Kirche heraus und bestieg das Pferd, welches sie in den Wald führen sollte. Als beide nun in den Wald gekommen waren, da erschien der Teufel und sprach zu dem Manne: Du Schelm, was hast Du gemacht, daß Du mir statt deiner Frau meine größte Feindin, die Mutter Gottes, herbeibringst? Hierauf antwortete Maria: Wie hast Du es wagen können, meiner Verehrerin schaden zu wollen? Ich befehle Dir, daß Du sogleich in die Hölle zurückkehrest. Hierauf wandte Maria sich an den gottlosen Mann und sprach zu demselben: Wenn Du Dich bessern willst, so werde ich Dir beistehen. Nach diesen Worten verschwand die göttliche Mutter, der Sünder ging indes in sich und änderte in der Folge sein Leben." „Als ein Domherr zu Ehren der göttlichen Mutter gewisse Gebete verrichtete, fiel er in die Seine und ertrank. Weil derselbe sich aber im Stande der Todsünde befand, so kamen die Teufel und führten ihn in die Hölle. Plötzlich erschien die Mutter Gottes und rief ihnen zu: Wie habt ihr es wagen können, denjenigen wegzuführen, der, während er mein Lob verkündigte, gestorben ist? Hierauf wandte Maria sich an den Sünder und sprach: Wohlan, bessere Dich und habe eine große Andacht zu meiner unbefleckten Empfängnis. Jener kehrte wieder ins Leben zurück, wurde Ordensgeistlicher und konnte nie müde werden, seiner Befreierin zu danken und ihre unbefleckte Empfängnis zu verkündigen."

„Ein Jüngling, welcher der Mutter-Gottes-Bruderschaft angehörte, verließ dieselbe und fing an, ein ausschweifendes Leben zu führen. Da erschien ihm einmal während der Nacht der Teufel in einer erschrecklichen Gestalt, der arme Jüngling rief alsogleich die göttliche Mutter um Hilfe. Umsonst, sprach der böse Feind, rufest Du jetzt jene an, die Du verlassen hast; um Deiner Sünden willen gehörst Du mir an. Zitternd kniete der Jüngling nieder und fing an das Gebet der Bruderschaft: Heiligste Jungfrau, meine Mutter usw. zu verrichten. Da erschien ihm die göttliche Mutter, und der Teufel verschwand, einen schrecklichen Gestank und ein Loch in der Mauer zurücklassend." „In einem gewissen Orte in Deutschland geschah es, daß ein junges Mädchen, welches Agnes hieß, eine schreckliche Sünde mit ihrem eigenen Vater beging. Hierauf floh sie in eine Wüste und brachte daselbst ein Kind zur Welt. Darauf erschien ihr der Teufel in Gestalt eines Ordensgeistlichen und brachte sie dahin, daß sie ihr Kind ins Wasser warf; hierauf ermahnte er sie, sie sollte selbst ins Wasser springen. Als die Jungfrau das hörte, so rief sie aus: Maria hilf mir, und sogleich verschwand der Teufel." „Der Pater Rho erzählt in dem Buche: Der Sabbath, daß ein junges Mädchen mit Namen Maria von ihrer Tante beauftragt wurde, sich auf den Markt von Nimwegen zu begeben, dort einige Einkäufe zu machen und die Nacht bei einer andern Tante, die dort wohnte, zu bleiben. Das Mädchen gehorchte; als es sich aber am Abend zu der Tante begab, da wies dieselbe es mit rauhen Worten ab; weshalb es sich entschließen mußte, wieder nach Hause zurückzukehren. Als es nun aber auf dem Wege dunkel ward, wurde das arme Mädchen ungeduldig und zornig und rief mit lauter Stimme den Teufel um Beistand an. Da erschien ihm derselbe in Gestalt eines Mannes und versprach ihm beizustehen, wenn es nur eines tun wollte. Ich tue alles, was Du verlangst, antwortete die Unglückselige. Ich verlange weiter nichts von dir, antwortete der böse Feind, als daß, von heute an, Du nicht mehr das Kreuzzeichen machest, und daß Du einen andern Namen annehmest. Das Mädchen antwortete, sie willige ein und wolle in der Folge nicht mehr das Kreuzzeichen machen, aber, setzte sie hinzu, mein Name Maria ist mir gar zu lieb, den will ich nicht ändern. Dann helfe ich Dir nicht, antwortete der Teufel. Endlich, nachdem sich beide lange miteinander gestritten, kamen sie überein, daß das Mädchen die Anfangsbuchstaben des Namens Maria in ihrem Namen behalten und sich Emma nennen sollte. Hierauf begab sich dieselbe nach Antwerpen, wo sie sieben Jahre lang ein so gottloses Leben führte, daß sie aller Welt zum Ärgernis gereichte. Eines Tages sagte sie dem Teufel, sie wünsche ihr Vaterland wieder zu sehen. Der böse Feind widersetzte sich ihrem Vorhaben, aber endlich mußte er einwilligen. Als nun beide in Nimwegen ankamen, fanden sie, daß man gerade einige Begebenheiten aus dem Leben der allerseligsten Jungfrau öffentlich darstellte. Da fing die arme Emma, die noch immer ein wenig Andacht zur göttlichen Mutter bewahrt hatte, an zu weinen. Was bleiben wir länger hier, sagte ihr Gefährte, wollen wir etwa auch der Welt zum Schauspiel dienen? Hierauf ergriff er das Mädchen, um es wegzuführen, aber dasselbe widerstand. Als der Teufel erkannte, daß er im Begriffe sei, seine Beute wieder zu verlieren, da nahm er sie zornig mit in die Luft empor und ließ sie mitten auf die Schaubühne niederfallen. Da erzählte die Unglückliche ihre Geschichte. Als sie bei dem Pfarrer des Ortes beichten wollte, schickte sie dieser an den Erzbischof von Köln, der Bischof schickte sie aber zu dem Papst, welcher, nachdem er ihre Beichte gehört hatte, ihr zur Buße auferlegte, sie solle ihr ganzes Leben hindurch drei eiserne Ringe tragen, einen am Halse und zwei andere an den Armen. Die Büßerin gehorchte, und als sie in Maestricht ankam, so begab sie sich daselbst in ein Kloster von Büßerinnen, in welchem sie vierzehn Jahre, unter heftigen Bußübungen, zubrachte. Als sie eines Morgens aufstand, da fand sie, daß die eisernen Ringe, die sie am Leibe trug, von selbst zerbrochen waren, worauf sie zwei Jahre später im Rufe der Heiligkeit starb."

5. Caesarius von Heisterbach.

„Will man sich die Verschrobenheit in den Köpfen der Mönche begreiflich machen, so darf man nicht übersehen, daß die von den albernsten Wunder- und Teufelsgeschichten strotzende Literatur der Heiligenleben das tägliche Brot ihres Geistes bildete." Diese Worte Rieslers berühren einen Übelstand innerhalb der römischen Kirche, der dem verhängnisvollen Umsichgreifen des Glaubens an höllischen Teufelsspuk wesentlich Vorschub geleistet hat. Für das Fortbestehen dieses weit und tief sich ausdehnenden Übels ist das Papsttum voll verantwortlich, denn, wenn irgend etwas, so untersteht ihm die sogenannte Erbauungsliteratur.

Von den Klöstern, von den Mönchen aus, in deren Köpfen der aberwitzige Teufelswahn sich festgesetzt hatte und dort genährt wurde durch die ununterbrochen gereichte verdorbene geistige Speise, breitete sich das Unheil aus unter den breiten Schichten des Volkes nach oben und nach unten. Überdies waren es ja fast ausschließlich Mönche, d. h. vom Teufelsglauben rohester Form erfüllte Fanatiker, die als päpstliche Inquisitoren die Länder durchzogen und nach Hexen und Teufelsanbetern spürten, und so ihren eigenen Wahn in die Menge trugen.

Schriftstellerisch in dieser Richtung am einflußreichsten war der Zisterziensermönch Caesarius von Heisterbach. Seine zahlreichen Schriften, Gemeingut aller Klöster, können als Stichprobe gelten für die damalige Erbauungsliteratur mit dem wichtigen Zusatz, daß diese Schriften auch heute noch für viele Klöster einen großen Bestandteil der „geistlichen Lesung" ihrer Insassen bilden.

Bei Caesarius erscheint der Teufel unter Windgeheul und Krachen der Bäume als Pferd, Hund, Katze, Bär, Affe, Kröte, Rabe, Geier; oder auch, wenn es darauf ankommt, eine Frau zu verführen, als schöner Soldat. Eine Eigentümlichkeit des Teufels ist, daß er keinen Rücken, sondern nur eine Vorderseite hat. Mittel gegen den Teufel sind: Ausspeien, Sichbekreuzen, geweihtes Wachs, Weihwasser. Mit einer Frau trieb der Teufel sieben Jahre lang Unzucht, während ihr Mann neben ihr im Bette lag. Bernhard von Clairvaux befreite sie schließlich von diesem unterweltlichen Liebhaber. Der Teufel geht zur Beichte, und obwohl der Priester ihn als Teufel erkennt, hört er seine Beichte und legt ihm eine Buße auf. Einem Studenten erscheint der Teufel und verheißt ihm für das Versprechen der Gefolgschaft Kenntnisse und Wissen. Der Student gibt zwar das Versprechen nicht, aber er erhält doch vom Teufel einen Stein, dessen Kraft ihm Wissen verleiht. Er wird bald darauf krank, beichtet und stirbt. Die Teufel werfen seine Seele wie einen Ball über das Tal Gehenna hin und her. Gott erbarmt sich der Seele; sie kehrt in den Körper zurück, und der wiederauferstandene Student wird Zisterzienser. Zwei junge Leute studieren die Schwarzkunst. Der eine stirbt und erscheint dem andern, während dieser vor einem Marienbilde für die Seele des Verstorbenen betet. Er gesteht dem Überlebenden, wegen der Schwarzkunst verdammt zu sein, und ermahnt ihn zur Bekehrung. Die Mahnung hat Erfolg. Landgraf Ludwig III. von Thüringen will über das Schicksal seines verstorbenen Vaters Nachricht haben. Ein schwarzkünstlerischer Priester ruft den Teufel. Dieser trägt den Priester an eine Grube, aus der höllische Flammen schlagen. Die Seele des Landgrafen erscheint im Feuer und befiehlt zu ihrer Erleichterung die Rückgabe entwendeter Kirchengüter. Der Teufel erscheint einer frommen Jungfrau und will sie zur Unzucht verführen. Sie widersteht und fragt ihn: Warum willst du die fleischliche Verbindung, die doch deiner Natur widerspricht? Der Teufel antwortet: ich will nur deine Zustimmung. Dieser Teufel hatte keinen Rücken und betete das Vaterunser, aber mit Fehlern. Der Teufel verführt ein Mädchen in Bonn. Sie gesteht dem Vater ihre Sünde. Der Vater verbirgt sie. Der Teufel erscheint dem Vater: warum hast du mir meine Buhle genommen? Er stößt den Mann auf die Brust, so daß er nach drei Tagen stirbt. Zu Prüm bestellt ein liederlicher Priester ein schlechtes Weib zu sich. Statt ihrer kommt der Teufel und verbringt als Weib mit dem Priester die Nacht. Zu Soest will der Teufel als Weib mit einem Mann buhlen. Da dieser sich weigert, hebt er ihn hoch in die Luft und läßt ihn dann fallen.

Wie die Zeugung zwischen Teufel und Mensch möglich sei, beschreibt Caesarius ausführlich: Die Hunnen waren die Frucht des geschlechtlichen Umgangs zwischen Teufeln und häßlichen Gotenweibern, die von ihren Stammgenossen wegen ihrer Häßlichkeit vertrieben worden waren. Die Vertriebenen irrten in einem Wald umher und zeugten dort mit Teufeln das tapfere Volk der Hunnen. Wenn der Teufel von einem Menschen Besitz ergreift, so wohnt er im Mastdarm des Betreffenden. Ein vierjähriges Kind trank einst den Teufel mit der Milch in sich hinein; der Teufel blieb über 30 Jahre in ihm. Zuweilen belebt der Teufel jahrelang die Leichen schon Verstorbener, so daß jeder glaubt, es mit einem lebendigen Menschen zu tun zu haben.

6. Der Franziskanertheologe Brognoli.

Das Werk des Franziskanertheologen Brognoli: Handbuch für Exorzisten ist dem Generalvikar der Lyoner Erzdiözese gewidmet. Es trägt die Gutheißung des Ordensgenerals, Daniele a Dongo, und verschiedener Theologen aus dem Dominikaner- und Franziskanerorden. Die ultramontane Größe, Joseph v. Görres, sagt von Brognoli: „Brognoli war Minorit und Lektor der Theologie. Er hatte Gelegenheit, in Rom, Venedig, Mailand viele Besessene zu sehen. Er schrieb über sie sein „Alexikakon" [ein Buch gleichen Inhalts wie sein „Handbuch"]. Das Buch ist mit Umsicht und Mäßigung geschrieben; er berichtet in den Fällen, die er selbst gesehen, nichts als die Tatsache, wie er sie gefunden hat."

Einiges aus dem Inhalt des „Handbuchs": Ketzer werden seltener vom Teufel besessen als Katholiken, weil die Ketzer ohnehin schon dem Teufel gehören. So hat ein Teufel in Loudun gestanden, der in ein katholisches Mädchen gefahren war. Der Teufel erscheint als Löwe, Bär, Schlange, Drache, Stier, Hund, Wolf, Katze, Hahn, Rabe, Geier, Fliege, Spinne, oder auch als schrecklicher Mensch; das haben mir viele Besessene erzählt. Der Teufel gibt einen scheußlichen Gestank von sich, der sich allen mitteilt, die mit ihm zu tun haben, wie Hexen und Zauberer. Um in die Menschen einzugehen, benutzt der Teufel häufig Speisen und Getränke, in denen er sich verbirgt. Am 31. August 1648 wurde mir in Venedig ein Mädchen von 14 Jahren zugeführt, in die der Teufel, in einem Apfel versteckt, eingefahren war. Ich trieb ihn aus, und beim Ausfahren erfüllte er den Mund des Mädchens mit Schwefelgeschmack. Der Teufel zieht die Besessenen an den Ohren, an den Haaren, er zieht sie aus dem Bett, oder legt sich zu ihnen ins Bett. Am 4. September 1648 gestand mir ein Teufel in Venedig, daß er von den anderen Teufeln in der Hölle häufig verspottet worden sei, weil es ihm nicht gelungen sei, den Menschen, den er besessen hatte, zu Bösem zu verführen. Sehr häufig wird die Besessenheit durch Behexung verursacht; der Teufel setzt sich dann fest entweder im Magen, oder im Kopf, oder im Herzen, oder im Blut. Daß der Teufel von kleinen Kindern Besitz nimmt, ist die Schuld der Eltern, die es unterlassen, ihre Kinder unter den Schutz Gottes zu stellen, oder sie mit dem Kreuz zu bezeichnen. Zuweilen ist es ein Teufel, zuweilen Tausende von Teufeln, die im Menschen wohnen. Im Jahre 1649 erzählte mir eine Witwe, daß sie schon 20 Jahre lang mit einem Teufel Unzucht treibe; auch zu Lebzeiten ihres Mannes habe dieser sich zu ihr ins Bett gelegt, nachdem er zuvor den Ehemann eingeschläfert habe. Die Tatsächlichkeit des Liebeszaubers, wodurch jemand zu sündhafter Liebe angereizt wird, geben alle Theologen zu. Feuersbrünste werden häufig von Hexen erregt: sie lassen in dem betreffenden Hause ein Tüchlein zurück, in das gehacktes Heu eingewickelt ist. Aus diesem Heu entstehen dann plötzlich die Flammen, die nicht gelöscht werden können; auch Unwetter und Hagelschläge werden durch die Hexen erregt.

Auf zehn Seiten gibt Brognoli die Kennzeichen der Besessenheit an; z. B.: heftige Kopf- oder Herzschmerzen, die beim Zeichen des Kreuzes aufhören; Verdauungsstörungen und Erbrechen, die aufhören, wenn die Speisen gesegnet werden; Nachtschweiße bei kalter Jahreszeit; Zittern bei Anwesenheit frommer oder geistlicher Personen; beständige Unruhe; trockener Husten ohne Auswurf, der sich verstärkt bei Anwendung religiöser Mittel; Aufsperren des Mundes, während Religiöses vorgelesen wird; Kältegefühl, das wie eine Schlange oder wie eine Maus im Körper hin- und herläuft. Kennzeichen der Besessenheit bei Kindern: wenn sie ohne Grund sich fürchten oder weinen; wenn sie furchtsame Augen haben und nicht wagen, den Exorzisten oder Ordensleute anzusehen; wenn sie nicht mehr trinken wollen, obwohl sie den Mund aufmachen; wenn Kinder Greisengesichter haben, so liegt die Vermutung vor, daß sie vom Teufel unterschoben sind; solche Kinder sterben nicht selten, wenn sie vom Exorzisten gesegnet werden, wie ich selbst im Jahre 1646 erlebt habe; wenn sich schwarze Flecken auf der Brust zeigen; wenn sie nicht zu stillen sind, auch nicht durch mehrere Ammen. Den Teufel nach seinem Namen zu fragen, ist unnötig und gefährlich; denn da die Teufel lügen, können sie leicht einen falschen Namen angeben, oder einen Namen, der etwas Lächerliches oder Schändliches bedeutet. Auch ist es unnütz, nach der Zahl der Teufel zu fragen; denn auch hier kann der Teufel täuschen, indem er verschiedene Stimmen nachahmt. Ein glaubwürdiger Prälat hat mir erzählt, daß in seiner Vaterstadt ein junger Kleriker den Teufel einer Besessenen in deren Fußzehen gebannt habe; später ist dieser Kleriker mit diesem Mädchen in Unzuchtssünden gefallen. Die Gewohnheit hat sich eingebürgert, daß die Exorzisten besessene junge Mädchen an den besessenen Teilen (Hals, Arm, Brust) berühren, um den Teufel von dort mit den priesterlichen Händen zu vertreiben. Da der Teufel gerne von schönen jungen Mädchen Besitz nimmt, so sind die Gefahren für den Exorzisten sehr groß. Zuerst quält der Teufel die Besessene am Halse, und er läßt nicht nach, bis der Exorzist mit seinen geheiligten Händen den Hals berührt und gesalbt hat; dann springt der Teufel wie ein Blitz vom Halse auf die Brust über, wo er sich in den Brüsten verbirgt, die der Exorzist dann auch berühren und salben muß, aber in Frömmigkeit und Ehrbarkeit. Von dort geht der Teufel in die Geschlechtsteile und erregt dort große Schmerzen. Das junge Mädchen bittet den Exorzist, sie von diesen Schmerzen zu befreien, nur er mit seinen priesterlichen Händen könne es. Aus christlicher Liebe und Frömmigkeit gibt der Exorzist nach und salbt auch diese Teile, aber mit großer Sittsamkeit und Scheu. Aber siehe, aus dieser Berührung durch den Exorzist läßt der Teufel für das Mädchen plötzlich ein großes Lustgefühl entstehen, woraus dann häufig Vergehungen folgen. Eine mäßige Geißelung bei den Besessenen anwenden, ist erlaubt. In diesem Punkt kommen aber sehr viele Übertreibungen vor, indem die Exorzisten die Besessenen heftig prügeln, sie ohrfeigen, mit der Zunge den Boden lecken lassen usw. Sanchez (Jesuit) erklärt es für erlaubt, dem Teufel zu gestatten, beim Ausfahren aus dem Besessenen in einen andern Menschen einzufahren, wenn dieser Mensch sehr schlecht ist und die Besessenheit verdient. Die Befehle, die der Exorzist dem Teufel gibt, kann er in der Muttersprache des Besessenen oder auch auf lateinisch erteilen. Die vom Papste geweihten Wachsbilder sind besonders geeignet, die Teufel zu vertreiben. Der Exorzist soll den Besessenen genau ausfragen über die Art seines Leidens: ob es ihn am Tage oder in der Nacht befällt, zu welcher Stunde der Nacht, ob zwischen drei und fünf oder gegen sechs Uhr; denn zu diesen Stunden pflegen die Hexen am häufigsten ihre Übeltaten zu vollbringen. Hat sich der Exorzist von der Besessenheit überzeugt, so soll er den Besessenen vor sich niederknien lassen; er selbst sitzt, und mit schrecklicher Stimme und ernster Miene spricht er: „Im Namen Jesu Christi befehle ich dir Teufel, oder auch Teufeln, daß ihr sofort ein Zeichen eurer Anwesenheit gebet, indem ihr diesen Menschen hier auf gewohnte Weise quält"; der Teufel wird dann sogleich den Menschen auf die gewohnte Weise quälen. Der Exorzist befehle dem Teufel, daß er den Besessenen zu Füßen des Exorzisten knien mache. Hexen und Zauberer sollen vor der Folterung am ganzen Körper, auch an den geheimsten Teilen geschoren werden, damit sie nicht in den Öffnungen des Körpers oder unter den Haaren Zaubermittel verbergen können; damit sie keine Zaubersalbe anwenden können, ist es gut, sie in heißem Wasser zu baden. Diejenigen, die sich geschlechtlich mit dem Teufel abgeben, werden sehr schwer von ihm befreit. Der Teufel fährt auch in Tiere, so in Pferde, daß sie nicht vorwärts gehen, in Hunde, daß sie nicht bellen, in Ochsen, daß sie nicht pflügen können. Solche Tiere sind mit Weihwasser zu besprengen, ebenso ihre Ställe, ihr Futter usw. Auch Häuser werden vom Teufel in Form von Gespenstern heimgesucht. Die Teufel bringen Würmer, Mäuse, Heuschrecken hervor, um den Feldern zu schaden.

7. Joseph von Görres.

Joseph von Görres bildet einen Höhepunkt deutsch-ultramontaner Wissenschaft. Sein Lob ist in aller Mund. Die angesehenste katholische Gelehrtenvereinigung Deutschlands, an deren Spitze der Münchener Professor und Zentrumsabgeordnete Freiherr von Hertling steht, trägt den Namen: „Görres-Gesellschaft zur Pflege der Wissenschaft im katholischen Deutschland."

Görres war ordentlicher Professor der Geschichte an der Hochschule von München. Sein Hauptwerk ist „Die christliche Mystik" in vier starken Bänden.

Wahllos greife ich einige Stellen heraus:

„Die Poltergeister und Kobolde. Da die Äußerungen dieser Geister etwas Unbestimmtes, Seltsames, Eigensinniges und Lärmendes an sich hatten, so hat man dies ihr Tun mit dem Namen des Spukens, sie selbst aber mit dem Namen der Spuk- und Poltergeister bezeichnet.... Um auch hier der Untersuchung eine sichere Grundlage zu unterstellen, auf die sich mit Verlaß fortbauen läßt, teilen wir eine Folge von Erscheinungen der Art mit, die vor nicht langer Zeit sich ereignet haben, und die glücklicherweise einen unbefangenen, aufmerksamen, hinreichend unterrichteten Beobachter gefunden, dessen Zeugnis als durchaus glaubwürdig und unverwerflich erscheinen muß. Der Schauplatz dieser Ereignisse war der sogenannte Münchhof, eine Stunde von Voitsberg, drei Stunden von Graz. Der Beobachter, J. von Aschauer, ist ein in der Physik und Mathematik vorzüglich erfahrener Mann und daher auch als Lehrer der technischen Mathematik am Johannäum in Graz angestellt." Görres erzählt dann, auf acht Seiten, wie in dem genannten Münchhof von Geistern Steine, Tische, Stühle, Schüsseln, kurz der gesamte Hausrat umhergeschleudert wurden, und zwar „in ganz unerklärlicher Weise aufwärts, in zurückgeschlagener krummer Linie". Diese „zurückgeschlagene krumme Linie" veranschaulicht Görres an einer mathematischen Zeichnung. „Es war also eine geistig aufmerkende und vernehmende Tätigkeit, die hier wirksam gewesen. Es ist aber auch eine solche, die moralischer Motive fähig ist; selbst religiöse Beweggründe sind nicht ohne Einfluß auf ihr Treiben geblieben; denn während sie alles Bewegliche im Hause zum Spiele ihres Mutwillens gemacht, hat sie sich doch gehütet, an das aufgestellte Kruzifix zu rühren, ob sie gleich die Leuchter zu beiden Seiten weggeworfen. Ist dem aber also, dann sind entweder unsichtbare, unleibliche Geister, oder wenn leibliche Menschen, dann solche, die sich unsichtbar machen können, dabei wirksam gewesen, was beides den magischen Gebieten angehört. Das alles ist unabweisliche Folgerung aus unleugbaren Vordersätzen, und somit einem gründlich philosophischen Verfahren wohlgemäß." „Groß war gleicherweise das Getümmel, das der Spukgeist gegen Ende des Jahres 1746 in der Labhartischen Buchdruckerei in Konstanz angerichtet. Die Sache hat mit einem Seufzen in einer Ecke der Setzerei begonnen. Man bat die Kapuziner, den Geist zu beschwören, das geschah, und es wurde nun drei Tage lang nichts mehr vernommen" usw. „In anderen Fällen ist es auf Hemmung und Hinderung im Fortschritte zum Besserwerden abgesehen; und im Verhältnisse, wie dieser Zweck unverkennbarer sich offenbart, tritt das Dämonische nackter und entschiedener hervor. Wir stellen hier eine Anzahl der auffallendsten dieser Vorkommnisse zusammen. Als Oliverius Manaräus Rektor des Hauses der Gesellschaft Jesu in Loretto war, wurde dasselbe vielfältig von Erscheinungen angefochten, über die er folgendes deponierte: Zuerst sei einem Novizen ein Mohr in grünem Gewande erschienen und habe ihn zur Abtrünnigkeit zu verleiten gesucht. Bisweilen habe es von der Decke wie das Spinnen eines schlafenden Katers geschnurrt." „Wir wählen als Beispiel einen Fall, der das Zeugnis eines Ordens für sich hat, den sein Gründer, nachdem er selbst den mystischen Weg durchschritten, ins tätige Leben zurückkehrend, hauptsächlich für dasselbe bestimmt, und der nun, eingehend in den Geist und die Gesinnung des Stifters, jenen Gebieten immer mit vorsichtiger Scheu genaht und nicht leicht trügerischem Scheine nachgebend, nur durch die Evidenz der Tatsachen sich bestimmen lassen: der Jesuiten nämlich. Matthias Tanner, diesem Orden angehörig, berichtet, was sich mit Johann del Castillo zugetragen: er gewahrte, wie ganze Rotten böser Geister in sein Zimmer einbrachen, die gewaltigen Lärm und Tumult vollführten, unter großem Frohlocken ihn umringten und ihn aufs allerhärteste bedrängten." „Ist hier alles ernsten tragischen Schrittes seinen Gang hingeschritten, dann sind auch andere Fälle aufgetaucht, wo es leichter zugegangen und damit auch wieder der koboldartige Charakter durchgeschlagen ist."

„Der Vertrag mit dem Teufel ist der Vertrag, den die Rechtskundigen den unbenannten nennen: do ut des, facio ut facias. Zur Abschließung ist keineswegs nötig, daß beide Teile in Sichtbarkeit sich einander gegenüberstehen; die Angelegenheit kann auch schriftlich verhandelt werden." Aus den Berichten des Jesuitenkollegiums in Molsheim führt Görres folgende „Tatsachen" an: Michael Schramm studiert in Würzburg; er verschreibt sich mit seinem eigenen Blut dem Teufel, der ihm in Gestalt eines Jünglings erscheint. Der Teufel gibt ihm eine Wurzel, mit der er alle Schlösser aufmachen und alle Schätze in der Erde entdecken kann. Schließlich geht Michael in sich und will sich bei den Jesuiten in Molsheim bekehren; vor allem will er seinen Vertrag mit dem Teufel zurück haben. Am 13. Januar 1613 liest der Jesuiten-Rektor die Messe für ihn. Da sah Michael an der rechten Seite des Altars den Teufel, wie dieser ihm die Verschreibung zeigte, sie hinwarf und dann verschwand. Nach der Messe fand man den mit Blut geschriebenen Vertrag unter dem obern Altartuch. Michael Ludwig diente am Hofe des Herzogs von Lothringen. Um Geld zum Spielen zu erhalten, verschrieb er sich in zwei Verschreibungen mit seinem Blute dem Teufel. Sieben Jahre lang sollte er im Überfluß leben können, dann sollte er dem Teufel ganz anheimfallen. Gegen Ende des Zeitraums überfiel ihn die Angst. Er ging gleichfalls zu den Jesuiten nach Molsheim, um sich zu bekehren. Dort hatte er vom Teufel, der ihm in Gestalt eines schwarzen Löwen erschien, Furchtbares auszustehen. Am 12. Oktober 1612 während der Messe des Jesuiten-Rektors sah Michael zu beiden Seiten des Altars zwei Ziegenböcke auf den Hinterbeinen aufgerichtet; zwischen den Vorderbeinen hielten sie die Verschreibungen. Nach der Messe fand man die eine Verschreibung am Boden liegen. Es galt jetzt, auch die zweite dem Teufel abzunehmen. Gebete und Bußübungen wurden verdoppelt. Da erschien plötzlich während solcher Andachtsübungen ein schwarzer Storch, der die Verschreibung im Schnabel hielt und sie, als die Gebete mit Inbrunst fortgesetzt wurden, gleichsam wider Willen fallen ließ.

Der vierte Band, in zwei Abteilungen, zusammen 1075 Seiten stark, ist ganz der „dämonischen Mystik" gewidmet. Einiges aus dem Inhaltsverzeichnis: „Die Besessenheit. Die Beziehungen der dämonischen Welt im allgemeinen zu den gemischten Naturen. Die Umsessenheit als das erste Stadium der Besessenheit. Die Umsessenheit durch die Kobolde. Häufiges Vorkommen solcher Erscheinungen in Klöstern. Selbst ganze

Völker werden von solchen Anfällen ergriffen. Veranlassende Ursachen zum Ausbruche der Besessenheit von Seite des Besessenen. Die Temperamente. Das melancholische und cholerische Temperament besonders günstig für dämonische Besessenheit. Rein physische äußere Potenzen können, wie sie Ekstasen bewirken, ebenso dämonische Ergriffenheiten hervorrufen. Geistige Einwirkungen als Löser und Zersetzer. Auch ein Scherz kann Besessenheit hervorrufen. Die Zahl der einwohnenden Dämonen. Veränderungen in der Energie des Bewegungssystems durch die Besessenheit. Qualitative Veränderungen in den Bewegungssystemen. Umkehr der Grundverhältnisse der Richtungen von oben nach unten durch die Veränderung im Schwerpunkt veranlaßt. Auch an den Verhältnissen von rechts und links, von vorn und hinten wird durch die Besessenheit eine Veränderung bemerkbar. Das dämonische Fliegen. Die Gegenprobe für die Heilung von der Besessenheit. Äußerlich vernehmliche Zeichen der Ausfahrt der Teufel: Winde, Blitze, Getöse, Auslöschen der Lichter, zuweilen der Schall eines Glöckchens. Zustand der Befreiten im Augenblicke nach der Befreiung. Nachkrankheiten treten auf. Die Malzeichen der Hexen und Hexenmänner: kleine unempfindliche Stellen an der Oberfläche des Körpers. Der Sabbath als Orgie und Gelag der Zauberer und Hexen. Die Hexenmahlzeiten und Beschaffenheit der Speisen und Getränke auf dem Hexensabbath. Der Geschlechtstrieb und dessen Befriedigung auf dem Hexensabbath. Die Hexenphysiognomie und der Hexengestank. Die Hexenausfahrt. Herden auf dem Sabbath von Kröten gebildet. Aussagen über die verschiedenen Gestalten des Satans. Die Huldigung dem Teufel dargebracht und der Reigen um ihn her. Der Zeugungstrieb als Anknüpfung dämonischer Rapporte. Der Inkubus und der Sukkubus. Das Übel besonders in Nonnenklöstern. Die Palingenesie des dämonisierten Lebens nach außen hin. Die Wolfsmenschen."

Dieser Inhaltsangabe entspricht der Text: „Es geht eine stetige Kontinuität durch alle Reiche des Geschaffenen. Jedes steht mit jedem in Verbindung und einigt sich mit ihm, ist ein Band vorhanden, das sie unter sich verbindet. Ist daher der Mensch in seiner aus allem zusammengesetzten Persönlichkeit auch notwendig mit allem in Verkehr, dann ist ein solcher ihm auch mit der dämonischen Welt aufgetan, und das Böse, das in ihm ist, bildet alsdann das Band, das mit derselben ihn verknüpft. Die Verbindung kann aber in zwiefacher Art gebunden werden: entweder die Initiative geht vom Menschen aus, er sucht die Mächte jener Welt an sich zu ziehen, und gebraucht sich (!) des ihm angestammten Bösen, um sie sich damit zu gewinnen; er nimmt also freiwillig ihre Knechtschaft auf sich, und damit bereitet sich das ganze Zauberwesen. Oder umgekehrt, die Initiative nimmt ihren Ursprung von jenen Mächten; sie ersehen sich den Menschen als ihre Beute. Wie der Blitz einschlägt in den Leiter, so schlagen sie ein in die ihnen geöffnete Natur. Also begibt es sich in der Besessenheit."

„Als ein Ordensbruder in Bologna vor dem Altar die Komplet betete, wurde er beim Fuß gefaßt und in die Mitte der Kirche gezogen. Als er schrie, liefen mehr als dreißig Brüder zusammen. Sie besprengten ihn mit Weihwasser, aber das half nicht. Mit vieler Mühe wurde er endlich vor den Altar des h. Nikolaus gebracht, dort beichtete er eine verschwiegene Sünde und wurde nun befreit." Unmittelbar darauf wird erzählt, wie ein Teufel, unter der Gestalt eines Jünglings, ein ehrbares Mädchen verführen wollte. Von ihr erkannt und abgewiesen, fing er an, den greulichsten Unfug zu verüben: „Kot und zerbrochene Töpfe voll Mist goß er über die Zusammenlaufenden aus. Einige sagten zu ihm: Kennst Du wohl auch das Gebet des Herrn? Als er erwiderte, er kenne es wohl, forderte man ihn auf, es herzusagen, und er begann nun: Pater noster, qui es in coelis, nomen tuum, fiat voluntas et in terra. Nachdem er soviele Überspringungen und Barbarismen gemacht, sagte er lachend: so pflegt Ihr Laien Euer Gebet zu verrichten. Befragt, warum er eine so heisere Stimme habe, erwiderte er: weil ich immer brenne. Das Mädchen sagte auch: so oft er zu mir kommt, trägt er Sorge, daß ich seinen Rücken nicht sehe. Um die Ursache befragt, erwiderte er: so oft wir Geister Menschenkörper annehmen, haben wir keinen Rücken." Görres macht dazu die gelehrte Anmerkung: „Sonderbar ist der Umstand, daß die bösen Geister nur eine Vorderseite und keine hintere haben sollen, wie Moses Gott umgekehrt nur von der Rückseite gesehen. Es scheint mit der eigentümlichen Optik eines gewissen Grades der untern Vision zusammen zu hängen, da die Dinge sich nur malerisch projizieren."

Über „die Zahl der einwohnenden Dämonen" schreibt Görres: „Neben der einfachen Verbindung kommt auch die Mehrzahl nicht selten vor. Entweder es gesellt sich zum intensiven Rapporte die numerische Einheit des dämonischen Reiches mit der gleichen Einheit des gemischten, ein Mensch wird von einer dämonischen Macht besessen; oder es gattet und verbindet sich eine geistige Genossenschaft vieler Individuen aus jenen dämonischen Reichen einem Individuum des gemischten, das innere oder äußere Assonanzen in die Sphäre ihrer Anziehungen und Sympathien hineingeführt. Dann ist der Mensch von einer Legion besessen, und die Zahl mißt sich dann nach der Grundformel des Gesetzes, das in dieser Genossenschaft herrschend ist. Oder eine solche Genossenschaft der höheren Sphäre, oder auch ein Individuum bindet sich an eine Genossenschaft der tieferen, an eine solche, die in irgendeinem Prinzipe gesellschaftlicher Verbindung zu einem Ganzen verbunden ist." Aus der Geschichte einer Besessenen: „Das Weib mit aufgerissenem Munde, mit aufgeblasenen Nüstern, feurigen Augen spie eine halbe Viertelstunde aneinander Dämonen aus. Daß sie eine Viertelstunde lang Teufel ausgespien, muß symbolisch genommen werden. Denn die Befreiung ist in einem andern Reiche vor sich gegangen, und der Körper hat nur die leibliche Gebärde zu dem unsichtbaren Vorgang gemacht. Das oftmalige Ansetzen dieser Pantomime soll zur Bestätigung der Angabe von der Vielheit der unmittelbar anwesenden Geister dienen. Ein Weib in den Niederlanden wurde von zwei Teufeln befreit. Bertha Natona in Genua war von drei Dämonen besessen. Katharina Somnoata war von sieben bösen Geistern besessen. In einer Besessenen in Frankreich wohnen acht Dämonen; vier gehen zum Zeichen ihrer Ausfahrt in eine Erzmünze, einer fährt in einen Knäuel Haare, den die Besessene von sich gegeben; der sechste geht wie ein Dampf mit Heftigkeit aus ihrem Munde aus, wie aus einem Ofen; die beiden letzten fuhren aus, als sie zur Erde stürzte. Ein Mann in Perusin wird von zwölf Dämonen befreit. Ein Mann aus Castro war von siebenzehn Dämonen besessen. Bartholomäus von Baliolla ist von achtundzwanzig Geistern besessen. Eine Frau von Ariminium war von dreißig Dämonen besessen. Petrus Dominici war von siebenundvierzig Dämonen besessen. Paula von Carthiana ist von dreitausend Dämonen besessen. Viele Tausend werden oft angegeben. 400000 in runder Zahl bei der Elisabeth Andreä. Bei der Anna Schulterbäuerin in Wien sollen es 12652 gewesen sein, die rottenweise ausfuhren. Erwägt man alle Umstände, dann ergibt sich, daß kein sicherer Verlaß ist auf alle diese Angaben, weil sie vom Munde der Lüge ihren Ausgang nehmen. Die Geisterstimmen nennen Namen her ganz nach Wohlgefallen. Die verschiedenen Töne, Laute, die aus derselben Kehle kommen, und das innere Getümmel, wie von einem großen Heere, mögen gleichfalls nicht zu einem entscheidenden Beweise dienen. Das ruckweise Voranschreiten in der Befreiung ist gleichfalls nicht entscheidend, denn es kann allerdings in einer quantitativen Mehrheit der Ausgetriebenen seinen Ursprung nehmen; es kann aber auch von einem qualitativen allmählichen Fortschritte der Krise herrühren. Etwas triftiger erscheinen die Beweise, die sich auf den Exorzismus gründen, wenn darin nämlich den Scheidenden aufgelegt wird, jedesmal ein Zeichen ihrer Ausfahrt anzugeben."

„Wenn der Teufel erscheint, ist er entweder schwarz, unsauber, stinkend, furchtbar, oder doch wenigstens erdunkelnd; dabei häßlichen Angesichts, mit schnabelartig gebogener, platter Nase, flammenden Augen, krallenden Händen und Füßen, die Beine haarig, oft eines oder das andere lahm."

„Als der heilige Hugo einst die Lösung einer Besessenheit erwirkte, wurden drei Reptilien wie Käfer ausgeworfen. Ein Weib gibt unter dem Gebete des heiligen Hugo ein Reptil, wie eine Hornisz gestaltet, von sich. Hugo läßt das Tier vor sich bringen und ins Feuer werfen; das Weib aber ist geheilt. Ein anderes Weib gab drei Käfer mit grüner Galle in ein Erzgefäß von sich, so daß man den Fall der Niederstürzenden deutlich hörte. Man pflegt solche Erscheinungen mit Berufen auf die Phantasie der Anwesenden und die Leichtgläubigkeit der Zeiten abzuweisen. Aber die begleitenden Umstände sind hier solcher Art, daß man mit diesem Berufe zu ihrer Erklärung nicht ganz ausreicht: der Heilige läßt das ausgewürgte hornißartige Reptil vor sich bringen und dann ins Feuer werfen; die ausgeworfenen Käfer im andern Fall schlagen deutlich vernehmbar im Erzgefäße auf, wie der Pfennig am Schilde der Schatzung zahlenden Friesen. Das sind plastische Zeichen, die sich nicht wegphantasieren lassen, sondern auf einen konkreten Bestand des Ausgeworfenen deuten."

„Das Hexenzeichen besteht in kleinen, nie mehr als erbsengroßen Stellen der Oberfläche des Körpers, die unempfindlich sind, ohne Leben und Blut. Sie sind manchmal an einem roten oder schwarzen Flecke, oder einer Vertiefung des Fleisches zu erkennen. Bohrt man sie mit einer Nadel an, dann folgt weder Schmerz noch ein Tropfen Blutes, was beides rundumher sogleich eintritt. In Lothringen hatten einige diese Signatur auf der Stirne, andere hinten am Kopfe, an der Brust, auf dem Rücken, an den Hüften, an den Augenlidern und an den geheimsten Teilen des Leibes. In Labour hatte man mehr als 3000 also Bezeichnete gefunden, worunter eine große Anzahl Kinder, die auf dem Sabbath gewesen. Vielen schien es, als hätten diese Zeichen auch eine bestimmte äußere Form: Krötenfuß, Hasenfuß, Spinne, Hund, Pferdehuf. Das Zeichen, das de Vaulx in Stablo auf dem Rücken hatte, war nach dem Zeugnisse des Untersuchungsrichters in Form einer schwarzen Katze. Gaufredy berichtet, ein eigener Dämon sei damit beauftragt, mit der Kralle des kleinen Fingers das Zeichen aufzudrücken; man verspüre dabei eine kleine Wärme."

„Vernehmen wir die Zeugnisse der Eingeweihten über die Hexensabbathe als Orgie und Gelage, so hören wir soviel erzählen von reichen Gelagen, die sie dort ausgerichtet finden. Aber es ist verdächtig, daß in diesen Gelagen kein Salz und auch durchhin kein Brot zu finden ist. Das Salz ist das aller Fäulnis und Verwesung Feindliche, darf mithin an den Speisetischen des Zerstörenden nicht gefunden werden. Andere Berichte gehen dahin, die Hexenspeisen seien von Totenaas zugerichtet. Noch besser werden solche Substanzen sich zum Zwecke eignen, die irgendein Verbrechen in diesen Zustand gebracht, oder deren Fraß nur in einer wider die Natur gehenden Weise geschehen kann. Menschenfleisch wird also am tauglichsten zu solchen Gelagen sein. Daß ein solcher Kannibalismus die Blüte dieser Gelage gebildet, dafür zeugen viele Aussagen solcher, die dergleichen beigewohnt zu haben sich gerühmt. Vorzüglich sind es aus leicht begreiflichen Gründen die Leichen ungetauft gestorbener Kinder, und in ihrer Ermanglung auch solcher, die die Taufe erlangt, die als die größte Leckerspeise gegolten. Johanna d'Abadie sagte aus, sie habe die Leichen mehrerer Kinder verzehren sehen. Was die Knochen betreffe, so lege man sie in Töpfe bis zur folgenden Nacht, wo man sie mit einem besonderen Kraute koche, das sie so weich wie Rüben mache." „Johanna d'Abadie sagte aus, wie sie Männer und Frauen ohne Unterschied auf dem Sabbath sich vermischen gesehen. Der Teufel habe dabei das Losungswort gegeben, jede Person an die anweisend, die der Natur und Sitte am meisten widerstrebte: die Tochter an den Vater, den Sohn an die Mutter, das Beichtkind an den Beichtvater. Das sei ihr selbst unzählige Male begegnet. Da der Akt in einer der Naturordnung widersprechenden Weise sich begibt, so kann keine natürliche Frucht aus ihm hervorgehen." „Nicht bloß der ganze Körper ist bei den Hexen mit Gestank infiziert, jede einzelne Aussonderung aus den Schleimhäuten, den Nieren usw. ist durch die gleiche Infektion bezeichnet. Dem Geruche der Heiligkeit auf der guten Seite steht sohin in voller Wahrheit der Gestank der Unheiligkeit gegenüber."

„In Bergamo wurde ein junger Kaufmann von einem Sukkubus in Gestalt eines überaus schönen Mädchens, das er liebte, geplagt. Er wußte recht wohl, daß es seine Therese nicht sei, sondern irgendein Hausdämon; nichtsdestoweniger nahm er ihn in sein Bett auf. Eine Frau erzählte, jede Nacht liege der Inkubus bei ihr und übe mit ihr allerlei Unflätereien."

Alle vier Bände der „Mystik" sind ähnlichen Inhalts; unter den mehr als 1000 Seiten des Werkes werden sich keine zehn Seiten gesunden Inhalts und keine hundert finden, die nicht Teufels- und Spukgeschichten als „Tatsachen" enthalten.

8. Professor Bautz.

Dr. Bautz, gegenwärtig Professor an der königlich preußischen Universität von Münster, hat „mit Genehmigung des bischöflichen Ordinariats von Mainz" zwei Bücher über „die Hölle" und „das Fegfeuer" geschrieben. Der Inhalt dieser Bücher bildet auch den Inhalt seiner Halbjahr für Halbjahr gehaltenen Vorlesungen an der genannten Hochschule. Einige Stellen aus dem Buche „die Hölle":

„Das Bewußtsein, daß die Hölle uns so nah, daß ihre grausigen Flammen hart unter unsern Füßen drohend lodern; daß ein näherer oder entfernterer Zusammenhang besteht zwischen dem, was wir an der Oberfläche beobachten, und dem, was die entsetzliche Tiefe birgt, daß es der Hölle Schloten sind, die vor unseren Augen giftig qualmen [die Vulkane]; daß die Riesenwogen ihres ewigen Feuermeeres aus der Tiefe herauf die Erde, die uns trägt, in banger Angst erzittern machen [die Erdbeben], das alles dürfte wohl geeignet sein, jenen erschütternden Eindruck nicht wenig zu verschärfen. Die Hölle, so lautet nämlich unsere These, befindet sich nicht in weitentlegener Ferne, sie befindet sich im Innern unserer Erde, wie im Anschluß an die h. Schrift Väter und Theologen in großer Übereinstimmung lehren." „Überhaupt ist es allgemeine Lehre der Theologen, daß es vier unterirdische Räume gebe, die zur Aufnahme der Seelen nach dem Tode bestimmt sind; sie heißen: Schoß Abrahams, der jetzt leer steht, das Fegfeuer, der Aufenthaltsort für die mit der Erbsünde gestorbenen Kinder und die Hölle. Auch vom Standpunkte des vernünftigen Denkens empfiehlt sich unsere Lehre.

Für den hochmütigen Sünder geziemt sich auch ein tieferer Fall in die entlegenste, dunkele Tiefe. Es kommt hinzu, daß der Sünder gerade die Erde, die ihn trug, entweihte. Ist es nicht billig, daß auch die Erde an jenem Rache nehme, der sie schändete? Und so ist sie es selbst, die ihn verschlingt: mit ihren ewigen Felsenmauern schließt sie ihn ein; mit ihrer Flammenglut hält sie auf ewig ihn umschlungen. Die Frage, wie sich diese vier unterirdischen Behältnisse der Lage nach zueinander verhalten, wird von den Theologen in verschiedener Weise beantwortet. Daß die eigentliche Hölle am tiefsten, dem Zentrum der Erde am nächsten liege, oder mit diesem identisch sei, wird von allen Theologen eingeräumt; nicht minder, daß „der Schoß Abrahams" sich in höherer und würdigerer Lage befinde. Man könnte geneigt sein, den „Raum für die ungetauften Kinder" in die unmittelbare Nähe der Hölle zu verlegen. Dennoch verlegen ihn viele Theologen in einiger Entfernung von der Hölle. Das Fegfeuer befindet sich aber wohl in unmittelbarer Nähe von der Hölle. Nach der Auferstehung freilich wird das Fegfeuer keine Bewohner mehr haben, wie schon jetzt „der Schoß Abrahams"; beide Orte werden dann wohl zur eigentlichen Hölle gezogen. Gegen die Annahme, daß in einem Teile des Erdinnern Feuer sei, kann die moderne Wissenschaft keinen Widerspruch erheben, und sie tut es auch tatsächlich nicht." „Vom Standpunkt der Naturwissenschaft aus läßt sich annehmen, daß das Höllenfeuer durch ewigen Kreislauf gewisser chemischer Prozesse verursacht wird, indem kraft göttlicher Einrichtung chemische Verbindungen gewisser unterirdischer Materien mit dem Sauerstoff und anderen Gasen entstehen und wiederum vergehen. Auch dürfte nichts im Wege stehen, das Höllenfeuer einfach als ein Gas, vielleicht als ein Gemenge verschiedener Gase uns vorzustellen, die ohne begleitenden chemischen Prozeß, durch Gottes Macht in den Zustand ewiger Glut versetzt sind. Wie dem auch sei, das Feuer der Hölle ist ein materielles Feuer, durch Gottes Hauch entzündet. Diese Lehre erklärt der Jesuit Perrone für so gewiß, daß sie nicht ohne Verwegenheit bezweifelt werden kann." „Die Annahme ist durchaus nicht unwahrscheinlich, daß einzelnen hervorragenden Teufeln ein weiteres Arbeitsfeld gegeben ist. Ihnen liegt es ob, hervorragende, heiligmäßige Personen durch stärkere und listigere Versuchungen zu beunruhigen. Ihnen liegt es ob, gegen eine größere Kommunität den Kampf zu leiten, und zu dem Ende werden ihnen Teufel niederer Ordnung zur Hilfeleistung unterstellt; sie unterrichten und ermuntern dieselben, schicken sie hierhin und dorthin, eilen auch wohl selbst hinzu, um hilfreich einzugreifen. Die Besessenheit kommt dadurch zustande, daß der Teufel seiner Substanz nach innerlich im Menschen Wohnung nimmt. Die Realität solcher Besessenheit und zwar bis in die Gegenwart hinein muß zugegeben werden. Der Teufel ist imstande, die einfachen Elemente in mannigfacher Weise zusammenzubringen, damit sie sich chemisch unter den gewöhnlichen Erscheinungen (Licht, Wärme, Feuer, Schall, Elektrizität) verbinden. Er ist ferner imstande, die Samenzellen organischer Wesen an die geeignete Stelle zu bringen, damit sie dort nach Umständen zuvor, durch männlichen Samen befruchtet, zu lebendigen Wesen sich entwickeln. Er vermag durch Anwendung der entsprechenden Heilmittel oder auch durch direkte Einwirkung auf den Organismus heilbare Schäden und Krankheiten zu beseitigen. Er kann durch Bewegung der Luft und des Äthers mannigfache Erscheinungen herbeiführen: Schall, Licht, Wärme, Elektrizität. Durch Kondensierung des Wasserdampfes erzeugt er Regenwolken und Regen; durch gewaltigen Impuls der Luft erzeugt er verheerende Sturmwinde, entzündet Feuer durch elektrische Bewegungen und läßt es vom Himmel fallen. Er bildet aus geeigneten Stoffen für sich selbst oder für andere Zwecke Körper, die menschlichen oder tierischen Leibern nachgebildet sind, und gibt ihnen durch mechanische Kraftanwendungen die entsprechenden äußeren Qualitäten: Schwere, Festigkeit, Wärme, Farbe. Er läßt in rapider Bewegung solche Körper plötzlich erscheinen oder verschwinden; versetzt sie oder andere Gegenstände durch unsichtbare Gewalt von Ort zu Ort, läßt sie in Wirklichkeit oder zum Schein durch andere Körper hindurchgehen. Was die teuflische oder schwarze Magie betrifft, so ist sie von der weißen oder natürlichen sorgfältig zu unterscheiden. Wir verstehen unter ihr das gottlose Bestreben eines Menschen, auf Grund eines ausdrücklichen oder stillschweigenden Paktes mit dem Satan Wirkungen zu setzen, die über die Kraft des Menschen hinausgehen. Daß derartige Dinge tatsächlich vorkommen, kann ohne Irrtum im Glauben nicht geleugnet werden." „Daß der Teufel hier und da in einem wirklich organisierten Leibe erscheine, indem er sich eines menschlichen Leichnams bemächtigt, wird von den Theologen zugegeben. Dem Teufel ist nicht gestattet, dem Leibe, den er sich bereitet, das Bild eines vollkommenen Menschenleibes aufzudrücken; er ist genötigt, ihm teilweise eine tierische Bildung oder eine andere verzerrte oder fratzenhafte Form zu geben; und während der gute Engel seinen Leib aus edlen, ätherischen Stoffen bildet, ist der Teufel für diesen Zweck der Regel nach auf unreine, schmutzige Materien angewiesen. Unter den denkbar verschiedensten Gestalten ist Satan schon erschienen: als Wolf, Bär, Stier, Bock, Ziege, Fuchs, Kater, Hund, Maus, Fledermaus, Vogel, Hahn, Eule, Drache, Kröte, Eidechse, Skorpion, Spinne, Fliege, Mücke; oder er erscheint in Menschengestalt als Mohr, Bauer, Schiffer, Geistlicher, Eselstreiber, geputztes Weib."

9. Jesuiten.

Dem Jesuitenorden ist es gelungen, den Glauben zu verbreiten, er stehe den Wunder- und Teufelsgeschichten, dem Aberglauben in allen Formen gewissermaßen skeptisch gegenüber. Das Gegenteil ist Wahrheit.

Nur weniges führe ich an, weil ich mich ja überhaupt mit Stichproben begnügen muß; der Stoff liegt zu massenhaft vor. Aber von dem wenigen ist der Schluß auf das Ganze gerechtfertigt, d. h. es gibt keinen Theologen aus dem Jesuitenorden, der, wenn er von solchen Dingen überhaupt handelt, nicht das gleiche gelehrt hätte, wie die hier angeführten.

Busenbaum-Lacroix, zwei Moraltheologen allergrößten Ansehens: „Die Schwarzkünstler sind zu ermahnen, ihren Vertrag mit dem Teufel abzulösen und den von ihrer eigenen Hand geschriebenen Vertrag zu verbrennen; besitzt aber diesen handschriftlichen Vertrag nur der Teufel, so ist es nicht notwendig, daß er gezwungen werde, ihn zurückzugeben, da der Vertrag genügend aufgelöst wird durch Reue und Buße. In bezug auf Schwarzkünstelei sind von den Pfarrern und Beichtvätern besonders zu ermahnen und auszuforschen: Schafhirten, Hufschmiede, alte Weiber, Soldaten."

Laymann, wohl der bedeutendste Moraltheologe des Ordens: „Zum Zwecke der Zauberei gibt es einen doppelten Vertrag mit dem Teufel: einen ausdrücklichen und einen stillschweigenden. Hexen werden vom Teufel durch die Lüfte geführt, Unwetter werden von ihnen erregt."

Der in der modern-ultramontanen „Wissenschaft" als Autorität ersten Ranges geltende „deutsche" Jesuit Lehmkuhl schreibt in seiner Theologia moralis, die gegenwärtig in fast allen Priesterseminaren als Handbuch benutzt wird:

„Liegt ein ausdrückliches Bündnis mit dem Teufel vor, dessen Vorkommen wir nicht leugnen können, obwohl allzugroße Leichtgläubigkeit vermieden werden muß, so sind damit andere Sünden gewöhnlich verbunden, z. B. Anbetung des Teufels; der mit dem Teufel abgeschlossene Vertrag, der von beiden Seiten durch ein äußeres Zeichen bekräftigt worden ist, muß aufgelöst, verbrannt, zerstört werden. Mit dem Teufel während des Exorzismus Scherz treiben (!), ist schwer sündhaft. Zur Bestialität ist auch der geschlechtliche Verkehr mit dem Teufel zu rechnen, wenn er unter menschlicher oder tierischer Form erscheint. Obgleich dies selten geschieht, so ist es doch nicht unmöglich, daß es zuweilen geschieht."

Auch das weit verbreitete Buch des Jesuiten Gury Casus conscientiae verteidigt lebhaft die Wirklichkeit und Wirksamkeit der Bündnisse mit dem Teufel; besonders häufig würden sie eingegangen, um eheliche Verhältnisse zu stören.

10. Der Franziskaner Ignatius Jeiler und der Redemptorist E. Schmöger.

Ein sehr angesehener, viel gelesener theologisch-asketischer Schriftsteller der Jetztzeit ist der deutsche Franziskanerpater Ignatius Jeiler, Lektor der Theologie[1]. In dem von ihm verfaßten „Leben der ehrwürdigen Klosterfrau Crescentia Höß", das auf den „Akten des Seligsprechungsprozesses" der Höß beruht, erzählt er folgende „Tatsachen": „Eines Abends bemerkt die Schwester Beatrix auf dem Gange des ‚Schlafhauses' eine schauerliche Gestalt, die in der Bekleidung eines Jägers, aber ohne Kopf, in die Zelle der Crescentia trat". „Am schlimmsten wurde sie des Nachts in ihrer Zelle geplagt. Im Anfang hörte sie einen schauerlichen Lärm vor der Türe derselben, bald aber in der Zelle selbst. Dabei sah sie sich umgeben von Schreckbildern aller Art. Giftige oder ekelhafte Tiere, wie Schlangen, Kröten, Spinnen, Krebse schienen in großer Anzahl ihr Zimmer zu erfüllen. Nicht selten wurde sie mit Gewalt aus dem Bette gerissen und geschlagen. Eines Nachts drang aus ihrer Zelle ein Höllenlärm von Pfeifen, Kettengerassel und Peitschenknall. Nun wurde die Arme von unsichtbaren Ge-

---

[1] Die ultramontane „Germania", das Zentralorgan der Zentrumspartei, wie sie sich am liebsten nennt, rechnet Jeiler unter die bedeutendsten Theologen der 2. Hälfte des 19. Jahrhunderts („Germania" vom 9. Februar 1900).

walten aus dem Zimmer gerissen, wie im Fluge die Treppe hinunter und durch zwei Türen aus dem Hause geschleppt bis zu dem Bache. Zuerst wurde sie dort ins Wasser getaucht, dann wurde über sie ein Haufen Holz gepackt. Einst hatte sie gerade ein Gefäß in den Händen, in welchem kochende Milch mit Nudeln war. Da sah die Schwester Johanna, daß eine unsichtbare Macht ihr das Gefäß entriß und den Inhalt ihr über den Kopf goß. Ein anderes Mal wollte Crescentia eine Weinsuppe aufgeben. Da kam eine Gestalt, schwarz wie ein Neger, und begann das Gefäß fortzutragen. Doch die unerschrockene Jungfrau eilte, mit ihrem Kochlöffel bewaffnet, dem Räuber nach, schlug herzhaft auf ihn ein und entriß ihm das Gefäß; alsbald verschwand er."

Von ähnlichen „Tatsachen" ist das 384 Seiten starke Buch, das schon in dritter Auflage im katholischen Volke verbreitet ist, angefüllt. Hervorzuheben ist noch, daß Crescentia Höß von den Jesuiten Ott, Mayr und Lieb als Beichtvätern geleitet wurde, und daß „die Wahrheit der wunderbaren Tatsachen" zumeist auf dem Zeugnis dieser Jesuiten beruht.

Im Jahre 1873 erschien in zweiter Auflage: („die erste 3000 Exemplare starke Auflage war vergriffen") „Das Leben der gottseligen Anna Katharina Emmerich" von dem Redemptoristen E. Schmöger:

„Der Teufel suchte sie durch Gepolter, durch Schreckgestalten, ja durch Schläge und Mißhandlungen vom Gebet abzuhalten. Sie fühlte sich manchmal mit eiskalten Händen an den Füßen gepackt, zu Boden geschleudert oder in die Höhe geworfen.... Manchmal verrichtete Katharina ihr Gebet vor einem Feldkreuz, das mitten im Felde stand. Der Weg dahin führte sie über einen schmalen Steg, auf dem ihr ein greuliches Tier, wie ein großer Hund mit dickem Kopf, sich entgegenzustellen pflegte, um sie zur Umkehr zu zwingen. Das Tier lief neben ihr her und stieß sie in die Seite." „Als ich", erzählt Katharina, „einmal früh vor Tagesanbruch mit einer Freundin zu beten über Feld ging, trat uns der Satan in Gestalt eines dunkeln Hundes in den Weg und wollte uns nicht vorüberlassen."

Auf die Lebensbeschreibungen der Crescentia Höß und der Katharina Emmerich komme ich unten zurück. Ihre „Leben" können als Typus dienen für die im katholischen Deutschland verbreiteten Erbauungsschriften überhaupt. Abgesehen von dem Ansehen, das die Verfasser als Vertreter von zwei einflußreichen katholischen Orden genießen, verdienen gerade diese Lebensbeschreibungen augenblicklich besondere Aufmerksamkeit, weil beide Nonnen im Jahre 1902 von Leo XIII. „selig gesprochen" worden sind.

III. Aberglaube im allgemeinen.

1. Allgemeines und verschiedene Tatsachen.

Wieder muß ich darauf aufmerksam machen, daß ich keine vollständige Geschichte des Aberglaubens schreibe, wie er sich unter dem Papsttum ausgewachsen hat.

Bald hier, bald dort, bald aus diesem, bald aus jenem Jahrhundert greife ich Tatsachen heraus; bald lasse ich diesen, bald jenen Schriftsteller reden. Aber — wie schon oft betont — alles sind Stichproben. Wie ein ein-, zweimaliges Eintauchen des Stechhebers genügt, um aus den dadurch gewonnenen Proben auf die Güte oder Schlechtigkeit der ganzen Weinmasse schließen zu können, so auch hier.

Nicht weil es nur wenig Aberglauben innerhalb der Papstkirche gibt, führe ich verhältnismäßig wenig an, sondern weil das wenige ein getreues Bild des Ganzen ist. Auch muß ich der Beschränktheit des Raumes Rechnung tragen.

Schon ein Konzil von Paris im Jahre 829 beschäftigt sich eingehend mit den Teufelsbündnissen; es sei „außer Zweifel", daß es Zauberer gebe, die mit Hilfe des Teufels die Menschen behexen und Hagel und Ungewitter erregen können. Solche Menschen müßten schwer bestraft werden. Im Jahre 1357 erließ Erzbischof Wilhelm von Köln eine Verordnung, wonach Zauberer zu exkommunizieren sind; zweimal im Jahr soll diese Verordnung von den Kanzeln verlesen werden. Am 19. September 1398 spricht sich die theologische Fakultät der berühmten Pariser Hochschule über Zauberei und Teufelei aus: als „Tatsachen" werden hingestellt die Verträge mit dem Teufel, Ringe oder Steine, in die man Teufel einschließen kann, um sich ihrer Hilfe zu bedienen. In mehreren Klöstern Frankreichs wurden „Gürtel der heiligen Margarethe" an schwangere Frauen verkauft, um ihnen die Niederkunft zu erleichtern.

Zu Rom, im Lateran, wurde die Vorhaut Christi als „kostbare Reliquie verehrt", wie der Jesuit Franz Suarez berichtet. Dieser größte Theologe des Jesuitenordens stellt ausführliche „dogmatische" Untersuchungen über die Vorhaut Christi an. Um einen Begriff zu geben, welch widerwärtigen Quark und abergläubisches Zeug die ultramontane Theologie — denn was

Suarez tut, tun auch die übrigen Theologen — mit sich führt, lasse ich einige Stellen aus Suarez folgen: „Die Vorhaut Christi wurde nach der Beschneidung mit größter Sorgfalt und Ehrfurcht von der seligsten Jungfrau Maria aufbewahrt". Auf Seite 817 und 818 des 19. Bandes behandelt Suarez ausführlich die Frage, ob Christus jetzt im Himmel an seinem verklärten Leibe eine Vorhaut habe; es scheine nicht, da ja bei der Beschneidung die Vorhaut abgeschnitten worden sei und die abgeschnittene an verschiedenen Orten als Reliquie verehrt werde. Suarez entscheidet sich aber für das Vorhandensein der Vorhaut am verklärten Leibe Christi. Das lasse sich ganz gut vereinigen mit der Echtheit der Vorhaut-Reliquien; denn es sei anzunehmen, daß die Vorhaut des verklärten Leibes aus einem zur Substanz Christi gehörigen Teile seines Leibes neu gebildet worden sei; so erkläre sich, daß zugleich mit dieser neugebildeten Vorhaut die bei der Beschneidung abgeschnittene Vorhaut noch als Reliquie vorhanden sei. Im 21. Band, S. 196, untersucht Suarez die Frage, ob die Vorhaut Christi sich jetzt auch in der konsekrierten Hostie befinde? Dagegen spreche, daß, als Christus das Sakrament des Altares einsetzte, er, weil beschnitten, keine Vorhaut gehabt habe. Dennoch entscheidet sich Suarez dafür, daß auch in der Eucharistie Christus mit der Vorhaut von den Gläubigen genossen werde, denn eine Vorhaut gehöre zur Vollkommenheit des menschlichen Leibes.

Ein Ordensgenosse des Suarez, der Jesuit Franz Costerus, verwertet die Vorhaut Christi sogar zu „religiöser Erbauung". In einem der studierenden Jugend gewidmeten „Betrachtungsbuch über das Leben der seligsten Jungfrau Maria" erzählt er in der „14. Betrachtung" über „den ersten Schmerz der seligsten Jungfrau", daß Maria bei der Beschneidung „die Vorhaut Christi mit großer Sorgfalt an sich genommen und dann aufbewahrt habe". Bis zum Jahre 1566 sei diese Vorhaut in Antwerpen fromm verehrt worden, dann wäre sie durch die Wut der Ketzer verloren gegangen.

Auch von der Nabelschnur Christi werden an verschiedenen Orten einzelne Stücke verehrt, so in Chalons in der Kirche von N. D. en Vaulx. Pater Charles Rapine, Oberer der Rekollekten in Paris, beweist in seinen Annales ecclesiastiques die Echtheit dieser Nabelschnur. Unter den Augen der „Statthalter Christi" wurden jahrhundertelang in der berühmten Lateran-Kapelle Sancta Sanctorum die Vorhaut und die Nabelschnur Christi der Verehrung der Gläubigen ausgesetzt.

In Vendome wurde eine „Träne Christi", die er über den Tod des Lazarus geweint hatte, als „hochheilige Reliquie" aufbewahrt. Das Kloster, das diesen Schatz besaß — es war für die Mönche wirklich ein Schatz, da er ihnen an frommen Gaben jährlich 4000 Livres einbrachte —, veröffentlichte über diese „Träne Christi" ein Buch, das die Geschichte der „Träne" erzählt: Ein Engel hatte sie von der Wange Christi aufgefangen, in ein kostbares Gefäß eingeschlossen und der hl. Maria Magdalena zur Aufbewahrung übergeben; Magdalena brachte die Träne nach Frankreich, als sie sich mit ihrem Bruder Lazarus in der Nähe von Aix niederließ; bei ihrem Tode schenkte sie die Reliquie dem Bischof von Aix. Von Aix kam sie nach Konstantinopel. Zur Zeit der Kreuzzüge erhielt sie Graf Geofroy von Vendome als Geschenk vom griechischen Kaiser und übergab sie dem von ihm gegründeten Kloster zu h. Dreifaltigkeit in Vendome.

Ein Diözesenstatut von Köln aus dem Jahre 1662 sagt: „Am meisten zu verabscheuen sind die Zauberer und Hexen, die durch Zauberei wunderbare Umgestaltungen der Naturkörper bewirken, durch Zaubertränke die Menschen zum Götzendienst und anderen Lastern anregen, sie behexen, verrückt machen, töten; die mit Hilfe des Teufels Krankheiten, Hagelschläge, Sturmwinde, Unfruchtbarkeit bei Menschen und Vieh bewirken; die Mann und Weib unfähig machen zur Ehe und durch ihre Verträge mit dem Teufel auf alle Weise dem Menschengeschlecht Schaden zufügen."

Im Anfange des 17. Jahrhunderts war der Barnabitengeneral Michael Marrano der Spezialist für Entzauberung fürstlicher Persönlichkeiten. Dieser hochstehende römische Geistliche, der Obere einer weitverbreiteten ultramontanen Ordensgenossenschaft, hatte unter anderm „festgestellt", daß die Unfruchtbarkeit der Herzogin Elisabeth von Bayern, Gemahlin Maximilian I., auf Behexung beruhe. Maximilian ließ deshalb im Jahre 1604 die „Entzauberung" seiner Gattin durch Marrano vornehmen. Allein trotz „Entzauberung" blieb Elisabeth kinderlos.

Von München aus begab sich Marrano auf Wunsch des Papstes, Klemens VIII., im Jahre 1605 nach Prag, um auch den Kaiser Rudolph II. zu entzaubern, der von seinem Kammerdiener, Philipp Lang „behext" worden war. Über das Ergebnis der Entzauberung wissen wir nichts.

Auch Rudolphs Nachfolger, Kaiser Matthias, galt als „verzaubert". Über ihn schrieb die Erzherzogin Maria Anna an ihren Vater Wilhelm V. von Bayern: Matthias sei von seiner „Freundin", Susanna Wachter, mit der er zusammen lebte, „behext"; solange ein in einem bestimmten Kloster brennendes Licht nicht ausgelöscht werde, bleibe Matthias „durch Zauber" an diese „Vettel" gekettet. Herzog Wilhelm schickte zur Aufklärung seinen Hofrat Viepeck nach Graz, der dort „solche specialissima vernahm, die der Federn nicht zu vertrauen", die ihn in der Überzeugung bestärkten, mit der „Verzauberung" habe es seine Richtigkeit. „Weitere Nachforschungen in Prag führten ihn dann freilich zu der Ansicht, daß das Zauberwerk Erfindung sei."

Von diesen Dingen sagt treffend Riezler: „Mit dieser beständigen Angst vor Verhexung und den daraus entspringenden Prozessen war man auf jener Stufe angelangt, auf der wir viele heidnische Negerstämme treffen, nur daß bei diesen die Verfolgungen ohne Eingreifen der Priesterschaft direkt aus dem Volkswahn entspringen."

Maximilian I. von Bayern erließ am 12. Februar 1611 ein „Landgebot" wider Zauberei, Hexerei und Teufelskünste: „Das seien keine so geringen Sünden, wie man wohl glaube, sintemalen alle superstitiones vom verfluchten Teufel erfunden seien". Zweimal im Jahr, zu Weihnachten und zu Pfingsten, solle das „Landgebot" von den Kanzeln verlesen werden.

In der ersten Hälfte des 18. Jahrhunderts war das Schatzgraben besonders häufig im Bistum Eichstätt und in der Oberpfalz. In Rupprechtsreut verschrieb sich der Jäger Johann Peter, der im Dienste einer adeligen Dame stand, dem Teufel, damit dieser seiner Herrin helfe, einen Schatz zu heben. Vorher hatte die Dame aber dem Jäger vorsorglich versprechen müssen, ihn nach Auffindung des Schatzes durch die Kapuziner von Weiden wieder vom Teufel loszumachen.

Zum Schluß eine Tatsache aus der jüngsten Vergangenheit, die den gesamten frühern Aberglauben amtlich bestätigt:

Im Jahre 1888 entschied die Ritenkongregation, daß folgende „Beschwörungen", die in Ober-Schlesien bei Feld-Prozessionen vom Priester laut vorgebetet werden, erlaubt seien: „Ich beschwöre euch, ihr Luftgeister, beim lebendigen Gott, beim wahrhaftigen Gott, beim heiligen Gott, daß ihr keinen Hagel auf unsere Felder und Gärten schleudert. Ich, der Priester Gottes, befehle euch und allen Teufeln im Namen der heiligsten Dreifaltigkeit, daß ihr unserm Besitztum nicht schadet, sondern ihr sollt den Hagel in die Wüste oder in das Meer schleudern, wo er Mensch und Vieh nicht schädigt." An drei verschiedenen Stellen der zu segnenden Felder wird diese „Beschwörung" mit geringen Abänderungen wiederholt. Fürstbischof Förster von Breslau hatte um Gutheißung dieser „Beschwörungen" gebeten, mit der Begründung, das Landvolk sei so an sie gewöhnt, daß es sie nicht mehr entbehren könne.

2. Ablaßunwesen.

In der Lehre vom Ablaß und in seiner Austeilung durch die „Statthalter Christi" steckt bis zur heutigen Stunde ein geradezu ungeheuerlicher Wust des tollsten Aberglaubens und des schlimmsten Widerchristentums. Mit Hilfe des Ablasses verbreiten die Päpste eine „Kultur", die eher an alles andere als eine menschenwürdige Aufklärung erinnert.

Einiges von diesem „Greuel der Verwüstung an heiligem Orte" muß ich mitteilen. Ich benutze dazu die beste Quelle, das Werk des Jesuiten Beringer: „Die Ablässe, ihr Wesen und Gebrauch" (Paderborn 1893, 10. Auflg.). Ein Dekret der römischen Ablaßkongregation vom 31. Januar 1893, deren „Consultor" Beringer ist, hat dies Buch für „authentisch" erklärt.

„Die Medaille des hl. Benediktus. Hugo von Eginsheim im Elsaß, welcher später Papst wurde und unter dem Namen Leo IX. von 1049—1054 die Kirche regierte und als Heiliger verehrt wird, wurde als Jüngling von einem giftigen Tiere gebissen und hatte infolge davon bereits zwei Monate das Bett gehütet. Da sah er auf einmal von seinem Bette eine Strahlenleiter bis zum Himmel reichen und auf ihr einen ehrwürdigen Greis im Mönchsgewand niedersteigen, der mit einem Kreuze sein giftgeschwollenes Angesicht berührte und wieder verschwand. Der plötzlich wunderbar Genesene erkannte in dem ehrwürdigen Greise den heiligen Benedikt . . . . . Außer dem Bilde des heiligen Benedikt enthält die Medaille eine Anzahl geheimnisvoller Buchstaben, deren Bedeutung ein anderes auffälliges Ereignis uns erklärt. Im Jahre 1647 wurden in Bayern einige Hexen gefänglich eingezogen. Im Verhöre erklärten sie, daß ihr abergläubisches Verfahren an Orten, wo das Bild des heil. Kreuzes sich befunden, stets erfolglos geblieben, und daß sie namentlich über das Benediktinerkloster Metten nie Gewalt erlangen konnten; daraus sei ihnen klar geworden, daß dieser Ort auf besondere Weise vom hl. Kreuze

beschützt werde. Nachforschungen im Kloster zeigten, daß mehrere Abbildungen des hl. Kreuzes mit gewissen Buchstaben schon seit langem auf die Mauer gemalt waren. Den Sinn jener Buchstaben konnte man aber erst enträtseln, als man in der Klosterbibliothek eine aus dem Jahre 1415 stammende Handschrift fand, worin der hl. Benedikt dargestellt war, wie er in der rechten Hand einen Stab hält, der oben in ein Kreuz ausläuft. Auf diesem Stabe stand folgender Vers: Crux Sacra Sit M Lux N Draco Sit Michi Dux. In der linken Hand hielt der Heilige eine Papierrolle, auf welcher man die beiden folgenden Verse lesen konnte: Vade Retro Sathana Nuq Suade M Vana Sunt Mala Que Libas Ipse Venena Bibas. Dadurch erkannte man sofort den Ursprung und die Bedeutung jener Buchstaben auf den Mauern; es waren nämlich die Anfangsbuchstaben der in der Handschrift gefundenen Worte. Es ist natürlich, daß infolge davon die Verehrung zum hl. Benedikt neu geweckt werden mußte. Um sie zu heben und dauerhaft zu machen, vereinigte man seitdem auf einer Medaille mit dem Zeichen des hl. Kreuzes das Bild des hl. Benedikt und die erwähnten Buchstaben. Diese Medaille verbreitete sich von Deutschland schnell durch das ganze katholische Europa und wurde von den Gläubigen als sicheres Schutzmittel gegen die höllischen Geister verehrt. Auf der einen Seite der Medaille steht um das Bild des hl. Benedikt die Inschrift Crux S. P. Benedicti. Auf den vier Feldern, in welche die andere Seite der Medaille durch den Stamm und den Querbalken des Kreuzes geteilt ist, stehen die Buchstaben C P S B. Auf dem Stamme des Kreuzes liest man von oben nach unten: C S S M L. Auf dem Querbalken steht: N D S M D. Rings um das Kreuz steht die Umschrift: V R S N S M V S M Q L J V B; sie bedeutet: Vade retro Satana, nunquam suade mihi vana, sunt mala quae libas, ipse venena bibas: Weiche zurück Satan, nie verlocke mich zu Eitelm, Übel sind es, die du bietest, trinke selbst das Gift hinein. Auf manchen älteren Medaillen steht die Umschrift:
+ Z + D + J A + B J Z + S A B + Z + H H F + B F R S.

„Es ist nicht nötig, die Kraft dieser Beschwörungsworte weiter zu erklären, die den teuflischen Kunstgriffen gerade das entgegensetzen, was der Satan am meisten fürchtet. Unzählige Tatsachen bestätigen, daß durch frommen Gebrauch dieser Medaille den Gläubigen aller Zeiten außerordentliche Gnadenerweisungen an Leib und Seele zuteil geworden sind, zumal Schutz gegen Krankheiten, Gift, Gefahren. Um solcher Gnaden teilhaftig zu werden, genügt es, diese Medaille andächtig zu tragen, bestimmte Gebete sind nicht erforderlich. Papst Benedikt XIV. hat durch Breve vom 12. März 1742 die Medaille in der oben beschriebenen Form gutgeheißen. Der Papst bezeichnet die oben angegebenen Beschwörungsworte als von Gott selbst herrührend. Zur Gewinnung der Ablässe muß die Medaille von Gold, Silber, Bronze, Kupfer oder sonst einem festen Metall sein. Sind die Beschwörungsworte nicht deutlich ausgeprägt, so ist die Ablaßweihe zweifelhaft. Mit der Medaille sind verbunden mehrere vollkommene Ablässe und Ablässe aufsteigend von 40 Tagen bis zu 20 Jahren."

Beringer beruft sich häufig auf das Buch des berühmten Benediktinerabtes Gueranger: „Bedeutung, Ursprung und Privilegien der Medaille des hl. Benedikt". Gueranger berichtet über die Wirkungen der Medaille:

„Es ist Tatsache, daß diese Medaille wirksam angewendet wurde: 1. um Zaubereien und alle anderen teuflischen Einwirkungen zu zerstören; 2. um die Zauberei vom Orte abzuhalten; 3. um die Tiere, die von der Pest oder Seuche angesteckt oder von Zauberei befallen sind, zu heilen; 4. um jedem Menschen, der vom bösen Feind versucht, getäuscht oder geplagt wird, den notwendigen Schutz zu gewähren; 5. um die Bekehrung irgendeines Sünders zu erlangen. Der vertrauensvolle Gebrauch dieser Medaille ist überdies wirksam: 1. zur Zerstörung des Giftes, 2. zur Vertreibung der Pest, 3. zur Wiederherstellung der Gesundheit für diejenigen, welche von Steinkrankheiten, Seitenstechen, fallender Sucht, Blutüberfüllung oder Blutspeien befallen sind, 4. für Mütter, damit durch den göttlichen Beistand die Kinder zur rechten Zeit und gesund geboren werden, 5. zum Schutze der Menschen vor dem Blitz, 6. zum Schutze derjenigen, welche von Ungewitter hart bedrängt sind" usw. „In einer Gegend von Burgund herrschte eine sonderbare Krankheit unter dem Vieh. Das Übel wurde so heftig, daß die Kühe beim Melken anstatt Milch Blut gaben. Diese Tiere wurden wieder gesund, nachdem man ihnen Wasser zu trinken gegeben hatte, in das man die Medaille des h. Benedikt gelegt hatte." „Eine Frau in einem Spital der Unheilbaren war eine verstockte Sünderin und stieß ohne Unterlaß abscheuliche Reden, sowie die verwegensten Gotteslästerungen aus, so daß viele sie für vom Teufel besessen hielten. Die barmherzigen Schwestern fanden, als sie die Kranke einmal aus dem Bett genommen, unter ihrer Matratze einen mit sehr verdächtigen Gegenständen angefüllten Sack und legten an dessen Stelle eine Medaille des h. Benedikt. Ohne Zweifel offenbarte dies der böse Geist der Kranken, denn sie fuhr die Schwester heftig an und beklagte sich über das Wegnehmen des Sackes. Man legte sie zu Bett; plötzlich folgte auf ihr Geheul eine auffallende Ruhe, und sie verlangte nach einem Priester." „Eine Frau berührte mit einer Medaille die Weinflasche ihres dem Trunke ergebenen Mannes; dieser fand den Wein abscheulich und ging in eine Schenke, kam aber nach einer Viertelstunde zurück und sagte, der Wein sei dort noch schlechter. In den nächsten Tagen trank er nur Wasser, und die Frau benutzte dies, um die Zusage von ihm zu erlangen, daß er hinfort seine religiösen Pflichten erfüllen wolle." „In einem Hause in Rennes trieben böse Geister ihr Wesen. Die Hausbewohner ließen viele Messen für die Verstorbenen lesen, für den Fall, daß eine verstorbene Person durch solche Zeichen ihren Wunsch um Befreiung von den Schmerzen des Fegfeuers hätte kundgeben wollen. Allein die unheimliche Plage wollte nicht weichen. Da begann man, an den Türen eine Medaille des h. Benedikt aufzuhängen, und alsbald erfolgte die gänzliche Befreiung. Aber man hatte vergessen, eine Medaille an die Tür des Kellers zu befestigen; die ganze Bosheit der höllischen Geister schien sich nun dort vereinigt zu haben, so groß war dort der Lärm. Nun befestigte man auch dort eine Medaille und siehe, die teuflische Bosheit verließ endlich das Haus." „Im Jahre 1863 zerbrachen täglich in einem Kloster mehrere Lampen und Trinkgläser auf ganz unerklärliche Weise. Mehrere Wochen hatte dies gedauert, da verfielen die Schwestern auf den Gedanken, die Benediktusmedaille anzuwenden, und fortan blieb alles in bester Ordnung." „In einer Stadt wollte der Gemeinderat eine Straße breiter machen und zu diesem Zweck einen Teil einer von Wallfahrern stark besuchten Kirche der heil. Jungfrau abbrechen lassen. Man befestigte die Medaille des heil. Benedikt am Fuße des Standbildes der heil. Jungfrau, und wenige Tage nachher wurde der Baumeister, der den unglücklichen Gedanken gehabt hatte, das Haus Gottes zu verstümmeln, plötzlich krank und starb. Seinem Nachfolger leuchtete es gleich ein, wie unnütz die Verstümmelung der Kirche sei, und auf seinen Antrag wurde der Plan der Verbreiterung der Straße geändert." „Eine kranke Kuh wurde dadurch geheilt, daß eine Benediktusmedaille in das mit Kleie vermischte Wasser getaucht und dies der Kuh zu trinken gegeben, außerdem im Stalle eine Medaille aufgehängt wurde. Eine mit einer Hautkrankheit befallene Katze wurde dadurch geheilt, daß täglich die Medaille in das Gefäß mit Wasser getaucht wurde, woraus das Tier trank." „Ein Herr G. wollte sein Haus einem Nachbar nicht verkaufen, weil dieser sehr schlechte Bücher hatte und das Gerücht ging, er hätte sich und seine Frau dem Teufel verschrieben. Der Nachbar drohte, ihn zum Verkauf zu zwingen. Die Drohung ging schnell in Erfüllung. Unter dem Vieh des Herrn G. brach eine große Sterblichkeit aus. Die Milch der Kühe wollte sich nicht in Butter verwandeln lassen, obgleich man sie einige Male einen ganzen Tag rührte; Scharen von Ratten verzehrten alles im Hause. Nach Verlauf von 10 Jahren verkaufte G. sein Haus und bezog ein anderes; aber sein Unglück schien sich noch verschlimmert zu haben. Zwar hatte die schreckliche Hausplage auf kurze Zeit nachgelassen, weil er infolge einer Erbschaft in seinem Hause ein Reliquienkästchen aufbewahrte, das eine Partikel des h. Medardus, des h. Aloysius, des h. Mammolinus und der h. Godebertha enthielt. Aber die Ruhe dauerte nur kurze Zeit. . . . Nachdem er eine Benediktusmedaille ins Wasser getaucht und zu Gott eifrigst gebetet hatte, wusch er mit diesem Wasser die Mauern seines Hauses und die Türschwellen und gab davon dem Vieh zu trinken. Er goß auch einige Tropfen in das Butterfaß, und 20 Minuten später bekam er die schönste Butter. Als eine seiner Kühe dem Tode nahe war, hing er eine Medaille um ihren Hals, und nicht lange nachher war sie wieder hergestellt. In kurzer Zeit waren alle die schauerlichen Plagen, die ihn seit so vielen Jahren umlagert hatten, verschwunden."

Bei den Abläßen der sogenannten „Kreuzwegandacht" heißt es: „Die Kreuze müssen von Holz sein, wie das Rituale Romanum [eine „unfehlbare" Quelle] ausdrücklich bestimmt, unter Strafe der Ungültigkeit, so daß z. B. Kreuze von Eisen, in deren hohlen Rückseiten hölzerne Kreuze angebracht sind, die aber von den Besuchern des Kreuzweges nicht gesehen werden, keineswegs genügen."

„Ein und derselbe Gegenstand kann verschiedene Ablaßweihen erhalten; so kann z. B. der nämliche Rosenkranz die Abläße der Päpste, der Dominikaner, der Kreuzherren und die Brigittenabläße erhalten. Die Gegenstände, die mit Abläßen versehen werden, müssen aus dauerhaftem Stoff sein. Ausgeschlossen sind deshalb Gegenstände von Papier, Pappendeckel, Leinwand, hohlgeblasenem

Glas, Gips u. dgl. Nach einer Antwort der hl. Ablaßkongregation vom 1. April 1887 können Bilder aus Kartonmadera, einer Masse, die härter als Holz ist, mit Ablässen versehen werden. Bei den Rosenkränzen sind die Ablässe mit den Körnern verbunden; darum hebt das Zerreißen der Schnur oder Kette die Ablässe des Rosenkranzes nicht auf. Ebenso verhält es sich, wenn einige wenige Körner verloren gegangen wären. Man kann also ohne Bedenken die Körner in eine neue Schnur fassen und die verlorenen Körner durch andere ersetzen. So hat die hl. Ablaßkongregation entschieden am 10. Januar 1839. Dagegen hören die Ablässe sicher auf, wenn z. B. die Hälfte des Rosenkranzes auf einmal verloren ginge, oder wenn eine Medaille so sehr zerbrochen würde, daß das Bild des Heiligen nicht mehr zu erkennen wäre. Am 16. Juli 1887 hat die hl. Ablaßkongregation entschieden, daß die geweihten Gegenstände, bevor sie von einer bestimmten Person in Gebrauch genommen sind, ohne Verlust der Ablässe durch drei, vier oder mehr Hände gehen können."

Mit außerordentlich zahlreichen Ablässen ist das Tragen des Skapuliers verbunden. In der gesamten katholischen Welt gehört das Skapulier zu den gebräuchlichen Dingen. Es dürfte keinen "guten" Katholiken geben, der nicht ein Skapulier trüge; und zwar Tag und Nacht, das ganze Leben hindurch. Selbst während des Badens behält der "gute" Katholik das Skapulier an.

Beringer schreibt über das Skapulier: "Es besteht aus zwei Stückchen wollenen Tuches, welche durch zwei Schnüre oder Bänder so miteinander verbunden sind, daß der eine Tuchstreifen vorn auf der Brust, der andere hinten zwischen den Schultern herabhängt, während die beiden Bänder über beide Schultern zu liegen kommen. Der Stoff der Skapuliere muß Wollenzeug sein, nicht aber Baumwolle, Leinwand oder Seide, und zwar ist gewebter Wollenstoff erforderlich, nicht gestrickte, gestickte oder in ähnlicher Weise gefertigte Stoffe. Die Farbe ist für die verschiedenen Skapuliere verschieden [es gibt braune, schwarze, blaue, rote und weiße Skapuliere]. Bezüglich der Gestalt muß das Skapulier aus zwei viereckigen Stückchen wollenen Tuches bestehen. Als man bei der hl. Ablaßkongregation anfragte, ob auch runde, ovale oder vieleckige Skapuliere gültig geweiht werden könnten, lautete die Antwort: es sei keine Neuerung einzuführen. Die Schnüre oder Bänder, welche die beiden Tuchstreifen der Skapuliere verbinden, machen nicht einen wesentlichen Bestandteil derselben aus. Diese Schnüre können deshalb von Baumwolle, Zwirn, Seide, wie auch von beliebiger Farbe sein. Hiervon bildet nur das rote Passionsskapulier eine Ausnahme, dessen Bänder gleichfalls von rotem Wollstoff sein müssen. Trägt man mehrere Skapuliere, so kann man alle an einer einzigen Doppelschnur befestigen; befindet sich aber das Passionsskapulier darunter, so muß diese Schnur, die dann auch für alle anderen Skapuliere dienen kann, von rotem Wollstoff sein. Man muß das Skapulier immer tragen, bei Tag und bei Nacht. Wäre man z. B. einen ganzen Tag ohne dasselbe, so würde man für diesen Tag die Ablässe nicht gewinnen. Man muß die Skapuliere in der Weise tragen, daß der eine wollene Tuchstreifen vorn über der Brust, der andere hinten über dem Rücken herabhängt. Wenn also beide Tuchstreifen desselben Skapuliers zusammen vorn oder hinten an den Schnüren angebracht wären, so ginge man der Ablässe des Skapuliers verlustig. Man kann die Skapuliere nach Belieben über oder unter den Kleidern tragen." "Das rote Passionsskapulier fand unter den Gläubigen Eingang infolge einer Erscheinung, welche der göttliche Heiland im Jahre 1846 einer barmherzigen Schwester zuteil werden ließ. Pius IX. genehmigte am 25. Juni 1847 das Passionsskapulier und versah es mit vollkommenen und unvollkommenen Ablässen. Das blaue Skapulier der unbefleckten Empfängnis wurde am Anfang des 17. Jahrhunderts der ehrwürdigen Ursala Berincasa in Neapel geoffenbart. Papst Klemens X. genehmigte am 30. Januar 1671 dies Skapulier, und er wie Klemens XI., Pius IX. und Leo XIII. versahen es mit Ablässen." "Das Herz-Jesu-Skapulier wurde durch die selige Margaretha Maria Alacoque unter den Gläubigen bekannt. Benedikt XIV. genehmigte es, und Pius IX. stattete es mit Ablässen aus. In neuester Zeit hat die Andacht zum Herz-Jesu-Skapulier wieder stark zugenommen, zumal in Frankreich, seitdem man im Kriege von 1870 bei vielen Soldaten die wunderbaren Wirkungen desselben erfahren hat." "Die Andacht zum braunen [Karmeliter-]Skapulier, dem verbreitetsten aller Skapuliere, verdankt ihren Ursprung einer berühmten Erscheinung der Mutter Gottes, welche am Sonntag, den 26. Juli 1251 zu Cambridge in England dem hl. Simon Stock, Generalobern der Karmeliten, zuteil wurde. Die allerheiligste Jungfrau zeigte dem Heiligen ein Skapulier und sprach: "Wer mit diesem stirbt, wird das ewige Feuer nicht erleiden". Der gelehrte

Papst Benedikt XIV. erklärte, daß er diese Erscheinung sehr gerne als wahr annehme, und auch glaube, daß jedermann sie für wahr halten müsse."

„Maria hat auch noch ein zweites Privilegium denjenigen zugedacht, welche das Skapulier der Karmeliten andächtig tragen, nämlich das der baldigen Befreiung aus dem Fegfeuer. Diese Zusicherung wurde dem Papste Johann XXII. Maria erschien diesem Papste und versprach, die Seelen der Mitglieder des Karmeliterordens sobald als möglich, namentlich am Samstage nach ihrem Hinscheiden, aus dem Fegfeuer zu befreien. Papst Johann XXII. veröffentlichte diese Gnade, das sogenannte privilegium Sabbatinum, mittelst Bulle vom 3. März 1322. Benedikt XIV. übernahm die Verteidigung desselben gegen vermessene Kritiker und Tadler. Zahlreiche andere Päpste, wie Klemens VII., Paul III., Pius V., Gregor XIII., Klemens X., Innozens XI., haben keinen Anstand genommen, diese ausgezeichneten Vergünstigungen laut zu verkünden und sich als die eifrigsten Verteidiger derselben zu erklären. Durch ein Dekret der hl. Ablaßkongregation vom 27. April 1887 ist bestimmt worden, daß, mit Rücksicht auf die besondere Verehrung und Andacht, welche diesem ältesten Skapulier gebührt, es nicht zusammen mit den anderen Skapulieren, sondern gesondert von ihnen geweiht und getragen werden soll. Die mit diesem Skapulier verbundenen Ablässe sind sehr zahlreich."

„Am 28. Januar 1198 erschien dem Papste Innozens III. ein Engel in weißem Gewande mit einem Kreuze von roter und blauer Farbe. Auf Grund dieser Erscheinung bestimmte er für den eben bestehenden „Orden der allerheiligsten Dreifaltigkeit" diese Engelstracht. An diesen Orden schloß sich bald eine „Bruderschaft", die als besonderes Abzeichen ein weißes Skapulier erhielt, auf dem ein Kreuz abgebildet ist, dessen Langbalken rot, dessen Querbalken blau ist. Paul V., Klemens X., Innozens XI., Gregor XVI., Pius IX., Leo XIII. verbanden mit diesem Skapulier zahlreiche Ablässe, vollkommene und unvollkommene."

„Die Weihe der Agnus Dei findet im ersten Jahre der Regierung jedes Papstes, und dann in der Regel alle sieben Jahre statt. Sie werden aus weißem, reinem, von Bienen gesammeltem Wachs gemacht. Dieses Wachs muß zuerst zu einer Osterkerze gebraucht worden sein, die zuvor in einer Kirche gebrannt hat. Es wird das Bild eines Lammes darauf geprägt. Bei ihrer Segnung bedient sich der Papst des Wassers; dasselbe wird mit Balsam und hl. Chrisam vermischt, und in diese Flüssigkeit werden die Agnus Dei eingetaucht."

„Im Oktober 1221 hatte der hl. Franz v. Assisi in der Portiunkula-Kirche eine Erscheinung Jesu Christi, der allerseligsten Jungfrau und einer großen Schar himmlischer Geister; er richtete während derselben an den Heiland die Bitte, allen, die nach reumütiger Beichte die Portiunkula-Kirche besuchen würden, einen vollkommenen Ablaß zu bewilligen. Der Sohn Gottes erhörte die Bitte unter der Bedingung, daß derselbe von dem damals regierenden Papste Honorius III. die Bestätigung dieses ihm bewilligten Ablasses nachsuche. Honorius gab in der Tat noch in demselben Jahre diese Bestätigung, aber erst im Jahre 1223 bewilligte er den Ablaß auf ewige Zeiten. Das ist der Ursprung des Portiunkula-Ablasses, dessen Echtheit zu bezweifeln, wie Benedikt XIV. sich ausdrückt, sehr verwegen sein würde. Dieser Ablaß hat den hohen Vorzug, daß man ihn toties quoties gewinnen kann, d. h. so oft an demselben Tage, als man von der Vesper des ersten bis zum Abend des zweiten August, in der Absicht, den Ablaß zu gewinnen, die Portiunkula-Kirche, oder jede andere, welche ihn besitzt, besucht. Es ist dadurch Gelegenheit geboten, viele Ablässe den armen Seelen im Fegfeuer zuzuwenden. Die Kirchen, die diesen Portiunkula-Ablaß besitzen, müssen nach einem Dekret der hl. Ablaßkongregation vom 15. November 1878 wenigstens eine italienische Meile (1000 Schritte) voneinander entfernt sein."

Am 17. August 1892 entschied die hl. Ablaßkongregation, daß jeder Gläubige diesen vollkommenen Ablaß für sich selbst so oft gewinnen könne, als er am 2. August eine mit dem Ablaß beschenkte Kirche besuche. Ein vollkommener Ablaß 10, 20, vielleicht 100 mal an einem Tage für die gleiche Person? Ja, antwortet Rom; denn niemand hat Gewißheit, daß er den Ablaß beim ersten, zweiten, dritten usw. Kirchenbesuche auch wirklich vollkommen, d. h. ganz gewonnen, oder ob er nicht zwischen den einzelnen Besuchen wieder eine läßliche Sünde begangen hat, für die ein neuer Strafablaß und somit ein neuer Kirchenbesuch erforderlich ist. Diese Ungewißheit macht die wiederholten Versuche, den Ablaß zu gewinnen, gerechtfertigt.

Alexander VI. führte die „privilegierten Altäre" ein. „Es sind solche, mit denen der Papst durch eine besondere Begünstigung die Gnade verbunden hat, daß, wenn der Priester an demselben für die Seele eines Christgläubigen, welcher in der

Gnade Gottes aus diesem Leben geschieden ist, die heilige Messe liest, diese Seele aus dem Schatze der Kirche einen vollkommenen Ablaß fürbittweise erhält, so daß sie um der Verdienste Jesu Christi, der allerseligsten Jungfrau und aller Heiligen willen aus den Peinen des Fegfeuers erlöst wird." So haben die Päpste Benedikt XIV., Pius VI. und Gregor XVI. bestimmt. Ein Dekret der hl. Ablaßkongregation vom 18. Juli 1840 macht allerdings die herablassende Einschränkung: die Wirksamkeit des Ablasses hänge vom Wohlgefallen Gottes ab.

Besonders umfangreich sind die päpstlichen Ablaßbewilligungen für die „Rosenkranzbruderschaften". Neben vielen vollkommenen Ablässen gibt es da unvollkommene Ablässe von 60 Tagen aufwärts bis zu 100 Jahren. Hervorzuheben ist folgender Ablaß. Die Mitglieder der Bruderschaft gewinnen bei jedem „Ave Maria" 5 Jahre und 5 Quadragenen Ablaß, wenn sie hinterher den Namen Jesus hinzufügen. Um aber diesen Ablaß zu gewinnen, muß der Name „Jesus" ausgesprochen werden unmittelbar am Schlusse des Ave Maria noch vor dem Schluß-Amen; wird er nach dem „Amen" ausgesprochen, so wird der Ablaß nicht gewonnen. So hat am 29. März 1886 die hl. Ablaßkongregation entschieden.

Sixtus V. errichtete am 19. November 1585 „die Erzbruderschaft vom Gürtel des heil. Franz von Assisi". Die Mitglieder der Bruderschaft haben keine Verpflichtung, als den Gürtel beständig um die Lenden zu tragen. Wenn und solange man ihn ablegt, verliert man die Ablässe. Leo XIII. bestätigte am 26. Mai 1883 diese Gürtelbruderschaft und stattete sie mit neuen Ablässen aus. Es bestehen auch noch andere Gürtelbruderschaften; die ablaßreichste ist die „Mariä-Trost-Gürtel-Erzbruderschaft", die einen Ablaß von 1000 Jahren besitzt.

Thiers erzählt von einer „Bruderschaft vom hl. Sakrament" in Frankreich, der durch ein Breve Paul V. vom 13. März 1610 zahlreiche Ablässe bewilligt wurden, unter dem Namen „Ablässe der Spinne". Als nämlich ein Franziskanerpater die Messe las, fiel eine giftige Spinne in den konsekrierten Kelch. Er überwand aus Ehrfurcht vor dem Blute Christi den Ekel und die Furcht vor Vergiftung und schluckte die Spinne mit dem konsekrierten Wein herunter. Es geschah ein Wunder, die Spinne kam lebend aus seinem Schenkel heraus. Dies Wunder veranlaßte einige fromme Bürger, die kirchliche Errichtung einer Bruderschaft zu Ehren des h. Sakraments nachzusuchen. Mehrere Päpste, besonders Paul V., statteten diese Bruderschaft mit vielen Ablässen aus.

Im Jahre 1491 wurde in Rom, also unter den Augen des „Statthalters Christi" und bei der strengen Handhabung der dortigen Bücherzensur ein „Ablaßbuch" veröffentlicht, das folgende Ablässe aufführt: Die Ablässe, die in der Lateran-Kirche zu gewinnen sind, sind so zahlreich, daß nur Gott ihre Zahl weiß; an den Tagen, an denen die Häupter der Apostel Petrus und Paulus im Lateran gezeigt werden, gewinnen die Römer 3000 Jahre, die Bewohner der Umgegend von Rom 6000 Jahre und die übrigen Völker 12 000 Jahre Ablaß; als Papst Gregor I. die Lateran-Kirche weihte, bewilligte er soviele Ablässe, als Regentropfen bei einem drei Tage und drei Nächte anhaltenden Regen fallen; wer in frommer Gesinnung die Stufen von St. Peter hinaufsteigt, gewinnt auf jeder Stufe 1000 Jahre Ablaß; in der gleichen Kirche gewinnt man 4000 Jahre Ablaß am Altar, unter dem die Leiber der Apostel ruhen, und 14 000 Jahre am Hochaltar des Chores, zugleich kann man dort eine Seele aus dem Fegfeuer befreien; in Maria maggiore gewinnt man 12 000 Jahre Ablaß an allen Marienfesten; 48 000 Jahre Ablaß gewinnt man in der Kirche St. Sebastian; 60 000 Jahre in Ara coeli; in der Kirche Santa Maria del Popolo steigt der Ablaß sogar auf 555 293 Jahre und 285 Tage.

Erst im Jahre 1775 ließ Pius VI. zwei Denksteine am Eingang der Kirche der hl. Praxedis in Rom entfernen, auf denen eingemeißelt war, daß für den Besuch dieser Kirche ein „täglicher" Ablaß von 12 000 Jahren gewonnen werden könne. Wer also einen Monat lang die Kirche besuchte, hatte 360 000 Jahre Ablaß gewonnen.

Noch heute werden Ablässe von 100, 150 und 200 Jahren verliehen für das Abbeten des „Rosenkranzes von den sieben Schmerzen Mariä", und 1000 Jahre Ablaß erhalten, wie schon erwähnt, die Mitglieder der „Maria-Trost-Bruderschaft".

3. Erbauungsbücher und religiöse Zeitschriften.

In geradezu erstaunlichen Massen wird das katholische Volk mit Erbauungsbüchern überschwemmt. In jeder Größe, in jeder Ausstattung, zu jedem Preise sind sie zu haben; für alle Stände und Altersstufen sind sie geschrieben. Ihre Verfasser sind fast ausnahmslos katholische Geistliche: Päpste, Kardinäle, Bischöfe, Ordens- und Weltgeistliche.

Alle diese Schriften, die auf das Denken und

Empfinden des katholischen Volkes von ungeheurem Einfluß sind und somit eine gewaltige kulturelle Macht bilden, tragen einen gemeinsamen Zug: die starke Hinneigung zum Abenteuerlich-religiösen, zum Groteskwunderbaren.

Zunächst komme ich auf zwei schon erwähnte Erbauungsbücher zurück, auf die „Leben" der Nonnen Crescentia Höß und Katharina Emmerich, verfaßt durch die Theologen Ignatius Jeiler und E. Schmöger.

Aus dem „Leben" der Crescentia Höß:

„Eine Gräfin aus Wien hatte der Höß ein sehr hübsches Jesukind aus Wachs zum Geschenk gemacht. Sie wünschte das Bild in der Kirche auszustellen und darum es mit einem schönen Kleide zu schmücken. Sie hatte nichts, das Kleid zu bezahlen, doch kaufte sie es, indem sie sagte, das göttliche Kind wird schon selbst das Kleid bezahlen. Als das kostbare Kleid der Figur angelegt war, brachte sie das Bild in den Speisesaal, um es den Schwestern zu zeigen. Da läutete das Glöcklein an der Klosterpforte. Die Pförtnerin kommt wieder mit einem Briefe an Crescentia, den eine unbekannte, später nie wiedergesehene Person abgegeben hatte. Diese erbricht den Brief; es war nichts darin, als Geld, und zwar nicht mehr und nicht weniger, als die Summe, die das Kleid gekostet hatte. Einstimmig brachen alle in den Ruf aus: das Kind selbst hat das Geld geschickt!" „Am 15. Juli 1721, als der Priester während der Messe die Worte sprach: Domine non sum dignus, sah Crescentia viele sichtbar erscheinende Engel prozessionsweise vom Altare zu ihr kommen. Einer von ihnen, ein Seraph, trug das heilige Sakrament [das Abendmahl] und reichte es ihr, ganz nach dem Ritus der Kirche. Zwei Jahre wiederholte sich dasselbe."

Aus dem „Leben" der Katharina Emmerich: „Alle Arznei, die mich heilte, war übernatürlich. Die Medizin des Arztes brachte mich schier ums Leben; dennoch mußte ich sie einnehmen und sehr teuer bezahlen, aber Gott gab mir das Geld und mehrte es mir. Die Heilmittel empfing ich von Christus, von Maria und den lieben Heiligen. Ich erhielt sie bald in hellglänzenden Fläschchen, bald als Blüten, Knospen, Kräuter, auch als kleine Bissen. Zu Häupten meiner Bettstelle war ein kleines Gestell, auf dem ich die wunderbaren Arzneien fand. In einer spätern Krankheit empfing ich von meinem himmlischen Bräutigam [Christus] einen herzförmigen, klaren, durchsichtigen Stein, größer als ein Talerstück, in welchem das Bild der Muttergottes mit dem Kinde in roter, blauer und goldener Farbe gewachsen war. In einer spätern Zeit empfing ich von Christus einen Ring, den er mir an den Finger steckte. Es war in ihm ein Edelstein mit dem Bildnis seiner heiligsten Mutter; ich durfte ihn lange behalten, bis er mir wieder von ihm selbst vom Finger gezogen wurde. Der heilige Augustinus gab mir einen durchsichtigen glänzenden Stein in Gestalt einer Bohne, aus der wie aus einem Keime ein rotes Herz mit einem kleinen Kreuz über sich emporwuchs. Ich legte ihn in mein Wasserglas und trank längere Zeit darüber, wodurch ich geheilt wurde. Danach ist mir das Steinchen wieder entzogen worden. Durch die Muttergottes hatte ich eine Speise erhalten, die ich beim Erwachen in meiner Hand fand. Sie war ähnlich einer glänzend weißen, großen Hostie, doch viel dichter und weicher, und trug das Bild der seligen Jungfrau und Buchstaben an sich; sie war überaus wohlriechend, und bei Nacht sah ich sie leuchten. Ich hielt sie bei mir im Bette verborgen und aß von ihr durch sieben Monate täglich einige Splitterchen, die mich sehr erquickten." „Später erhielt sie von einer Wohltäterin zwei Pfund Kaffee. Sie bereitete sich ein volles Jahr davon ein Frühstück, ohne daß der Vorrat sich minderte. Einmal drang mir, erzählt Katharina, der alte Graf Galen [Großvater des gegenwärtigen Zentrumsabgeordneten für Reichs- und Landtag] zwei Goldstücke auf. Ich ließ sie in Münze wechseln und ließ Kleider und Schuhe dafür machen und teilte sie aus; so oft ich dies Geld in Münze ausgab, hatte ich auch die zwei Goldstücke wieder in der Tasche, obwohl ich sie sehr oft wechseln ließ." „Da einmal ein großes Viehsterben im Städtchen [Dülmen] war, sah ich bei dem Vieh dunkele, unheimliche Gestalten herumschleichen. Die Kühe, die ich durch Gebet verschont sah, erblickte ich wie durch etwas Leuchtendes; von solchen, die geheilt wurden, sah ich einen schwarzen Dampf sich heben."

Die Erscheinung einer „armen Seele aus dem Fegfeuer", die sie am 9. Oktober 1819 hatte, beschreibt Katharina Emmerich: „Es war eine selige Witwe, sie war eine Galen; die Frau [d. h. die ‚arme Seele'] trug ein vorne quer gefaltetes, offenes, auf dem Rücken in fliegenden Falten niederfallendes Überkleid mit einer Schleppe. Die Ärmel waren eng, mit steifen Krausen um die Hände, unter denen ein weiter Ärmelfortsatz niederhing". „Ich war die Veranlassung einer großen Prozession von lauter armen Seelen aus dem Fegfeuer; es waren lauter Bekannte von mir; ich war allein die Lebende dabei. Die Seelen waren alle verschieden gekleidet. Alle gingen barfuß. Ich ging mit der Prozession vor das Tor und hatte da noch viel mit armen Seelen zu schaffen." "Ich kam in einen Seelenbehälter (!), einen finstern Ort. Die Seelen sah ich teilweise wie zur Hälfte, teils bis an den Hals, überhaupt mehr oder weniger in Finsternis getaucht. Emporschwebend in großer Zahl in einer bloß grauen seelischen Gestalt, erhielten sie während des kurzen Überganges nach einem höheren Ort auf kleine Zeit die Kleider und Insignien ihres Standes, den sie auf Erden bekleidet hatten. Der Ort, in welchem sie sich sammelten, war ein großer Raum über dem Fegfeuer, welcher wie mit einem Zaune von Dornen umgeben war."

"Es ist eine weit größere Ordnung selbst der bösen Geister und der Teufel, als auf Erden. Selbst unter den Geistern in den Planeten ist eine große Ordnung. Sie sind auch gefallene Geister, aber noch keine Teufel; sie sind sehr verschieden; sie steigen auf und nieder nach der Erde. In einem von den Körpern (Planeten) sind sie ganz trüb und traurig, im anderen hitzig und heftig, im anderen genau und vorsichtig. Sie wirken auf alles, was auf Erden lebt, und auf die Menschen in der Stunde der Geburt. Die Geister leben in gewissen Ordnungen, Gemeinschaften. Ich sehe auf ihren Planeten Gestalten wie Gewächse und Bäume, doch ist alles leicht und wie Schwamm. Der Mond ist kühl und steinig. Er hat einen ziehenden und drückenden Bezug auf die Erde. Es sind die Wässer darin sehr steigend und fallend, bald ziehen sie Massen von Dünsten von der Erde, und es ist dann, als ob große Wolken in die Höhlen hineinschlüpfen; und dann ist es wieder, als ob alles überflösse, und dann drückt er so schwer gegen die Erde, daß die Menschen melancholisch werden. Ich sehe viele menschenartige Gestalten darin, welche vor dem Licht immer in den Schatten fliehen; sie sind versteckt, als schämten sie sich; es ist auch, als hätten sie ein böses Gewissen. Diese sehe ich mehr auf der Mitte des Mondes. Oft sehe ich vom Monde wie Gift große Wolken niederkommen; sie legen sich gewöhnlich auf das Meer. Ich sehe aber wieder gute Geister und Engel, welche es verteilen und unschädlich machen. Die Kometen sind voll Gift. Es wohnen Zorngeister darin. Die Milchstraße sind viele kleine Wässer. Es ist als baden gute Geister darin. Die Sonne ist ein von heiligen Geistern belebter, wohltätiger Körper. Auf der Sonne selbst ist es nicht heiß; das Licht und die Wärme entsteht erst um sie her..... Ich sah zwischen Mitternacht und Morgen die Gestalt eines Mannes aufsteigen, mit langem, bleichem Angesicht. Sein Kopf schien mit einer spitzen Mütze bedeckt. Er war mit Bändern umwickelt. Er bewegte sein Schwert hin und her und warf die Bänder auf schlafende Städte. Auch fielen Blattern und Beulen von ihm nieder in Rußland, Italien und Spanien. Um Berlin lag eine rote Schlinge, von da kam es zu uns."

Diese „mystischen" Mitteilungen sind herausgegeben „mit Erlaubnis der Ordensobern und mit Approbation des hochw. Bischofs von Limburg"; letzterer hält sie „zur Förderung des religiösen Sinnes und Lebens sehr geeignet".

Den königlich Preußischen Professor Bautz haben wir als „wissenschaftlichen" Vertreter der Ansicht, daß die Vulkane Schlote der Hölle sind, daß die Erdbeben von der Brandung des feurigen Höllenmeeres herrühren, kennen gelernt.

Ähnlich abergläubische Ansichten und abergläubische „Tatsachen" legt Professor Bautz dem katholischen Volke vor in seiner Schrift über „das Fegfeuer":

„Die Visionen und Offenbarungen, die in unserm Buche verwertet sind, wurden aufgenommen, weil wir vernünftigerweise urteilen dürfen, daß sie echt sind, und weil sie außerdem recht wohl geeignet sind, die theologische Lehre über das Fegfeuer in erbaulicher Weise vielfach zu veranschaulichen."

„Der hl. Abt Benedikt hatte zwei Nonnen wegen fortgesetzter Spottreden gegen einen dienstleistenden Ordensbruder in den Bann getan. Die Nonnen starben und wurden innerhalb der Kirche begraben. Nun bemerkte die alte Amme der Verstorbenen, wie beide während der h. Messe jedesmal ihre Gräber und die Kirche verließen, wenn der Diakon die übliche Aufforderung an die Exkommunizierten erließ. Als dem Abte der Vorfall mitgeteilt wurde, befahl er mitleidig, bei der nächsten Messe für beide eine Oblation zu machen, dann sollten beide vom Banne losgesprochen sein. Dies geschah, und von da an wurden sie durch den Ruf des Diakons in ihrer Grabesruhe nicht mehr gestört."

„Laut der hl. Franziska Romana besteht das Fegfeuer aus drei übereinander liegenden Stockwerken. Das ganze Gebäude lodert von einem Feuer, das im Gegensatz zum Höllenfeuer licht und hell ist. Die hl. Gertrud erblickte einzelne arme Seelen in Gestalt häßlicher Kröten und von Feuer glühend. Mechtild von Magdeburg erblickte sie in einem glühenden Bade, das aus Feuer und Pech gemischt war. Der gottseligen Anna Maria Lindmayr erschienen ihre Freundin Maria Becher und deren Mutter und ließen an ihrem Fuße Brandspuren zurück, die wochenlang sichtbar und fühlbar blieben. Einmal erschien ihr das Fegfeuer als ein Sturzbach mit feurigem Wasser, ein anderes Mal als ein feuriger Kerker; die Seelen selbst als Feuerfunken, die ihr gleich einem Bienenschwarm aufs Bett, auf die Hände und aufs Schreibzeug fielen. Bei der Ankunft anderer Seelen hingegen empfand sie Schauder und Kälte, und die Seelen selbst erschienen ihr vor Frost zitternd. Am 16. November 1859 vormittags 10 Uhr erschien im Kloster der Klarissen zu Foligno, von dichtem Rauch umgeben, eine kurz zuvor gestorbene Schwester und bat flehentlich um Fürbitte. Zum Zeichen ihrer Anwesenheit ließ die Erscheinung einen Abdruck ihrer Hand in der Türe eingebrannt zurück. Die selige Margarethe Alacoque [die Erfinderin der Herz-Jesu-Andacht] erblickte die Seele einer jüngst verstorbenen Klosterfrau auf glühendem Lager ausgestreckt. Der seligen Maria Franziska von den heiligen fünf Wunden erschien ein Verstorbener, schilderte seine Qualen, riß sich zum Beweise dessen ein Haar aus und legte es der Schwester auf die Hand, infolgedessen ein langer, allen sichtbarer Streif zurückblieb. Auch die Erscheinung vom Jahre 1870 liefert Belege. Einmal erblickte die Schwester Seraphine ihren Vater [„es handelt sich", wie Bautz bemerkt, „um die Schwester Maria Seraphine in einem Kloster der Erzdiözese Mecheln, welche zahlreiche Erscheinungen ihres im Jahre 1870 verstorbenen Vaters hatte, bis sie dessen Seele durch Gebet und Leiden gegen Ende des Jahres, und zwar in der Nacht des Weihnachtsfestes, erlöst hatte"] in ihrem Schlafzimmer ganz von Flammen eingehüllt; ein anderes Mal schaute sie ihn in einer Feuerzisterne, aus welcher dichter Rauch emporstieg." „Dionysius der Karthäuser erzählt, die Seelen im Fegfeuer würden von den Teufeln zersägt, zerrissen, zernagt und ins Feuer geworfen." „Die heilige Brigitte sieht die Seele eines Verstorbenen in folgendem Zustand: das Haupt ist gewaltsam eingeschnürt, die Augen hängen weit aus ihren Höhlen, die Haare glühen, das aufgelöste Gehirn fließt aus Nase und Ohren." „Was die wirkliche Dauer des Fegfeuers anbetrifft, so beläuft dieselbe sich laut der Marina von Eskobar auf 20, 40, 50 Jahre und noch länger. Katharina Emmerich spricht von Seelen, die Jahrhunderte im Fegfeuer zubringen mußten." „Da das Fegfeuer im Innern unserer Erde und in nächster Nähe der Hölle ist, so erscheint es wahrscheinlich, daß das Feuer der Hölle und das des Fegfeuers ein und dasselbe Feuer seien. Nach den Offenbarungen der Marina von Eskobar büßen manche Abgestorbene außerhalb des Fegfeuers auf der Erde, in der Luft, bei ihren Gräbern, oder auch in den Zimmern derjenigen, die für sie beten, oder an den Stätten ihrer früheren Sünden." „Der seligen Maria von den Engeln erschien eine ihrer Mitschwestern und ließ auf der Wange der Seligen einen allen sichtbaren brandigen Fleck zurück. Bei Franziska vom heiligen Sakramente war ein beständiges Gehen und Kommen von armen Seelen. Täglich, ja stündlich drängten sie sich an sie heran. Sie erschienen ihr oft feurig, manchmal kohlschwarz und Funken werfend, bisweilen in schrecklicher Gestalt und als schwebende Schatten. War Franziska im Chor, dann warteten sie am Weihwasserkessel. Fanden sie sie schlafend, dann blieben sie an ihrem Bette stehen."

Einer der bedeutendsten katholischen Theologen des 19. Jahrhunderts war der Professor am Priesterseminar zu Köln, Scheeben. In dem von ihm veröffentlichten „Leben der ehrwürdigen Dienerin Gottes Anna Maria Taigi" lesen wir: „Wenn Anna Maria in der Nacht allein war, ihr Mann kehrte gewöhnlich erst gegen Morgen aus seinem Dienste zurück, sah sie ihr Zimmer oftmals mit schrecklichen Dämonen angefüllt, die sich beratschlagten und laut äußerten, es sei Zeit, sie zu erwürgen. Dann fielen sie über sie her und suchten sie in den verschiedensten Weisen zu martern. Auf diese grausame Behandlung folgten die lockendsten Versuchungen. Der Satan nahm die Gestalt eines schönen jungen Mannes an und suchte sie zu unlauteren Handlungen zu verleiten." „Ihre Kammer füllte sich mit Teufeln, die ihr in den scheußlichsten Gestalten erschienen und unter Geheul und Geschrei sie mit Flüchen und Verwünschungen überhäuften." „Gott zeigte ihr den Zustand eines jungen Mannes im Fegfeuer und sagte ihr, er habe diesen Sünder von der Hölle befreit, weil sie sich für ihn verbürgt habe; sie müsse sich also darauf vorbereiten, die von ihm verschuldeten [Höllen-] Strafen teilweise selbst auszustehen."

„Das Mittel der übernatürlichen Erleuchtung Anna Marias war die Erscheinung einer Sonne. Siebenundvierzig Jahre blieb diese Sonne beständig vor ihren Augen. Im Anfange hatte das Licht der Sonne die Farbe einer gewöhnlichen Flamme, später wurde die Sonne immer glänzender und strahlte in einem Lichte, das den Glanz von sieben irdischen Sonnen übertraf; ihre Größe kam der unserer natürlichen Sonne gleich. Die Sonne befand sich zehn Fuß vor ihr und etwa zwei Fuß höher als ihr Kopf und behielt diese Stellung fortwährend inne. An den äußersten Enden ihrer Strahlen, gleichsam als Einfassung, befand sich eine dicke, von Dornen geflochtene Krone, die den ganzen Umfang der Scheibe umfaßte und sie wie ein Diadem überragte. Von zwei Seiten der Krone gingen zwei sehr lange Dornen bis unter die Scheibe herab, vereinigten sich dort und schienen sich zu kreuzen und zu umschlingen; ihre gebogenen Spitzen gingen nach beiden Seiten von der Mitte der Strahlen aus. Im Mittelpunkt saß in erhabener Majestät eine Frau; auf ihrer Stirn trug sie zwei Strahlen, ihre Füße ruhten auf dem innern Rande der Sonnenscheibe. In der Scheibe zogen unaufhörlich Bilder vorüber, ähnlich wie in einer Zauberlaterne. In dieser geheimnisvollen Sonne sah Anna Maria nicht allein die physischen und moralischen Ereignisse dieser Welt, sie durchdrang auch die Abgründe und die Höhen der Himmel. Sie kannte das Los der Abgestorbenen mit voller Sicherheit; sie sah die in der größten Entfernung befindlichen Gegenstände, die Gesichtszüge von Personen, die sie nicht kannte, und die sich an den äußersten Enden der Welt befanden. Es genügte ein Blick auf die Sonne, und in demselben Augenblick zeigte sich der Gegenstand, der ihre Gedanken beschäftigte, in der Scheibe und zwar mit vollständiger Klarheit. Sie sah die ganze Welt, wie wir die Fassade eines Gebäudes sehen. Diese Sonne ist durch Tausende von Tatsachen erwiesen. In der Sonne herrschte ein unaufhörlicher Wechsel von Gestalten und Zeichen: Eilboten, Schlachten, Kronen, goldene Halsbänder, kostbare Steine, Dolche, Geißeln, Netze, Kugeln, Brandgeschosse. Die Strahlen der Sonne öffneter sich zuweilen, um Blut zu vergießen, bald erschienen dicke Nebel, bald ein Goldregen. Anna Maria sah in ihrer Sonne die Metzeleien in Spanien, den Krieg in Griechenland, die Juli-Revolution in Paris und den Polnischen Krieg."

Bei Beurteilung solcher Bücher und ihres Einflusses auf alle Schichten der katholischen Bevölkerung ist nicht zu übersehen: Erstens, daß sie nicht etwa Einzelerscheinungen, Ausnahmen bilden; die gesamte „Erbauungsliteratur" ist dieser Art, und zwar in allen Ländern: Deutschland, Frankreich, Italien, Spanien, England, Amerika. Zweitens, diese Bücher tragen fast ausnahmslos die ausdrückliche — nicht bloß stillschweigende — Billigung der kirchlichen Oberen. Drittens, diese Bücher durchziehen die katholische Welt in ungeheuren Massen in hunderttausenden von Exemplaren; eine Auflage folgt der andern.

Selbstverständlich bleibt die Verbreitung und Befestigung des Aberglaubens und Teufelsspukes nicht beschränkt auf Bücher, die, soviel sie auch gelesen werden, doch nicht das tägliche Nahrungsmittel der breiten Massen des Volkes bilden.

Für diese gibt es zahlreiche Wochen- und Monatsschriften, die für einen billigen Preis das ultramontane Widerchristentum in die Hütten und Heimstätten der Bauern und Arbeiter tragen.

Der „Sendbote des göttlichen Herzens", das „St. Antoni-Glöcklein", die „Benediktus-Stimmen" usw. usw., sie alle wetteifern, das Abenteuerlichste und Wunderbarste ihren Lesern aufzutischen. Gott und das Christentum des Evangeliums sind aus ihren Spalten so gut wie verschwunden, an ihrer Stelle machen sich der blöde Aberglaube, die kritiklose Wundersucht des Ultramontanismus breit.

Nur ein Beispiel — die ausführliche Behandlung würde ein Buch erfordern — greife ich heraus; es ist nach mehr als einer Beziehung hin besonders lehrreich.

Bis zum Jahre 1898 bestand in Deutschland eine Monatsschrift: der „Pelikan". Da sie aufs engste mit dem berüchtigten Taxil-Vaughan-Schwindel verknüpft war, fiel auch sie seiner „Entlarvung" zum Opfer.

Vorher, während der ganzen Zeit seines Bestehens, spielte der „Pelikan" in den ultramontanen Volkskreisen Österreichs, Deutschlands und der Schweiz eine sehr bedeutende Rolle; nach unten und nach oben genoß er das größte Ansehen.

Der „Pelikan" war das Organ der „Erzbruderschaft der ewigen Anbetung", die 1928 Pfarreien in Deutschland, Österreich und der Schweiz umfaßt; seine Abonnentenzahl betrug 90000! Wenn man erwägt, daß in den Landgemeinden, in denen die Abonnenten des „Pelikan" zumeist wohnten, ein Exemplar von vielen gelesen wird, so repräsentierten die 90000 Abonnenten **mehrere hunderttausend Leser.**

Das war der Einfluß und die Bedeutung des „Pelikan" nach unten, für die Massen. Seine Bedeutung nach oben, oder besser seine Wertschätzung von oben, ergibt sich aus zwei Schreiben, die in der Juli- und Augustnummer 1896 veröffentlicht wurden.

Das erste Schreiben ist vom Papst selbst (d. d. 20. April 1896). Es ist für seinen Redakteur, den römischen Geistlichen Künzle, in den schmeichelhaftesten Ausdrücken abgefaßt. Das zweite Schreiben (d. d. 23. Juni 1896) ist von dem einflußreichen Kardinal Steinhuber. In seinem Hauptsatz lautet es: „Ew. Hochwürden danke ich herzlich für die mir freundlich übersandten Jahrgänge der S. S. Eucharistia und des Pelikan. Ich hege die Überzeugung, daß beide Zeitschriften viel Gutes stiften ... werden." Steinhuber ist Jesuit und war lange Jahre Rektor des Collegium Germanicum. Dadurch gewinnt sein uneingeschränktes Lob des „Pelikan", das er auf Grund des Inhalts der vorgelegten Jahrgänge spendet, an Bedeutung.

Aus diesem Inhalt, der nach dem Urteil des Jesuitenkardinals „viel Gutes stiftet", greife ich einiges heraus, und zwar nur aus dem Inhalt eines Jahrganges, des Jahres 1896.

Eine lange Artikelreihe ist betitelt: „Blicke in die Zukunft" (Nr. 1, 2, 3, 10):

„Vor uns liegt „Die große Neuigkeit oder das Geheimnis von La Salette", veröffentlicht von Zola, Bischof von Lecce und Ugento. Bekanntlich empfingen die zwei Kinder von La Salette, Melania und Maximin, jedes ein Geheimnis, das sie niemandem als dem Papste anvertrauen sollten. Das Geheimnis der Melania ist nun durch Erlaubnis des Papstes eröffnet, und werden wir es im „Pelikan" Nummer für Nummer mitteilen, das Geheimnis des Maximin aber hat sich der Papst noch vorbehalten, hat jedoch dessen Hauptinhalt kurz bezeichnet. Wir bemerken zum voraus, daß niemand unter einer Sünde zum Glauben an diese Offenbarungen verpflichtet ist, daß aber für deren Wahrheit so wichtige Zeugnisse da sind, daß ein vernünftiger Mensch sie glauben muß. Diese Offenbarungen bestätigen durchweg alles, was wir im Jahrgang 1893 und 1894 und 1895 in unsern „Blicken in die Zukunft" schrieben; sie sagen aber alles noch viel deutlicher und — entsetzlicher; sie behandeln Ereignisse, die uns unmittelbar bevorstehen und vor dem Jahre 1900 eintreten. Die Wahrheit dieser Offenbarungen bezeugt:

„Erstens die seligste Jungfrau selbst, welche ihre Erscheinung mit auffallenden Wundern begleitete, zahlreichen plötzlichen Heilungen und Bekehrungen, die bis heute in La Salette fortdauern. Zweitens die strenge kirchliche Untersuchung, die durchweg die Glaubwürdigkeit der Kinder ergab. Drittens die feierliche Krönung des Gnadenbildes in La Salette durch einen Gesandten des Papstes. Viertens die beiden Päpste Pius IX. und Leo XIII., welche beide die Echtheit dieser Offenbarungen glaubten und die darin für sie enthaltenen Winke befolgten. Fünftens der Umstand, daß Bischof Zola seine Schrift vor deren Herausgabe durch eine Kommission römischer Kardinäle prüfen ließ und ihre Genehmigung erhielt. Sechstens der Umstand, daß ein angesehener Bischof diese Schrift herausgab, welcher der Beichtvater der Melania bis zu ihrem Tode war. Siebentens der Umstand, daß vieles schon genau eingetroffen ist. Wir bitten diese sieben Zeugnisse stets vor Augen zu halten bis zum Schlusse der Prophezeiung; denn die darin ausgesprochenen Dinge sind so auffallend und erscheinen manchem so unglaublich, daß ohne diese gewaltigen Wahrheitsbeweise wenige glauben würden.

„Vorerst wollen wir die Erscheinung der seligsten Jungfrau behandeln, jedoch nur kurz, weil sie wohl den meisten Lesern bekannt sein dürfte. Am 19. September 1846 nachmittags hüteten Maximin und Melania, zwei arme, unschuldige Hirtenkinder, die zwei verschiedenen Familien angehörten, die Kühe auf der Alp La Salette. Es erschien ihnen nun die seligste Jungfrau überaus schön und holdselig und sprach freundlich mit ihnen; zuerst teilte sie ihnen Ereignisse mit, welche ihre nächste Umgebung betrafen; dann aber teilte sie jedem ein Geheimnis mit, ohne daß das andere einen Laut hörte; was man immer anwandte, die Kinder waren nicht dazu zu bewegen, einem Menschen die Geheimnisse anzuvertrauen. Doch brachte man sie dazu, daß sie schreiben lernten und dann unter Aufsicht mehrerer geistlicher Herren selbe niederschrieben an den Papst; während des Schreibens ließen sie niemanden auf das Papier blicken; in ihrer Gegenwart wurden die Briefe versiegelt und durch einen Priester sofort dem Papst Pius IX. überbracht; dieser las die Schreiben, begann zu zittern und sprach dann mit Tränen im Auge: „Das sind Geißeln". Nach dem Willen der seligsten Jungfrau sollten aber diese Geheimnisse nicht immer verborgen bleiben, sondern seinerzeit allem Volke bekannt werden. Das Geheimnis des Maximin ist dem Wortlaute nach noch nicht bekannt, das Geheimnis der Melania aber werden wir wörtlich bringen."

Es folgen dann „die von der Gottesmutter gesprochenen Worte", von denen ich einzelne, mit den daran geknüpften Bemerkungen des „Pelikan" mitteile:

„Ferner sprach die seligste Jungfrau: Die schlechten Bücher werden zahlreich sein auf der Erde, und die Geister der Finsternis werden allenthalben eine große Erschlaffung verbreiten für alles, was den Dienst Gottes betrifft; sie werden große Macht über die Natur haben; es wird Kirchen geben, um diesen Geistern zu dienen. Einzelne

Personen werden durch die bösen Geister von einem Ort zum andern getragen werden; sie werden Tote und darunter selbst Gerechte wieder auferwecken, d. h. diese Toten werden die Gestalt Gerechter annehmen, die auf Erden lebten, um die Leute besser verführen zu können. Diese sogenannten Auferstandenen werden aber nichts anderes sein, als Teufel in menschlichen Scheingestalten; sie werden ein anderes Evangelium predigen, das dem des wahren Jesus Christus entgegen ist, und das Dasein des Himmels leugnen; auch die Seelen Verdammter sind bei diesen Erscheinungen."

„Die Weissagungen einer frommen Seherin von Lyon, Marie des Brotteaux, die im Jahre 1843 mit 70 Jahren im Rufe der Heiligkeit starb, sind ebenso klar und zusammenstimmend als die vorhergehenden. Sie spricht vorab von Frankreich."

„Sie sagte unter anderem: So wie man den Beginn der Revolution sah, so wird man auch das Ende sehen, jedoch rascher, und zwar wie durch ein Wunder, das die Welt in Staunen setzen wird und durch welches die Bösen auf entsetzliche Weise bestraft werden. . . . . Paris wird zerstört werden, wie einst Sodoma und Gomorrha; was von seinen Einwohnern noch übrig bleibt, wird sich nach Lyon flüchten . . . Bei ihrer Flucht wird das große Ereignis nahe sein. . . . Großer Kampf bei Lyon im Tale von Saint-Fons . . . . Die Fremden werden zurückgeschlagen. Im Augenblick, wo Gott seine Gerechtigkeit wollte walten lassen, hörte ich einen so entsetzlichen Donnerschlag, daß die ganze Erde davon erschüttert wurde. Das wird das Zeichen sein, an welchem die Guten erkennen werden, daß die Stunde für das große Ereignis gekommen ist. . . . Dasselbe wird die Revolution beenden, aber in Frankreich so erschrecklich sein, daß man glauben wird, das Ende der Welt sei gekommen. . . . Die Bösen werden alle Guten, deren Namen auf ein Verzeichnis geschrieben stehen, töten wollen, sie werden aber durch göttliche Kraft mit Blindheit geschlagen, gestürzt, und werden sich einander töten. Marie des Terreaux, gleichfalls aus Lyon; sie war eine demütige Jungfrau, mit prophetischem Geiste begabt, und starb im Jahre 1832, mit 21 Jahren. Sie prophezeite dieselben Ereignisse über Frankreich und manchmal sogar in ganz gleichen Ausdrücken. Die Szene, die sie zu Gesichte bekam, trug sich in einer Ebene, nahe bei der Stadt zu."

„Der Kampf war schrecklich", sagte sie, „und endete am Eingang des Platzes Bellecour. Fast alle Bösen gingen dabei zugrunde. Nachdem ich vor Beginn des Kampfes eine Stimme gehört hatte, welche rief: Alles ist verloren, hörte ich plötzlich nachher eine andere sanft und lieblich sprechen: Alles ist gerettet!"

„Ich sah Männer, welche aus dem großen Kampfe heimkamen und sprachen: Wie haben wir diesem fürchterlichen Gemetzel entgehen können? — Die einen griffen auf die Brust, andere an die Seiten und fanden mit Erstaunen Kreuze, Medaillen, Reliquien; da riefen sie aus: Ah, mein Weib, meine Tochter, meine Schwester haben dies in meine Kleider genäht, und das hat uns beschützt, und sie bekehrten sich. Im Augenblick, wo Frankreich auf so schreckliche Weise gezüchtigt wird, wird eine Strafe über die ganze Welt kommen. Es wurde mir jedoch nicht gesagt wie."

„Es wurden mir über Frankreich so erschreckliche Ereignisse verkündet, daß jene, die davon nicht in Kenntnis gesetzt werden, glauben werden, das Ende der Welt sei gekommen. Plötzlich aber wird die Revolution wie durch ein großes Wunder ihr Ende erreichen, so daß die ganze Welt darüber in Staunen gerät; die kleine Zahl der Bösen, die noch übrig bleibt, wird sich bekehren. . . ."

„Der bekannte Landmann Martin, fortwährend gedrängt durch die Aufforderung seines heil. Engels, ging im Jahre 1817 zu Ludwig XVIII. und sagte ihm, daß die Entheiligung des Sonntags, der Mangel an Ehrfurcht vor heiligen Dingen, die Unordnung des Karnevals und der Abgang des Bußgeistes während der hl. Fastenzeit den Zorn Gottes entflammt hätte, und daß über Frankreich viel Unglück hereinbrechen werde, wenn alle diese Ausschreitungen nicht aufhörten. ‚Wenn man das nicht tut, was ich sage‘, wiederholte zu verschiedenen Malen der Engel, ‚wird der größte Teil des Volkes zugrunde gehen‘."

„Schwester Rosa Azdente, aus dem Kloster Taggia bei Nizza, berühmt durch ihre Weissagungen über Pius IX., Napoleon III. und Garibaldi, hat alles in den vorausgehenden Prophezeiungen enthaltene in der Hauptsache gleichfalls vorausgesagt, nämlich: größte Kriege und größte Unglücksfälle in ganz Europa, besonders in Italien, in das die Russen und die Preußen einfallen werden; sodann größte Verfolgung gegen die heilige Kirche. Sie sagt in eigenen Ausdrücken, daß mehrere Klosterfrauen ihres Klosters gekreuzigt würden, und sie bezeichnet sogar die Stelle des Gartens, die mit Olivenbäumen bepflanzt ist, wo sie ihr Martyrium erdulden werden.

Dann fügt sie bei: „Der Friede wird erst dann wiederkehren, wenn die weiße Blume der Nachkommen des hl. Ludwig wieder auf den Thron Frankreichs kommt'."

4. Der Jesuitenorden als Verbreiter des Aberglaubens.

Lassen wir einige mystische „Romantiker" des Mittelalters, wie Caesarius von Heisterbach usw., beiseite, so muß man den Jesuitenorden als den Hauptbeförderer des widerreligiösen Aberglaubens bezeichnen. Die fast zahllosen wissenschaftlich-theologischen, mystisch-asketischen und belletristischen Schriftsteller dieses Ordens stehen unerreicht in Verwertung und Erfindung sensationeller Wundergeschichten. Aus ihnen spricht der Geist des Ordens.

Man könnte einwenden, die Jesuiten schreiben für die Außenwelt, und in der Wiedergabe solcher „Tatsachen" rechnen sie mit der Leichtgläubigkeit der Menge; für die Anschauungen des Ordens selbst ist das nicht beweisend. Diesem Rechtfertigungsversuch stehen schroff jene Schriften gegenüber, die nur für die Ordensmitglieder geschrieben sind, wozu in erster Linie die „Jahres- und Missionsberichte" gehören.

Jedes „Haus" und jede „Mission" der Gesellschaft Jesu hat jährlich einen Bericht dem Provinzial- und Generalobern einzureichen. Diese Berichte dienen den Geschichtsschreibern des Ordens als hauptsächliche Quelle, und sie genießen ein solches Ansehen, daß sie während der Mahlzeiten den Ordensmitgliedern vorgelesen werden.

In diesen Jahresberichten nun spielen das Wunderbare, Erscheinungen usw. eine große Rolle. Da die neueintretenden jungen Novizen mit solchen Erzählungen aus der Ordensgeschichte vom ersten Tage an vertraut gemacht werden, so wird ihre Phantasie mit den abenteuerlichsten Vorstellungen erfüllt, und in den Erholungsstunden drehen sich die Gespräche vorzugsweise um „die Wunder der übernatürlichen Welt". Dazu kommt, daß die „Erbauungsbücher", die den Novizen und Scholastikern als tägliche Lesung gegeben werden, und die ausschließlich Jesuiten zu Verfassern haben, den gleichen Faden fortspinnen: Rodriguez, da Ponte, Alvarez, Surin, Grou, St. Jüre, Nieremberg usw. mit ihren asketischen Schriften und „Leben der Heiligen" bilden das tägliche Brot des jungen Jesuiten, und dies Brot ist durch und durch durchsäuert vom Sauerteig des Aberglaubens. So muß allmählich eine Denkart im Jesuiten entstehen, die auf dem Gebiete des Wunderbaren das Unglaublichste für Wahrheit, Ungeheuerliches für alltäglich hält[1].

Ein Erbauungsbuch, das in der katholischen Welt, bei Laien, wie bei Ordensleuten, das höchste Ansehen genießt, ist „die Übung der christlichen Vollkommenheit" von dem Jesuiten Alphons Rodriguez. Nächst dem „Thomas von Kempen", den Schriften Liguoris und einigen anderen ist Rodriguez' „Übung" die am meisten gelesene Schrift der alten wie neuen asketischen Literatur des Ultramontanismus. Täglich müssen die Jesuitennovizen während zweier Jahre eine halbe Stunde in dem Buche lesen, und jährlich zweimal wird es vierzehn Tage lang in fast allen Jesuitenhäusern bei den Mahlzeiten vorgelesen.

Auf die Lehren des Buches lasse ich mich nicht ein; nur wenige Proben der „Beispiele", wodurch der Verfasser die von ihm gegebenen Anweisungen zu bekräftigen und den Lesern zu empfehlen sucht, sollen hier folgen: „In der Zisterzienserchronik wird berichtet, daß der h. Bernard und seine Mönche sahen, wie während des Chorgebetes Engel aufschrieben, was die Ordensbrüder taten. Einiges wurde mit Gold, anderes mit Silber, wieder anderes mit Tinte, endlich einiges mit Wasser geschrieben, je nach dem Eifer und der Andacht, mit der der einzelne betete und sang." Ein Mönch, der von der Eßlust versucht wurde und sie nach langem Kampf überwand, „sah aus dem Korb, in dem das Brot aufbewahrt wurde, Rauch aufsteigen und durch das Fenster ziehen. Das war der Teufel, der ihn versucht hatte". Ein Heiliger betete zu Gott, daß ein Mönch, der die Versuchungen zu Fleischessünden nicht kannte und hart war gegen andere, die darunter litten, selbst von diesen Versuchungen geplagt würde. „Kaum hatte er sein Gebet beendet, als er einen kleinen häßlichen Neger sah, der einen Feuerpfeil in die Zelle des Mönches abschoß." „Als die Teufel dem h. Antonius in verschiedenen schrecklichen Gestalten erschienen: als Löwen, Tiger, Schlangen, Stiere, Skorpionen, als sie ihn bedrohten mit ihren Krallen, Zähnen,

---

[1] Als ich in das Jesuiten-Noviziat zu Exaeten in Holland eintrat, war unter meinen jungen Mitnovizen das Tagesgespräch eine schreckliche Teufelserscheinung, die sich im Jahre 1873, als Exaeten von den Jesuiten bezogen wurde, dort gezeigt haben sollte. Sie wurde mit allen Einzelheiten erzählt, und eine Stelle in dem gemeinsamen Schlafsaal, wo der Spuk seinen Wechsel haben sollte, war so verrufen, daß keiner der Novizen dort schlafen wollte. Wie von Exaeten, so liefen auch von anderen Jesuitenhäusern, in denen ich gelebt habe, ähnliche Geschichten um, bald Teufels-, bald Armeseelen-Erscheinungen.

Brüllen, Heulen, Zischen, spottete der Heilige über sie." „Im Leben der Altväter wird erzählt, daß der Teufel einst dem h. Pachomius erschien in Gestalt eines sehr schönen Weibes." „Als ein Mönch sein Kloster verlassen und in die Welt zurückkehren wollte, sah er einen schrecklichen Drachen auf sich losfahren, mit offenem Rachen, um ihn zu verschlingen." „Der h. Smaragdus hörte eines Tages, wie zwei Teufel sich unterhielten: Nun, sagte der eine, was macht denn dein Mönch? Ich bin sehr zufrieden mit ihm, antwortete der andere. Ich bin nicht zufrieden mit meinem, sagte der erstere" usw. „Der Pater Ribadeneira (Jesuit) erzählt, daß ein Jesuit in Sizilien einem Priester helfen wollte, einen Teufel aus einer Frau auszutreiben. Er begann die Exorzismen, allein der Teufel antwortete nichts anderes, als nur: Mama, Mama. Dadurch gab der Teufel zu verstehen, daß der Jesuit (wegen seiner zu großen Anhänglichkeit an die Verwandten) gleichsam noch ein kleines Kind sei an der Mutterbrust. Die Umstehenden fanden die Antwort des Teufels sehr unterhaltend." In der Abhandlung über das Gebet wird erzählt, daß ein Heiliger sah, wie kleine Teufel sich an die Augenlider der Mönche hingen, um sie zum Schlafen während des Gebets zu veranlassen. Ein anderer Heiliger sah, wie in einer Stadt die Teufel ruhig und müßig auf der Stadtmauer saßen, da es nichts für sie zu tun gab, weil die Stadtleute ohnehin alles nach Wunsch der Teufel taten; während in einem Kloster die Teufel geschäftig die Treppen herauf- und herunterliefen, weil sie sehr viel zu tun hatten.

Gleichfalls zu den ersten Asketen des Jesuitenordens gehört Ludwig da Ponte. Aus seinem „Leben der ehrw. Marina von Eskobar" sind die folgenden Stellen:

„Der Engel führte mich in einem aschenfarbenen Kleid vor den Herrn, wo ich nach einem auf den Rücken empfangenen Streich zu Boden fiel.... Der Herr sprach: ‚Führe sie in die Löwengrube', und ich verstand, daß ich einigen Teufeln zur Züchtigung übergeben werden sollte.... Der Herr sprach zum Engel: ‚Es ist genug, daß ihr drei Streiche auf den Rücken gegeben werden.' Und der Engel gab mir drei Streiche, die mich nicht wenig schmerzten und mir tagelang wehe taten. Dann trat mein Engel zu mir, und der Herr sprach: ‚Führet sie zu Bett, damit sie ruhe'; und sie legten mich in ein schön geziertes und beblümtes Bett.... Der Teufel erschien mir in Gestalt eines schwarzen Mannes; er hatte Füße wie ein Tier, schlanke Arme, viele kleine Hörner auf dem Kopf und einen langen, die Erde berührenden Schweif... Ein andermal sah ich, wie er den Leib zusammenzog und mit dem behörnten Kopfe durch die Brust dringend, ihn zum Rücken herausstreckte... Ein anderes Mal, als ich in der Kirche die Predigt hörte, trat der Teufel zu mir, drehte mich um und bog den halben Leib zurück, daß mich dünkte, er hätte mich zerbrochen... Zu anderen Zeiten erschien er mir gleich einem mit weißen und schwarzen Flecken an Kopf und Hörnern gesprenkelten Stier, faßte mich auf die Hörner und warf mich weit aus dem Bett.... Ein anderes Mal ergriffen mich zwei Teufel in der Mitte und der eine warf mich dem andern zu."

Getreu den Überlieferungen des Ordens verbreitet die bekannte jesuitische Zeitschrift „Stimmen aus Maria-Laach" seit Jahrzehnten den Aberglauben unter den gebildeten Katholiken Deutschlands. Eine Artikelreihe aus dem Jahre 1878 handelt ausführlich von „Visionen und Weissagungen". Der Verfasser der Aufsätze, M. Meschler, bekleidet die einflußreichsten und höchsten Stellen im Jesuitenorden; lange Jahre war er Novizenmeister, Rektor und Provinzialoberer der „deutschen" Ordensprovinz und ist jetzt Assistent des Jesuitengenerals.

Meschler wandelt die Bahnen der Görresschen „Mystik"; Görres wird fortwährend zitiert; selbst die aberwitzigen „Untersuchungen" Delrios gelten seinem Ordensbruder am Ende des 19. Jahrhunderts als Autorität.

Über die „Geisterwelt" ist Meschler auf das genaueste unterrichtet: „Vermöge ihrer natürlichen Bewegkraft bemächtigen die Geister sich der Materie und wirken durch Bewegung und Veränderung auf sie, und zwar in Macht- und Kraftverhältnissen, die für unsere Chemie, Physik und Mechanik ganz unberechenbar sind. Auch mit dem Menschen stehen sie in mannigfachem natürlichem Bezug: sie können durch angeborene Kraft vorübergehend Luftleiber annehmen und so oder auch unmittelbar sich dem Menschen wahrnehmbar machen." Um seine Visionstheorie zu erläutern, bringt Meschler „praktische Beispiele" aus der „Selbstbiographie der heiligen Theresia", einem Buch, das wegen seines Inhaltes besser „Selbsttäuschung" hieße: „Als ich mich eines Tages im Gebet befand gefiel es dem Herrn (Christus), mir seine Hände zu zeigen; sie waren so ausnehmend schön, daß ich es nicht genugsam beschreiben kann. Wenige Tage darauf schaute ich auch das Antlitz (Christi), welches mich völlig außer mir brachte."

„Der ekstatische und prophetische Geist [innerhalb der katholischen Kirche] reicht von Jahrhundert zu Jahrhundert, und wenn er in einem Träger erlischt, so blitzt er in einem andern aufs neue auf." Und was führt der Jesuit als „Beweis" für diese stolzen Worte auf? Man sollte es nicht für möglich halten: „Offenbarungen" hysterischer Frauenspersonen, die teilweise als Schwindlerinnen [Louise Lateau] entlarvt, und „Muttergotteserscheinungen", die sogar von der kirchlichen Behörde als Betrug erklärt wurden [Mettenbuch bei Regensburg und Dietrichswalde in der Diözese Kulm]! „Kaum hatte Katharina Emmerich 1824 ihr Leben geendet, so erneuten sich ihre Gaben in der ekstatischen Jungfrau Maria von Mörl 1834, und beim Tode dieser (1868) begannen ganz ähnliche Erscheinungen die allgemeine Aufmerksamkeit auf Louise Lateau in Belgien hinzulenken." „Man erinnere sich nur an Marpingen, an Mettenbuch und Dietrichswalde."

Im Kapitel von den „dämonischen Visionen" erzählt Meschler:

„Die heilige Katharina von Bologna äffte der böse Feind fünf ganze Jahre mit falschen Erscheinungen des Heilandes und der Muttergottes. D'Achery berichtet von einem Mädchen bei Metz, welches das ganze Land täuschte durch ihren vorgeblichen Umgang mit seligen Geistern, durch die himmlischen Wohlgerüche, die ihre Wohnung durchdufteten..... Eine Hauptbetrügerin war auch ein französisches Mädchen, Nicole Javernier. Der böse Feind psalmodierte angeblich als Heiland ganze Stunden mit ihr und entzückte sie durch melodischen Gesang; er kommunizierte sie zum Schein, erhielt ihr Leben ohne Nahrung und vermehrte in ihrer Hand das Brot, das sie unter die Armen austeilte; er belehrte sie über die schwierigsten Stellen der heiligen Schrift, machte ihr die Sünden Sterbender kund, rettete sie zweimal wie durch ein Wunder aus tödlicher Krankheit und machte sie öfter unsichtbar."

Ebenbürtig steht dem „deutschen" Jesuiten ein italienischer Ordensgenosse zur Seite.

Die bekannte katholische „Bonifatiusdruckerei" in Paderborn verbreitete im Jahre 1878 ein Buch des Jesuiten Rosignoli: „Wunderbare Ereignisse aus dem Jenseits! Erbarmet euch der armen Seelen im Fegfeuer!" Rosignoli tritt ausdrücklich für die „verbürgte Glaubwürdigkeit" seiner Mitteilungen ein: „Eine Tante des Kaisers Otto IV. hörte an die Türe klopfen, und sogleich öffnete sich dieselbe von selbst, und der Kaiser — der sehr fromm gestorben war, so daß jeder glaubte, er sei im Himmel — trat als Bittender ein: ‚Ich schmachte in den Flammen des Fegfeuers; fordere die Klöster auf, für mich zu beten und sich während des de profundis zu geißeln'." „Die Seele Papst Innozens III. erschien, von Flammen umgeben, einer frommen Jungfrau und sagte: ‚Ich leide die Strafe für drei Fehler. Ich hätte durch diese beinahe mein Heil verscherzt'." „In Ferrara wurde ein Palast infolge nächtlichen Lärms, der sich regelmäßig wiederholte und dessen Ursache trotz aller Nachforschungen nicht entdeckt werden konnte, unbewohnbar. Ein Student erbot sich, in dem Hause zu wohnen, wenn man ihm für zehn Jahre ein Zimmer ohne Miete einräumen wolle. Nachts kam ein grauenhaftes, an Händen und Füßen gefesseltes Gespenst. Beim ersten Tagesgrauen ging es hinaus. Der Student folgte ihm mit einer geweihten Kerze bis in einen Keller, wo es verschwand. Man grub dort die Erde auf und fand einen Leichnam. Derselbe wurde unter den gebräuchlichen Zeremonien begraben und mehrere Messen für den Verstorbenen gelesen. Seitdem hörte man in dem Palaste nichts mehr." „Ein Franziskaner erschien nach dem Tode einem Dominikaner und ließ ihn, um ihn zum Eifer und Mitleid zu bewegen, die grausamen Flammen sehen, die ihn peinigten. Er legte seine rechte Hand auf den Tisch, und sie drückte sich so tief ein, als habe man die Form mit einem glühenden Eisen eingebrannt." Auf S. 159 wird eine Geschichte von einem spanischen Edelmann erzählt, der trotz seines schlechten Lebens auf dem Wege zu einem galanten Abenteuer den Rosenkranz betet für die Seelen der Verbrecher, deren Leiber an dem Galgen hängen, an dem er vorbeigeht. Einer der Gehängten steigt vom Galgen herab, beschützt ihn gegen den Zorn des beleidigten Ehemanns und knüpft sich darauf selbst wieder an den Galgen, unter der Erklärung, „Gott habe ihn wunderbarerweise gesandt, dem Ritter zu helfen."

Vor den Augen eines leichtfertigen Mädchens erstechen sich zwei ihrer Liebhaber gegenseitig, das Mädchen selbst wird von den Angehörigen der beiden ermordet. Der heilige Dominikus erweckt sie wieder vom Tode; sie legte eine Generalbeichte ab und „lebte noch zwei Tage, um eine bestimmte Anzahl Rosenkränze zu beten, die ihr zur Buße auferlegt waren". Dann starb sie zum zweiten Male.

In dem von Jesuiten herausgegebenen „Sendboten des göttlichen Herzens" findet sich im

Jahrgang 1871 folgende Geschichte: „Im Dekanat Bozen wurde ein totes Mädchen geboren, in dessen mißgestaltetem Gesicht weder Augen noch Nase zu sehen waren. Zwei Personen trugen das tote Kind zur wundertätigen Muttergottes nach Riffian mit der festen Hoffnung, in der dortigen Wallfahrtskirche Lebenszeichen zu erbitten, um dasselbe mindestens bedingungsweise taufen zu können. Sie kamen am 13. Januar spät abends in Riffian an und trugen am folgenden Tag das Kind in die Kirche. Es zeigten sich Lebenszeichen; sie trugen das Kind zum Pfarrer, um es taufen zu lassen, konnten aber nun kein Lebenszeichen mehr wahrnehmen. Das Kind wurde also begraben. Aber am 18. ließen sie das Kind wieder ausgraben, und während ihres Gebetes nahmen sie Lebenszeichen wahr und ließen das Kind durch den gerade gegenwärtigen Meßner taufen, die Lebenszeichen wurden nach der Taufe immer noch schöner und verschwanden erst allmählich wieder."
„In Stilfs ertrank am 3. Juli eine schwangere Frau. Die Leiche wurde erst am 5. Juli untersucht und geöffnet, und das Kind als tot gefunden. Abends kamen viele Leute bei der Leiche zusammen, um durch die Fürbitte Marias die Taufgnade zu erbitten. Wie sie beteten, sahen sie, daß das Gesicht des Kindes Lebensfarbe erhielt, daß Lippen und Wangen sich röteten und der Mund sich öffnete; einige Weiber wollten auch den Pulsschlag des Herzens gesehen haben. Das Kind wurde bedingungsweise getauft; bald nach dem Taufakt schloß es den Mund und wurde bleich wie Wachs."

Der belgische Jesuit E. Terwekoren berichtet über die wunderbaren Wirkungen des „Ignatius=Wassers": „Im Jahre 1859 wurde zu Antwerpen eine Frau, welche beinahe blind geworden war, geheilt. Ihr Vertrauen wurde glücklicherweise ansteckend: noch an demselben Vormittag holten 5 oder 6 Personen dies Wasser, um sich gegen die Cholera zu schützen. Am Nachmittag zählte man bereits einige 30 Begehrer, und wenige Tage später war ein solcher Andrang um das Ignatius=Wasser, daß 4 bis 5 Personen kaum hinreichten, es zu verteilen. Als im Jahre 1839 in Brügge die Cholera herrschte, gab ein Pater einem Manne das Wasser des heiligen Ignatius und flößte ihm Vertrauen in den Gebrauch desselben ein. Und nicht vergebens; denn plötzlich hörte die Epidemie in jener Straße auf. Von diesem Augenblicke an kam man von allen Seiten, um dies heilsame Wasser zu holen. Nach einigen Tagen reichte man nicht mehr damit aus, das Wasser bloß in Flaschen zu weihen, man mußte es in ganzen Bottichen weihen und dieselben an Orte stellen, wo alle bequem zusammen kommen konnten. In einer Woche wurden mehr als 50 Bottiche geweiht. Ein fünf Monate altes Mädchen schien infolge eines Choleraanfalles tot. Man flößte ihm ein paar Tropfen des lebendigmachenden (!) Wassers ein, und das Kind kam in zwei Minuten zu sich und wurde gesund. Man hat gesagt, und wir wiederholen es mit größter Reserve, es sei kein Cholerakranker gestorben, der das Ignatius=Wasser genommen hat. In Gent verlangte man im Verlaufe von zwei Monaten mehr als 100000 Flaschen."

5. Der Taxil=Baughan=Schwindel.

Ein besonderes Eingehen erfordert der schon erwähnte Taxil=Baughan=Schwindel, weil seine Entlarvung zugleich die äußerste Bloßstellung des Papsttums ist.

Die Schwindlerfirma Taxil=Baughan hat sich das große Verdienst erworben, der Welt handgreiflich bewiesen zu haben, daß wüste Phantasien und pornographische Ausgeburten auch heute noch einen wesentlichen Bestandteil des römischen Widerchristentums bilden; daß auch der gegenwärtige „Statthalter Christi", Leo XIII., wie seine Vorgänger, Gregor IX., Johann XXII., Innozenz VIII. usw., dem blödsinnigsten Aberglauben, den schändlichsten Entstellungen jeder Religion Freibrief und Segen erteilen; daß dieser „von Gott gesetzte Lehrer der Wahrheit", dieses „von Gott gesetzte Haupt des wahren Christentums" durch sein überragendes Ansehen in der katholischen Welt in ungeheurem Maße dazu beiträgt und unmittelbar veranlaßt, daß unbeschreiblicher Schmutz und pornographischer Blödsinn Kopf und Herz derjenigen anfüllen, die von ihm, dem „Statthalter Christi", geführt werden sollen „auf erleuchteten Wegen göttlicher Wahrheit und Gesittung".

Am 19. April 1897 erklärte Leon Taxil im Sitzungssaale der „Gesellschaft für Erdkunde" zu Paris, unter ungeheurer Aufregung seiner Zuhörer, sein ganzes bisheriges Tun und Treiben, seine Bücher und Schriften, sei ein einziger, großer, mit vollem Bewußtsein von ihm begonnener und fortgesetzter Schwindel. Taxil schloß seine über alle Maßen zynische Rede mit den an die zahlreich versammelten katholischen Geistlichen und Journalisten gerichteten Worten: „Meine hochwürdigen Väter, ich danke aufrichtig meinen Kollegen der katholischen Presse und unseren Herren Bischöfen dafür, daß sie mir so trefflich geholfen haben, meine schönste und größte Mystifikation zu organisieren."

Wer war Taxil, und welches war seine „Mystifikation"?

Im Jahre 1885 „bekehrte" sich der in Frankreich sehr bekannte Schriftsteller und Freidenker Leon Taxil. Sofort nahm ihn der päpstliche Nuntius in Paris, Monsignore di Rendi, unter seine besondere Obhut und forderte ihn auf, wie er früher durch seine Schriften gegen „die Kirche Gottes" gekämpft habe, jetzt mit seiner Feder für sie zu wirken.

Eifrig kam Taxil dieser Aufforderung nach. Buch folgte auf Buch; alle wurden von der katholischen Welt nicht nur gelesen, sondern verschlungen. Sein bekanntestes Werk: „Les Frères Trois-Points, die Drei-Punkte-Brüder" (Paris 1886, 2 Bde.) war in weniger als fünf Monaten schon in 22000 Exemplaren abgesetzt. Der „deutsche" Jesuit H. Gruber ließ das Buch in der Bonifatius-Druckerei zu Paderborn in deutscher Übersetzung erscheinen. In der Vorrede sagt Gruber: „Das Werk, das wir hiermit der deutschen Lesewelt übergeben, wurde gleich bei seinem Erscheinen von der katholischen Presse allenthalben sehr günstig aufgenommen. Und mit Recht! .... Möge dies Werk auch in der deutschen Übersetzung zu Nutz und Frommen des deutschen Volkes eine weite Verbreitung finden."

Die ultramontane Presse Deutschlands tat eifrig das ihre, den Wunsch des Jesuiten zur Erfüllung zu bringen.

Schon am 25. November 1886 schrieb die „Schlesische Volkszeitung": „Leo Taxil, selbst längere Zeit Freimaurer und in maurerischen Kreisen wegen der Herausgabe einer ganzen Reihe gottloser und kirchenfeindlicher Schriften gefeiert hat vor gut einem Jahre plötzlich seine Irrtümer und Fehler vor der kirchlichen Behörde abgeschworen und dann in einem aufsehenerregenden Werke »Les Frères Trois-Points« Enthüllungen über die Freimaurerei gemacht. Die französischen Logenblätter haben nicht einmal den Versuch gemacht, die Angaben Taxils zu bestreiten. Dies ist wohl der beste Beweis für ihre Zuverlässigkeit."

Am 28. Dezember 1886 folgte die „Germania": „Wenn auch manches, was über die französische Freimaurerei gesagt wird, für andere Länder nicht zutreffen mag, so ist die Freimaurerei der ganzen Welt doch einig in ihren christen- und vor allem katholikenfeindlichen Bestrebungen. Es haben daher auch für uns die Enthüllungen Taxils ihren großen Wert. Die vorliegende Übersetzung, welche an Frische und Eleganz des Stiles mit dem französischen Original wetteifert, ist dadurch noch besonders wertvoll, daß sie speziell dem deutschen Logentum gebührend Rechnung trägt und stellenweise anstatt einer bloßen Übersetzung eine neue Bearbeitung bietet . . . Zu den bekannten wertvollen Werken Pachtlers über die Freimaurerei, welche vorwiegend über die Ziele und Wirksamkeit der Freimaurerei handeln, bildet die Übersetzung des Taxilschen Werkes, welches uns das Innere der Logen, den ganzen Formalismus der Sekte vorführt, eine willkommene Ergänzung."

Im Februar 1888 nimmt die Jesuitenzeitschrift „Stimmen aus Maria-Laach" das Wort: „Das Werk Taxils liegt in einer im ganzen vortrefflichen deutschen Bearbeitung vor. Der deutsche Bearbeiter ließ es sich angelegen sein, den Leser nach Möglichkeit auch über die außerfranzösische, namentlich über die deutsche Freimaurerei zu unterrichten und selbst die Angaben über die französische durch Benutzung anderer Quellen aus der neuesten Zeit zu vervollständigen. So enthält die deutsche Ausgabe der »Frères Trois-Points« ein überaus reichhaltiges, vielfach ganz neues Aktenmaterial zur Beurteilung des Freimaurerbundes. Das Schlußwort fordert in kerniger Sprache zur Bekämpfung der Loge auf allen Gebieten auf, besonders auf dem der Schule. Diese Aufforderung, sowie das entrollte Programm zur Bekämpfung des Geheimbundes verdient alle Beachtung. Es ist dies das vom Papst Leo XIII. selbst gutgeheißene Programm. Zum Schlusse noch ein Wort über die Zuverlässigkeit dieser Enthüllungen. Taxil war, wie bereits bemerkt, selbst Freimaurer und stützt sich bei seinen Enthüllungen auf die offiziellen Logendokumente. So kompromittierend seine Angaben für die Loge auch sind, so war den Freimaurerblättern eine Widerlegung derselben nicht möglich. Sie jammerten nur darüber; daß ihre Zeichen nun den Profanen bekannt und sie daher in ihren eigenen Logen vor Eindringlingen nicht mehr sicher seien. Das ohnmächtige Gebahren der Logenblätter ist um so beredter, als die zwei Bände der »Frères Trois-Points« bereits in etwa 100000 Exemplaren abgesetzt wurden. Zudem finden die Enthüllungen Taxils in anderen Werken ihre Bestätigung. Auch was wir persönlich über das Aufnahmezeremoniell in deutschen und schweizerischen Logen gelegentlich erfuhren, ist nur geeignet, die Mitteilungen Taxils zu bestätigen. Das Werk „Die Drei-Punkte-Brüder" scheint uns auf Grund des Gesagten in vorzüglicher Weise geeignet, den so oft und bringend ausgesprochenen Wunsch des Heil. Vaters, es möchte die Freimaurerei entlarvt werden, zu verwirklichen."

Und am 11. Mai 1888 beschließt den Reigen der führenden Zentrumsblätter die „Kölnische Volkszeitung": „Wenn irgend jemand die französische Freimaurerei kennt, so ist es Taxil, welcher derselben bis zu seiner so großes Aufsehen erregenden Bekehrung als eifrigstes Mitglied angehört hat. Taxil hat seitdem die Enthüllungen über den Geheimbund als eine seiner Hauptaufgaben betrachtet. In dem vorliegenden Bande findet man bis ins kleinste Detail Mitteilungen über Ausbreitung und Verzweigung, Organisation und Verfassung, Ritual, geheime Zeichen und Tätigkeit der Freimaurerei. Da Leo Taxil nur die französischen Rituale berücksichtigt, so fügt der ungenannte Bearbeiter sehr eingehende Bemerkungen über Geist und Form der Freimaurerei im allgemeinen bei... Über die gefährlichen Ziele der Loge spricht die Schrift in der rückhaltlosesten Weise sich aus, dabei betonend, daß namentlich in Ländern, welche für die unverschleierte Enthüllung ihres Geheimnisses noch nicht reif sind, gerade die Masse der gutmütigen Maurer in den niedern Graden, welche selbst die eigentlichen Ziele der Freimaurerei kaum ahnen, von besonderm Werte seien, weil dadurch der Bund selbst vor der profanen Welt ein harmloses Aussehen erhalte"...

Triumphierend konnte deshalb die unter bischöflicher Leitung stehende „Buchdruckerei und Buchhandlung des Werkes vom hl. Paulus", die sich mit der „Bonifatius-Druckerei" in Paderborn in den Verlag des Taxilschen Werkes geteilt hatte, verkünden: „Wenn von irgendeinem Werke, so kann man von dem Werke Taxils sagen, daß es von der gesamten katholischen Presse Deutschlands, Österreichs und der Schweiz aufs wärmste in jeder Hinsicht empfohlen ist."

Taxils Hauptwerk, „Die Drei-Punkte-Brüder", ist geschrieben im engsten Anschlusse an die Enzyklika Leo XIII. vom 20. April 1884: Humanum genus. In diesem „Rundschreiben an alle Primaten, Patriarchen, Erzbischöfe und Bischöfe der katholischen Welt" fordert der „Statthalter Christi" auf, „die Larve herunter zu reißen der Freimaurerei, in der die bösen Geister, die sich gegen Gott empört haben [die Teufel], in ihrer ungebändigten Treulosigkeit und Heuchelei wieder aufleben". Dieser echt päpstliche (vgl. Gregor IX., Johann XXII., Innozens VIII. usw.) Hinweis auf die Wirksamkeit des Teufels in dieser Welt ist das Leitmotiv aller Taxilschen Schriften geworden. Taxil wußte, was in ultramontanen Kreisen am leichtesten Glauben finden, er wußte, was ihm die Gunst eines „Statthalters Christi" am festesten sichern werde.

Aus den „Drei-Punkte-Brüdern" sind die folgenden Stellen:

„Die Rezipienden [in die Freimaurerei] bleiben in Begleitung des Großexperten allein im Saale. Dieser legt ihnen einen schwarzen Schleier über den Kopf und führt sie in die Infernale Kammer."

„Die Infernale Kammer ist", wie die Rituale sagen, „das Sinnbild des Ortes der Verdammung." — „Es ist ein kleiner Saal, welcher nur durch das Licht der Transparente erhellt wird, mit welchen die Wände buchstäblich bedeckt sind. Diese Transparente stellen die Hölle vor. Jedoch würde man sehr irren, wenn man glauben wollte, dies sei die Hölle im kirchlichen Sinne. Nein, die Teufel und Verdammten, die hier sind, sehen, obgleich von Flammen umgeben, gar nicht danach aus, als ob sie sich übel befänden. Sie scheinen im Gegenteile vor Freude zu strahlen; sie leben und tummeln sich im Feuer, wie in ihrem Elemente. Alle die Verfluchten der Bibel: Kain, Chanaan, Moab und andere nehmen sich wie Patriarchen aus und glänzen in Herrlichkeit. Tubalkain schmiedet in einer Schmiede, in welcher Teufelchen arbeiten, Blitze. Hiram, erkenntlich an seinen maurerischen Abzeichen und am Akazienzweige, welchen er wie eine Martyrerpalme trägt, erhält eine goldene Krone, welche Eblis, der Lichtengel (Satan), ihm mit Zärtlichkeit aufs Haupt setzt. Diese Darstellung ist nichts anderes, als eine Verherrlichung Luzifers, seiner Gefährten in der Rebellion und der Seelen, welche sich von Gott abwenden. Rechts und links befinden sich in dieser Kammer zwei Skelette; jedes derselben schießt, einen gespannten Bogen in der Hand, einen Pfeil ab. Der Gang, welcher zur Infernalen Kammer führt, ist mit kleinen Gräben, Löchern und Erdhügeln bedeckt. Der Großexperte nimmt den Rezipienden, wenn sie in der Infernalen Kammer sind, ihren schwarzen Schleier ab und sagt ihnen: ‚Sehen sie und denken sie nach!' Dann entfernt er sich, bleibt aber in der Nähe der Türe."

„Die Areopage und Kapitel [der Freimaurerei] ihrerseits stehen unter dem Einfluß des Geistes des Bösen, Luzifers und Eblis', des angeblichen Lichtengels, mit welchem die Ritter Kadosch durch ihre Teufelsbeschwörungen und Schwarzkünste in direkter Gemeinschaft stehen. Ich weiß wohl, daß manche meiner Leser über eine solche Behauptung ungläubig die Achsel zucken werden. Nun, ich muß sagen, daß ich mich selbst lange gegen eine solche Annahme gesträubt und darüber gelacht habe. Indes änderte ich nach eingehenden, aktenmäßigen Studien meine Ansicht; ich kam zur festen Überzeugung, daß der höllische Geist bei der geheimnisvollen Leitung der Freimaurerei durch die unnahbaren Areopage der Kadosch wirklich seine Hand im Spiele habe. Die Organisation und Führung der geheimen Sekte ist zu satanisch, als daß sie sich rein menschlich erklären ließe."

„Der Einführende geleitet den Rezipienden in die Weiße Kammer. Dieser Raum heißt so wegen seiner weißen Behängung. Er wird nur von einer breiten bläulichen Weingeistflamme erhellt, welche aus einem großen, in der Mitte des Saales befindlichen Gefäße hervorschlägt. Im Osten befindet sich ein viereckiger Altar, welcher ein anderes, mit wohlriechenden Stoffen angefülltes Gefäß trägt. Über diesem Altare schwebt in einem Glorienscheine ein ungeheures umgekehrtes Dreieck mit der Spitze nach unten, das Emblem Luzifers; an dieser nach unten gekehrten Spitze ist ein doppelköpfiger Adler befestigt. Derselbe ist halb weiß und halb schwarz und hat natürliche Größe; er hat die Flügel ausgespannt und hält in seinen Krallen ein Schwert. Die Fachwände dieses Saales haben mehrere Löcher, durch welche die Ritter Kadosch, ohne selbst bemerkt zu werden, den Kandidaten beobachten können. In der Weißen Kammer befindet sich allein der Großopferpriester; derselbe sitzt vor dem Altare." „Nun spielt sich eine im höchsten Grade widerliche Komödie ab. Der Rezipiend wird, immer mit verbundenen Augen, in die Schwarze Kammer geführt. Dort ist auf einem Gerüst ein lebendiges Schaf aufgeschnürt. Dasselbe ist an der linken Seite glatt rasiert. Dem armen Tiere ist überdies das Maul fest verbunden, so daß es nicht den geringsten Laut von sich geben kann. Neben dem Gerüste steht ein Bruder, welcher das Stöhnen eines geknebelten Menschen nachahmt. Der Großmeister und die Großrichter haben sich ebenfalls in die Schwarze Kammer verfügt. Der Großmeister zum Rezipienden: Bruder! Als du in den Grad ‚Auserwählter' angenommen wurdest, rächtest du den Tod Hirams symbolisch. Heute handelt es sich nicht mehr darum, bloße Puppen zu erstechen oder des Lebens beraubte Schädel mit deinem Dolche zu durchbohren. — Du weißt, es gibt keine Institution, so vortrefflich sie auch sein möge, welche nicht ihre Verräter hätte. Ein Elender nun aus einer Werkstätte unserer Obedienz hat vor kurzem unsere heilige Sache verraten, und es ist uns gelungen, seiner habhaft zu werden. Hier liegt er; seine letzte Stunde hat geschlagen. Hörst du die Laute der Wut, welche er ausstößt? Er weiß, daß die Strafe ihn nun ereilen wird, und daß er nicht mehr entkommen kann. Fest gebunden und geknebelt, möchte er vielleicht, ehe er unter den Streichen unserer gerechten Rache sein Leben aushaucht, uns einen letzten Schimpf antun. Aber dieser Mund, welcher unsere Geheimnisse verraten, soll sich nicht mehr auftun, diese meineidige Zunge soll nicht mehr reden! — Bruder! Deine heutige Aufnahme bringt dir die Ehre, Gerechtigkeit an ihm zu üben. Betaste zuerst mit deiner Hand die Stelle, an welcher dein Dolch treffen muß, damit dein rächender Arm nicht zittere! Bei diesen Worten ergreift man die linke Hand des Rezipienden und legt sie an der rasierten Stelle auf das zappelnde Schaf. Der Kadosch-Kandidat hat die Empfindung, als ob er die Haut eines Menschen berühre; er fühlt das Herz pochen. Der Befehl ertönt; er führt einen Dolchstich, in der Meinung, einen lebenden Menschen zu morden. Sobald dies geschehen ist, schleppt man ihn in einen andern Saal. Dort nimmt man ihm den dichten schwarzen Schleier von den Augen und bringt ihm auf einer Platte das blutende Herz des Opfers. Und dieses Herz muß er an der Spitze seines Dolches zum Großmeister hintragen. Nachdem der Rezipiend diese Probe seines Mutes abgelegt, kann seine Aufnahme nicht mehr länger beanstandet werden." „Der Heilige, welchen der Kadosch verehrt, ist Br... Proudhon, und das ‚Gebet', welches seine Lippen aussprechen, ist die grauenvolle Teufelsanrufung dieses berüchtigten Revolutionärs: ‚Komm Luzifer, du Gesegneter unseres Herzens! Komm, damit wir dich an unsere Brust drücken!...'" „Der Leser wird sich noch des geheimnisvollen Wortes erinnern, das oben am kubischen Stein figuriert: ‚Schem-Hamm-Phorasch'. Dieses Wort beschließt die Teufelsbeschwörungen, welche in der kabalistischen Maurerei in Übung sind. Ich werde mich wohl hüten, die Bedingungen im einzelnen zu schildern, welche der Unglückliche erfüllen muß, der sich so zu gräßlichen Dingen hergibt. Ich will den Wortlaut der großen und letzten Anrufung des Geistes der Finsternis wiedergeben:

‚Hémen-Etan! Hémen-Etan! Hémen-Etan!... El Ati!... Titeip!... Azia!... Hin! Teu! Minosel!... Achadon!... Vai! vaa! Eyé!... Aaa! Eyé! Exe!... A!... El!... El!... El!... A!... Hy!... Hau!... Hau!...

Hau!... Hau!... Va! va! va! va! Chavajoth!... Aïe Saraye! Aïe Saraye! Aïe Saraye!... Per Elohim, Archima, Rabur!... Bathas super Abrac!... Ruens superveniens Abeor!... Super Aberer!... Chavajoth! Chavajoth! Chavajoth!... Impero tibi per clavem Salomonis es nomen magnum!... Schem-Ham-Phorasch!' Man sieht hieraus, mit wieviel Recht Mgr. Fava (Bischof von Grenoble) behauptet, daß man in den Hochgrad=Logen der Freimaurerei wirklich Teufelsbeschwörungen vornimmt. Denn schon die Existenz solcher Formeln in den Freimaurer=Ritualen ist ein Beweis dafür, daß man sich derselben auch bedient. Diese Formeln sind in einer fremden Schrift geschrieben. Man übergibt sie dem Neuaufgenommenen nach seiner Aufnahme zugleich mit dem erklärenden Alphabet. ‚Wir haben auch', so sagt der Präsident zum Neugeweihten, ‚Hieroglyphen, welche nur uns bekannt sind; man wird Ihnen dieselben mitteilen, aber hüten Sie sich, Mißbrauch damit zu treiben.' — Man wende nicht ein, dies seien bloß Spielereien, denn mit solchen fluchwürdigen Dingen soll man auch nicht einmal spielen." „Bei dem auf die Rosenkreuzer=Aufnahme folgenden Abendmahle, dieser gotteslästerlichen Nachäffung des heiligen Altarsakraments, segnet, wie wir oben gesehen haben, der Sehr Weise das Brot mit einem besondern Zeichen, dem Zeichen des Zeigefingers oder dem Segen mit einem einzigen aufgehobenen Finger. Bei dem Kadosch=Agapen hebt der Obermeister zwei Finger zum Segen auf und hält seine Hand in einer solchen Art und Weise, daß dieselbe bei der grellen Beleuchtung durch einen vor ihm befindlichen Leuchter einen Schatten auf die Wand wirft, welcher Luzifer sinnbildet. Die Hierarchie der Werkstätten besteht darin, daß die irreligiöse Loge unbewußt unter der Leitung des pantheistischen Kapitels, und dieses selbst wieder unter dem Einflusse des satanischen Areopags steht."

Über die „Frauenloge" berichtet Taxil:

Der „Ritus der Möpse. Nach diesem Ritual tritt die Kandidatin als Hündin, welche jedoch noch nicht Mops ist, in den von einem Br. und einer Schwester präsidierten Kreis männlicher und weiblicher Möpse. Kein Wunder, daß diese in Aufregung geraten und das fremde Hundswesen beißen wollen. Unsere Hündin erklärt jedoch, selbst Möpsin werden zu wollen, worauf die gegen sie aufgesperrten Rachen der Möpse sich wieder schließen. Man frägt sie hierauf, ob sie Furcht vor dem Teufel habe. Hierauf muß sie die Zunge herausstrecken, welche der inspizierende Mops mit seinen Fingern faßt und weidlich betastet, um dann als Sachverständiger die Erklärung abzugeben, diese Hündin habe die nötigen Eigenschaften, um Möpsin zu werden. Der prüfende Mops fragt darauf barsch die Kandidatin, ob sie bereit sei, den Hintern eines Mopses nach ihrer Wahl zu küssen. Nachdem sich die Versammlung einige Zeit an der Verlegenheit der Hündin ergötzt, reicht man ihr das sammetne oder seidene Hinterteil einer Mopspuppe zum Kuße dar. Ist die Kandidatin zur Meisterin geworden, so beginnt die unsittliche und gottlose Partie der Aufnahme. Man führt die neue Meisterin in einen aus spanischen Wänden innerhalb der Loge gebildeten Verschlag, gibt ihr einen Hammer in die Hand und befiehlt ihr, damit die ‚Meisterarbeit' auszuführen. Diese besteht darin, daß sie auf den Stein, d. h. auf eine steinfarbige, viereckige Boîte à surprise fünf Schläge tut, vier auf die vier Ecknägel der Büchse, den fünften auf einen Nagel in der Mitte derselben. Auf diesen letzten Schlag hin springt die Büchse auf, und es erscheint, — was man unter Maurern ‚das Symbol der maurerischen Moral' nennt. Der profanen Welt gegenüber gibt man dies Symbol als Herz aus. Dies ist jedoch bloß ein euphemistischer Ausdruck für einen andern Gegenstand, wie er den lasziven französischen Schriftstellern des 18. Jahrhunderts geläufig war. Das Zartgefühl verbietet uns, noch deutlicher zu reden. Um dieses Symbol, welches man sonst höchstens noch in den ausgelassenen Mysterien des alten Heidentums oder in den im Dunkel der Nacht abgehaltenen Zusammenkünften der Gnostiker findet, stellt man der neuen Meisterin als ‚Produkt ihrer Arbeit' vor. Dasselbe entschleiere das Geheimnis der Natur, vor welchem lasterhafte Seelen Abscheu empfinden, welches aber für die Tugendhaften ein heiliges Mysterium sei. Nicht umsonst hat man für diese Enthüllung die neue Meisterin zwischen spanische Wände gestellt. Sie muß, so ausgeschämt sie auch sein mag, doch schamrot werden. Angesichts solcher Mysterien begreift man freilich die zahlreichen Verschwiegenheitseide."

Die Krone der Taxilschen „Enthüllungen" bildet der „Schlüssel der geheimen Symbole"; er ist als „Beilage" dem Hauptwerk angefügt. Der Jesuit Gruber leitet diesen „Schlüssel" mit den Worten ein:

„Taxil versichert des Bestimmtesten, daß dies in Wirklichkeit der wahre Schlüssel der Freimaurer-Symbole sei, und fordert alle Freimaurer, welche wenigstens den 18. Grad besitzen — denn die Freimaurer niederer Grade sind nicht in diese

Abscheulichkeiten eingeweiht —, auf, ihm eine Unrichtigkeit, wenn auch nur in unbedeutenden Dingen, nachzuweisen. In der Tat haben die Freimaurer=Blätter es nicht gewagt, die treue Wiedergabe des ‚Schlüssels' durch Leo Taxil in Abrede zu stellen. Es bleibt daher kein Zweifel daran übrig: Der hier mitgeteilte Schlüssel ist der wahre Schlüssel zu den geheimen Symbolen der Freimaurerei."

Dieser „Schlüssel" spricht für sich selbst, und trotz seines obszönen Inhaltes muß ich Stellen aus ihm anführen: „Die Einweihung in den zweiten Grad leitet den Einzuweihenden auf das Studium des menschlichen Körpers hin. Der ‚flammende Stern' wird dem Neophyten gezeigt. Dieser Stern hat fünf Spitzen und ist zugleich Wahrzeichen des menschlichen Körpers und des Zeugungsprinzips. Die obere Spitze bedeutet den Kopf, die zwei mittleren die Arme, die unteren die gespreizten Beine. Der Buchstabe G., welcher Zeugung (generatio) bedeutet, ist mit Absicht dort angebracht, wo die Schenkel auseinandergehen, um die Geschlechtsteile anzudeuten. Der Buchstabe G. kann auch ‚Geometrie' bedeuten, weil der ‚flammende Stern' den Akt der Begattung geometrisch veranschaulicht. Und zwar auf folgende Weise: Der aufliegende Mann richtet das vorstehende Glied auf die Mitte des Körpers; das unterliegende Weib öffnet den gehöhlten Schoß; so stellt dies die Begattung, durch Vermischung der männlichen und weiblichen Geschlechtsteile, den fünfzackigen Stern dar. Der Mann Λ, die Frau: V."

Die anderen Werke Taxils: „Der Meuchelmord in der Freimaurerei" (erschienen in Salzburg bei M. Mittermüller, Buchhändler des Heiligen Apostolischen Stuhles) und „Bekenntnisse eines ehemaligen Freimaurers" (Paderborn, Bonifatius=Druckerei), gleichfalls vom Jesuiten Gruber deutsch bearbeitet und gleichfalls von der ultramontanen Presse mit Posaunenstößen begleitet, behandeln den gleichen Stoff: Unzucht, Satansanbetung. Nur eine Stelle aus dem „Meuchelmord" will ich anführen:

„Mit Riesenschritten gehts dem ‚Ritter Kadosch' zu. Auf dieser Stufe wird er [der Kandidat] zu neuen Schwüren angeleitet, den freimaurerischen Exekutionsbefehlen niemals den Gehorsam zu versagen; hier beginnt der Kult und die direkte Anbetung des Teufels, die progressive Vertierung durch die schwarze Kunst, endlich die Ehrenbezeugung an den Satan in Gestalt einer Schlange. Der Adept wiederholt die Schwüre des unbedingten Gehorsams für die Logenbefehle — was und wann immer auch befohlen wird. Er ruft Satan als seinen Gott hiezu an, er ruft ihn an nach dem Ritual der schwarzen Kunst, entworfen von einem apostasierten Priester, er betet ihn an in der Gestalt von Baphomet, einem infamen Götzenbild mit Bocksfüßen, Frauenbrüsten und Fledermausflügeln."

Taxil genügte es aber schon sehr bald nicht mehr, die katholische Welt nur mit seinen eigenen Schriften zu überschwemmen; durch Mitarbeiter wollte er den pornographischen Teufelsspuk zu einer wahren Flutwelle anschwellen machen. So begründete er die Schriftsteller= und Schwindelfirma: Taxil=Hacks=Margiotta=Vaughan.

Dr. Karl Hacks, ein Rheinländer und Schwager des Verlegers der ultramontanen „Kölnischen Volkszeitung", schrieb unter dem Decknamen Dr. Bataille das Buch „Le Diable au 19. siècle". Die Lieferungsausgabe dieses Buches begann am 29. September 1892. Es ist ein in Romanform geschriebenes Reisewerk, worin Dr. Hacks (Bataille) die verschiedenen Länder, die er bereist hat, beschreibt unter dem Gesichtspunkt des Teufelskultus, der in ihnen getrieben wird: „Das Leben der Menschen in Singapore hat etwas merkwürd... Infernales. Die englische Frau, das Mädchen nicht ausgenommen, ist der Ausbund des Lasters und der Gottlosigkeit. In Singapore stellt die junge Engländerin ihre Reize, ihre Jugend, ihre Intelligenz, alles in den Dienst Satans, dessen Apostelin und Stellvertreterin sie ist. Sie ist in Wirklichkeit von Gott verflucht, die Vielgeliebte des Fürsten der Finsternis. Weib nur dem Namen nach, ist sie in Wahrheit absolut infernal und eine Teufelin." In einer presbyterianischen Kirche zu Singapore entdeckte Hacks einen Schlupfwinkel des Satanskults. Der Pastor öffnete ihm denselben. Ein Baphomet mit allem palladistischen Zubehör, Kelch, Hostie und Dolch standen vor ihm.

Bei Gibraltar findet Hacks geheimnisvolle Höhlen, in denen die Teufel an der Arbeit sind, um Stoffe für Epidemien zu bereiten. Der Direktor Tubalkain, ein Teufel, begrüßt ihn in ausgezeichnetem Französisch und überreicht ihm beim Abschiede ein kleines Fläschchen, durch dessen Inhalt er in Paris eine mörderische Choleraepidemie hätte hervorrufen können.

Beim Satanspapst Pike sieht Dr. Hacks ein teuflisches Telephon, durch welches er den sieben großen Direktorien, Charleston, Rom, Berlin,

Washington, Montevideo, Neapel und Calcutta, seine Weisungen übermittelt.

Mit Hilfe eines magischen Armbandes kann Pike den Luzifer jeden Augenblick herbeirufen. Eines Tages nahm Satan Pike sanft auf seine Arme und machte mit ihm eine Reise auf den Sirius. In wenigen Minuten waren über 50 Millionen Meilen zurückgelegt. Nach Besichtigung des Sternes langte Pike in den Armen Luzifers wohlbehalten wieder in seinem Arbeitszimmer in Washington an.

Der Sophia Walder legt sich eine Schlange um den Hals und küßte sie auf die Lippen. Sophias Mund schäumt, ihre Haare richten sich zu Berge, mit heiserer Stimme stößt sie Lästerungen aus. Kurz darauf steht sie starr wie eine Bohnenstange, die Hände horizontal noch vorn gestreckt. Man legt ihr schwere Gewichte auf die Arme, diese bleiben aber unbeweglich. Die Schlange zischt und küßt sie zum zweiten Male. Darauf senken sich die Arme. Der Schwanz der Schlange bewegt sich wie ein schreibender Bleistift über den Rücken und gibt Antwort auf eine Frage, die vorher durch einen Zauberring in leuchtenden Buchstaben auf die Brust gezeichnet war.

In London wird durch diabolische Künste ein Tisch zum Plafond gebracht und in ein Krokodil verwandelt, das sich ans Klavier setzt, fremdartige Melodien spielt und die Hausfrau durch ausdrucksvolle Blicke in Verlegenheit bringt. Dr. Hacks beschreibt auch ausführlich die Werkzeuge, mit denen, zu Ehren des Teufels, die geweihten Hostien durchbohrt werden: „Der Apparat besteht aus einer runden, kupfernen, vergoldeten Büchse, die dem Gehäuse einer Remontoir-Uhr ähnlich ist. Sie hat an der Seite, gerade wie eine Uhr, eine Art Schraube, welche man mit zwei Fingern leicht drehen kann. Diese Schraube setzt den Mechanismus in der Büchse in Bewegung. Nur ist das keine Bewegung eines Uhrwerks, sondern eines Getriebes von kleinen ineinander greifenden Walzen, welche mit aufstehenden Spitzen und kleinen Häkchen aus Stahl versehen sind. Alles das wirkt zusammen, um die konsekrierte Hostie, welche auf den Boden der Büchse gelegt wird, zu quetschen, zu stechen, zu zerhacken und zu zerreißen. Diese Apparate existieren wirklich; ich wiederhole es. Wo sie verfertigt werden, ist mir nicht bekannt. In Gibraltar habe ich dergleichen nicht gesehen. Aber sie existieren und dienen zu den gräßlichen Freveln, von denen ich eben sprach."

„Doch halten wir einen Augenblick inne! Diese Verbrechen sollen nicht bloß unseren Unwillen hervorrufen, es ist nicht genug, zu knirschen. Man muß beten; die Gläubigen müssen eifriger als je das allerheiligste Altarsakrament verehren und so die schrecklichen Unbilden, die unerhörten Verunehrungen sühnen, welche die höllische Wut täglich vielfältig ihm zufügt. Wenn wir Christen an Gottes Langmut denken, so müssen wir beschämt werden. Dieselbe übersteigt unseren menschlichen Verstand. Wir sind Zeugen von Verbrechen, die so gräßlich sind, daß wir nicht begreifen, warum ihnen die Strafe Gottes nicht auf dem Fuße nachfolgt. Verdemütigen wir uns also, weinen, beten, sühnen wir."

Hacks-Bataille beschließt seinen Diable au 19. siècle mit den Worten: „Ich habe mein Werk am 29. September 1892, am Feste des h. Michael, welcher von der luziferianischen Sekte besonders verabscheut wird, begonnen. Ich will es mit dem herrlichen Gebete Leo XIII. zum ruhmreichen Fürsten der himmlischen Heerscharen schließen, welches der heilige Vater, der Papst, kürzlich den Exorzismen des Rituals beigefügt hat, und welches die ganze Situation auf bewunderungswürdige Weise zusammenfaßt und gleichzeitig auch das Heilmittel für dieselbe angibt." Dieses Gebet Leo XIII., das auf seinen Befehl jeder Priester nach jeder Messe an den Stufen des Altars laut beten muß, lautet: „Heiliger Erzengel Michael, stürze den Satan und alle anderen höllischen Geister, die zum Verderben der Menschen in der Welt umherschweifen, in die Hölle zurück."

Zweiter Mitarbeiter Taxils war der Italiener Margiotta. Er schrieb im Jahre 1894 das Buch: Adriano Lemmi, chef suprême des Franc-Maçons. Der ultramontane Verlag von Schöningh in Paderborn beeilte sich, das tolle Erzeugnis den deutschen Katholiken zugänglich zu machen. Margiottas Werk, das ihm in wenigen Monaten 50 000 Franken einbrachte, ist von der gleichen Ungeheuerlichkeit wie Hacks Diable. So erzählt Margiotta: der Teufelspapst Lemmi habe im Palazzo Borghese zu Rom einen förmlichen Satansdienst eingerichtet. Er ließ ein Kruzifix mit nach unten gehängtem Christuskopf unter dem Rufe „Ehre dem Satan" bespeien, durchbohrte bei jedem Briefe, den er an seinem Schreibtische schrieb, Hostien, die aus katholischen Kirchen entwendet waren, mit einer Bohrfeder, ließ bei allen Banketten der Freimaurer Satanshymnen singen und besondere Räume für Mopsschwestern einrichten, mit denen die Brüder Orgien feierten. Alle satanischen Dichter der Welt wurden, um den großen Dichter Leo XIII., der eine Sammlung von Gedichten herausgegeben hat, in Schatten zu stellen, aufgefordert, die Satanshymne Carduccis in ihre Muttersprache zu übersetzen und zu verbreiten. Anstatt des Ave Maria wurde ein Eva gebetet, in welchem das erste Weib wegen seiner Sünde gelobt wird. Dem Salve regina setzte man ein Salve Cain, den 7 Bußpsalmen 7 Molochpsalmen, der Litanei Mariens eine solche Astaroths und Astartes, dem Gloria patri ein Gloria Lucifero Victori entgegen. Die obszönsten Dinge, die Bataille bereits angedeutet hatte, werden mit Wohlbehagen breitgetreten, und dann erhebt Margiotta die Augen gegen Himmel, faltet die Hände und spricht: „Wir gehorchen ohne Hintergedanken den Befehlen des Heiligen Vaters, der will, daß wir der Freimaurerei die Maske abreißen, mit der sie sich verhüllt, und sie so zeigen, wie sie ist."

Durch den beispiellosen Erfolg, den er in allen Kreisen der katholischen Kirche gefunden hatte, fühlte sich Taxil so sicher gemacht, daß er glaubte, alles wagen zu können, und so setzte er seinen Schwindeleien die Krone auf, indem er Miß Diana Vaughan auf den Schauplatz treten ließ. Vom Juli 1895 bis zum Juni 1897 erschien in Paris das Lieferungswerk: Miss Diana Vaughan. Mémoires d'une Expalladiste. Publication mensuelle. Verfasser dieses Schauer- und Teufelsromans, der die Erlebnisse eines früher dem Teufel verschriebenen, jetzt bekehrten Mädchens mit ihren eigenen Worten schildert, waren — die Herren Taxil-Hacks. Diana Vaughan mit ihren Erlebnissen und Memoiren war vollständig das Phantasieerzeugnis der beiden großen Schwindler.

In kurzer Zeit war die nicht existierende Diana Vaughan eine berühmte Persönlichkeit in der katholischen Welt. Ihre „Memoiren" fanden reißenden Absatz und begeisterte Lobredner.

Diana läßt sich geboren werden am 29. Februar 1874; sie ist, wie sie zart andeutet, die Frucht des Umgangs ihrer Mutter mit dem Teufel Bitru. Als kleines Kind wurde sie in feierlicher Weise, wobei ein pechschwarzer Hahn eine Hauptrolle spielte, dem Teufel geweiht. Schon mit 10 Jahren war sie „Meister" der Palladistenschule zu Louisville in Amerika. Bei dieser Gelegenheit erschien der Obertenfel Asmodeus mit 14 Legionen Unterteufeln. Er brachte einen Löwenschwanz mit, den er dem Löwen des Evangelisten Markus abgeschnitten hatte! Diesen Löwenschwanz legt sich Diana um den Hals und gab ihm einen Kuß! Mit ihrem Teufel Asmodeus unternimmt dann Diana viele Reisen durch die Luft; in wenig Augenblicken gelangt sie an die entferntesten Orte; auch einzelne Sterne, z. B. der Mars, werden von ihr besucht. Asmodeus unterrichtet sie im Kampfe gegen den Christengott. Als im Jahre 1885 in einer Palladistenversammlung zu Paris mehrere Teilnehmer sich Diana feindlich zeigten, erschien plötzlich der Löwenschwanz, prügelte ihre Gegner und legte sich dann ihr um den Hals. Die wichtigsten Enthüllungen macht Diana über eine gewisse Sophie Walder. Sophie war am 23. September 1863 vom Teufel Bitru mit einer Dänin gezeugt worden. Bitru übernahm bei Sophie auch das Amt einer Amme und säugte sie; als Sophie herangewachsen war, ließ er sich mit Sophie in geschlechtlichen Verkehr ein, so daß der Teufel Bitru Vater, Amme und Gatte der Sophie Walder wurde.

Am 18. Oktober 1883 erklärte „der mächtige und heilige Bitru in Mitte des vollkommenen Triangels in der Straße della Valle in Gegenwart der unterzeichneten Brüder, daß unser göttlicher Meister und souveräner Herr Luzifer, der sehr gute und sehr große, der sehr hohe und höchste Gott, mich, die Sophia-Sapho, in Wahrheit als die Urgroßmutter des menschgewordenen Antichrists bezeichnet. Denn von mir wird am 8. Tage des Monats Paophi im Jahre 000896 des wahren Lichtes eine Tochter geboren werden, welche die Großmutter des Antichrists sein wird. So hat Bitru sich ausgedrückt, und er hat das mit mir unterzeichnet und er hat verlangt, daß die dort anwesenden erwählten Magier die Authentizität seiner Unterschrift beglaubigen, indem auch sie mit ihrer eigenen bekanntesten Unterschrift unterzeichnen, damit dieses Dokument im Archive der großherrlichen Mutterloge verbleibe und niemals geleugnet werden könne. Amen. gez. Der heilige Dämon, erster Präsident Bitru, Adriano Lemmi, Lidia Nemo, Sophia Sapho, Giuseppe Petroni .... Ettore Ferrari, Luigi Castellazzi, Francesco Crispi .... Giovanni Bovio, Benedetto Cairoli usw." Die Unterschrift des Teufels ist mit Pfeilen, Schwert, Stricken, Blitz, Kriegstrompeten und Gockelhahn umrahmt.

Neben ihren „Memoiren" gab Diana Vaughan auch ein „Gebetbuch" heraus: La neuvaine eucharistique; da heißt es u. a.: „Der luziferianische Freimaurer ißt nicht die Hostie, die er empfangen hat, sondern er trägt sie in die palladistischen Triangel, wo Satan angebetet wird. ... Die Freimaurer sind mehr Werkzeuge als Eingeber ..., denn der wirkliche Eingeber ihrer Komplotte ist der Teufel, der Teufel in Person. Satan ist ihr König, aus dem sie ihren Gott machen. ... Ich werde Gott bitten, ganz besonders den Papst gegen die schwarzen Komplotte der fanatischen Freimaurerei zu schützen."

Tolleres und zugleich unflätigeres Zeug als diese „Taxil-Hacks-Margiotta-Vaughan-Enthüllungen" sind selten geschrieben worden. Sie lesen und sie empört verurteilen, hätte ein und dasselbe sein müssen.

Wie stellten sich nun aber zu diesen „Enthüllungen" diejenigen, für die sie bestimmt waren: die Katholiken, Rom, der „Statthalter Christi"?

Lobeserhebungen der katholischen Presse Deutschlands habe ich schon angegeben; die ultramontanen Tageszeitungen Frankreichs, Italiens, Österreichs, Englands, Spaniens, Amerikas blieben nicht zurück. Noch im Dezember 1895 legte die „Germania" in mehreren Sonntagsbeilagen den Taxil-Vaughan-Schwindel ihren Lesern als Wahrheit vor. Auch die angesehensten katholischen Zeitschriften des In- und Auslandes (Stimmen aus Maria-Laach, Historisch-politische Blätter, La semaine religieuse, The Catholic Times, The Tablet usw.) beteiligten sich lebhaft an der Verbreitung des Taxilschen Aberwitzes.

So wichtig die allgemeine Zustimmung der ultramontanen Presse für Taxil-Hacks-Margiotta in buchhändlerisch-geschäftlicher Hinsicht auch war: das würdige Kleeblatt hatte höher hinauf gezielt: **die ultramontane Hierarchie vom Kaplan bis zum Papst sollte das Opfer werden.**

Mit einer Ausgeschämtheit ohnegleichen, aber zu gleicher Zeit mit genauester Kenntnis der Dinge hat Hacks-Bataille nach der Entlarvung sich einem Zeitungsberichterstatter gegenüber über seine und seiner Helfershelfer Absichten geäußert: „All die Enthüllungen waren der reine Schwindel. Als die gegen die Freimaurer als Verbündete des Teufels gerichtete päpstliche Enzyklika (20. April 1884) erschien, kam ich auf den Gedanken, daß dies ein richtiger Stoff sei, um aus der **bekannten Leichtgläubigkeit und unergründlichen Dummheit der Katholiken Geld zu schlagen.** Es bedurfte nur eines Jules Verne, der diesen Räubergeschichten einen verlockenden Anstrich gab. Ich war dieser Jules Verne. Merkwürdigerweise . . . waren andere auf ganz dieselben Gedanken verfallen. Ich verständigte mich also mit Leo Taxil und einigen Freunden, worauf wir zusammen den Diable au XIX siècle gründeten, welcher den bekannten Erfolg hatte. Die Katholiken verschlangen das Ganze ohne jede Schwierigkeit. Die Einfalt dieser Leute ist so groß, daß, wenn ich ihnen heute sagte, ich hätte sie nur zum besten gehalten, sie sich weigern würden, mir dies zu glauben. Sie würden vielmehr in der Überzeugung verharren, daß alle meine Erfindungen nur die lautere Wahrheit enthalten. Ich kannte meine Pappenheimer. Manchmal, wenn ich eine unglaubhafte Geschichte aufs Tapet brachte, wie z. B. die Geschichte von der Schlange, die mit ihrem Schwanze Phrophezeiungen auf den Rücken der Sophia Walder schrieb, oder die Geschichte des Teufels, der, um einen Freimaurer zu heiraten, sich in eine junge Dame verwandelte und am Abende als Krokodil Klavier spielte, — sagten mir meine Mitarbeiter, denen vor Lachen die Tränen in den Augen standen: Teuerster, Sie gehen zu weit! Sie verderben den ganzen Spaß! Ich antwortete ihnen: Bah! Lassen Sie mich nur gewähren! Das wird schon gehen. Und es ging in der Tat. Mir fiel im allgemeinen die Aufgabe zu, die Geschichte zuzurichten. Leo Taxil oder ein anderer gab mir irgendeinen Stoff, der im Grunde auf Wahrheit beruhen mochte. Ich übernahm es, die Sache nach dem Muster des Jules Verne aufzuputzen. Ich sage: ich habe den Nautilus gesehen, und die Katholiken wiederholen im Chore: Er hat den Nautilus gesehen! Tatsächlich war das die denkbar verwegenste Herausforderung der menschlichen Dummheit. Sie sehen aber, daß ich nicht unrichtig gerechnet habe."

Wohl selten ist ein toller Plan so vollständig mit Erfolg gekrönt worden.

Im Jahre 1887, als die Hauptwerke Taxils schon in Umlauf waren, wurde Taxil von Leo XIII. in Privataudienz empfangen. Diana Vaughan (d. h. Taxil selbst) berichtet darüber in ihren „Memoiren": „Mein Sohn, fragte ihn der ‚Statthalter Christi', was wünschest Du? Heiliger Vater, hier in diesem Augenblicke zu Deinen Füßen sterben, wäre mein größtes Glück, sagte der auf den Knien ligende Poenitent. Nicht doch, erwiderte Leo XIII. mit wohlwollendem Lächeln, Dein Leben ist für die Kämpfe des Glaubens noch sehr nützlich. Der Papst wies dabei auf seine Bibliothek, in der alle Enthüllungsschriften Taxils standen, und die er alle gelesen hatte. Wiederholt betonte der Papst, daß er die satanische Richtung der Sekte richtig begriffen habe."

Diesem ersten Begegnen zwischen dem „Statthalter Christi" und Leon Taxil entsprach ihr späteres Verhältnis. So durfte Taxil noch im April 1895 sein tolles Buch: Le Diable et la Révolution mit folgenden Worten dem „Statthalter Christi" widmen: „Der heutige Tag ist der 10. Jahrestag des auffallenden göttlichen Gnadenerweises, der mich erleuchtet, der göttlichen Erbarmung, die mich aus dem Abgrunde errettet hat. Heiligster Vater, wenn ich seit jenem gesegneten Tage, dem 23. April 1885, irgendeinen Irrtum in der Auslegung der Ratschläge Ew. Heiligkeit als des höchsten Kirchenoberhauptes mir habe zuschulden kommen lassen, wenn ich in irgendeiner Art gefehlt habe, so verzeihen Sie mir nochmals. Wenn Ihre väterliche Güte aber dafür hält, daß diese zehn Jahre wirklich zehn Jahre der Wiedergutmachung und Sühne waren, so bitte ich Sie, Heiligster Vater, zu Ihren Füßen hingestreckt, lassen Sie mir ein Wort des Trostes zukommen, damit dasselbe die vielen Bitterkeiten aus meinem Herzen verscheuche, mit denen dasselbe getränkt wird. Ich werde Ihnen zeitlebens dafür erkenntlich bleiben."

Durch die Parteinahme des Papstes wurden Taxil-Hacks-Margiotta-Vaughan gemachte Leute. Die ultramontane Geistlichkeit in all ihren Stufen trat mit Wort und Schrift für sie und ihre Enthüllungen ein.

Es würde zu weit führen, die zahllosen Kundgebungen für Taxil aus den leitenden Kreisen des Ultramontanismus einzeln aufzuführen: Kardinäle, Erzbischöfe, Bischöfe, Prälaten, Professoren der Theologie, Spitzen des Welt- und Ordensklerus, Jesuiten, Dominikaner, Redemptoristen sind dabei vertreten.

Nur auf zwei Kundgebungen des offiziellen Roms muß ich aufmerksam machen: auf den **Briefwechsel des Kardinalvikars von Rom, Kardinal Parocchi, und eines päpstlichen Geheimsekretärs mit Diana Vaughan, und auf den Anti-Freimaurerkongreß zu Trient im Jahre 1896.**

Bei Beurteilung des Briefwechsels ist im Auge zu behalten, erstens, daß Diana Vaughan überhaupt nicht existiert hat, und zweitens, welches der Inhalt ihrer Veröffentlichungen war.

Am 29. November 1895 schrieb Diana an Se. Em. Kardinal Parocchi in Rom:

„Eminenz! Ich bitte Sie, ein Exemplar der ‚Eucharistischen Novene‘ anzunehmen, das ich Ihnen zugleich mit einem Schreiben überreiche. Ew. Eminenz werden bemerken daß zwei Tage dieser Novene mit Opfergaben schließen: der siebente Tag die Gabe eines Almosens für ein antifreimaurerisches Werk und der neunte Tag mit einer Gabe für den Peterspfennig. In Erfüllung dieser beiden Gelübde habe ich nun die Ehre, Ew. Eminenz die Summe von 500 Franks zu überreichen. Tatsächlich erfahre ich durch die Presse, daß Ew. Eminenz den Vorsitz der in Rom konstituierten Zentralkommission haben, welche für nächstes Frühjahr einen internationalen Kongreß vorbereitet[1]. Durch Ihre Vermittelung spende ich für das Organisationswerk dieses Kongresses 250 Franks und bitte Ew. Em. achtungsvoll, die andere Hälfte meiner Sendung der Kasse des Peterspfennigs zu überreichen. Ergebenst empfehle ich mich den guten Gebeten Ew. Eminenz. Sobald ich außer Gefahr bin und meinen Zufluchtsort auf einige Zeit verlassen kann, hoffe ich incognito nach Rom zu kommen und Ew. Eminenz um Audienz zu bitten. Einmal in Rom, werde ich Ihnen an diesem Tage einen Brief überreichen, der Sie im größten Geheimnisse und unter einem angenommenen Namen meiner Sicherheit halber um eine Privataudienz bittet; die Vergleichung der Schriftstücke wird Ihnen den Beweis meiner Indentität geben, abgesehen von allen Erklärungen, welche Ew. Eminenz von mir bei dieser Audienz fordern können. Geruhen Ew. Eminenz, das kleine Büchlein, welches behufs der Sühne so vieler Verbrechen geschrieben ist, huldvoll anzunehmen und in Ihren Gebeten der Unwürdigsten der Unwürdigen nicht zu vergessen, welche sich Ew. Eminenz ergebenste Dienerin in Jesus, Maria, Joseph nennt. Diana Vaughan." Darauf antwortete der Kardinalvikar Parocchi:

„Rom, den 16. Dezember 1395.
„Mein Fräulein und liebe Tochter in Unserem Herrn!

Mit lebhafter und süßer Rührung habe ich Ihr Schreiben vom 29. November zugleich mit dem Exemplar der „Eucharistischen Novene" erhalten. Zunächst bescheinige ich den Empfang der mir gesandten Summe von 500 Franks, von denen 250 nach Ihrer Bestimmung für das Organisationswerk des nächsten Anti-Freimaurerkongresses verwandt werden. Die andere Hälfte in die Hände Seiner Heiligkeit für den Peterspfennig zu legen, ist mir eine Freude gewesen. Sie (Seine Heiligkeit) hat mich beauftragt, Ihnen zu danken und Ihnen seinerseits einen ganz besonderen Segen zu schicken. Sie machen mir Hoffnung auf einen Besuch in Rom, wenn die Umstände Ihnen das Verlassen Ihres Zufluchtsortes gestatten. Ich wünsche, daß diese Umstände nicht zu lange auf sich warten lassen. Mit der größten Glückseligkeit werde ich sie empfangen. Seit langer Zeit gehören Ihnen meine Sympathien. Ihre Bekehrung ist einer der herrlichsten Triumphe der Gnade, die ich kenne. Ich lese in diesem Augenblicke Ihre Memoiren, die von einem brennenden In-

---

[1] Gemeint ist der Anti-Freimaurerkongreß zu Trient.

teresse sind. Ich werde daher sehr getröstet sein, Sie segnen und ermutigen zu können auf dem Wege der Wahrheit, auf den Sie getreten sind. Inzwischen glauben Sie, daß ich Sie in meinen Gebeten, besonders beim heiligen Meßopfer nicht vergessen werde. Ihrerseits hören Sie nicht auf, unserem Herrn Jesus Christus für die große Erbarmung zu danken, die er gegen Sie angewandt, und für das augenscheinliche Liebeszeugnis, das er Ihnen gegeben hat. Nun genehmigen Sie meinen Segen und halten Sie mich ganz für den Ihrigen im Herzen Jesu   L. M. Card. Vikar."

Am 27. Mai 1896 schrieb der päpstliche Geheimsekretär Rob. Verzichi: „Mein Fräulein! Monsignore Sardi, welcher einer der Privatsekretäre des h. Vaters ist, hat mich auf Befehl Seiner Heiligkeit selber beauftragt, an Sie zu schreiben... Ich soll Ihnen auch sagen, daß Seine Heiligkeit mit großem Vergnügen Ihre Eucharistische Novene gelesen hat. Commendatore Alliata hat mit dem Kardinalvikar über die Wahrhaftigkeit Ihrer Bekehrung eine Unterredung gehabt. Seine Eminenz ist überzeugt, aber sie hat unserm Präsidenten eröffnet, daß sie dafür nicht öffentlich zeugen kann: „Ich kann die Geheimnisse des Heiligen Offiziums nicht verraten"; das ist es, was Seine Eminenz dem Commendatore Alliata geantwortet hat. Ganz der Ihrige, sehr ergebener in Unserm Herrn Rob. Verzichi."

Am 11. Juli 1896 erhielt Diana vom Geheimschreiber des Papstes folgenden Brief: „Mein Fräulein! Ich beeile mich Ihnen den schuldigen Dank für die Zusendung Ihres letzten Bandes über Crispi auszudrücken. Fahren Sie fort, Fräulein, fahren Sie fort zu schreiben und die gottlose Sekte zu entlarven. Die Vorsehung hat gerade hierfür zugelassen, daß Sie jener während so langer Zeit angehört haben. Von vielen liegt eine Verleumdung über Ihre Existenz und ihre Identität vor. Ich glaube, daß da ein Kunstgriff der Sekte vorliegt, um Ihren Schriften das Gewicht zu nehmen. Ich wage es daher, Ihnen meine Ansicht zu unterbreiten, daß Sie im Interesse vieler Seelen auf die nach Ihrem Dafürhalten beste Art jeden Schatten davon entfernen. Sobald das geschehen, werde ich das Vergnügen haben, Ihnen von neuem zu schreiben, um Ihnen eine Mitteilung höchsten Ortes zu machen, die Ihnen gewiß sehr angenehm sein wird. Von ganzem Herzen empfehle ich mich Ihren Gebeten und erkläre mich mit vollkommener Hochachtung für Ihren sehr ergebenen Monsignore Vincenzo Sardi."

Der vom 26. September bis 1. Oktober 1896 in Trient tagende Anti-Freimaurerkongreß war im großen und ganzen eine öffentliche Kundgebung für die Enthüllungen Taxils und der Miß Vaughan. Schon die Vorbereitungen des Zentralkomitees zu Rom und der Nationalkomitees in Turin, Wien, Pest, Berlin, Lissabon, Paris, Brüssel, sowie der Generalversammlung der Katholiken Deutschlands zu Dortmund standen unter dem Einflusse Taxils. 22 Kardinäle, 23 Erzbischöfe und 116 Bischöfe munterten die Kongreßmitglieder in längeren oder kürzeren Zuschriften auf, der Sekte, gemäß Weisung des päpstlichen Rundschreibens vom 20. April 1884, die Maske abzureißen. Leo XIII. spendete dem Kongresse in einem besonderen Breve seinen Segen und drückte die Hoffnung aus, daß die Katholiken dem Irrtume der Freimaurer keine Schonung angedeihen lassen möchten.

Von dem großen Interesse, welches der Vatikan an dem Trienter Kongresse nahm, zeugt die besondere Audienz, welche der Papst Mitte August 1896 den Spitzen des Zentral-Exekutivkomitees des Anti-Freimaurerbundes, welchen Taxil gegründet hatte, gewährte. Dieses Komitee erließ am 28 August 1896 folgenden Aufruf an die Katholiken:

„Katholiken! Einst als das grüne Banner der Moslems im siegreichen Ansturm die christliche Welt bedrängte, hallte ein Ruf vom Vatikan aus von Straße zu Straße: „Nach Venedig!" Das war der Ruf. Und nach Venedig eilten in Scharen die Katholiken der verschiedenen Nationen, und zu Venedig — jetzt sinds gerade acht Jahrhunderte her — zogen hinaus übers Meer gegen die Türken die tapferen Kreuzfahrer. Heutzutage verschwört sich ein neuer Feind gegen unseren Glauben, sucht ihn zu vertilgen aus der Welt, sucht das ganze christliche Gebäude zu stürzen, um die Menschheit wieder in die alte Barbarei zu versetzen. Dieser Feind ist die Freimaurerei — die im beständigen Kampf der Hölle gegen die Kirche alle Irrtümer in sich befaßt und alle Ketzereien der früheren Zeitalter und damit tückische Wildheit verbindet —, ist das unterirdische Zentrum, der Feuerherd satanischen Treibens. Wie der Türke, hat auch diese Sekte ein grünes Banner unter ihren Abzeichen, und dieses Banner flattert jetzt keck nahe am Grabe des Apostelfürsten! Katholiken, gegen diese Sekte, wie einst gegen den Islam ist ein Kriegsruf vom Vatikan ausgegangen. Der unsterbliche Leo XIII. hat die Katholiken eingeladen, sich gegen sie zu erheben, und die Anti-Freimaurerunion hat der Aufforderung des Papstes entsprochen, indem sie für den Lauf des Septembers nach der Stadt Trient einen Internationalen Anti-Freimaurerkongreß zusammenrief, in dem die Vertreter der ganzen katholischen Welt die Grundlage des Widerstandes gegen die Anstürme der Sekte legen werden, einen neuen allgemeinen Kreuzzug gegen die Sekte organisieren, um zu kämpfen mit den heiligen Waffen des Gebets und der direkten Aktion. Katholiken! „Nach Venedig!" riefen die edelmütigen Kreuzfahrer des 11. Jahrhunderts. „Nach Trient!" ruft heute der, dem der Triumph des Glaubens über die Anstürme der sektiererischen Gottlosigkeit am Herzen liegt. „Nach Trient!" In die Stadt, welche das hochheilige Konzil in sich aufnahm, das den Protestantismus verdammte, denn der modernen Freimaurerei würdigen Vorläufer im Kampfe gegen die Kirche, und nach Trient eilen wir, um auf die unduldsamen Provokationen der Sekte zu antworten, beginnen den neuen Kreuzzug, den antifreimaurerischen Kreuzzug, den der unsterbliche Leo XIII. ausruft!

Rom, 28. August 1896, am Fest d. h. Augustin, Spezialprotektors des Kongresses.

Das Zentral-Exekutivkomitee.

Luigi Lazzareschi, Titularbischof von Neo-Caesarea, Deputierter der Kirche. Commendatore Guglielmo Aliata, Generalpräsident. Commendatore Pietro Pacelli; Dr. Pio Negri, Vizepräsidenten. Räte: Monsignore Vincenzo Sardi; P. Eman. Bailly degli Agostiniani dell' Assuncione; P. Luigi Meddi degli Scolopi; D. Attilio Peci; Theol. D. Giuseppe Toscani; Komm. Av. Filippo Pacelli; Cav. Aug. Grossi-Gondi; Cav. Fausto Maruchi; Cav. Av. Pietro Pierantoni. Schatzmeister: Pacifico Brattini. — Generalsekretär: Verzichi Rodolfo. Vizegeneralsekretär: D. Giuseppe Giovannelli. — Schriftführer: Prof. D. Vincenzo Longo; P. Giuseppe M. Girard dell' Ordine della Mercede; Augusto Maria Fornari."

Der mit der Vertretung des Papstes in diesem Zentral-Exekutivkomitee betraute Bischof Lazzareschi schrieb für das in französischer und italienischer Sprache herausgegebene Blatt „Der neue Kreuzzug" einen Artikel, welcher die Werke Taxils, Margiottas und der Diana Vaughan empfahl.

Die ultramontanen „Historisch-politischen Blätter" in München nennen den Kongreß überaus glänzend und vergleichen ihn mit einer der alten großen Kirchenversammlungen. Der Fürstbischof Dr. Valussi von Trient eröffnete den Kongreß, stellte ihn unter den „Schutz Jesu und der heiligen Muttergottes, der Siegerin über die höllische Schlange", und sprach die Erwartung aus, daß „die Beratungen des Kongresses ebenso segensreich und heilbringend für die Kirche und das Christentum sich gestalten möchten, wie die des Konzils in der gleichen Stadt, das Luther und den Protestantismus verdammte." Den Vorsitz auf dem Kongresse führten Fürst Karl zu Löwenstein und der Kardinal-Fürstbischof Haller von Salzburg. Letzterer blieb auf besondern Wunsch des Papstes bis zu Ende in Trient.

Die Zahl der Mitglieder des Kongresses war eine sehr große. 36 Bischöfe waren erschienen, 50 Bischöfe hatten ihre Vertreter und 61 Zeitungen ihre Berichterstatter gesandt. Aus Deutschland waren außer dem Fürsten Karl zu Löwenstein auch die Grafen Hompesch, Galen und andere herbeigekommen.

Die Hauptrolle auf diesem glänzenden Kongresse, dem auch der römische Patriarch von Konstantinopel anwohnte, spielte der Pariser Freidenker und Aufschneider Leo Taxil. Er war der Held des Tages. Sein Bild hing unter Heiligenbildern. Wo er sich in Trient zeigte, wurde er enthusiastisch begrüßt. Er ergriff auch in der Sitzung am 27. September das Wort. Als er vortrat, wurde er von Italienern und Franzosen begeistert beklatscht.

Am 28. September führte der Salzburger Kardinal Haller den Vorsitz der Versammlung. Der Kardinal verlas zunächst ein Telegramm des heiligen Vaters, welcher dem Kongresse seinen Segen erteile und den Eifer wachrufe, mit den Waffen zu kämpfen, die er in seiner Enzyklika zur Ausrottung der freimaurerischen Pest angezeigt habe. Sodann sprach ganz im Geiste der Diana Vaughan Abbé Brugion über die Hostienschändungen in der Freimaurerloge zu Rom, im Palast Borghese. Pfarrer Schwarz aus Ottenbach, Abgeordneter des Württemberger Landtags, führte aus, daß vom Atheismus zum Satanismus eine logische Reihenfolge sei. Als der Name Taxil genannt wurde, ertönten, wie die „Historisch-politischen Blätter" 1896, II, 719 ff. melden, laute Beifallsrufe aus der Versammlung, und Taxil erhebt sich, zieht sein Hauskäppchen ab und verneigt sich dankend nach allen Seiten.

Am 29. September fand die große Vaughansitzung statt, an welcher sechs Bischöfe und sämtliche Kongreßmitglieder teilnahmen. Abbé de Bessonies hielt seine angekündigte Rede. Er erklärte mit ganz besonderer Betonung, daß das antifreimaurerische Frankreich alles das fest glaube und für wahr halte, was er über die Echtheit der Baughanenthüllungen vortrage. Jede Anzweiflung der Existenz der Miß Baughan oder der Glaubwürdigkeit ihrer Enthüllungen sei eine Versündigung an der antifreimaurerischen Sache. Am Schlusse seiner Rede wurde ihm allgemeiner rauschender Beifall zuteil.

Der Geistliche Dr. Baumgarten erhob sich und verlangte Antwort auf die drei Fragen: 1. bei welchem Priester die Miß konvertiert sei, 2. an welchem Tage und 3. wie die Eltern heißen. Die Antwort, welche Abbé de Bessonies gab, genügte Dr. Baumgarten nicht. Nun erhob sich Taxil. Beim Erscheinen auf der Rednerbühne wurde er mit frenetischem Beifalle begrüßt. Er begann: „Ich existiere nicht! Sie existieren nicht! Miß Baughan existiert nicht! .. Sie tun Freimaurerarbeit mit dem, was Sie hier leisten." Er verschwor sich dann, die Miß mit eigenen Augen gesehen zu haben, aber er dürfe ihren klösterlichen Aufenthalt nicht nennen. Er erzählte dann folgendes als verbürgte Tatsache: „Als Diana an einem Fronleichnamstage zum ersten Male die heilige Messe besuchte, da sei dieses Ereignis ihren Pariser Freunden telegraphisch mitgeteilt worden mit dem Zusatz, daß Diana noch bis Sonnabend abend im Kloster bleiben werde. Nun war da ein Eucharistenpater Delaporte, welcher oftmals schon erklärt hatte, daß er gerne sein Leben für die Bekehrung der Miß Baughan zum Opfer bringen würde. Am Sonnabend abend verließ Miß Baughan das Kloster, und um dieselbe Stunde starb Pater Delaporte. Und da gibt es noch immer Leute, welche die Existenz einer Miß Baughan anzuweifeln wagen. Ich könnte Ihnen all das beweisen, was Sie, Herr Dr. Baumgarten, gefragt haben. Das Material habe ich in der Tasche, aber sie dürfen es nicht wissen, Sie sind zu neugierig, mein Herr! Sie wissen gar nicht, welches Unheil Sie anrichten, wenn Sie öffentlich solch heikle Dinge behandeln. Der Dolch der Freimaurer bedroht Diana Baughan stündlich. Also schweigen wir über solche Dinge, um die Heilige nicht zu gefährden. Einer Kommission von Vertrauensmännern werde ich die Beweise vorlegen, aber Ihnen nicht."

Wie die vierte Abteilung, so stand auch die erste (Freimaurerlehre) ganz unter Taxils Einflusse. Dieselbe erklärte, daß ein physisch oder sinnlich wahrnehmbarer Verkehr mit dem Satan bei der gewöhnlichen Freimaurerei zwar nicht bestehe, da die große Mehrheit der Freimaurer die wirkliche Bedeutung ihrer Symbole nicht kenne, wogegen es aber als zweifellos erscheine, daß die Freimaurerei in moralischer und intellektueller Beziehung zum Satanismus stehe. Die Freimaurer erkännten als Gottheit Luzifer an. Die Meister der Freimaurerei befaßten sich mit Magie oder schwarzer Kunst. Mit anderen Worten: der Kongreß hält „in voller Übereinstimmung" die Freimaurerei für eine Synagoge Satans und erklärt ausdrücklich, daß „er in den angenommenen Beschlüssen die Rundschreiben des Papstes als Richtschnur genommen hat, indem er von allen Schriften und Büchern privaten Charakters absah." Unter jubelndem Beifall des Kongresses und auch dem der „Historisch-politischen Blätter" in München sagte der frühere Regierungspräsident Respini von Tessin: „Wie schlecht man auch von der Freimaurerei sprechen mag, so kann man doch niemals so schlecht denken und sprechen, als sie in Wirklichkeit handelt."

Einen größeren Erfolg als Taxil in Trient hat wohl selten ein Mensch gehabt. Am 30. September abends war er vom Fürstbischof Dr. Valussi ins bischöfliche Palais geladen, wo er den Bischof Lazzareschi, Fürsten Karl zu Löwenstein, Chorherrn Mustel und andere traf. Graf Paganuzzi aus Italien, ein Herzog von Madrid, der Jesuit Sanno Solaro von Turin und eine große Reihe anderer verkehrten in freundschaftlichster Weise mit ihm. Einige Wochen später, als manchen die Augen über die Mystifikation bereits aufgegangen waren und viele Grund hatten, die Trienter Vorgänge zu leugnen, klagte der Sekretär der IV. Abteilung des Kongresses, Billiet aus Lyon, im „Univers" vom 30. Oktober 1896: „80 Proz. der meist italienischen Teilnehmer am Kongresse hielten die von fünf Geistlichen für die Existenz der Miß vorgebrachten Beweise für überzeugend." Um diese drehte sich das Hauptinteresse des Kongresses. Ihre Memoiren pries der Theologieprofessor Pègues aus dem Dominikanerorden an. Die »Revue Bénédictine«, Monatsorgan der Beuronermönche von Maredsous in Belgien, sah in ihnen ein ausgezeichnetes Material für Volksbelehrung. In einem Kloster der Assumptionisten zeigte de la Rive in einer Versammlung von 300 Priestern, denen ein Kardinal unter Assistenz mehrerer Bischöfe präsidierte, ein Porträt Miß Baughans und rühmte sich, mit ihr in lebhaftem Briefwechsel zu stehen. Don Carlos war nach Trient geeilt, um sich von Taxil die Photographie der Miß zeigen zu lassen. Taxil konnte sich rühmen, daß Bischof Regino Martinez, Sekretär des Kardinal-Erzbischofs von

Valladolid, die Memoiren ins Spanische und Dr. Georg Ortiz zu Zürich ins Deutsche übersetzten. Die Paderborner Bonifatius=Druckerei, Antonio Dourado in Porto, Giovanni Fossicomo in Genua und das Verlagshaus des h. Franz von Sales in Madrid besorgten mit dem Verleger Pierret in Paris den Verkauf der Enthüllungsschriften der Miß.

Der Trienter Kongreß setzte eine Kommission ein, welcher die weitere Prüfung der Baughanangelegenheit übertragen wurde. Die Mitglieder derselben waren Monsignore Lazzareschi, Bischof von Neo=Caesarea, Commendatore Guglielmo Alliata, Pietro Pacelli, Rud. Verzichi, Monsignore Vicenzo Sardi, Geheimsekretär des Papstes, Monsignore Radini=Tedeschi, der Jesuit Franco, Redakteur der »Civiltà cattolica«, und Professor Vicenzo Longo von Palermo. Die Kommission erklärte nun am 22. Januar 1897: „In Gemäßheit des ihr vom leitenden Generalrat der antifreimaurerischen Vereinigung erteilten, vom ersten internationalen Anti=Freimaurerkongresse in Trient zu Kenntnis genommenen Auftrags ... erklärt die römische Kommission:

> daß sie bis jetzt auf keinen durchschlagenden Beweisgrund, sei es für, sei es gegen die Existenz, die Bekehrung und Authentizität der Schriften der angeblichen Diana Vaughan gestoßen ist.

Hierauf erneuert die Kommission ihre volle und unbedingte Zustimmung zu den päpstlichen Enzykliken und zu allem, was in denselben über die Freimaurer gesagt ist. Sie gibt gleichzeitig ihrem Wunsche Ausdruck, daß die Katholiken unter Beiseitesetzung aller nebensächlichen Fragen von untergeordneter Bedeutung ihre ganze Aufmerksamkeit der Bekämpfung der verderblichen Sekte zuwenden mögen. Sie lehnt schließlich jede weitere Polemik ab und erklärt hiermit ihren Auftrag für erledigt."

Damit können wir den Vorhang fallen lassen über das Satyrspiel Taxil=Hacks=Margiotta=Vaughan. Die endliche Entlarvung der Schwindlerbande bietet kein weiteres Interesse.

Worin liegt die Bedeutung der Taxil=Vaughan= Geschichte? Weshalb hat sie Platz gefunden in einer Darstellung der kulturellen und sozialen Wirksamkeit des Papsttums?

Die Bedeutung dieses Schauspieles am Ende des 19. Jahrhunderts ist eine sehr große; viel zuwenig ist sie hervorgehoben worden.

Als die Bombe geplatzt war, als ihre Splitter jeden Kreis der katholisch=ultramontanen Hierarchie und fast jede Redaktion jeder ultramontanen Zeitung schmerzend getroffen hatten, da verstand es die ultramontane Geschicklichkeit mit geradezu bewundernswerter Geistesgegenwart, aus dem Bösen Gutes zu gewinnen. Irren ist menschlich, hieß es; auch Papst, Kardinäle, Bischöfe usw. können von einem Schwindler getäuscht werden, das kommt täglich im Leben vor; je höher man steht, um so mehr Schwindler drängen sich an einen heran. Wie viele Fürsten haben nicht schon an Unwürdige Orden verliehen; so etwas kann also auch dem Papste zustoßen.

Diese und ähnliche Ausreden ergossen sich wie eine Flut durch die geöffneten Schleusen der gesamten ultramontanen Presse. Und das Unglaubliche geschah! Die Welt, und zwar nicht nur die katholische, ließ sich durch solche oberflächliche Reden hinwegtäuschen über die tiefe Bedeutung des Taxil=Schwindels. Man lachte über den Hereinfall und damit war die Sache abgetan.

Wäre nichts weiter geschehen, als daß Papst, Bischöfe usw. jahrelang über die Person Taxils getäuscht worden wären, hätten sie ihn ein Jahrzehnt lang für einen guten Katholiken gehalten, während er in Wirklichkeit ein Gottesleugner war, die ganze Sache wäre des Umsehens nicht wert.

Aber um die Person Taxils, Hacks, Margiottas, Dianas handelt es sich nicht; es handelt sich um die Sache, die sie vertraten.

Ein volles Jahrzehnt ist von der Taxilfirma in dickleibigen Büchern und dünnleibigen Schriften der widerchristlichste, blödsinnigste und unflätigste Teufelsspuk in der katholischen Welt verbreitet worden, und der „Statthalter Christi" und die „Nachfolger der Apostel" haben zur Verbreitung dieser Schand= und Schmutzliteratur ihr feierliches Ja und Amen gesprochen.

Hier ist der Angelpunkt der Taxilade; von hier aus fällt der richtige, grelle Lichtstrahl auf das „Christentum" und die „Kultur" des Papsttums.

Was das einfachste Auge auf den ersten Blick sehen mußte, daß hier Widerchristentum und stinkender Unrat angehäuft waren, um Herz und Phantasie der Menschen zu entchristlichen und zu vergiften, das sah der „Statthalter Christi", der „Lehrer und Hirte der Völker" nicht. Empörendste Verzerrung der Lehre Christi, schimpflichster Hohn auf jede menschenwürdige Religion galten dem „Statthalter Christi" und den „Nachfolgern der Apostel" als wertvolle Hilfe bei Erfüllung ihrer „erhabenen Aufgabe, das Licht und die Wahrheit des Christentums unter den Menschen zu verbreiten!"

Taxil-Vaughans pornographisch-antireligiöse Schwindeleien waren den Anschauungen „des von Gott bestellten Hauptes der Christenheit" — entsprechend!

In dieser Tatsache liegt ein Vernichtungsurteil über das religiöse und damit zugleich über das sozial-kulturelle Wirken des Papsttums.

Dies Vernichtungsurteil wird um so erdrückender, wenn wir uns den geschichtlich-ursächlichen Zusammenhang vergegenwärtigen, der zwischen den Taxilenthüllungen und den Grundanschauungen des Papsttums überhaupt besteht.

Nicht deshalb nämlich ist es Taxil gelungen, zehn volle Jahre lang den Beifall des Ultramontanismus zu finden, weil Leo XIII. als Person ein leichtgläubiger, dem Teufelsspuk zugänglicher Mann ist, sondern nur deshalb, weil Leo XIII. als Papst bei Beurteilung der Taxilenthüllungen getreu blieb den Überlieferungen des Papsttums.

Man vergegenwärtige sich, was seit Gregor IX. — auch er ist nur ein Markstein, nicht der Ausgangspunkt des widerchristlichen ultramontanen Aberglaubens — von den „Statthaltern Christi" mittelbar und unmittelbar an Ausbreitung und Vertiefung des wüstesten Aberglaubens geleistet worden ist; man vergegenwärtige sich die pornographischen Tollheiten der Hexenprozesse, gegen die der „Statthalter Christi" nicht nur niemals auch nur ein Wort gesagt, sondern die er durch Wort und Tat befördert hat; man lese die von Leuchten der katholischen Theologie unter den Augen der „Statthalter Christi" verfaßten Werke über Hexen- und Teufelswesen, dann wird man erkennen, daß Leon Taxil nur weitergesponnen hat an dem großen Gewebe abergläubischen Widerchristentums, das seit einem vollen Jahrtausend die „Statthalter Christi" vom Webstuhle des Vatikans aus weben und ausbreiten über die katholische Welt.

Es ist durchaus irrig, wenn man die Taxilschen Schriften als Ausgeburten seiner Phantasie bezeichnet. Taxil hat nicht erfunden, sondern nachgeahmt. Seine Vorlagen waren Bullen und Kundgebungen der „Statthalter Christi" und Lehrbücher der katholischen Theologie. Taxils Teufel als Krokodil oder Schlange hat sein Vorbild und Gegenstück in Gregor IX. Teufel als Kater oder Bock. Taxils teuflische Schweinereien sind nicht eigene Erfindung, sondern die abgeschwächte Wiedergabe päpstlicher und ultramontan-theologischer Schilderungen über das Treiben der daemones incubi und succubi.

Leo XIII. wäre kein Papst gewesen, wenn er die Taxil-Vaughan-Enthüllungen nicht gebilligt hätte. Als Haupt des Ultramontanismus, als Fortsetzer des Werkes seiner Vorgänger mußte er dem Taxil-Vaughan-Schwindel gegenüber bekennen: das ist Fleisch von meinem Fleische und Bein von meinem Beine.

Drittes Buch.
Papsttum und Hexenunwesen.

I. Allgemeines.

Mit dem Hexenunwesen betreten wir ein Gebiet, das Schrecknisse enthält, denen in der gesamten Kultur- und Sozialgeschichte der Menschheit nichts an die Seite zu stellen ist.

Auch wenn wir den Bereich dessen, was man Kultur nennt, verlassen, wenn wir die Greuel wilder Völker zum Vergleiche heranziehen, der Hexengreuel übersteigt sie.

Der Glaube an Hexen, Zauberer usw. ist so alt wie der Mensch; die Heidenvölker früherer Zeiten kannten ihn so gut, wie die Heidenvölker der Gegenwart ihn kennen. Aber, was weder das alte noch das neue Heidentum kannte und kennt, das erfüllt jahrhundertelang die Geschichte der christlichen Kulturvölker. Massenmorde unschuldiger Menschen, zarter Kinder, blühender Frauen, starker Männer, welker Greise, unaussprechlicher Jammer, Zerrüttung häuslicher wie staatlicher Verhältnisse, Ruin jeglichen Glückes: das alles, in ein großes, scheußliches System gebracht, umhüllt mit den Wahnvorstellungen einer entarteten, wahrhaft teuflischen Phantasie, ist unzertrennlich verbunden mit der Geschichte des Christentums!

Wer an die Wahrheit der christlichen Religion, an ihren göttlichen Ursprung und an ihr göttliches Ziel, an ihre für das Menschengeschlecht erzieherische Bestimmung glaubt, der steht bei Betrachtung dieser Tatsache vor einem unergründlichen Rätsel. Ein volles Jahrtausend ist das Christentum unbestritten die Religion innerhalb der Kulturvölker Europas, unbestritten wirkt es in diesem Zeitraum nach allen Richtungen sich aus: und doch stehen von diesen zehn Jahrhunderten volle acht Jahrhunderte unter dem fluchwürdigen Banne des Hexenglaubens; volle acht Jahrhunderte schwingt diese „religiöse" Seuche ungehindert ihre schreckliche Geißel, watet diese aus den Tiefen der menschlichen Verderbnis losgelassene Furie in Menschenblut!

Es ist hier nicht der Ort, über diese zugleich furchtbare und geheimnisvolle Erscheinung Betrachtungen anzustellen. Das muß dem Religionsphilosophen oder Theologen überlassen bleiben. Vielleicht ist aber überhaupt das einzige, was der menschliche Verstand, der den göttlichen Beruf des Christentums nicht preisgeben will, dieser vielhundertjährigen, entsetzlichen christlichen Verirrung entgegenhalten kann, das tiefsinnige Wort, das die alttestamentliche Philosophie vom ewigen Gotte spricht: Tausend Jahre sind vor dir wie ein Tag; d. h. im göttlichen Erziehungsplane des Menschengeschlechtes, in der von Gott vorausgeschauten Geschichte des Christentums sind Jahrhunderte nur ein Augenblick.

Was hätte während dieser Schreckensjahrhunderte ein von Gott bestellter Hüter des Christentums, ein Lehrer der Wahrheit, ein wirklicher Stellvertreter Christi, der zugleich von allen Völkern als solcher anerkannt wurde, dessen Wort somit unbezweifelbares Ansehen und unermeßlichen Einfluß besaß, was hätte ein solcher Völkerhirte, ausgerüstet mit dem Schatze der Wahrheit und Klarheit des Christentums und mit dem gottgegebenen Berufe, diese Wahrheit und Klarheit zu verbreiten, was hätte er getan? Seine mächtige Stimme wäre durch die Christenheit erschallt, belehrend, aufklärend; das von ihm ausgehende Licht hätte die höllische Nacht des düstern Wahns verscheucht; dem mörderischen Blutvergießen hätte er ein Ende bereitet.

In Rom thronte ein Mann, der sich den „Statthalter Christi" und „das Haupt der Christenheit" nannte, der als solcher nicht nur Unfehlbarkeit beanspruchte, sondern dessen Anspruch von den Völkern geglaubt wurde, der moralische und religiöse Macht besaß, wie kein zweiter. Und dieser Mann, der nicht sterbende Träger des Papsttums, der Papst, ist während all dieser Zeit der Hort, das Bollwerk, der Verbreiter und Vertiefer des Hexenglaubens gewesen, sein eigenstes Werk sind die in dieser schrecklichen Verfinsterung menschlichen Verstandes und menschlichen Gefühles verübten Schandtaten.

Die Ausführlichkeit, mit der ich das Hexenunwesen behandle, wird sich aus sich selbst rechtfertigen.

Es ist ein Gegenstand, der unbegreiflicherweise noch längst nicht die Beachtung gefunden hat, die er verdient.

Zwei hervorragende deutsche Forscher, ein Jurist und ein Historiker, Karl Georg von Wächter und Sigmund Riezler, mögen mit ihren Worten die Einleitung zu meiner Darstellung schreiben:

„Man ist in unserer Zeit versucht zu lächeln, wenn von Hexen und Zauberern die Rede ist. Manche glauben kaum, daß Hexen und Zauberer das Thema einer ernsten wissenschaftlichen Untersuchung sein können. Aber dies Thema war ein furchtbar ernstes für unsere Voreltern. Es war in Deutschland jahrhundertelang ein unendlich wichtiges für Ehre und Lebensglück von Tausenden; es war ein Thema, das lange Zeit die Redlichsten, Besten, Aufgeklärtesten für sich und die Ihrigen zittern machte; es bildet einen wichtigen, nicht immer genug beachteten Punkt der inneren Geschichte unseres Volkes. Und so ist es wahrlich auch eine Aufgabe der Wissenschaft, dieses Thema näher zu ergründen."

„Wer Hexenprozesse studiert, glaubt sich unter ein Geschlecht versetzt, das alle edlen menschlichen Anlagen: Vernunft und Gerechtigkeit, Scham, Wohlwollen und Mitgefühl erstickt hat, um dafür alle teuflischen in sich groß zu ziehen. Aus der Sphäre, die den Menschen die teuerste und erhabenste des Lebens bedeutet, aus dem Heiligtum der Religion, grinst dem Beschauer ein Medusenhaupt entgegen und hemmt ihm das Blut in den Adern. Unter christlichen Völkern, im Schoße einer tausend Jahre alten Kultur ist der Justizmord zur stehenden Einrichtung erhoben, Hunderttausende von Unschuldigen werden nach ausgesuchten Martern des Leibes und unnennbaren Seelenqualen auf die grausamste Weise hingerichtet. Diese Tatsache ist so ungeheuerlich, daß alle anderen Verirrungen des Menschengeschlechtes daneben zurücktreten."

Aus dem Umfang der Literatur über einen Gegenstand kann man auf seine Bedeutung schließen. Und nicht nur das. Ist der Gegenstand der Literatur eine geschichtliche Tatsache oder ein geschichtlicher Zustand, so führt uns die über sie handelnde Literatur, auch wenn sie es nicht unmittelbar beabsichtigt, zu den Entstehungsgründen von Tatsache und Zustand.

Der Umfang der Hexenliteratur ist ungeheuer, und für das Sichfestsetzen des Hexenunwesens, für die in gottlosem Wahn sich daran knüpfende himmelschreiend blutige Verfolgung unschuldiger Menschen weist sie hin auf die Theologie der römischen Kirche, d. h. auf das Papsttum.

Das Papsttum ist, wie der Schöpfer der furchtbaren Hexenliteratur, die an Wahnwitz, an Unflätigkeit, an Widerchristentum ihresgleichen nicht hat, so auch der Urheber und Verüber der entsetzlichen Hexenmorde.

Hexenliteratur und Hexenverfolgung sind aufs engste miteinander verknüpft; die eine gebiert stets aufs neue die andere und umgekehrt. Wie zwei ineinander schlagende Flammen steigern sie sich gegenseitig. Brandstifter dieser rasenden Feuersbrunst ist der Papst; der mächtige Odem des Papsttums entfachte stets aufs neue die menschenverzehrende Glut.

Diese wenigen Worte mögen hier genügen. Auf die Blutschuld des Papsttums, auf sein Kulturverbrechen an der Menschheit, auf die von ihm angerichtete soziale Verwüstung, kurz auf seine Verantwortung für die Greuel der Inquisition und Hexenverfolgungen komme ich eingehend zurück.

II. Hexenliteratur.

1. Die päpstlichen Bullen Vox in Rama und Summis desiderantes (1233 und 1484).

Der Wortlaut der Bulle Gregor IX. Vox in Rama vom 13. Juni 1233 ist schon mitgeteilt worden.

Die schreckliche Bulle des „Statthalters Christi" handelt nicht vom Hexenglauben, sondern vom Teufelsspuk und der damit verbundenen Unflätigkeit, aber gerade deshalb gehört sie hierher.

Der vom Papsttum gezüchtete Hexenglauben ist wesentlich Teufelsspuk und Unzucht in den greulichsten Formen.

Ich muß hier ein Wort der Entschuldigung aussprechen für das, was ich aus der Hexenliteratur mitteilen werde. Schon was Gregor IX. in seiner Bulle vorbringt, ist so toll aberwitzig und dabei so gemein obszön, daß es das Tageslicht zu scheuen hätte. Auf die Päpste mit ihren trotz allem noch verhältnismäßig knappen Darstellungen sind aber ungezählte Theologen gefolgt, die in breitester Ausführung das päpstliche Leitmotiv ausgearbeitet haben. Und von diesen „christlichen Gottesgelehrten" ist ein Unflat zusammengetragen worden, der jeder

Beschreibung spottet und nur durch den Augenschein richtig beurteilt werden kann. Was da alles das Imprimatur der Ordensoberen, der Bischöfe und des Papstes selbst erhalten hat, ist so pornographisch, wie es wohl nur wenig anderes in der gesamten Schmutzliteratur gibt. Diesen Schmutz weiten Kreisen vorzulegen, hat mich Überwindung gekostet; aber es mußte sein, denn hier handelt es sich um geschichtliche Darstellung und um Verbreitung der Wahrheit, es handelt sich um tief einschneidende, Jahrhunderte beherrschende sozial=kulturelle Taten.

Zunächst ist also hier als Probe der römisch=päpstlichen Hexenliteratur die oben mitgeteilte Bulle Gregor IX. einzufügen. Über zwei Jahrhunderte hatte diese Kundgebung das christliche Denken vergiftet und zahlreiche Schriften ähnlich obszönen Inhalts erzeugt, als Innozens VIII. seine „Hexenbulle" erließ.

Das ewig denkwürdige Aktenstück lautet:

„Mit glühendem Verlangen, wie es die oberhirtliche Sorg erfordert, wünschen wir, daß der katholische Glaube wachse und die ketzerische Bosheit ausgerottet werde. Deshalb verordnen wir gerne und aufs neue, was diese unsere Wünsche zum ersehnten Ziele bringt. Nicht ohne ungeheuren Schmerz ist jüngst zu unserer Kenntnis gekommen, daß in einigen Teilen Deutschlands, besonders in der Mainzer, Cölner, Trierer, Salzburger und Bremer Gegend sehr viele Personen beiderlei Geschlechts, uneingedenk ihres eigenen Heils und abirrend vom katholischen Glauben, sich mit Teufeln in Manns= oder Weibsgestalt geschlechtlich versündigen und mit ihren Bezauberungen, Liedern, Beschwörungen und anderm abscheulichen Aberglauben und zauberischen Ausschreitungen, Lastern und Verbrechen die Niederkünfte der Weiber, die Leibesfrucht der Tiere, die Früchte der Erde, die Weintrauben und die Baumfrüchte, wie auch die Männer, die Frauen, die Haustiere und andere Arten von Tieren, auch die Weinberge, die Obstgärten, die Wiesen, die Weiden, das Getreide und andere Erdfrüchte verderben und umkommen machen, auch peinigen sie die Männer, die Weiber, die Zug=, Last= und Haustiere mit fürchterlichen inneren und äußeren Schmerzen und verhindern die Männer, daß sie zeugen und die Weiber, daß sie gebären, und die Männer, daß sie den Weibern, und die Weiber, daß sie den Männern die eheliche Pflicht leisten können. Auch verleugnen sie den Glauben, den sie in der Taufe empfangen haben, mit meineidigem Munde. Ferner begehen sie überaus viele schändliche Verbrechen, Sünden und Laster auf Anstiften des Feindes des Menschengeschlechts, zum Schaden ihrer Seelen, zur Beleidigung der göttlichen Majestät, zum Ärgernis vieler. Und das geschieht, obwohl unsere geliebten Söhne, Heinrich Institoris für die obengenannten Teile Deutschlands und Jakob Sprenger für gewisse Striche am Rhein, beide Mitglieder des Predigerordens und Professoren der Theologie, durch apostolische Briefe zu Inquisitoren bestellt worden sind und noch sind. Dennoch scheuen sich einige Geistliche und Laien jener Länder nicht, da sie mehr verstehen wollen, als nötig ist, halsstarrig zu behaupten, weil in den Bestallungsbriefen (dieser Inquisitoren) einige Diözesen, Städte und Orte, auch einige Personen und ihre Ausschweifungen und Laster nicht namentlich genannt sind, diese auch nicht einbegriffen seien, so daß diese Städte und Orte den genannten Inquisitoren auch nicht unterständen, so daß sie dort ihr Amt nicht ausüben und dort ihre Strafen nicht verhängen könnten. So bleiben denn zum augenfälligen Schaden der Seelen und zur Gefahr des ewigen Seelenheils in diesen Gegenden solche Verbrechen straflos. Wir aber, indem wir alle und jede Hindernisse, durch welche die Ausübung des Inquisitorenamtes auf irgendeine Weise verzögert werden könnte, aus dem Wege räumen, damit die Seuche der Ketzerei und anderer solcher Verbrechen ihr Gift zum Verderben der Unschuldigen nicht ausbreiten könne, wollen, wie es unser Amt erfordert, taugliche Hilfsmittel anwenden, da der Glaubenseifer uns dazu antreibt. Damit sich nun nicht ereigne, daß die obengenannten Länder ohne das notwendige Inquisitionsamt seien, so setzen wir aus apostolischer Vollmacht fest, daß den genannten Inquisitoren gestattet sei, ihr Amt dort auszuüben, und daß sie die Bestrafung dieser Verbrecher vornehmen können, als ob diese Länder, Städte, Orte namentlich aufgeführt wären. Und indem wir aus größerer Sorgfalt diese Bestallung auf die genannten Länder ausdehnen, gestatten wir den genannten Inquisitoren, daß sie und jeder von ihnen unter Zuziehung unseres geliebten Sohnes Johann Gremper, Magister aus der Konstanzer Diözese, in den genannten Länderstrichen alle, die sie der genannten Verbrechen schuldig befunden haben, nach ihren Verbrechen züchtigen, einkerkern und am Leib und am Vermögen strafen können; auch gewähren wir diesen Inquisitoren freie Vollmacht in allen Kirchen, so oft es ihnen gut scheint, das Wort Gottes zu predigen und alles und jedes, was dazu nützlich erscheint, zu tun. Wir befehlen durch apostolische Schreiben dem Bischof von Straßburg, daß er, so oft er von diesen Inquisitoren ersucht wird, es öffentlich kund tun soll, daß sie in nichts und von niemand beeinträchtigt und gehindert werden. Alle aber, die sie hindern, wes Amtes sie auch seien, sollen von ihm durch Exkommunikation, Suspension und Interdikt und andere noch schrecklichere Strafen, ohne jede Berufung, gebändigt werden, und, wenn nötig, soll gegen sie der weltliche Arm angerufen werden: Keinem Menschen soll es erlaubt sein, dies unser Schriftstück zu verletzen oder in frevelhaftem Wagnis ihm entgegen zu handeln. Wenn aber jemand dies versuchen sollte, so wisse er, daß er den Zorn des allmächtigen Gottes und der Apostel Petrus und Paulus auf sich geladen hat. Gegeben zu Rom bei St. Peter, im Jahre der Menschwerdung des Herrn 1484, im ersten unseres Pontifikats am 5. Dezember."

Im Jahre 1484 „der Menschwerdung des Herrn"! Es ist gut, daß der Papst bei Gelegenheit dieses Ergusses die Welt an die Tatsache erinnert, daß es einen geschichtlich-biblischen Christus gibt; denn das in der Bulle verkündete „Christentum" des „Statthalters Christi" ließe nur auf das Dasein eines niedrigsten Heidentum und obszönem Fetischismus ergebenen Christus schließen.

2. Der „Hexenhammer".

Die unmittelbare Frucht der päpstlichen Bulle ist das nach Inhalt und Wirkungen furchtbarste Buch der Weltliteratur: der von den päpstlichen Inquisitoren, den Dominikanermönchen Jakob Sprenger und Heinrich Institoris (nicht Institor) verfaßte „Hexenhammer".

„Soviel über dieses Buch schon geschrieben wurde", sagt Riezler, „seine Wirkungen werden nach Ausdehnung, Vielseitigkeit und Nachhaltigkeit meistens nicht vollauf gewürdigt. Was fortan über Hexerei geäußert wird, ist zum weitaus größten Teil direkt oder indirekt auf den Hexenhammer zurückzuführen."

Die von mir hier vorgelegte Inhaltsangabe ist die vollständigste und vor allem die genaueste, die es bis jetzt gibt.

Erster Teil:

Er handelt von drei Dingen, die bei der Schwarzkunst mitwirken: der Teufel, der Schwarzkünstler und die göttliche Zulassung. Gibt es eine Schwarzkunst? Es ist katholische und wahrhaftige Lehre, daß es Schwarzkünstler gibt, die unter Mitwirkung des Teufels, mit dem sie ein Bündnis geschlossen haben, schwarzkünstlerische Wirkungen, unter Gottes Zulassung hervorrufen. Ob der Teufel mit dem Schwarzkünstler zusammenwirke? Katholische Wahrheit ist, daß bei schwarzkünstlerischen Wirkungen der Teufel stets mit dem Schwarzkünstler zusammenwirkt. Die Ketzerei der Schwarzkunst steht auf der höchsten Stufe ketzerischer Bosheit, weshalb sie auch ihren Namen erhalten hat: schlecht über den Glauben denkend! Möchte die Schwarzkunst doch eine Einbildung sein, aber dem steht entgegen die klare Sprache der Bulle des apostolischen Stuhles [die Bulle Innozens VIII. Summis desiderantes, welche die beiden Verfasser des Hexenhammers zu ihrem blutigen Vorgehen ermächtigte]. Und weil unter allem, was zur Vermehrung der Schwarzkunst dient, am meisten beitragen die Inkubi und Sukkubi und die gotteslästerliche Abschlachtung von Kindern, so werden wir davon besonders handeln. Können durch Inkubi und Sukkubi Menschen erzeugt werden? Die Behauptung, durch Inkubi und Sukkubi können Menschen gezeugt werden, ist so katholisch, daß ihre Leugnung den Aussprüchen der Heiligen, der Überlieferung und der hl. Schrift widerstreitet[1]. Der Grund, weshalb die Teufel sich zu Inkuben und Sukkuben machen, ist nicht die fleischliche Ergötzung, da ein Geist weder Fleisch noch Knochen hat; sondern die Teufel wollen durch das Laster der Unzucht die menschliche Natur in ihren beiden Bestandteilen, Mann und Weib, am schwersten schädigen. Wenn gefragt wird, warum dem Teufel hauptsächlich beim Begattungsakt Gewalt gegeben ist, so können dafür viele Gründe angeführt werden. Hier genügt es, zu sagen, daß der Teufel über die Lenden der Menschen Gewalt hat. Es ist zwar wahr, daß das Zeugen der Akt eines lebendigen mensch-

---

[1] Daemones incubi und succubi nennt die ultramontane Theologie bis zur heutigen Stunde jene Teufel, die sich in Menschengestalt mit anderen Menschen fleischlich vermischen. Incubi (Draufsieger) heißen die Teufel, die als Männer mit Frauen, succubi (Drunterlieger) heißen die Teufel, die als Frauen mit Männern Unzucht treiben. Der widerliche Gegenstand muß rücksichtslos behandelt, d. h. übersetzt werden, damit man einen Begriff davon bekommt, welch eine Flut von Schmutz und Schlamm der Ultramontanismus unter dem Deckwort „Religion" in die Christenheit ergossen hat und noch ergießt.

lichen Leibes ist; aber der Teufel in Mannsgestalt kann, unter Gottes Zulassung, den nötigen Samen von einem andern entnehmen und ihn im Beischlaf übertragen, wie der hl. Thomas von Aquin lehrt. Auch kann der Teufel, der für den geschlechtlichen Verkehr mit einem Mann Weibsgestalt angenommen hat, für ein Weib Mannesgestalt annehmen. Der so gezeugte Mensch ist dann nicht das Kind des Teufels, sondern das Kind des Menschen, dessen Samen der Teufel genommen und benutzt hat. Gewisse Teufel schrecken wegen der Vornehmheit ihrer Natur vor gewissen unzüchtigen Handlungen zurück. Welche Teufel üben diese geschlechtlichen Werke aus? Katholisch ist die Behauptung, daß gewisse unzüchtige Handlungen von den untersten Teufeln ausgeübt werden; jene Teufel, die früher zu den untersten Engeln gehörten, werden für diese Sachen verwendet. Der oberste der Teufel, die solche unzüchtige Dinge treiben, heißt Asmodeus. Woher stammt die Vervielfältigung schwarzkünstlerischer Werke? Es sind zunächst nicht die Teufel, welche die Zauberei verursachen und verbreiten, sondern die nächste Ursache ist der böse Wille des Menschen, der von den Sternen aus beeinflußt wird. Denn hätten die Sterne nicht wirklichen Einfluß auf die Menschen, so könnten die Astrologen aus den Sternen die Zukunft nicht richtig voraussagen. Überdies wirken die Gestirne auf die Teufel ein, also gewiß auch auf die Menschen. Wenn aber gesagt wird, die Einwirkung der Gestirne verursache bei den Menschen die Schwarzkunst, so muß man unterscheiden. Entweder versteht man unter dieser Einwirkung eine notwendige und allein hinreichende — und das zu sagen wäre ketzerisch — oder man versteht darunter eine zufällige und vorbereitende, und das widerstreitet weder der Vernunft, noch dem Glauben. Beim Zunehmen des Mondes plagen die Teufel den Menschen mehr als sonst. **Von den Hexen, die sich den Teufeln ergeben.** Warum ist die Schwarzkunst bei den Frauen mehr verbreitet als bei den Männern? Dieser Gegenstand eignet sich gut für Predigten an die Frauen, er muß nur mit Umsicht vorgetragen werden. Von der Bosheit der Frau spricht schon der Prediger..... Was ist denn auch das Weib anders als eine Vernichtung der Freundschaft, eine unentfliehbare Strafe, ein notwendiges Übel, eine natürliche Versuchung, ein begehrenswertes Unheil, eine häusliche Gefahr, ein reizvoller Schädling, ein Naturübel mit schöner Farbe bestrichen? Ist es also Sünde, sie zu entlassen, so ist es eine Qual, sie zu behalten; entweder begehen wir Ehebruch, wenn wir sie entlassen, oder wir haben täglichen Kampf. Was ihren Verstand betrifft, scheinen die Frauen einer andern Art anzugehören wie die Männer, der Grund ist ein natürlicher: das Weib ist mehr auf das Fleischliche gerichtet als der Mann; das geht aus vielen [weiblichen] Unzuchtshandlungen hervor. Dieser Fehler zeigt sich schon bei der Bildung des ersten Weibes, die aus einer krummen Rippe gebildet wurde. Da sie also in ihrem tierischen Sein unvollkommen ist, so enttäuscht sie immer. Das wird auch durch ihre Abstammung des Wortes femina (Frau) bewiesen; das Wort ist nämlich zusammengesetzt aus fe und minus (fides: Glaube, Treue; und minus: weniger); denn das Weib hat stets weniger Glauben und wahrt weniger die Treue! Fassen wir zusammen: Alle Übel kommen beim Weibe durch die fleischliche Begierde, die in ihm unersättlich ist. Können Schwarzkünstler die Menschen zu Liebe oder zum Haß bewegen? Die Frage wird bejaht; dann fahren die päpstlichen Inquisitoren fort: Wir haben ein altes Weib gekannt, das drei Äbte durch Zauberei zu unreiner Liebe zu ihr gebracht und sie dann getötet hat. Sie selbst hat es eingestanden und gesagt: sie konnten von mir nicht lassen, weil sie soviel von meinem Kot gegessen haben, und dabei hat sie mit ausgebreiteten Armen die Menge bezeichnet. Wir müssen gestehen, damals hatten wir noch nicht die Befugnis, sie zu bestrafen; deshalb lebt sie noch. Es folgt eine lange Anweisung, wie das Volk von der Kanzel herab über die angezauberte Liebe und den angezauberten Haß zu belehren sei. **Kann die Schwarzkunst, wie die päpstliche Bulle besagt, den ehelichen Akt verhindern?** Alle Theologen und Kanonisten stimmen darin überein, daß dies geschieht. Fünf unflätige Gründe werden dafür angeführt; die beiden letzten lauten: viertens kann der Teufel die Steifheit des männlichen Gliedes, wie sie für den Akt nötig ist, verhindern; fünftens kann er den Ausfluß des Samens hindern. Wie wird erkannt, ob das geschlechtliche Unvermögen durch Schwarzkunst oder durch einen natürlichen Mangel entsteht? Wenn das männliche Glied sich nie aufrichtet, so ist das ein Zeichen eines natürlichen Mangels; richtet es sich auf, kann es aber den Akt nicht vollziehen, so ist das ein Zeichen von Behexung. Vorsichtig fügen die päpstlichen Sendlinge hinzu: darüber soll man nicht öffentlich predigen. **Können Hexen das männliche Glied durch Zauberei so behandeln, als** sei es vom Leibe getrennt? Die Hexen können in Wirklichkeit und Wahrheit das männliche Glied vom Körper trennen. Ein Beweis dafür lautet: Die Verwandlung der Frau des Loth in eine Salzsäule ist mehr als die Trennung des männlichen Gliedes vom Körper. Nun aber ist jene wirklich geschehen, also kann auch diese geschehen. Aber diese wirkliche Trennung ist doch nur wirklich subjektiv, nicht wirklich objektiv, d. h. das Glied bleibt am Körper, aber für die Sinne (Auge, Hände) ist es nicht mehr vorhanden. Durch Zauberei kann ein flacher, fleischfarbener Körper vorgeschoben werden, der für Hand und Auge nur mehr eine Fläche darstellt, ohne Unterbrechung durch das männliche Glied. Ein offenbarer Fall dieser Art ist uns Inquisitoren mitgeteilt worden, den wir später erzählen werden. Können Hexen die Menschen in Tierleiber verwandeln? Mit vielen scholastischen Beweisen wird dargetan, daß diese Verwandlung so geschieht, daß die betreffenden Menschen sich und anderen als Tiere vorkommen obwohl sie ihre Menschengestalt behalten haben. „Eine wahrhaftige Erzählung" von einem jungen Mädchen, das, auf diese Weise in eine Stute verwandelt, durch den heiligen Makarius wieder entzaubert wurde, veranschaulicht die „Beweise". Die Hexen bewirken auch, daß Gatten ihre Gattinnen und umgekehrt nicht sehen können. Währwölfe verdanken der Hexerei ihren Ursprung; es sind wahre Wölfe, die vom Teufel besessen sind. Schwarzkünstlerische Hebammen töten häufig die Kinder im Mutterleib, verursachen Fehlgeburten und opfern neugeborene Kinder dem Teufel. Ein päpstlicher Inquisitor von Como hat uns erzählt, daß in seinem Bezirk bei einer nächtlichen Hexenversammlung ein Kind aufgegessen worden sei. Deshalb hat er im verflossenen Jahr einundvierzig Hexen verbrennen lassen; einige andere entkamen. Wirkt Gottes Zulassung bei der Schwarzkunst mit? Die Antwort mit langer scholastischer Begründung wird verneint, insofern die Mitwirkung etwas Positives enthält. Zwei göttliche Zulassungen werden erklärt, nämlich der Fall Luzifers und der ersten Menschen. Die Sünden der Hexen sind schwerer, als die Sünden der gefallenen Engel und der ersten Menschen. Betrachtung über die Ungeheuerlichkeit der Schwarzkunst; dieser Gegenstand eignet sich ganz für die Kanzel. Die Übel, die gegenwärtig durch die Schwarzkunst hervorgerufen werden, sind größer als alle Übel, die jemals von Gott zugelassen worden sind. Zauberei ist die schwerste Ketzerei, die es gibt. Die Ketzer sind mit den schwersten Strafen zu bestrafen; wenn sie nicht zurückkehren wollen, sollen sie verbrannt werden; bekehren sie sich, so sollen sie zu lebenslänglichem Kerker verurteilt werden. Diese Strafen genügen aber eigentlich für die Hexen noch nicht; sie mögen noch so sehr bereuen und zum Glauben zurückkehren, zu Kerkerstrafe sind sie nicht zu begnadigen, sondern sie müssen hingerichtet werden. Wegen Untaten von Hexen geraten auch Unschuldige häufig in Zauberei; oft auch wegen ihrer eigenen Sünden. Diese Wahrheit wird erläutert durch einen Vergleich der Werke der Hexen mit anderen abergläubischen Werken. Die Hexen übergeben sich in einem eigenen Vertrage mit Leib und Seele dem Teufel und opfern dabei ihre eigenen oder fremden Kinder. Die Sünde der Hexen wird verglichen mit den Sünden der Teufel. Die Sünde der Hexen ist so groß, daß sie die Sünde der gefallenen Engel übersteigt. Anleitung, um in Predigten gewisse Laien zu widerlegen, die beweisen wollen, daß Gott den Teufeln und den Hexen so große Gewalt nicht gewähre. Daß Gott der Schwarzkunst in bezug auf den Zeugungsakt mehr Gewalt überläßt, als in bezug auf andere menschliche Akte, geschieht erstens wegen der Scheußlichkeit dieses Aktes, und zweitens weil die Erbsünde durch diesen Akt verbreitet wird. Einem von uns beiden [der Hexenhammer hat zwei Verfasser] ist folgendes bekannt: Als ein angesehener Bürger in Speier einmal die Hand gegen seine Frau erhob, fiel er plötzlich bewußtlos zu Boden und erkrankte schwer für viele Wochen. Diese Krankheit hatte ihm sein Weib angehext. Den Inquisitoren können die Hexen nicht schaden, weil die Inquisitoren der öffentlichen Rechtspflege dienen.

Zweiter Teil:

Wie Behexungen vor sich gehen und wie man von ihnen befreit wird. Wem kann der Zauberkünstler nicht schaden? Durch viele Tatsachen ist erwiesen, daß die böse Gewalt der Schwarzkünstler aufhört, sobald sie von der öffentlichen Macht ergriffen werden. Als ein Richter durch seine Diener einen Schwarzkünstler namens Staldin ergreifen lassen wollte, fingen ihre Hände so an zu zittern und ihre Nasen wurden mit solchem Gestank erfüllt, daß sie schon verzweifelten, den Übeltäter fassen zu können. Als der Zauberer aber endlich im Kerker saß, hatte alles aufgehört.

Auch wir selbst könnten vieles erzählen, das uns bei Ausübung des Inquisitorenamtes begegnet ist und das die Bewunderung des Lesers erregen würde. Aber weil Eigenlob stinkt, wollen wir nur das erzählen, was nicht verheimlicht werden kann. Als in Ravensburg einige Hexen, die eingeäschert werden sollten, befragt wurden, warum sie nicht auch uns Inquisitoren, wie soviele andere Menschen, behext hätten, antworteten sie: oft hätten sie es versucht, aber niemals gekonnt. Wie oft sie sich aber am Tage und in der Nacht uns feindlich zeigten, können wir gar nicht sagen. Wenn wir des Nachts zum Gebete aufstanden, haben sie uns mit Gestöhn und Geschrei bald als Affen, bald als Hunde, bald als Ziegen erschreckt; Schläge erdröhnten gegen das Fenster, Nadeln hexten sie in unsere Kopfkissen. Dem Höchsten sei Dank, der uns in seiner Güte, ohne unser Verdienst, als Glaubensrichter bewahrt hat! Ein gutes Mittel gegen Hexerei bilden, abgesehen von Weihwasser und geweihten Kerzen, geweihte Kräuter, die man verbrennt. Eine fromme Frau in Speier hatte mit einer als Hexe verrufenen Nachbarin einen Streit. Als sie des Abends ihr Kindlein säugte, fiel ihr ein, die Hexe könne dem Kinde schaden wollen; sie bedeckte deshalb den Kleinen mit geweihten Kräutern, besprengte ihn mit Weihwasser und gab ihm geweihtes Salz in den Mund. Um Mitternacht hört sie das Kind schreien, sie macht Licht, findet es nicht mehr in der Wiege, sondern das Kind liegt in einer Ecke unter der Bettstelle, aber ohne Verletzung. Hieraus ersieht man, wie große Kraft den kirchlichen Exorzismen innewohnt. Als jemand in Ravensburg von einem Teufel in Weibsgestalt zur Unzucht angereizt wurde, fiel ihm ein, in der Predigt gehört zu haben, daß geweihtes Salz ein gutes Mittel dagegen sei. So nahm er denn beim Eintritt in die Kammer von dem Salz; das vermeintliche Weib verzerrte das Gesicht und verschwand plötzlich. Sehr wirksam zum Schutze für Orte, Menschen und Vieh sind auch die Worte der Kreuzesaufschrift unseres Heilandes, wenn sie an den vier Wänden in Form eines Kreuzes angebracht werden. Wunderbaren Schutz gewährt es auch, sonstige heilige Worte, aufgeschrieben, an dem Körper zu befestigen; jedoch müssen dabei sieben Bedingungen erfüllt werden, von denen später gesprochen wird. Eine dritte Art von Schutzmitteln, die gegen die Schwarzkunst feit, ist einzig dastehend, da es mit Hilfe der Engel innerlich und äußerlich schützt. Innerlich durch Eingießung der Gnade, äußerlich durch den Schutz der himmlischen Geister, die den Gestirnen die Bewegung verleihen. Dieses Schutzmittel bewährt sich entweder bei allen Behexungen oder nur bei Behexungen der Zeugungsfähigkeit. Als Beispiel wird erzählt, daß ein Engel zum hl. Serenus gekommen sei, ihm den Leib geöffnet und aus seinen Eingeweiden ein feuriges Stück Fleisch entfernt habe, wodurch der Heilige eine solche Keuschheit erlangte, daß er niemals mehr irgendwelche sinnliche Regungen, wie sie selbst bei Kindern und Säuglingen vorkommen, verspürte. Es folgen noch eine Reihe ähnlicher Beispiele. Von den verschiedenen Arten, durch welche die Teufel Unvorsichtige mittels Behexungen zur Gottlosigkeit verleiten. Dadurch, daß die Teufel guten Leuten großen Schaden zufügen, zwingen sie die guten Leute, bei Schwarzkünstlern Hilfe zu suchen. Wie oft haben uns Hexen gestanden, daß sie damit angefangen haben, wegen ihrer behexten Kühe, Schweine, Hühner usw. bei Schwarzkünstlern Hilfe zu suchen. Der Teufel fängt mit diesen Leuten bei Kleinem an. Wir kennen eine Hexe, die noch lebt, da die weltliche Obrigkeit sie beschützt, die während der Messe, wenn der Priester spricht: Dominus vobiscum, auf deutsch für sich hinzufügt: Kehr mir die Zunge im After um. In Ravensburg haben zwei Hexen, die inzwischen eingeäschert sind, gestanden, daß sie die Tochter eines reichen Mannes zur Unzucht mit dem Teufel hätten verführen sollen, daß die Jungfrau sich aber stets, wenn der Teufel zu ihr kam, mit dem Zeichen des Kreuzes geschützt habe. Eine Jungfrau in Straßburg hat einem von uns erzählt: daß sie einmal von einem alten Weibe aufgefordert worden sei, sie in ein Haus zu begleiten, wo fremde Jünglinge seien; sie dürfe aber nicht das Kreuzzeichen machen. Sie sei mitgegangen, habe aber auf der Treppe heimlich das Kreuzzeichen gemacht; da habe sich die Alte wütend umgedreht und sie in Teufels Namen fortgejagt. Eine andere eingeäscherte Hexe gestand, daß sie 18 Jahre lang mit einem Teufel Unzucht getrieben habe. In der Diözese Brixen kennen wir einen Ort, wo soviel Hexerei vorgekommen ist, daß die Aufzählung einen ganzen Band füllen würde; es befindet sich aber alles in den Akten bei dem Bischof von Brixen. Eine schreckliche Geschichte dürfen wir aber nicht verschweigen. Ein Graf in der Gegend von Straßburg heiratete ein schönes Edelfräulein, allein drei Jahre lang konnte er wegen Behexung die Ehe mit ihr nicht vollziehen. Als der Graf einmal nach Metz kam, begegnete er dort seiner frühern Geliebten, die sich sehr eifrig nach seinem und seiner Frau Befinden erkundigte. Der Graf tat so, als ob alles gut ging, und erzählte, er habe drei Kinder. Da habe seine frühere Geliebte wütend gesagt: also hat mich das alte Weib betrogen; sie hatte sich mir angeboten, deinen Leib zu behexen, daß du die Ehe mit deiner Frau nicht vollziehen könntest. Auf dem Boden des Brunnens in deinem Schloß ist ein Topf mit verzauberten Dingen, solange dieser Topf da stände, solltest du unfähig sein, den Beischlaf zu vollziehen. Der Graf eilte nach Hause, fand den Topf, verbrannte ihn, und der Zauber hörte auf. Von der Hexerei als Beruf: Es gibt drei Arten von Hexen: einige erregen Hagel, Gewitter, Stürme; bewirken Unfruchtbarkeit bei Menschen und Tieren; verzehren Kinder und opfern sie dem Teufel; machen Pferde scheu; fliegen körperlich durch die Luft; töten durch bloßen Blick. Allen drei Arten von Hexen ist gemeinsam, daß sie mit den Teufeln Unzucht treiben. Solcher Art waren die einundvierzig Hexen, die der Inquisitor von Como verbrennen ließ. Die Art, wie sich Hexen dem Teufel weihen, ist zweifach: teils feierlich, nach Weise der feierlichen religiösen Gelübde, teils nichtfeierlich. Bei der feierlichen Art erscheint der Teufel in Menschengestalt, und die Novizin gelobt ihm in die Hand ihre Treue. Auch muß sie ihm versprechen, Salben zu bereiten aus Knochen und Fleisch getaufter Kinder. Diese Dinge haben wir Inquisitoren aus dem Munde einer jungen Hexe in Breisach erfahren, deren Stiefmutter, die sie verführt hatte, in Straßburg eingeäschert worden ist. Diese Stiefmutter habe sie oft in einer Nacht in weit entfernte Orte geführt, so von Straßburg nach Cöln und zurück. Sie hat dies alles unter ihrem Eide ausgesagt. Über das Töten und Verzehren von kleinen Kindern sind wir von einem ausgezeichneten Manne, dem Dominikaner-Magister Johann Nider, unterrichtet. Besonders in der Lausitz sind solche Greuel verübt worden. Besonders ist es auf ungetaufte Kinder abgesehen. Aus den Knochen und dem Fleische der Kinder wird eine Salbe bereitet, aus den flüssigeren Bestandteilen ein Getränk; wer es trinkt, ist sogleich ein Meister in unserer Kunst. Ein junger Mann in Bern bekannte seine Verbrechen mit dem Teufel und starb reumütig auf dem Scheiterhaufen; seine Frau, obwohl gefoltert und durch Zeugen überführt, leugnete hartnäckig, schuldig zu sein; unbußfertig wurde sie eingeäschert. Unsere eigene Erfahrung hat uns gelehrt, daß alle, die wir haben einäschern lassen, in bezug auf die Schwarzkunst unfreiwillig waren. Viele Hexen, die wir verhört und gefoltert haben, wurden, nachdem sie uns die Wahrheit gestanden, im Kerker erhängt aufgefunden. Das hat der Teufel bewirkt. Aus den Prozeßakten einiger eingeäscherten Hexen in Konstanz, Straßburg, Hagenau, Ravensburg geht hervor, daß die Behexung zur Schweigsamkeit auf der Folter mittels eines auf dem Herde gekochten männlichen, erstgeborenen Kindes verursacht wird. In Überweiler, in der Nähe von Basel, lebte ein sonst guter Geistlicher, der an Hexerei nicht glaubte; ihn wollte Gott von seinem Irrtum heilen. Als er einst schnell eine Brücke überschreiten mußte, kam ihm ein altes Weib entgegen, das er beim schnellen Vorübereilen zufällig in den Schmutz stieß. Sie rief ihm erbost nach: Pfaff, du wirst nicht ungeschoren davonkommen. In der folgenden Nacht wurde er so behext, daß er drei Jahre lang nicht allein gehen konnte. Da wurde die Alte krank und schickte zu ihm, um zu beichten. Er ließ sich hinführen, sie beichtete, starb, und dreißig Tage nach ihrem Tode wurde der Zauber von ihm genommen. Der Geistliche heißt Haeslin. Im Orte Buchel bei Basel gestand eine Hexe, die dann eingeäschert wurde, daß sie sechs Jahre lange mit dem Teufel Unzucht getrieben habe, und zwar im Bett und an der Seite ihres Mannes. Gott hat sich aber ihrer erbarmt, sie ist, nach offenem Geständnis, reumütig gestorben. Über die Art, wie die Hexen von Ort zu Ort geführt werden: Einer von uns, der dies schreibt, hat häufig gesehen, daß Schwarzkünstler vom Teufel in Pferdsgestalt durch die Luft getragen werden. In Freising hat ein noch lebender Priester dies von sich selbst erzählt. Ein anderer Geistlicher in Landshut hat folgendes erzählt: Einst war er mit mehreren anderen bei einem Viergelage versammelt; als einer, um frisches Bier zu holen, zur Türe hinausgehen wollte, lagerte vor der Türe ein dichter Nebel. Erschreckt kehrte er um. Da sagte der Geistliche: und wenn es der Teufel selbst wäre, ich hole Bier. Er ging hinaus, und vor den Augen aller wurde er durch die Luft entführt. Um durch die Luft zu fliegen, wird ein Stück Holz mit der aus getöteten Kindern gewonnenen Salbe bestrichen. In Waldshut am Rhein wurde ein Weib erbittert, weil sie nicht zu einer Hochzeit eingeladen war; sie wollte sich rächen und rief den Teufel an. Er kam und trug sie durch die Luft, wie Hirten gesehen haben, auf einen Berg. Das Weib wollte über die tanzenden Hochzeitsgäste Hagel herabfallen lassen. Sie grub ein Loch — das ist nötig beim Erregen von Hagel — und da es ihr an Wasser fehlte, ließ sie von ihrem Urin hinein und rührte ihn mit dem Finger um, während der Teufel dabeistand. Dann nahm er diese Mischung und ließ schweren Hagel auf die Tanzenden herniederfallen. Es kam heraus, daß das Weib die Ursache gewesen; sie wurde ergriffen und eingeäschert. Das genüge für die, die solche Zauberei zum großen Schaden des Glaubens für Einbildungen halten. In Breisach haben uns einige Hexen folgendes gestanden: wenn sie nicht körperlich an den Hexenversammlungen teilnehmen wollen, sondern nur alles wissen wollen, was dort geschieht, so legen sie sich unter Anrufung aller Teufel auf die linke Seite; dann steigt ein schillernder Dampf aus ihrem Mund, und durch ihn sehen sie alles, was vorgeht. Von der Art, wie die Hexen sich den Teufeln in Mannsgestalt hingeben: Die Teufel bedienen sich dazu eines Leibes aus Luft, den sie durch Dämpfe verdichten. Mit diesem Körper können sie sprechen, sehen, hören, essen und zeugen. Es wird dann weitläufig erklärt, wie das einzelne möglich sei. Die Augen solcher Teufel sind aber nur gemalt. Alle Hexen, die wir dem weltlichen Arm zur Bestrafung übergeben haben, besonders in Konstanz und Ravensburg, haben jahrelang Unzucht mit den Teufeln getrieben; in fünf Jahren haben wir dort 48 Hexen dem Feuer übergeben. Unser Genosse in Como hat in einem Jahre 41 verbrennen lassen. Alle diese haben sich, teils vom 12., teils vom 20., teils vom 30. Jahre an, mit dem Teufel fleischlich abgegeben. Alles, was wir berichten, ist erwiesen, entweder durch Augen- und Ohrenzeugen oder durch glaubwürdige Nachrichten. Die durch den Beischlaf mit dem Teufel Gezeugten sind sehr stark und kräftig. Die Sache geht also so vor sich: Ein Teufel in Weibsgestalt, der sich mit einem Mann abgegeben hat, nimmt den Samen von diesem Manne auf, er macht sich dann mit diesem Samen einem Weibe gegenüber zu einem Teufel in Mannesgestalt. Die Hexe, mit der sich der Teufel abgibt, ist entweder alt und unfruchtbar oder nicht. Im ersten Fall gibt sich der Teufel mit ihr ab ohne männlichen Samen; denn auch der Teufel vermeidet Überflüssigkeiten. Ist sie aber der Schwangerschaft fähig, dann vermischt er sich mit ihr, wenn er irgendwoher männlichen Samen erhalten kann, zum Zwecke der Kindererzeugung. Ob für diesen Zweck der aus einer unfreiwilligen nächtlichen Samenergießung gewonnene Samen ausreicht, oder ob es aus dem Beischlaf gewonnener Samen sein muß, ist streitig. Gewiß ist aber, daß, wenn eine Ehefrau Hexe ist und durch ihren Mann schwanger wird, sie ihre Schwangerschaft verstärken kann durch andern Samen, den sie im Beischlaf mit dem Teufel erhält. Als Zeiten für die Ausübung des Beischlafes wählt sich der Teufel die heiligsten des Jahres: Weihnachten, Ostern, Pfingsten und andere Festtage. Unsere Erfahrung hat uns belehrt, daß bei solchen Akten die Hexen zwar immer sichtbar sind, nicht immer aber die Teufel. Oft sind Hexen gesehen worden, wie sie mit entblößtem Unterleib auf dem Felde lagen und ihre Schenkel und Beine, wie es für diesen Akt angemessen ist, bewegten, der Teufel, der sie mißbrauchte, wurde aber nicht gesehen; am Schlusse des Aktes erhob sich, allerdings sehr selten, ein schwarzer Dampf in der Ausdehnung einer Menschengestalt in die Luft. Einige Hexen, die in Ravensburg verbrannt wurden, haben bekannt, daß die Teufel ihnen besonders aufgetragen hätten, heilige Jungfrauen und Witwen zu verführen. In bezug auf die fleischliche Ergötzung bei solchen Akten mit dem Teufel ist zu sagen, daß sie unter Umständen größer sein kann, als beim Beischlafe mit einem wirklichen Manne. Von der Art, wie die Hexen ihre Künste durch die Sakramente der Kirche ausüben: In einer Stadt, die zu nennen die christliche Liebe verbietet, genoß eine Hexe den Leib des Herrn, spuckte ihn in ein Tuch aus und tat ihn, auf Geheiß des Teufels, mit anderen Sachen in einen Topf, den sie im Stall vergrub. Ein Vorübergehender hörte plötzlich aus dem Stall das Geschrei eines Kindes. Man grub nach und der Topf wurde gefunden. Die Hexe gestand ihre Tat. Da es Gewohnheit der Hexen ist, das Abendmahl nicht auf der Zunge, sondern unter der Zunge zu empfangen, so sollen die Geistlichen beim Austeilen der Kommunion sehr darauf achten; je mehr sie darauf achten, um so leichter werden sie Hexen entdecken. Von der Art, wie die Hexen die Zeugungsfähigkeit hindern. Es wird wiederholt, was schon oben gesagt worden ist. Ein Schwarzkünstler bekannte auf der Folter, daß er Menschen und Tiere in einem Hause unfruchtbar gemacht habe dadurch, daß er unter der Schwelle des Hauses eine Schlange vergraben hatte. Als sie entfernt war, stellte sich die Fruchtbarkeit bei Menschen und Vieh wieder ein. Vor vier Jahren ereignete sich folgendes: die Frau eines angesehenen Mannes war schwanger; sie wurde vor einer sehr berüchtigten Hexe gewarnt. Es geschah aber dennoch, daß die Hexe den Leib dieser Frau berührte. Sogleich bewegte sich das Kind schmerzhaft im Mutterleib; stückweise kam es dann tot zum Vorschein. Das ließ Gott zu zur Strafe des Gatten, der die Hexen hätte züchtigen sollen. In Mersburg am Bodensee war ein Jüngling so behext, daß er den Beischlaf nur mit einer, sonst mit keiner andern vollziehen konnte. Wie die Hexen das männliche Glied entfernen: In Ravensburg hatte ein Jüngling durch Behexung sein Glied verloren, so daß sein Körper an der betreffenden Stelle ganz flach war. Er lauerte der Hexe auf, die ihm das angetan hatte, würgte sie und erhielt von ihr sein Glied zurück. Eine ähnliche Geschichte pflegte ein ehrwürdiger Priester in Speier zu erzählen: Ein Jüngling erzählt mir im Beichtstuhl, er habe sein männliches Glied durch Zauberei verloren; da ich es nicht glauben wollte, entblößte er sich, so daß ich die Wahrheit seiner Aussage sah. Er hatte eine Hexe in Worms in Verdacht. Ich trug ihm auf, zu ihr zu gehen. Nach einigen Tagen kam er wieder zurück, und ich überzeugte mich durch den Augenschein, daß er sein Glied wieder hatte. Man muß aber nicht glauben, daß die Glieder ausgerissen werden; sie werden nur verborgen, wie oben auseinandergesetzt ist. Was ist aber darüber zu sagen, daß einige Hexen solche männliche Glieder in großer Zahl, bis zu zwanzig und dreißig, in einem Schranke aufbewahren, und daß die Glieder dort lebendig zu sein scheinen, wie dies viele gesehen haben? Es ist zu sagen, daß dies durch teuflische Vorspiegelungen geschieht. Es hat uns jemand erzählt, daß er, um sein verlorenes Glied wieder zu gewinnen, sich an eine Hexe gewandt habe. Sie hieß ihn einen Baum besteigen, auf dem er ein Nest fand, in dem mehrere männliche Glieder waren. Als er ein großes nehmen wollte, rief die Hexe: nein, nicht das; denn das gehört einem Geistlichen. Wie die Menschen in Tiere verwandelt werden. Aus den Schriften des Dominikaners Albert des Großen, Lehrers des Thomas von Aquin, wird hierüber ein weitläufiger Unsinn vorgebracht. Auf welche Weise die Teufel in den menschlichen Leibern und Köpfen sich aufhalten können: Es ist nützlich, eine Tatsache zu erzählen: In einer Stadt der Diözese Straßburg, deren Namen zu nennen die christliche Liebe verbietet, war ein Mann am Holzhacken, als plötzlich ein großer Kater, dann ein zweiter, dann ein dritter ihn angriffen und bissen. Er verteidigte sich und schlug sie mit Holzstücken. Nach einer Stunde wird er ergriffen, vor den Richter geführt und angeklagt, drei angesehene Frauen der Stadt so geschlagen zu haben, daß sie bettlägerig geworden seien. Da erzählt er, was ihm begegnet ist. Nun erkennt man, daß das Ganze ein Werk des Teufels war. Die päpstlichen Inquisitoren beweisen dann lang und breit, daß die drei Katzen jene Weiber gewesen seien. Ein heiliger Mann erkannte einst durch den Geist Gottes, daß ein in einer Kirche sehr gut und fromm predigender Priester der Teufel sei. Nach der Predigt frug er ihn, warum er predige, und erhielt zur Antwort: weil ich weiß, daß die Leute die Predigt nur hören, aber nicht befolgen, so wird Gott nur noch mehr beleidigt. Wie die Teufel mit Hilfe der Hexen in den Menschen wohnen: Eine lange Geschichte wird erzählt, die einer der beiden päpstlichen Inquisitoren mit einem besessenen Priester in Rom erlebt hat. In Marburg wohnte der Teufel sieben Jahre lang teils im Kopfe, teils unter der Zunge eines Priesters. Wie die Teufel Krankheiten, besonders schwere, verursachen können: Eine Hexe, die sich mit dem Teufel verbunden hat, kann Regen verursachen, wenn sie einen Besen in Wasser taucht und dann in der Luft herumschwenkt. Durch verzauberte Wachs- oder Bleibilder können Personen krank gemacht oder beschädigt werden. In der Nähe von Basel hat eine Hexe einem Manne den Aussatz mit Erfolg angewünscht. Sie gestand es auf der Folter und wurde deshalb eingeäschert. In Jrenburg bei Breisach wurde eine Frau, die vor ihrer Haustüre beschäftigt war, plötzlich von einem heißen Winde, der von dem gegenüberliegenden Hause kam, in dem eine Hexe wohnte, angeweht und dadurch aussätzig gemacht. Als im Schwarzwald eine Hexe vom Henker auf den Scheiterhaufen gebracht wurde, hauchte sie ihn an, wodurch er aussätzig wurde. Häufig ist von uns in Erfahrung gebracht worden, daß Hexen die fallende Krankheit verursacht haben durch Eier, die in Gräbern eingegraben wurden. Wie weiterhin die Hexen noch andere Krankheiten hervorbringen: Wer könnte alle von Hexen verursachten Krankheitsfälle aufzählen? Einiges von dem, was wir mit eigenen Augen gesehen haben, wollen wir erwähnen. Als in Jsenburg die Hexen verfolgt wurden, ereignete sich folgender Fall. Ein junges Mädchen, das eine Hexe beleidigt hatte, wurde von ihr durch die fürchterlichsten Schmerzen bestraft. Einer Frau ging es ebenso. In beiden Fällen wurde ein eingegrabener Zauber entdeckt, nach dessen Verbrennung Heilung eintrat. Zum großen Teil bestand der Zauber in behexten Wachsbildern. Wie die Hebammen als Hexen schweren Schaden zufügen, indem sie Kinder töten oder dem Teufel opfern: Die Wirtin vom „Schwarzen Adler" in Zabern, eine sehr fromme und der Jungfrau Maria sehr ergebene Frau, erzählt: Es bot sich ihr als Hebamme ein Weib an, das sie aber, weil in schlechtem Ruf stehend, abwies. Erbost hexte ihr das Weib alle möglichen Dinge in den Leib, die furchtbare Schmerzen verursachten. Sie wurde aber durch die seligste Jungfrau befreit. Als sie ein natürliches Bedürfnis befriedigen mußte, kamen die hineingehexten Dinge zum Vorschein: Holz, Knochen und handgroße Dornen. Einige Hebammen, die eingeäschert wurden, haben noch schlimmere Sachen gestanden. Im Flecken Dann bei Basel hat eine Hexe, die eingeäschert wurde, bekannt, daß sie über 40 Kinder mit Nadelstichen in den Kopf getötet habe. Eine solche Hebammenhexe wurde dadurch entdeckt, daß ihr ein Arm eines getöteten Kindes aus der Tasche fiel. Der theologische Grund, weshalb die Hexen auf Anstiften des Teufels soviele ungetaufte Kinder töten, ist: der Teufel weiß, daß die ungetauften Kinder nicht in den Himmel eingelassen werden. Das Reich Gottes aber, nach dessen Anbruch er, der Teufel, mit noch größerer Pein gestraft wird, bricht erst an, wenn eine ganz bestimmte Zahl von Menschen in den Himmel eingelassen worden ist. Die Erreichung dieser Zahl wird nun durch die Tötung von ungetauften Kindern hinausgeschoben. Deshalb werden sie besonders aufs Korn genommen. Ein Vater sah, daß seine eigene Tochter, die Hebamme war, ein neugeborenes Brüderchen unter Zustimmung der Mutter in der Küche an dem Kesselhaken aufhing und dem Teufel aufopferte. Er zeigte Gattin und Tochter an, und beide wurden eingeäschert. Kinder, die dem Teufel geopfert worden sind, können später nur sehr schwer der „Jurisdiktion" des Teufels wieder entzogen werden. Kinder von acht Jahren, die dem Teufel geweiht worden sind, können schon Gewitter und Hagelschlag erzeugen. Als in Schwaben ein Bauer mit seinem achtjährigen Töchterchen über seinen Acker ging und über die lange Trockenheit klagte, sagte das Kind: Vater, ich kann Regen machen, die Mutter hat es mich gelehrt. Und richtig, das Kind ließ über den Acker ihres Vaters Regen fallen. Der Bauer zeigte seine Frau als Hexe an; sie wurde eingeäschert. Die Tochter wurde zur Nonne gemacht, so daß sie ihre Schwarzkunst nicht mehr ausüben konnte.

Wie die Hexen den Tieren schaden können: Am häufigsten werden die Kühe durch die Hexen der Milch beraubt. Es geschieht so: die Hexe stößt ein Messer in die Wand, ruft ihren Teufel und trägt ihm auf, diese oder jene Kuh trocken zu machen. Dann fängt sie an, an dem Messer zu melken, und die Milch der betreffenden Kuh fließt aus ihm hervor. Wenn man dies dem Volke predigt, so schadet es deshalb nichts, weil nur der diese Sachen kann, der vorher den Glauben verleugnet hat. Solches soll gepredigt werden, um Abscheu zu erregen. Wir kennen jemand, der auf folgende Weise vorzügliche Maibutter gemacht hat. Er stieg in einen Bach, bewegte mit den Händen das Wasser hinter seinem Rücken, sprach gewisse Zauberworte und brachte in kurzer Zeit eine große Menge schönster Maibutter hervor. Dies Buttermachen wird dann noch ausführlich auseinandergesetzt. Wein wird auf ähnliche Weise hergestellt: leere Flaschen füllen sich von selbst. Zwei Hexen, mit Namens Agnes und Anna, die in Ravensburg eingeäschert wurden, haben gestanden, daß sie eine große Zahl von Kühen und Pferden durch Zauberei getötet haben. Hirten haben beobachtet, daß mehrere Stück Vieh nach einigen Luftsprüngen plötzlich tot umfielen: ein Werk des Teufels. Unter dem Alpenvieh ist diese Art von Beherung besonders häufig. Wie Gewitter und Hagel erregt werden: In einem Orte der Diözese Konstanz ging ein furchtbarer Hagelschlag nieder. Da festgestellt wurde, daß das Unglück durch Zauberei entstanden war, übernahmen wir als Inquisitoren die Untersuchung. Zwei bekannte Hexen werden von uns gefoltert, und nachdem sie mit Hilfe des Zaubers der Schweigsamkeit den ersten Grad überstanden haben, gestehen sie beim zweiten: schon über 18 Jahre trieben sie mit dem Teufel Unzucht; sie hätten auf Befehl des Teufels unter einem Baume, den sie genau bezeichneten, ein Loch gegraben, Wasser hineingegossen, es mit dem Finger bewegt. Dann sei das Wasser aus dem Loch verschwunden und das Unwetter entstanden. Während der ganzen Zeit stand der Teufel dabei. Wunderbar sei gewesen, daß sie am folgenden Tage, als sie wiederum gefoltert wurden, genau dasselbe, ohne Abweichung, bekannten. Beide wurden eingeäschert. Wie auf drei Arten Männer Schwarzkunst treiben: Besonders schlimm sind die schwarzkünstlerischen Pfeilschützen, die am Charfreitag das Bild des Gekreuzigten mit Pfeilen durchbohren. Sie sind so sicher im Schießen, daß sie einen Pfennig vom Kopf eines

Menschen herunterschießen können, ohne den Kopf zu verletzen. Das können sie nur mit Hilfe des Teufels. Wir bringen einige Tatsachen: Ein solcher Pfeilschütze war in der Begleitung des Herzogs Eberhard mit dem Barte von Württemberg. Täglich konnte er dreimal mit unfehlbarer Sicherheit jemand töten, und zwar, weil er täglich drei Pfeile in ein Kruzifix schoß. Aus Haß gegen die hl. Dreifaltigkeit liebt der Teufel die Dreizahl. Auch der Tellschuß auf den Apfel geschah durch Zauberei. Im Nonnenkloster Hohenzorn bei Konstanz ist ein von einem Pfeil durchbohrtes Kreuz zu sehen, aus dessen Wunde Blut fließt. Ein Schwarzkünstler hat die Untat vollbracht, wofür er getötet worden ist. Fürsten, die sich solche Pfeilschützen halten, sind als Ketzer zu behandeln. Zweite Frage: Verschiedene Arten, den Zauber zu beseitigen. Einen teuflischen Zauber durch einen andern zu vertreiben, ist unerlaubt. Es gibt aber doch Ausnahmen. Zur Zeit des Papstes Nikolaus V. kam ein deutscher Bischof nach Rom, der eine Geliebte bei sich hatte. Diese wollte den Bischof seiner Schätze wegen töten und behexte ihn mit einer schweren Krankheit. Eine andere Hexe offenbarte ihm, daß er geheilt werden könne, wenn seine Geliebte, die ihn behext hatte, stürbe. Da der Bischof nicht unüberlegt handeln wollte, ließ er den Papst um Rat fragen. Der Papst liebte den Bischof sehr und gestattete, daß von zwei Übeln das kleinere, nämlich der Tod der Hexe gewählt werden könne. Die Hexe starb durch Zauberei, der Bischof zog mit Freude nach Hause. In diesem Falle ist zu bemerken, daß eine Erlaubnis kein allgemeines Gesetz ist; daraus, daß der Papst hier dispensiert hat, folgt nicht, daß auch andere so handeln dürfen, wie der Bischof gehandelt hat. Kirchliches Heilmittel gegen die Teufel in Manns- und Weibsgestalt. In Koblenz lebt ein unglücklicher Mensch, der so behext ist, daß er in Gegenwart seiner Frau alles, was zum ehelichen Akt gehört, tut und davon nicht abgehalten werden kann, obschon niemand ein Weib sieht, mit dem er den Akt vollzieht. Eine bestimmte Hexe ist sehr verdächtig, ihn so behext zu haben. Aber die Behörden sind dort zu lässig, dies Weib wegen schwerer Anzeichen zu verfolgen. Eine Nonne gestand, daß sie sich lange mit dem Teufel abgegeben habe, und obwohl sie beichtete und kommunizierte, konnte sie von den Heimsuchungen dieses Teufels nicht befreit werden. Ein Priester hatte sich erhängt, seine Geliebte ging ins Kloster, wurde aber von einem Teufel in Mannsgestalt versucht. Kreuzzeichen und Weihwasser halfen nicht viel; das Ave Maria half am meisten. Frauen und Mädchen mit schönen Haaren werden stärker von den Teufeln belästigt. Ein Weib, das lange Jahre mit einem Teufel Unzucht getrieben hat, wird vom hl. Bernhard bekehrt. Zum Schutz gegen ihren höllischen Liebhaber gibt er ihr einen Stock, den solle sie in ihr Bett legen. Der Schutz erwies sich als wirksam: der Teufel konnte nur mehr an der Türe des Zimmers Lärm machen. Solche Teufel kirchlich zu exkommunizieren, ist auch ein gutes Mittel; selbst Heuschreckenschwärme werden durch die Exkommunikation verscheucht. Man soll den Weibern in bezug auf ihren geschlechtlichen Umgang mit dem Teufel nicht leicht glauben, sondern nur jenen, die solches in ihren eigenen Betten erfahren haben. Heilmittel für die, welche in ihrer Zeugungsfähigkeit behext werden. An Unflätigkeit leistet dieser Abschnitt das Unglaublichste. Heilmittel gegen angehexte Liebe oder angehexten Haß. In Lindau wurde ein schönes Mädchen von einem Priester zur Liebe zu ihm bezaubert. Allein sie blieb tugendhaft, pilgerte nach Einsiedeln und kam befreit zurück. Heilmittel für die, denen das männliche Glied durch Zauberei genommen wird, und für die, welche in Tiere verwandelt werden. Gegen Hexen, die sich selbst in Tiere verwandeln, ist als bestes Heilmittel das anzuwenden, was wir im dritten Teile sagen werden von der Ausrottung der Hexen durch den weltlichen Arm. Heilmittel gegen die Besessenheit. Zunächst werden Beichte und Kommunion empfohlen; weitläufig wird die Frage erörtert, ob nicht dem Empfang dieser Sakramente die durch die Besessenheit hervorgerufene Unzurechnungsfähigkeit des Besessenen entgegensteht. Den Exorzisten wird eingeschärft, in der Ausübung ihres Amtes nicht mit den auszutreibenden Teufeln ungeziemende Scherze zu machen. Die beiden päpstlichen Inquisitoren erzählen zu dieser Ermahnung folgende Geschichte: Im Dominikanerkloster zu Cöln war ein zu Scherzen aufgelegter, aber als Teufelaustreiber berühmter Klosterbruder. Als er einst innerhalb seines Klosters einen Teufel austreiben wollte, fragte ihn der Teufel, wohin, durch welchen Ort er ausfahren solle. Scherzend antwortete der Pater: Fahre durch unsern Abort aus. In der folgenden Nacht mußte der Pater den Abort aufsuchen, da peinigte der Teufel ihn dort so, daß er fast gestorben wäre. Gewisse Kräuter, wie das sogenannte Teufelskraut, oder gewisse Steine darf der Exorzist zum Austreiben der Teufel benutzen. Er muß nur nicht glauben, daß diese Kräuter und Steine die Austreibung unmittelbar bewirken. Die Exorzismen der Kirche als Heilmittel. Eine lange Abhandlung voll der Torheiten: geschriebene Exorzismen und Sprüche können um den Hals getragen werden. Besonders kräftig wirkt, den Anfang des Johannesevangeliums, aufgeschrieben, um den Hals zu tragen. Auch können die Behexten bedingungsweise wiedergetauft werden, weil vielleicht bei ihrer ersten Taufe der Exorzismus gar nicht oder ungenügend angewandt wurde. Zuweilen nimmt der Teufel von jemand Besitz nicht wegen der eigenen Verschuldung des Betreffenden, sondern wegen einer leichten Schuld eines andern. Heilmittel gegen Hagelschlag und gegen die Besessenheit des Viehs. Das Vieh zu segnen und das Vaterunser über es zu sprechen, hilft häufig gegen Behexung. Um die Kühe zu verzaubern, suchen sich die Hexen Milch oder Butter zu verschaffen. Hausfrauen sollen deshalb umsichtig sein, wem sie Butter oder Milch geben. Gelingt es trotz aller Mühe nicht, den Rahm zu Butter zu machen, so werfen manche Mägde, um den Zauber zu brechen, unter Anrufung der hl. Dreifaltigkeit und Abbetung des Vaterunser drei kleine Butterstückchen in das Butterfaß. Dieser Gebrauch ist nicht zu tadeln, wenn er im Vertrauen auf Gott vorgenommen wird. Stirbt das Vieh durch Behexung, so soll man unter der Schwelle des Stalles die Erde umgraben und sie mit Weihwasser befeuchten. Denn die Hexen haben oft gestanden, daß sie behexte Dinge unter den Türschwellen anbringen, wie Steine, Holz, Mäuse, Schlangen. Gegen Hagelschlag ist das folgende Heilmittel aufs sicherste erprobt worden: man werfe drei Hagelkörner unter Anrufung der hl. Dreifaltigkeit und Abbetung des Vaterunser und des Gegrüßet seist du Maria ins Feuer. Ist das Hagelwetter durch Behexung entstanden, so hört es daraufhin sofort auf. Eine Hexe gestand, Hagelwetter könnten durch folgende Worte beschworen werden: ich beschwöre euch, ihr Hagelkörner, durch die fünf Wunden Christi und durch die drei Nägel, die seine Hände und Füße durchbohrt haben, und durch die vier heiligen Evangelisten, daß ihr euch in Wasser auflöset. Heilmittel gegen einige geheime Anfechtungen des Teufels. Gegen Erdwürmer und Heuschrecken ist die Exkommunikation erfolgreich. Eine andere schreckliche Zulassung Gottes besteht in der Unterschiebung von Kindern durch die Teufel. Drei Arten solcher Wechselkinder gibt es: einige sind nie zu befriedigen, obwohl vier Ammen ihnen ihre Milch geben, andere sind mit Hilfe von Teufeln in Mannesgestalt gezeugt. Endlich drittens nehmen zuweilen Teufel die Gestalt von kleinen Kindern an. Das letzte Heilmittel der Kirche gegen die Hexen ist ihre Tötung; dazu ist sie nach göttlichem Recht verpflichtet; denn es steht geschrieben: die Zauberer sollst du nicht leben lassen. Diese Art kann nur durch den weltlichen Arm vernichtet werden. Einige verschreiben sich dem Teufel, um Geld zu erlangen. Für sie ist das beste Heilmittel die Beichte. Das Zeichen ihrer Befreiung vom Teufel besteht darin, daß das Geld in ihrer Börse nach der Beichte verschwunden war. Dafür könnten wir viele Tatsachen anführen.

Dritter Teil:

Da dieser Teil den Hexenprozeß behandelt, der sich mit dem oben besprochenen Inquisitionsprozeß deckt, so übergehe ich ihn und verweise für ihn auf die große Ausgabe dieses Werkes (I, 411 ff.).

3. Die Disquisitiones magicae des Jesuiten Delrio.

Der Jesuit Delrio, Theologieprofessor an den Universitäten von Graz und Salamanka, hat einen über 1200 Seiten starken Quartband veröffentlicht: „Sechs Bücher zauberischer Untersuchungen, die eine genaue Widerlegung der wunderbaren Künste und der gottlosen Gebräuche enthalten, nützlich für die Theologen, Rechtsgelehrten, Mediziner, Philologen. Mit Erlaubnis und Billigung der Oberen."

Das Buch trägt das Imprimatur des Jesuitenordens, je eines päpstlichen und eines bischöflichen Zensors.

Delrios Buch bildet mit dem ein Jahrhundert früher erschienenen „Hexenhammer" der päpstlichen Dominikanerinquisitoren Sprenger und Institoris den Höhepunkt unchristlichen Teufel- und Hexenwahns. Die Dominikaner- und Jesuitenorden tragen somit das untilgbare Brandmal, ein Jahrhunderte hindurch währendes Abschlachten von Menschen im Namen Christi und im Auftrage seines „Statthalters" „wissenschaftlich" und „theologisch" gerechtfertigt und befürwortet zu haben.

Der Inhalt der einzelnen Bücher ist: I. Buch: Von der Zauberei im allgemeinen; II. Buch: Von der teufelischen Zauberei und ihrer Wirksamkeit; III. Buch: Von der Schwarzkunst; IV. Buch: Von der Wahrsagerei; V. Buch:

Vom Amt des Richters bei diesem Verbrechen; VI. Buch: Von dem Amt des Beichtvaters und von den erlaubten und unerlaubten Heilmitteln.

Bezeichnend für die Gesamtauffassung Delrios, die übrigens die Gesamtauffassung des Jesuitenordens wiedergibt, sind einige Stellen aus der Vorrede, wo er die Schwarzkunst als ständigen Begleiter und notwendige Folge der „Ketzerei" hinstellt: „Böhmen wurde von den Hussiten, Deutschland von den Lutheranern überschwemmt; wie große Gewalt die Zauberei dort erlangt hat, hat uns Sprenger [Verfasser des „Hexenhammers"] berichtet, mit welchen Bächen von Hexen das Luthertum das nördliche Deutschland überflutet hat, wissen die, die in Kälte, Furcht und Zittern dort wohnen. Die meisten, die z. B. im Trierschen Land vor den Richtern auf der Folter gestanden haben, daß sie von der Pest der Hexerei ergriffen seien, haben bekannt, daß diese Seuche sie zuerst ergriffen habe, als jenes scheußliche und tartarische Bollwerk des Luthertums, Albrecht von Brandenburg, der selbst als Schwarzkünstler berüchtigt ist, mit Feuer und Schwert jene Landstriche plündernd verwüstete. In der Schweiz, wo noch die gottlosen Waldenser sind, gibt es nur wenige Frauen, die keine Hexen sind. In England, Schottland, Frankreich, Belgien ist die Hexerei durch den Kalvinismus rasch ausgebreitet worden."

Die Gründe für die enge Verbindung zwischen Ketzerei und Hexerei sind nach Delrio: „Die Teufel haben in den Ketzern, wie einst in den Götzenbildern, ihre Wohnstätten; aus den Götzenbildern sind sie vertrieben worden, so haben sie sich in den Ketzern neue Wohnungen gesucht; auch die Teufel, die Christus austrieb, fuhren in die Schweine. Wie die Pest der Hungersnot folgt, so folgt die Hexerei der Ketzerei. Die Teufel bedienen sich der Ketzer ähnlich wie schöner Huren, um die Menschen zu betrügen."

Zur Kennzeichnung des ersten Buches genügt es, auf die über 33 Seiten sich erstreckende Abhandlung von der Goldmachekunst (Alchimie) hinzuweisen, die mit und auch ohne Hilfe des Teufels für möglich erklärt wird.

Im zweiten Buch wird als Grundlage aller teuflischen Zauberei der Vertrag mit dem Teufel hingestellt. Die Wirklichkeit solcher Verträge beweist Delrio aus der Übereinstimmung aller Theologen alter und neuer Zeit und aus dem Bekenntnis aller Hexen. Die Verträge sind zweierlei Art, stillschweigende und ausdrückliche; die ausdrücklichen werden unter verschiedenen Feierlichkeiten abgeschlossen: dem Teufel, der in Person erscheint, wird vor Zeugen Treue und Gefolgschaft gelobt, oder man läßt dem Teufel durch berühmte Zauberer eine Bittschrift überreichen. Delrio erzählt einen Fall, der sich zu Nantes in der Normandie zugetragen hat. Dort wurden mehrere solcher Bittschriften entdeckt; die Bittsteller mit den Bittschriften erlitten zu Paris den Feuertod. Einiges ist allen Verträgen mit dem Teufel gemein: die Verleugnung des Glaubens und der Jungfrau Maria; der Teufel berührt die Stirne der Vertragschließer mit seiner Kralle und tauft sie auf seine Art; sie erhalten einen neuen Namen; innerhalb eines auf die Erde gezeichneten Kreises wird ein furchtbarer Eid geschworen; man verspricht dem Teufel, monatlich durch Blutaussaugen ein Kind zu töten; irgendeiner Stelle des Körpers, gewöhnlich einer geheimen, drückt der Teufel ein Zeichen auf, dieser Körperteil wird dadurch unempfindlich. Die Hexen und Zauberer können Unwetter und Finsternisse erregen, sie können bewirken, daß Feuer nicht brennt; sie können verhindern, daß jemand im Wasser untersinkt, „wie wir täglich bei der Wasserprobe sehen"; sie können Flußläufe hemmen, Quellen versiegen oder neue hervorspringen machen. Sie können Viehherden vernichten und auf dem Halm stehendes Getreide auf weitentlegene andere Äcker versetzen. „Als ich in Mainz war, wurde zu Trier eine berühmte Hexe hingerichtet, die in einen Behälter in der Wand ihres Hauses die Milch fremder Kühe hinüberzog, d. h. ihr Teufel melkte mit großer Geschwindigkeit die Kühe und brachte ihr die Milch." Der Teufel gibt den Hexen ein Pulver; das streuen sie in die Luft, und sofort erscheinen Heuschreckenschwärme. „Solche Geschehnisse sind alltäglich; ihre Wahrheit wird bezeugt durch das Ansehen der Päpste und ihre Bullen darüber; so die Bullen Innozens VIII., Julius III., Hadrian VI." Durch ihre Kunst können die Zauberer die höchsten Würden verschaffen. So sollen selbst die Päpste Martin II., Silvester II., Johann XXI. und XXII. und Gregor VII. durch Zauberei Päpste geworden sein. Der Jesuit weist dies allerdings zurück, gibt aber zu, daß die Teufel zu weltlichen Würden erheben können. Für Erlangung von Geld, Schätzen, Gold sind die Teufel sehr nützlich. Die Teufel bringen Ungeheuer hervor, wie kürzlich ein furchtbares Ungeheuer in Brasilien sich gezeigt hat. Möglich ist aber auch, daß diese Ungeheuer aus der Vermischung zwischen Mensch und Tier hervorgehen;

so hat im Jahre 1571 ein Weib zu Brixen einen Hund, ein anderes Weib in Augsburg einen Menschenkopf, eine zweifüßige Schlange und ein Schwein geboren. Delrio erzählt dann weitläufig eine Geschichte, wie ein Weib auf einer Insel ausgesetzt wurde, wo nur Affen lebten; dort habe sie mit einem Affen Kinder erzeugt. Schließlich habe ein Schiff sie wieder aufgenommen; der Affenvater, der zurückgelassen wurde, habe sich und die Kinder aus Verzweiflung über die Trennung von seiner Gattin ins Meer gestürzt. Ganz Portugal sei Zeuge für die Wahrheit dieser Tatsache. Auf zehn Seiten behandelt Delrio die Frage, ob die Teufel sich mit Menschen fleischlich vermischen. Die Tatsächlichkeit solcher Vorgänge steht für den Jesuiten fest: "Es ist dies die gemeinsame Ansicht der h. h. Väter, der Theologen und Philosophen, durch die Erfahrung vieler Jahrhunderte bestätigt. Von dieser Ansicht abzuweichen ist ein Zeichen von Starrköpfigkeit und Verwegenheit."

Aus dem geschlechtlichen Umgang zwischen Mensch und Teufel kann Nachkommenschaft entstehen. Die Erklärung dieser Tatsache bietet zwar Schwierigkeiten, die aber verschwinden, wenn man die Sache gut und klar auseinandersetzt: der Teufel kann sich nämlich von irgendeinem Manne während des Schlafes Samen verschaffen, und weil er [der Teufel] sehr rasch und geschickt ist, so kann er dem Samen die nötige Wärme erhalten und ihn im geeigneten Augenblick einem Weibe eingießen. Vater des entstehenden Kindes ist dann aber nicht der Teufel, sondern der Mensch, dessen Samen benutzt wurde. Die Hexen gestehen, daß der männliche Samen, den der Teufel ihnen eingießt, kalt sei und kein Lustgefühl hervorrufe. Will der Teufel bei der Begattung nicht als Teufel erkannt sein, so ahmt er alles aufs genaueste nach, wie es zwischen Mann und Weib zu geschehen pflegt; dann verschafft er sich auch wirklichen männlichen Samen, den er selbst nicht hat. Aus solcher Vermischung entstehen Kinder, deren wirklicher Vater aber nicht der Teufel ist, sondern der betreffende Mann, von dem der Teufel sich den Samen verschafft hat. Aus den Geständnissen italienischer Hexen geht hervor, daß Hexen mit dem Teufel auch unnatürliche Unzucht treiben; deshalb kann der Richter über diese Dinge fragen, d. h. zu ihrer Erforschung die Folter anwenden. Auch sollen die Beichtväter wissen, daß ein solches Vergehen eine doppelte Todsünde ist. Ketzer, wie Luther und Melanchthon, behaupten, daß die Hexenfahrten nicht wirklich, sondern nur eingebildet seien. Die wahre Ansicht ist aber, daß die Hexen auf Ziegenböcken oder Besenstielen zu ihren Zusammenkünften reiten. Zu diesem Ritt salben sie sich und die Besenstiele mit einer aus getöteten Kindern bereiteten Salbe. Bei den Hexenzusammenkünften tanzt jeder Teufel mit dem ihm anvertrauten Weibe, und zwar lehnen die Tanzenden ihre Rücken gegeneinander; nach dem Tanz wird Unzucht getrieben. Für ihre Zusammenkünfte haben die Hexen in verschiedenen Gegenden verschiedene Tage: in Italien den Donnerstag, in Lothringen den Mittwoch oder Sonntag usw. Delrio führt dann eine Reihe von "Tatsachen" zum Beweise solcher Hexenritte an. Diese "Tatsachen" sind die törichtsten Ammenmärchen, unwürdig eines Menschen und Christen, aber der Jesuit schreibt: Solche Beispiele erbringen den stärksten Beweis für die Wirklichkeit der Hexenritte und Hexenzusammenkünfte. Beweisend ist ferner, daß die Hexen diese Dinge gestehen und zwar in voller Übereinstimmung. "Überdies, wer behauptet, diese Dinge seien Träume und Phantasien, verfehlt sich zweifellos gegen die Ehrfurcht, die wir unserer Mutter der Kirche schulden. Denn die katholische Kirche bestraft keine Verbrechen, außer sie seien gewiß und offenbar, noch auch erklärt sie jemand für einen Ketzer, der nicht wirklich in Ketzerei verstrickt ist. Seit vielen Jahren hält aber die Kirche die Hexen für Ketzer und befiehlt, sie durch die Inquisitoren zu bestrafen und dem weltlichen Arm zu übergeben. Also entweder irrt die Kirche, oder ihre Gegner. Wer aber behaupten wollte, die Kirche irre in einer zum Glauben gehörigen Sache, der sei verflucht.

Hexen verwandeln sich mit Hilfe des Teufels in Katzen. Ein ehrwürdiger Geistlicher hat mir erzählt: Vor fünf Jahren sei ein Mann mit einer Wirtin in Dixmude in Flandern in Streit geraten; er habe ihr Haus verlassen und wollte mit seinem Nachen über den nahen Fluß setzen. Es sei ihm trotz aller Anstrengung, auch mit Hilfe anderer Männer unmöglich gewesen, den Kahn vom Ufer abzustoßen. Nach langen Bemühungen untersuchten sie den Kahn und fanden einen sehr großen Kater mit glühenden Augen. Sie durchbohrten ihn mit einem Messer und brachten ihm tödliche Wunden bei; der Kater fiel ins Wasser und verschwand. Der Nachen ließ sich jetzt leicht bewegen. Der Mann ging in das Wirtshaus zurück und fand dort die Wirtin mit ganz den gleichen Wunden tödlich verletzt, wie sie der Kater hatte. Der Teufel macht die Hexen unempfindlich gegen Folterqualen.

Mir erzählte der Provinzial der belgischen Provinz unseres Ordens, Pater Bernard Oliverius, daß im Jahre 1599 eine Hexe weder das Brennen an den Füßen, noch die heftigsten Schläge gespürt habe, bis ein Priester ihr ein Agnus Dei (ein geweihtes Wachsbild) in den Nacken gehalten habe. Da habe die teuflische Behexung aufgehört, und die Hexe habe begonnen, den Schmerz zu fühlen. Daraus geht hervor, daß diese Unempfindlichkeit ein Werk des Teufels ist. Die Erörterung der Frage, ob der Teufel aus einem Mann ein Weib und aus einem Weib einen Mann machen könne, nimmt vier Quartseiten ein. In Cajeta hat sich eine Fischersfrau nach 14jähriger Ehe in einen Mann verwandelt; eine andere wurde nach 12jähriger Ehe Mann, ließ sich scheiden und heiratete ein anderes Weib. Im gegenwärtigen Jahre (1600) wurden zu Toledo durch Urteil der Inquisition die Gebeine eines gewissen Ramirez verbrannt, der, wie solcher Auswurf der Menschheit zu tun pflegt, zu dem Ausgespienen, d. h. zur Ketzerei, die er abgeschworen hatte, zurückgekehrt war. Aus seinen Prozeßakten übersetze ich wörtlich: Er hatte mit dem Teufel ein Bündnis geschlossen, wodurch er dem Teufel seine Seele verschrieb und dafür vom Teufel die Kenntnis geheimer Dinge erhielt und ein außerordentliches Gedächtnis. Als er einmal mit einem anderen Zauberer nach Saragossa reiste, sei ihnen plötzlich, nach Aussprechen eines Zauberwortes ein Pferd erschienen, das sie im Nu nach Saragossa gebracht habe; sie erledigten dort ihre Geschäfte, bestiegen wieder das Pferd und waren in einem Augenblick zu Hause. Als in Deza einem Ehemann die Ehefrau plötzlich aus dem Bette verschwand, habe Ramirez den Mann beruhigt; er werde ihm seine Frau schon wieder verschaffen; er solle in einen bestimmten Weinberg gehen, dort auf die Erde einen Kreis ziehen, sich in die Mitte stellen und warten, bis er das Geräusch vorübergehender Menschen höre. Dann solle er laut fragen, wo der König sei, und einen Zettel auf die Erde werfen. Der Ehemann tat so, und seine Ehefrau erschien, man weiß nicht woher, plötzlich wieder.

Auf 50 Seiten behandelt Delrio die Frage, ob die Teufel bewirken können, daß die Seelen Abgestorbener den Lebenden erscheinen? Dann folgen zwei lange Kapitel über Gespenster. Hier häufen sich die tollsten Geschichten, die als „wahre Tatsachen" berichtet werden. Achtzehn verschiedene Arten von Gespenstern werden aufgeführt.

Das dritte Buch beginnt mit der Abhandlung über zauberische Einschläferung, die besonders von Dieben bei den zu Bestehlenden angewandt wird. Diese Einschläferung wird bewirkt durch Verbrennen eigentümlicher Kerzen: die Hexen verschaffen sich Hände und Füße von Leichen, salben sie mit einem Öl, das der Teufel ihnen gibt, und zünden dann die Finger und Zehen an. Die Einschläferung dauert solange, als die Füße und Hände brennen. Auch Fehlgeburten werden zu dieser Einschläferung benutzt; das haben verschiedene Hexen eingestanden.

Ein eigenes Kapitel von 15 Seiten ist dem Liebeszauber und seinen Gegenmitteln gewidmet. Mit Berufung auf die Berichte der päpstlichen Inquisitoren Sprenger und Institoris und auf die Geständnisse der Hexen versichert der Jesuit Delrio, daß zur Bereitung solcher Liebeszauber Blut von der monatlichen Reinigung der Frau oder männlicher Samen oder menschlicher Kot benutzt werde. In unserer Zeit, sagt Delrio, verwenden die Hexen mit Vorliebe Pergament, das aus der Haut eines neugeborenen, ungetauften Knaben bereitet wird. Sehr gefährlich und gebräuchlich sind die Zauberkünste, die Leib und Leben angreifen; besonders die gegen kleine Kinder gerichteten. Hexen kochen und verzehren kleine Kinder mit Vorliebe. Hexen können durch bloßen Blick die Brüste stillender Frauen austrocknen. Zauberische Wachs- und Bleibilder, die zur Tötung mißliebiger Leute dienen, spielen, nach dem Vorbilde des Papstes Johann XXII., auch bei Delrio eine große Rolle. Ausführlich setzt Delrio auseinander, warum Gott zuläßt, daß der Teufel solche Macht über die Menschen besitzt. In Flandern hat sich ganz kürzlich folgendes zugetragen: drei Mönche eines Klosters — ich weiß den Ort und den Orden, dem sie angehörten, aber beides verschweige ich — lebten sehr ausschweifend. Eines Abends zechten sie lange. Endlich hatten sie genug, und der eine sagte: Gott sei gedankt! Der andere aber sagte: dem Teufel sei gedankt! Dann legten sie sich, jeder mit einem Mädchen, zu Bett. Plötzlich geht die Türe auf, und ein Teufel in Gestalt eines Jägers von schrecklicher Gestalt kommt herein, begleitet von zwei anderen Teufeln in Gestalt von Köchen! Mit furchtbarer Stimme fragte er, wo ist der, der mir gedankt hat? Er zieht den zu Tode Erschrockenen aus dem Bett und befiehlt seinen Begleitern, ihn am Feuer zu rösten. Das geschieht, und das Zimmer wird erfüllt mit dem Gestank des verbrannten Menschenfleisches.

Das vierte Buch handelt von der Wahrsagerei und den Gottesgerichten.

Im fünften Buch erörtert Delrio die Obliegenheiten des Richters und das Prozeßverfahren den Hexen gegenüber. Um eine allgemeine Untersuchung vorzunehmen, sind gar keine Anzeichen erforderlich. Leichte Anzeichen genügen zu einer besonderen Untersuchung über die Schuld. Um aber den Angeklagten der Inquisition zu übergeben, sind schwere Anzeichen erforderlich. Zur Folterung sind sehr schwere Anzeichen erforderlich. Beim Verbrechen der Hexerei genügt zur besondern Untersuchung ein Zeuge und sei es auch ein sonst unfähiger Zeuge; ist der Zeuge aber ein vollgültiger, so genügt ein Zeuge zur Folterung. Ein prozessuales Anzeichen ist die Bezichtigung durch einen Genossen des Verbrechens. Zur Erlangung der Namen von Mitschuldigen kann der Angeklagte gefoltert werden. Auch sind die Beichtväter verpflichtet, zur Angabe der Mitschuldigen zu ermahnen und im Weigerungsfall die Lossprechung zu versagen. Die Anzeige sonst Ehrloser gilt; bei ihnen muß aber die Anzeige auf der Folter geschehen, denn weil sie ehrlos sind, ist ihnen außer auf der Folter wenig Glauben zu schenken. Der Richter kann zur schweren Folterung schreiten: 1. wenn ein vollgültiger Augenzeuge, 2. wenn zwei Nichtaugenzeugen vorhanden sind; 3. wenn zwischen dem wegen Hexerei Angezeigten und dem durch Hexerei Getöteten oder Geschädigten Feindschaft vorliegt; 4. wenn der Angezeigte in übelm Rufe steht; 5. wenn der Angezeigte flüchtig geworden ist; 6. wenn Anzeiger und Angezeigter eng befreundet sind; 7. wenn eine geheime Besprechung zwischen Anzeiger und Angezeigtem vor Begehung der Hexerei nachweisbar ist; 8. wenn im Hause des Angezeigten Zaubermittel und Zauberbücher aufgefunden worden sind. Hat jemand ein Tier verwundet und findet sich bald darauf ein Weib, das an der gleichen Stelle wie das Tier eine Wunde hat, so kann dies Weib als der Hexerei schwer verdächtig, d. h. daß sie das Tier gewesen sei, gefoltert werden. Der Dechant der Domkirche in Mecheln hat mir erzählt, daß er neulich eine Krähe geschossen habe; als er sie aufheben wollte, habe er nichts gefunden, als einen Schlüssel, wie ihn Frauen am Gürtel zu tragen pflegen. Ein Freund habe den Schlüssel als einer Nachbarsfrau gehörig erkannt. Sie gingen in das Haus, und richtig, dort fehlte der Schlüssel, und die Hausfrau hatte eine Kugel in der Seite. Ein zur Folterung genügendes Anzeichen ist auch, wenn ein glaubwürdiger Zeuge gesehen hat, wie ein Weib einem Pferde zu trinken gegeben hat, das bald darauf krepiert ist, oder wenn zwei Zeugen gesehen haben, wie kurz vor einem Unwetter ein Weib mit einem Stab auf einen Stein geschlagen hat, oder Blumen und Kräuter in einen Topf geworfen hat. Das alles sind so dringliche Anzeigen der Hexerei, daß jedes einzelne für sich genommen zur Folterung genügt. Damit der üble Ruf einer Person zu ihrer Folterung genüge, ist erforderlich, daß der schlechte Ruf von Männern, nicht von Frauen herrühre, außer es handle sich um Dinge, die Frauen besser kennen, als Männer; auch muß der böse Ruf allgemein sein. Nach der Gefangennahme einer Hexe ist ihre Wohnung nach Zaubermitteln zu durchsuchen. Selbst im Kerker verkehren die Hexen noch mit dem Teufel geschlechtlich, erregen mit seiner Hilfe Unwetter usw. Fragen, die der Richter an die Hexen richten soll: zu was sie sich dem Teufel verpflichtet haben; was sie von ihm hoffen; woraus sie ihre Zaubersalben bereiten? Gemeinsame Ansicht der Theologen ist, daß die Folter zur Erforschung der Wahrheit angewandt werden soll. Die Folter soll so angewendet werden, daß der Leib des Gefolterten unverletzt bleibt oder nur mäßig verletzt wird. Unverletzt nenne ich den Leib, wenn das Fleisch nicht zerrissen und die Knochen nicht zerbrochen sind; denn Ausrenkung der Gelenke ist bei der Folterung kaum zu vermeiden. Mehr als dreimal soll die Folter nicht wiederholt werden.

Die Tatsächlichkeit des Zaubers der Schweigsamkeit ist durch die tägliche Erfahrung bewiesen. Dies Zaubermittel wird aus ungetauften Kinderleichen bereitet. Man soll alle Haare abschneiden, damit nicht unter ihnen sich ein solches Zaubermittel verbergen könne; auch ist es gut, den ganzen Leib der Hexe mit warmem Wasser zu waschen, um eine etwa aufgestrichene Zaubersalbe zu entfernen.

Durch lügnerische Listen die Hexen zum Geständnis zu bringen, ist unerlaubt. Man beachte aber wohl, fährt Delrio fort, daß zwischen einer Lüge und einer Doppelsinnigkeit ein großer Unterschied besteht; erstere ist verboten, letztere erlaubt. Der Richter kann also, um ein Geständnis zu erlangen, der Doppelsinnigkeit und listiger Worte sich bedienen, und er kann zu diesem Zweck zweideutig dem Gefangenen die Freiheit versprechen. So war es erlaubt, daß ein Richter in Lüttich einer Hexe versprach: wenn sie die Wahrheit gestände, würde er, solange sie lebe, für ihren Unterhalt sorgen und ihr ein neues Haus bauen; indem er unter dem Wort „Haus" das Gerüst verstand, auf dem sie verbrannt werden sollte. Selbst wenn der Richter durch verwerflichen Betrug eine Hexe zum Gestehen bringt und sie daraufhin verurteilt, so begeht er keine Todsünde.

Delrios Grundsatz über die Tötung der Hexen lautet: Die Hexen sind zu töten, auch wenn sie keinen Menschen durch Gift getötet haben, auch wenn sie weder den Feldern, noch dem Vieh geschadet haben; sie sind zu töten, weil sie mit dem Teufel im Bunde stehen und weil sie an den Hexenzusammenkünften teilnehmen.

Diese furchtbare These beweist der Jesuit 1. aus der Bibel: Im Buche Exodus, Kap. 32, Vers 19 steht; „Zauberer sollst du nicht leben lassen"; 2. aus dem kanonischen Recht; 3. aus der allgemeinen Gewohnheit in ganz Europa, die sich kund gibt durch die Urteilssprüche der Inquisitoren, welche die Hexen dem weltlichen Arm übergeben, und durch die Urteilssprüche der weltlichen Gerichte, wie aus den Schriften der Rechtsgelehrten aller Länder hervorgeht. „Und diese Kundgebungen der römischen Päpste", so ruft Delrio aus, „dieser allgemeine Gebrauch sollte auf falschen, lügnerischen Voraussetzungen beruhen? Welche Strafe verdient der, welcher so etwas behauptet?" 4. aus der Vernunft: die Strafe ist zu bemessen nach der Größe des Verbrechens, die sich richtet nach der Person des Beleidigten. Durch die Hexen werden aber Gott, die gottgleiche Jungfrau, alle Bewohner des Himmels, die ganze Kirche, das ganze Menschengeschlecht, die belebte und unbelebte Natur beleidigt. Die Hexen verüben Götzendienst schlimmer als die Juden, die das goldene Kalb anbeten; denn die Hexen geloben sich dem Teufel, sie essen und trinken mit ihm, sie tanzen und singen vor ihm, sie vergehen sich geschlechtlich mit ihm. Wer so schauderhafte Verbrechen, wie sie die Hexen begehen, nicht mit Feuer und Schwert strafen will, entbehrt des gesunden Menschenverstandes. Auch wenn die Hexen niemand geschadet und niemand getötet haben, sind sie doch zu töten, damit sie nicht, bei längerm Leben, durch Anhäufung von Verbrechen, sich schwerere [ewige] Strafgerichte zuziehen. Wer die Hexen zeitig [durch Hinrichtung] ihren Schandtaten entreißt, sorgt am besten für ihr ewiges Heil. Die Erfahrung lehrt, daß sie sich ohne Kerker und Scheiterhaufen kaum jemals zu Gott bekehren. Gott kann sie freilich auch auf andere Weise bekehren, aber es geschieht fast nie, und darin offenbart sich die besondere Güte Gottes der ihre Schandtaten durch einen verhältnismäßig kurzen und sanften Tod hier sühnen will. Der Tod durch Feuer ist für Hexen und Zauberer angemessen, und zwar sind die Unbußfertigen lebend zu verbrennen, die Bußfertigen sollen zuvor erdrosselt werden.

Wer die Schandtaten der Hexen, besonders ihre nächtlichen Zusammenkünfte leugnet, huldigt dem Atheismus und widersetzt sich der Kirche. Denn das Haupt der Kirche, ihre Zunge und ihr Mund ist der Papst. Viele römische Päpste haben aber die Inquisitoren ermahnt, eifrig und streng gegen die Hexen vorzugehen und diese Pest auszurotten. Offen bekennen die Päpste, daß sie die Verbrechen der Hexen nicht für Wahnvorstellungen, sondern für tatsächliche Schandtaten halten. Das geht hervor aus den Bullen Innozens VIII. an die Inquisitoren in Deutschland, Julius III. an die Inquisitoren von Cremona, Hadrian VI. an die Inquisitoren der Lombardei. Das ist auch die allgemeine Ansicht aller kirchlichen Gerichtshöfe in Spanien, Italien, Frankreich, Deutschland; nach dieser Ansicht haben die Apostolischen Inquisitoren gehandelt. Das also ist die Meinung und das ist das Urteil der Kirche. Da die Kirche definiert hat, Hexen seien als wirkliche Verbrecherinnen zu bestrafen, so kann gewiß kein weltlicher Richter dieses Urteil aufheben, indem er sagt, diese und diese Person, die sich selbst als Hexe bekannt hat, habe sich getäuscht; sondern er hat sie einfach zu verurteilen. Die Kirche, welche die Säule der Wahrheit ist, und der Römische Papst, der die Zunge und der Mund der Kirche ist, und auf dem das Versprechen ruht: dein Glaube wird nicht wanken, erklären sich für die Tatsächlichkeit der von den Hexen begangenen Verbrechen. Die Zauberbücher sind zu verbrennen, wie durch Pius IV. und Klemens VIII. bestimmt worden ist. Nur der Papst kann die Erlaubnis geben, solche Bücher zu lesen. Werden die Hexen gleich nach dem Urteilsspruch hingerichtet, so ist ihnen die Kommunion nicht zu geben, findet die Hinrichtung später statt, so soll ihnen die Kommunion gewährt werden. In bezug auf das Begräbnis ist bei den vom Henker Hingerichteten die landesübliche Sitte zu befolgen. Die Leiber der schon vor dem Urteilsspruch Gestorbenen können ausgegraben und verbrannt werden.

Das sechste Buch handelt von dem Amte und den Pflichten des Beichtvaters bei den Hexenprozessen.

Der Beichtvater hat zwei Rollen: die des Richters und die des Arztes. Das Richteramt übt er nur in der Beichte; Arzt ist er in der Beichte und außer der Beichte. Sehr schwer ist es, die Hexen zur Reue zu bewegen, weil der Teufel sie bestimmt, auf ihrem Standpunkte zu verharren; er spielt ihnen vor, bei der Folterung und selbst auf dem Scheiterhaufen würden sie keinen Schmerz empfinden, sie würden nach dem Tode in großen Genüssen schwelgen. Die Lossprechung ist der Hexe zu verweigern, solange sie nicht gewillt ist, den gegen andere angewendeten Zauber rückgängig zu machen. Der Beichtvater soll sich genau über den Vertrag mit dem Teufel erkundigen, was er enthält, unter welchen Feierlichkeiten er abgeschlossen worden ist. Ein junges Mädchen hat im Jahre 1594 in Südfrankreich ausgesagt: sie sei früh von einem Italiener verführt worden; ihr Verführer habe sie am Vorabend des Festes Johannes des Täufers zur Mitternachtszeit auf das Feld geführt; dort habe er mit einem Stabe einen Kreis gezogen und gewisse Worte aus einem schwarzen Buche gelesen, und plötzlich sei ein großer schwarzer Ziegenbock erschienen, der gefragt habe, was sie hier wolle. Ihr Verführer habe geantwortet, sie wolle sich seinen Getreuen anschließen. Darauf mußte sie den Ziegenbock unter den Schwanz küssen. Später führte sie der Bock in ein benachbartes Gebüsch und vermischte sich mit ihr geschlechtlich. Bei diesem Akt habe sie kein Lustgefühl, sondern nur Schrecken empfunden; die Samenergießung des Bockes habe ihr ein eisiges Gefühl erregt. Auch eine Messe sei in Gegenwart des Bockes gelesen worden. Über solche Einzelheiten des Verkehrs mit dem Teufel sind die Hexen vom Beichtvater zu befragen. Die Werkzeuge der Zauberei, wie Haare, Federn, Steine sollen aufgesucht und zerstört werden. Als unser Kardinal Bellarmin in Löwen Professor war, hat er in seinen Vorlesungen erzählt: als Knabe habe er einen Dominikaner gekannt, der mehrere Male, sobald er die Kanzel bestieg, die Stimme verlor. Er habe erkannt, daß dies eine Wirkung des Teufels sei, und habe ein Gelübde zur heiligen Agnes gemacht, um davon befreit zu werden. Darauf habe er auf der Kanzel den Zauber in Gestalt von zusammengebundenen Haaren gefunden. Er habe sie verbrannt und konnte von da an wieder predigen. In den Jahresberichten der Jesuiten von Genua wird aus dem Jahre 1589 folgendes erzählt: Ein Jüngling erlag einer sündhaften Liebe. Er wird krank. Vor den Augen der Umstehenden speit er die unglaublichsten Dinge aus: Frauenhaare, Haarnadeln, Steine, Knochen. Ein Jesuit ermahnt ihn, anzugeben, wo der Liebeszauber sei. Man erbricht seinen Schrank und findet in ihm zwei Briefe seiner Geliebten. Sie werden verbrannt, und die Leidenschaft verläßt den Jüngling. Zeichen der Besessenheit sind: eine schwarze und geschwollene Zunge, ein zugeschnürter Hals; Zähneknirschen; Zerreißen der Kleider; verdrehte Augen; das Gefühl von Eiseskälte oder Siedehitze; das Gefühl wie wenn Ameisen am Körper umher liefen; Haß gegen alles Heilige und gegen kirchliche Personen. Auch ist die Frage zu stellen, ob der Teufel sich in irgendeiner Gestalt gezeigt hat. Er zeigt sich nämlich in Gestalt von Menschen oder Tieren. Bei einigen bringt der Teufel als Wind durch den Mund oder die Nase ein. Aus dem Briefe eines Mannes, „der Hippokrates, Homer, Pindar und Orpheus in seiner Person vereinigt", gibt Delrio einige natürliche Mittel als Schutz gegen gewisse Zaubereien an; sehr wirksam sind: das vierblätterige Kleeblatt, das Blut eines schwarzen Hundes, das rechte Auge eines Wolfes, das Herz eines Hasen; der Magnetstein versöhnt Mann und Weib usw. usw. Delrio fügt noch ein Mittel hinzu gegen das häufig vorkommende, durch Zauberei bewirkte geschlechtliche Unvermögen von Ehegatten: Sie sollen beichten, kommunizieren, sich vom Priester segnen lassen und sich den Kuß des Friedens geben. Dann sollen sie nach dem Beispiel des Tobias drei Tage lang enthaltsam sein. Dauert trotzdem das Unvermögen an, so sollen sie fasten, beten, die Messe hören, wallfahrten, beichten usw. Als natürliches Mittel gegen diese Behexung wird unter anderm angeraten: die Ehegatten sollen vor dem Schlafengehen im Schlafzimmer die Galle eines Fisches auf glühenden Kohlen verbrennen.

In der Abhandlung „von den kirchlichen Heilmitteln gegen Behexung" überbietet Delrio alles, was er bisher schon an Tollheiten und unchristlichem Aberwitz vorgebracht hat: Diese Heilmittel sind von Christus, den Aposteln und ihren Nachfolgern eingesetzt; durch sie wird der Teufel gepeinigt und häufig gezwungen, die Wahrheit zu sagen: In der Diözese Novara war ein Mädchen, das ihre Mutter wegen schwerer Leiden zu einer bekannten Hexe führte, um sie heilen zu lassen. Aber die Hexe gab zur Antwort: bringe deine Tochter zu den Jesuiten und erbitte von ihnen durch kirchliche Heilmittel Hilfe. Es geschieht, und die Tochter wird geheilt. Dies hat sich im Jahre 1561 ereignet, wie die Jahresberichte der Jesuiten zu Mailand berichten. In der Jesuitenmission von Peru wollte ein Indianer sich taufen lassen. Teufel in Gestalt von Vögeln und niederfallenden Steinen hinderten ihn daran; noch in der Kirche zeigten sich Teufel auf dem Kopfe stehend, die Beine in der Luft und schreckliche Huhu=Rufe ausstoßend. Als aber die Messe anfing, hörten die Schrecknisse auf, und nach der Taufe war der Indianer von den teuflischen Anfechtungen ganz befreit. In der Jesuitenmission von Japan wollte eine Frau, die lange mit einem Teufel Umgang gehabt hatte, Christin werden. Der Teufel suchte sie daran zu hindern, indem er ihr, während sie schlief, die Haare abschnitt und nur einen kleinen Schopf stehen ließ. Allein sie verharrte auf ihrem Vorsatz und wurde von dem Teufel befreit. Einem Jüngling erschien häufig ein rotbrauner Hund, der ihn aufforderte, sich ihm zu weihen. Der Jüngling wurde Christ und der Hund=Teufel kam nicht wieder. Im Jahre 1549 kam zu Bungi in Japan nächtlicherweile ein Teufel in Gestalt eines Fuchses zu einem Mädchen; sie bekehrte sich bei den Jesuiten, und der Fuchs=Teufel kam nicht wieder. Im Jahre 1583 wurde ein Pfarrhaus in der Nähe von Würzburg von Teufeln heimgesucht. Alles im Hause wurde umhergeworfen, Kopfkissen flogen durch die Luft, schreckliche Gestalten erschienen. Der Pfarrer wandte sich Hilfe suchend an die Jesuiten in Würzburg. Es wurde ihm ein Pater mitgegeben, der die Exorzismen der Kirche anwandte und das Haus von den Teufeln befreite. Die Jahresberichte der Jesuiten in Österreich aus dem Jahre 1591 erzählen: Ein vornehmer Mann hegte eine sündhafte Liebe. Eines Nachts erscheint ihm ein in Feuer gehüllter Wagen mit einem feuerschnaubenden Pferd und einem Teufel als Kutscher, der ihn auffordert, den Wagen zu besteigen. Zwei Jesuiten werden gerufen, die mit Weihwasser und geweihten Wachsbildern den Teufel mit seinem Wagen vertreiben. Der Mann beichtet und bekehrt sich. Zur gleichen Zeit wurde eine Frau in Bayern durch geheimnisvolle Stockschläge, deren Urheber niemand sah, vom Besuche der Jesuitenkirche abgehalten. Ein Jesuit befreite sie von dieser Teufelei durch Umhängen eines geweihten Wachsbildes. Der Bischof von Brescia, Guido von Lacha, war im Rufe der Heiligkeit gestorben. Die päpstlichen Inquisitoren erkannten aber aus gewissen Anzeichen, daß er ein Ketzer gewesen sei; sie ließen seinen Leib ausgraben, um ihn zu verbrennen. Aber vom Scheiterhaufen weg hoben die Teufel — die aber niemand sehen konnte — den Leichnam in die Luft, so daß das Volk dies als ein Zeichen der Heiligkeit des Verstorbenen auffaßte. Aber die Inquisitoren ließen sich nicht beirren. Es wird die Messe zu Ehren der hl. Jungfrau gelesen. Bis zur Wandlung schwebt der Leichnam noch immer in der Luft. Da rufen plötzlich die Teufel: O Guido von Lacha, solange haben wir dich verteidigen können; jetzt ist ein Stärkerer als wir da. Und sogleich fiel der Leichnam auf den Scheiterhaufen zurück und verbrannte ohne weitere Schwierigkeit. Im Jesuitenkollegium zu Graz hat sich folgendes zugetragen: Am 22. März 1600 kommt dorthin ein Jüngling von zweiundzwanzig Jahren. Einem Pater gesteht er: er habe sich dem Teufel ergeben, der eines Nachts zu ihm gekommen sei und mit dem er einen Vertrag geschlossen habe. Er habe den Vertrag aber nicht gehalten, und es sei ihm deshalb sehr schlecht gegangen. In Breslau sei ihm der Teufel nochmals in furchtbarer Gestalt erschienen und habe ihm 12 Jahre des größten Genusses versprochen, wenn er nach Ablauf dieser Zeit sich mit Leib und Seele dem Teufel ergeben wolle. Der Jüngling schrieb diesen Vertrag mit seinem eigenen Blute, das der Teufel ihm aus den Fingerspitzen preßte. Über Olmütz, Wien, Graz sei er nach Marburg [in Kärnten] gekommen, wo er den Vertrag mit dem Teufel erneuert habe. Der Teufel habe ihm besonders eingeschärft, nie zu den Jesuiten zu gehen; für den 30. März habe er hier in Graz eine neue Zusammenkunft mit dem Teufel. Trotz des Abratens der Jesuiten begibt er sich zu der Zusammenkunft. Der Teufel schilt ihn, daß er sich dennoch mit Jesuiten eingelassen habe; er verspricht ihm ein Buch, worin die Namen aller Teufel aufgeschrieben sind und die Art, jeden einzelnen herbeizurufen. Vom April bis Mitte Juni kämpfen die Jesuiten mit dem Teufel um diesen Jüngling. Die fürchterlichsten Dinge ereignen sich bei diesem Kampfe; Erscheinungen, greuliche Unwetter. Aber schließlich siegen die Jesuiten doch. Auf Befehl des Erzherzogs Ferdinand [Kaiser Ferdinand II.] und des Bischofs von Sekau wird am 18. Juni über die ganze Geschichte eine Predigt gehalten, und der mit Blut geschriebene Vertrag mit dem Teufel wird öffentlich in der Jesuitenkirche verbrannt. Ein Beichtkind gestand einem Jesuiten, daß plötzlich sein Zimmer mit Teufeln in Gestalt von Ratten und Mäusen angefüllt gewesen sei; durch Gebet seien sie unter großem Getöse vertrieben worden. Ein reicher Jüngling von Coimbra reist nach Paris. Der Teufel gesellt sich zu ihm und verspricht ihm, die Kunst zu lehren, sich alle Genüsse zu verschaffen. Der Teufel führt den Jüngling in eine Höhle bei Toledo, wo viele andere Teufel in Menschengestalt waren. Dort unterschreibt der Jüngling mit seinem Blute einen Vertrag mit dem Teufel. Jahrelang führt der Jüngling ein schlechtes Leben. Da erscheint ihm wiederholt auf gepanzertem Roß ein Reiter mit Lanze und Schwert und fordert seine Bekehrung. Der Jüngling bekehrt sich, tritt in den Dominikanerorden. Nur eines ängstigt ihn, daß nämlich der Teufel den mit Blut geschriebenen Vertrag noch besitzt. Mit vielen Gebeten wendet sich der Bekehrte an Maria. Und siehe, eines Tages kommt der Teufel in schrecklicher Gestalt zu ihm und liefert unter Heulen und Fluchen den Vertrag aus. Der Jüngling stirbt im Jahre 1625 im Ruf der Heiligkeit. Einem Geistlichen, der Jesuit werden wollte, sucht der Teufel durch die schwersten Anfechtungen von seinem Vorhaben abzubringen und zu Sünden zu verführen. Wiederholt legt sich der Teufel in schöner Weibsgestalt ins Bett des Geistlichen. Als er einst ausging, kommt ihm ein kostbar gekleideter Reiter mit rotem Bart auf schwarzem Pferd entgegen, der sich in ein langes Gespräch mit ihm einläßt. Schließlich fordert der Reiter den Geistlichen auf, mit ihm einen Kahn zu besteigen — sie befinden sich am Ufer des Lago maggiore — und nach Pallanza überzufahren. Dem Priester kommt die Sache verdächtig vor, er macht das Kreuzzeichen und Roß, Reiter und Kahn verschwinden.

Die Wirkungen des Weihwassers, geweihter Bilder und geweihten Salzes gegen Teufel erhärtet Delrio an vielen „Tatsachen", die den Jahresberichten verschiedener Jesuitenkollegien entnommen sind. In Trier kauft ein Mann von einem Weibe Eier, die er in seinem Hut trägt. Als er den Hut aufsetzt, spürt er rasende Kopfschmerzen; er rennt in eine Kirche, taucht den Kopf in das Weihwasserbecken und ist geheilt. Die Eierverkäuferin wird ergriffen, sie gesteht auf der Folter, daß sie die Eier behext habe. Gleichfalls in Trier, das damals von Hexen erfüllt war, benutzten einige der Hexen einen Knaben zum Aufspielen bei ihren lasterhaften nächtlichen Tänzen. Der Kurfürst von Trier läßt den Knaben in seinen Palast bringen und ihn im Katechismus unterrichten. Ein Jesuit hängt ihm ein geweihtes Wachsbild um. Nachts erscheint ihm der Teufel, befiehlt ihm, das Bild fortzuwerfen, setzt ihn auf einen schwarzen Ziegenbock und reitet mit ihm zu einer Hexenzusammenkunft. Der Knabe wird wieder aufgefunden und in das Jesuitenkolleg gebracht, um bekehrt zu werden. Die Scheinbekehrung hält aber nicht stand, er wird später als Zauberer hingerichtet. Ein 15jähriger Jüngling, der an Hexenzusammenkünften, bei denen Katzengehirne verzehrt wurden, teilgenommen hatte, wird auf Befehl des Kurfürsten von Trier in das dortige Jesuitenkolleg gebracht, damit ihm der Teufel ausgetrieben werde. Er bekannte unter anderm: Eines Nachts, als der Kurfürst vergessen hatte, ein geweihtes Wachsbild, das er sonst immer trug, umzuhängen, wäre es den Hexen beinahe geglückt, ihn mit dem gewöhnlichen Schlaftrunk zu vergiften; der Becher sei aber für eine genügende Menge Gift nicht groß genug gewesen. Tatsache war, wie Delrio hinzufügt, daß der Kurfürst in jener Nacht sehr unwohl gewesen war. Auch den Bürgermeister von Trier hatten die Hexen vergiften wollen, sie konnten es aber nicht, weil er in einer kleinen Kapsel beständig mehrere geweihte Wachsbilder bei sich trug.

Ein langes Kapitel widmet Delrio den Gegnern des Hexen= und Teufelsglaubens, die dadurch zugleich Gegner der Kirche und Ketzer werden. Zumeist sind es anmaßende Ärzte, Philologen und streitsüchtige Rechtsverdreher, die von Theologie keine Ahnung haben. Des Jesuiten Sprache wird hier kräftig: Sie lügen, wenn sie sagen, es gebe keine Teufelsaustreibung mehr; denn täglich finden in ganz Europa und in den neuentdeckten außereuropäischen Ländern solche Austreibungen statt. Nichts ist häufiger, als die zuverlässigsten Berichte über solche Vorkommnisse. Freilich bei den Ketzern kommt so etwas nicht vor, da sie von der Kirche abgefallen sind. Sie lügen, wenn sie den Eifer der katholischen Kirche in dieser Richtung schlechten Eifer nennen. Der Eifer stützt sich auf Gottes Gebot und auf das Wort der Apostel. Sie lügen, wenn sie die kirchlichen Exorzismen abergläubisch nennen.

In zwölf „Ermahnungen" faßt Delrio den Inhalt seines Werkes zusammen: Es gibt Teufel. Verträge mit den Teufeln schließen, ist unerlaubt. Die Richter sollen gegen Hexen streng sein: Bemerken die Beichtväter, daß Fürsten oder Richter nachlässig sind im Bestrafen der Hexen, so sollen sie sie ermahnen, daß ihnen von Gott das Schwert der Rache übergeben ist, und daß das Gesetz des alten Bundes: die Zauberer sollst du nicht leben lassen, nicht aufgehoben sei durch das Evangelium. Die Richter sollen eingedenk sein, daß Gott Rechen=

schaft von ihnen fordern wird wegen des Schadens, den die Hexen an Leib und Leben den Christen zufügen. Wer von Teufeln geplagt wird, soll vor allem seinen Beichtvater fragen. Häuser, in denen sich Gespenster zeigen, sollen vom Priester ausgesegnet werden.

Das ganze Werk schließt mit der Erklärung: „Was ich hier geschrieben habe, unterwerfe ich dem Urteile der heiligen, apostolischen, katholischen und römischen Kirche. Wenn mir etwas entschlüpft ist, was der Kirche weniger gefällt, so mißbillige ich es, verwerfe es und sehe es als nicht geschrieben an. Martin Delrio, Priester der Gesellschaft Jesu."

Drei volle Jahrhunderte sind seit dem ersten Erscheinen dieses Buches und dieser Erklärung verflossen. Das Buch hat in allen Ländern der Christenheit großen Einfluß ausgeübt; es spielt bis in die gegenwärtige Zeit in der ultramontanen Theologie eine anerkannte Rolle: aber noch nie hat „die heilige, apostolische, katholische und römische Kirche" gegen seinen abscheulichen Inhalt, den ich nur in kurzem Auszug wiedergegeben habe, auch nur ein Wörtchen des Tadels gefunden.

5. Der Tractatus de confessionibus maleficorum et sagarum des Weihbischofs von Trier, Binsfeld.

Neben dem „Hexenhammer" der päpstlichen Inquisitoren Sprenger und Institoris und den Disquisitiones magicae des Jesuiten Delrio ist Binsfelds „Abhandlung über die Bekenntnisse der Schwarzkünstler und Hexen", die bedeutendste, weil einflußreichste Schrift in der furchtbaren Hexenliteratur.

Als Leitspruch ist dem Buche, wie allen Hexenbüchern, das bezeichnende Wort des alten Testamentes vorgedruckt: „Den Zauberer sollst du nicht leben lassen". Diesen alttestamentlichen Blutspruch, der mit christlicher Religion jedenfalls nichts zu tun hat, kleidet Binsfeld an zwei Stellen in seine eigenen Worte: „Eine Grausamkeit ist es, der Hexen zu schonen" und: „Für Gott Verbrechen strafen, ist nicht Grausamkeit, sondern Frömmigkeit."

Binsfelds Buch besteht in der Beantwortung von zwei Fragen. Erstens: Ob den Bekenntnissen der Hexen Glauben beizumessen sei? Zweitens: ob diese Bekenntnisse gegen Mitschuldige und zur Anwendung der Folter verwendbar seien?

Da der wüste Inhalt des Buches sich deckt mit den Ausführungen des „Hexenhammers" und der Disquisitiones, so kann ich hier etwas kürzer sein.

Binsfeld lehrt: Es ist wahrhaftig katholische Lehre, daß es Bündnisse mit dem Teufel gibt. Das wissen wir nicht nur aus den Bekenntnissen alter Weiber, sondern aus den Aussagen gelehrter Männer in Kirche und Staat. Aus den Prozeßakten der Hexe Anna Meisenbein aus Rover bei Trier: ihr eigener Sohn, der sich erhängte, hatte sie angezeigt und die Richter gebeten, seine Mutter durch den vorübergehenden zeitlichen Tod vor dem ewigen Tod zu bewahren. Am 5. Oktober 1590 wurde Anna in dem Kloster zum h. Maximus in Trier eingekerkert. Am 8. Oktober verhört, leugnete sie zuerst hartnäckig; dann gefoltert, gestand sie allmählich die ganze schreckliche Wahrheit: der Teufel sei ihr eines Nachts in Gestalt eines schwarzen Mannes erschienen; sie habe sich ihm ergeben und Gott und allen Heiligen abgeschworen. Ihr Teufel hieße Federhans und hätte Eselsfüße. Anna wurde am 20. Oktober lebendig verbrannt.

Die Abhandlung über die Verträge mit dem Teufel füllt bei Binsfeld zwanzig Seiten. Die Zahl der Teufel wird mathematisch genau nach Legionen — die Legion zu 6666 Teufeln — berechnet; der Sohn der Hexe Meisenbein hat darüber Aufschluß gegeben. Aus diesen Bekenntnissen, die Binsfeld vor sich hatte, ist auch das folgende: Johannes, so hieß der Junge, hatte ein Verhältnis mit einem Mädchen seines Dorfes; in Gestalt dieses Mädchens erschien ihm der Teufel und schenkte ihm 14 Goldstücke, die aber sehr bald zu stinkendem Staub wurden. Eines Nachts setzte ihn seine Mutter, die Hexe Meisenbein, auf einen Besenstiel und fuhr mit ihm durch den Schornstein. Bald trafen sie einen Ziegenbock, der sie zur Hetzenroderheide trug, wo große Hexenversammlung war. Es wurde ihm nun ein Teufel in Weibsgestalt zugesellt, von dem er eine Zaubersalbe erhielt, deren Kraft er an einem Schwein seiner Mutter erprobte: er bestrich ihm damit den Rücken, und es krepierte. Aus diesem Bekenntnis geht deutlich hervor, mit welcher Bosheit der Teufel die Menschen verführt. Am häufigsten erscheint der Teufel als Ziegenbock, was seinem Charakter am meisten entspricht. Füße und Beine machen den Teufel leicht kenntlich. Ein frommer Mönch, den ich gut kenne, hat mir erzählt: einst sei er einem Menschen mit schwarzem Bart begegnet; als sie an einen Bach kamen und hindurchwaten wollten, habe er gesehen, daß dieser Mensch schreckliche Füße habe; er habe Gott angerufen, und unter schrecklichem Getöse sei der Teufel, denn der Schwarzbärtige war ein Teufel, verschwunden.

Oben ist der Teufel gewöhnlich Mensch, unten Ochs, Pferd, Esel; das hat eine Hexe gestanden, die am 14. Juli 1589 hier in Trier verbrannt worden ist. Und damit niemand glaube, daß das nicht wahr sei, erinnere ich daran, daß in der Schrift der Teufel Zentaur genannt wird. Die Gespenstererscheinungen rühren vom Teufel her. Ausführlich erklärt Binsfeld, wie die Teufel mit Steinen werfen und Fenster und Türen aufmachen können. Gespenster werden durch Messelesen und Reliquienverehrung vertrieben. Musik, geweihte Kräuter und Steine können zwar den Teufel nicht vertreiben, aber sie können ihn besänftigen. Das ist die allgemeine Ansicht der Theologen. Zuweilen bleiben die Leichen schlechter Menschen durch die Einwirkung der Teufel unversehrt, damit das Volk glaube, die Verstorbenen seien heilig gewesen. Festgestellt ist, daß die Hexen Leichen kleiner Kinder ausgraben und Scheußlichkeiten mit ihnen begehen. Die Lässigkeit der Richter ist schuld, daß das Hexenwesen sich immer mehr ausbreitet. Die Hexen können mit Hilfe der Teufel Frösche, Schlangen, Heuschrecken und andere kleinere Tiere hervorbringen. Der geschlechtliche Umgang mit dem Teufel ist eine unzweifelhafte Wahrheit; alle Theologen sind darüber einig; seit mehr als tausend Jahren lehrt dies die Erfahrung. Da aber der Teufel keinen männlichen Samen hat, so kann er nicht eigentlich zeugen; sondern er muß sich fremden Samen verschaffen. Die Hexen gestehen denn auch, daß beim Beischlaf mit dem Teufel der Samen ihnen kalt erscheine und unangenehm sei. Dies hat auch die Hexe Meisenbein gestanden. Eines Nachts, während sie mit ihrem Teufel Fedderhans an der Seite ihres Mannes geschlechtlichen Umgang hatte, sei ihr Mann durch das Geräusch erwacht und habe gefragt, was das sei. Um das Erwachen des Mannes zu verhindern, habe der Teufel ihr eine schwarze Salbe gegeben, die solle sie ihrem Manne in die Ohren schmieren; sie habe es mit Erfolg getan. Am 15. Juli 1589 wurde hier in Trier eine Hexe verbrannt, die gestanden hatte, der Teufel habe einmal mit ihr verkehren wollen, als er aber sah, daß sie in ihrer monatlichen Reinigung war, sei er mit dem Ausrufe Pfui! wieder weggegangen. Alle diese Tatsachen sind beglaubigt; ich habe sie aus den Akten selbst abgeschrieben. Die Hexenfahrten zu den Hexenzusammenkünften geschehen in Wirklichkeit. Am 13. August 1586 wurde hier in Trier eine Hexe verbrannt, die gestanden hatte, auf einem Ziegenbock zu den Zusammenkünften geritten zu sein. Hat jemand auf der Folter sich und andere der Hexerei schuldig angegeben, so ist der Richter verpflichtet, diese anderen einzuziehen und zu foltern. Wegen der Ungeheuerlichkeit des Verbrechens der Hexerei ist es gestattet, ihm gegenüber Gesetze und Verordnungen außer acht zu lassen. Wer ist so töricht, daß er in Gesetzesschranken einschließen will, was alle Gesetze an Bosheit übersteigt? Gibt es einen Kanon, ein Gesetz, eine Verordnung, die den Teufel mit seinem Anhang einschließen kann? Ich beschwöre die Richter und die Gewalthaber, daß sie die Augen öffnen und erkennen, wie sehr Gott durch die furchtbarsten Verbrechen erzürnt wird! Zum Wohle der Gesamtheit soll auch an Tagen, die Gott besonders geweiht sind, gegen diese Verbrechen vorgegangen werden. Liegen nicht besondere Umstände vor, so sind die Hexen nicht lebendig zu verbrennen, sondern zuerst zu erdrosseln und dann zu verbrennen. Wenn sie Reue zeigen, ist ihnen der Empfang der Kommunion zu gestatten, jedoch, aus Ehrfurcht vor dem Sakrament, nicht am Tage der Hinrichtung selbst. Glockengeläute verscheucht die Teufel. Ein Schwarzkünstler, der im Jahre 1586 hier in Trier verbrannt worden ist, hat gestanden: als er einmal von einer Hexenzusammenkunft auf seinem Ziegenbock durch die Luft nach Hause ritt und eine Kirchenglocke zu läuten begann, habe ihn sein Bock unsanft auf die Erde fallen lassen. Diese Tatsache findet sich nicht nur in den Prozeßakten, sondern ein glaubwürdiger Mann, der Offizial unseres hochwürdigsten Erzbischofs, hat sie mir bestätigt.

In einem der zweiten Ausgabe des „Traktates" angehängten „Kommentar" führt Binsfeld seine Ansichten in manchen Punkten noch weiter aus: Es ist gewiß und keinem Zweifel unterworfen, daß die Hexen mit Hilfe des Teufels Ungewitter und Hagelschläge erregen können. Zum Beweise der Wahrheit dieses Satzes beruft sich Binsfeld vor allem auf die bekannte Bulle Innozens VIII. Summis desiderantes. Die Hexen können in verschlossene Häuser und Zimmer eindringen, um dort Schaden zuzufügen. Der Teufel geht voraus und macht Fenster und Türen auf, die Hexe folgt, richtet das beabsichtigte Unheil an, dann geht sie wieder fort, und der Teufel schließt die Türen und Fenster. Hexen und Zauberer sind mit dem Tode zu bestrafen; sie müssen getötet werden, auch wenn sie niemand Schaden zugefügt haben. Die gerechte Todesstrafe für Hexen und Zauberer ist der Feuertod. Vierundzwanzig Seiten sind mit „Beweisen" für diese Sätze gefüllt. Auch die Menge der Hexen und

Zauberer darf von dieser äußersten Strafe nicht abhalten; in Sodoma und Gomorrha wurden mehr als 30000 Menschen getötet. Die Hexen töten kleine Kinder und verzehren ihre Herzen.

III. Die Stellung des Jesuitenordens zum Hexenwahn: Die Jesuiten Valentia, Tanner, Laymann, Bellarmin, Drexel, Scherer, Contzen, Macherentius, Stengel, Gaar, Mundbrot, Sacchini, Reiffenberg, Löper.

Das schreckliche Buch des Jesuiten Delrio ist typisch für die Stellung des Jesuitenordens zum Hexenwahn. Die Theologen des Ordens folgen durchweg diesem pornographischen und blutdürstigen Tollhäusler.

Vor allem in Bayern gehören die Jesuiten zu den Hauptförderern des Hexenwahns.

Gregor de Valentia, einer der bedeutendsten Theologen des Jesuitenordens, besaß damals auf der bayerischen Universität Ingolstadt den größten Einfluß. Durch sein dort (1591—1597) verfaßtes Hauptwerk: Commentarii theologici, das dem Herzoge Wilhelm V. gewidmet war, und das den Hexenwahn eines Binsfeld lehrt, trug er zur Verbreitung des blutigen Widerchristentums sehr viel bei. Er stellte die ungeheuerliche Regel für den Hexenprozeß auf: zur Folterung einer Person, die von einer andern auf der Folter als Hexe angezeigt worden ist, genügt diese auf der Folter erpreßte Anzeige, sobald irgendein anderes Anzeichen oder die Präsumtion hinzutritt.

Diese Weisung des einflußreichen Jesuiten ist, wie die Folgezeit beweist, für die Hexenprozesse in Deutschland maßgebend geworden; sie hat Tausende von Menschen den Flammen und dem Stricke überliefert. Selbst einige Ordensgenossen Valentias schreiben die beginnende Entvölkerung Bayerns dieser „Rechts"-Regel des einflußreichen Jesuiten zu.

Ultramontan-jesuitische Unwahrhaftigkeit stellt den Jesuiten Adam Tanner als aufgeklärten und eifrigen Bekämpfer des Hexenwahnes hin. Tanner, Professor der Theologie in Ingolstadt und München (1596—1603), gehört mit zu den Leuchten des Jesuitenordens in Deutschland. Will man ihm in bezug auf das Hexenunwesen ein Verdienst zusprechen, so ist es, daß er zu weniger häufiger Anwendung der Folter und zur Vorsicht im Hexenprozeß mahnte. Im übrigen ist Tanner in den abergläubischen Lehren seines Ordens und der römischen Theologie überhaupt so gut befangen wie die Verfasser des „Hexenhammers", wie Binsfeld und Delrio es waren.

Tanners Lehre über Hexerei und Zauberei ist niedergelegt in seinem Kaiser Ferdinand II. gewidmeten Hauptwerke: Theologia scholastica, Ingolstadt (1626 und 1627):

„Die gerichtliche Strenge gegen Hexerei ist nötig, einerseits um Ärgernis zu vermeiden, damit nicht die Einfältigen wähnen, ein solches Verbrechen gäbe es nicht, andererseits um die Ehre Gottes zu rächen und die schwere, Gott angetane Unbill durch die schuldige Strafe zu sühnen."

Die Hexenfahrten und Hexenzusammenkünfte sind für Tanner wirkliche Tatsachen: „Das ist jetzt unter den Katholiken die allgemeine Ansicht der Theologen und Juristen." „Es ist offenbar", schreibt er an einer andern Stelle, „daß Hexenmeister und Hexen, als die schlimmsten und gefährlichsten Feinde des Menschengeschlechts, der gerechten Todesstrafe verfallen sind. Das Verbrechen der Hexerei ist so ansteckend wie die Ketzerei. Schwer versündigen sich die Obrigkeiten, die dies Verbrechen der Hexerei, obwohl es sich deutlich kundgibt, unbeachtet lassen; diejenigen, welche die Verbrechen der Hexen und besonders ihre körperlichen Fahrten durch die Luft und ihren geschlechtlichen Verkehr mit dem Teufel bestreiten, sind nicht zu dulden."

Allerdings hebt er die Schwierigkeiten hervor, die dieser Ansicht gegenüberstehen: „Die Ehemänner verheirateter Hexen bemerken die Abwesenheit ihrer Frauen nicht; fromme und erfahrene Männer zweifeln an der Wirklichkeit der Hexenfahrten. Häufig werden solche Fahrten also wohl nur Träume und Vorstellungen sein, an ihrem wirklichen Vorkommen ist aber nicht zu zweifeln." „Erhalten die Hexen vom Teufel eine Giftsalbe, so können sie Menschen und Vieh schaden. Unwetter erregen können sie aber wohl nicht, auch wenn sie unter Anwendung ihrer Besen und Ausleerung ihrer Zaubertöpfe den Teufel anrufen, wiewohl Gott in diesem Falle es leicht zulassen könnte."

Daß die Ausführungen Tanners über das Prozeßverfahren gegen die Hexen etwas von Milde, Umsicht und Überlegung erkennen lassen, soll nicht geleugnet werden. Aber auch an solchen Stellen bricht der felsenfeste Glaube des Jesuiten an den gesamten Aberwitz der Teufelei und Hexerei durch. Zugleich lassen die „milden" Ausführungen Tanners Blicke tun in die Furchtbarkeit des damaligen Verfahrens gegen die Hexen. Die Menge der

Hexen, sagt Tanner, die Tag für Tag vor Gericht durch die Folter zum Anzeigen anderer Personen gezwungen werden, sei so groß, daß notwendig mehrere Anzeigen auf ein und dieselbe Person zusammentreffen müßten; besonders an Orten, wo nur wenige Weiber mehr übrig wären, da sie schon alle hinweggerafft seien.

Das Bezeichnendste für den „erleuchteten" Tanner sind die Worte, mit denen er seine Abhandlung über die Hexen schließt: „Alles übrige über das Vorgehen gegen die Hexen kann man bei den Schriftstellern nachsehen, die ausführlicher darüber geschrieben haben, besonders bei Delrio, bei Binsfeld und im ‚Hexenhammer'." Also gerade die blindgläubigsten und wütendsten Hexenverfolger sind für Tanner die größten Autoritäten!

Neben Tanner gilt als der bedeutendste Theologe unter den deutschen Jesuiten Paul Laymann. Noch heute sind seine Ansichten in der ultramontan-katholischen Theologie maßgebend.

Auch ihn nennt die katholische Geschichtsfälschung (Diefenbach, Janssen, Pastor, Duhr) einen aufgeklärten Mann, der den Hexenwahn bekämpfte. Dieser Unwahrheit gegenüber wird es genügen, einige Stellen aus seinen Werken anzuführen: „Weiber sind der Hexerei häufiger ergeben als Männer, weil sie leichter getäuscht werden und mehr der Unzucht zuneigen als Männer. Der Beichtvater soll die Beichte einer Hexe nicht eher entgegennehmen, als bis sie als schuldig verurteilt worden ist; er hüte sich, in ihrer Gegenwart das gerichtliche Verfahren gegen sie zu tadeln. Es ist gut, daß der Beichtvater über den ganzen Verlauf des Prozesses gut unterrichtet sei, damit, wenn nachher die Hexe ihm gegenüber ihre Schuld leugnet, er sie widerlegen kann. Weiß der Beichtvater aus der Beichte, daß das Weib unschuldig ist, so soll er doch nicht versuchen, beim Richter für sie zu vermitteln. Ein Ketzer kann, auch wenn er selbst seine Schuld leugnet, auf das Zeugnis mehrerer rechtloser [infamer] Zeugen hin zum Tode verurteilt werden. Hexen und Zauberer sind lebendig zu verbrennen. Die Gewohnheit hat es aber mit sich gebracht, daß sie vor dem Verbrennen erdrosselt werden, oder daß ihnen ein Säckchen mit Pulver umgehängt werde, damit der Tod rascher eintrete. Das soll aber nicht geschehen, wenn sie rückfällig oder unbußfertig sind, dann sollen sie verdientermaßen lebendig verbrannt werden."

Am ausführlichsten, klarsten und abschreckendsten kommen Laymanns Ansichten in seiner oft aufgelegten (1629, 1639, 1700, 1710) Schrift zutage: „Ein rechtlich Prozeß gegen die Unholden und zauberischen Personen, in lateinischer Sprache geschrieben, aber zum besten der Gerichtshalter und guter Justitien Befreundeten verdeutscht."

Der getreue Gott, heißt es in diesem „Prozeß", hat dies schier einzige Mittel — die Folter — durch die liebe Obrigkeit wohl verordnet, daß die Hexen also durch die Qual der Gefängnis und Tortur einen Anfang ihrer Bekehrung machen. Es sei jetzt bei fast allen christlichen Gerichten der Brauch, die zum Feuertod verurteilten Hexen vorher zu erdrosseln oder zu enthaupten, weil die Obrigkeit zu besorgen hat, daß die Verurteilten sonst aus Verbitterung oder großer Kleinmütigkeit in grobe Sünden oder Verzweiflung geraten und von einem Feuer (Scheiterhaufen) in das andere (Hölle) wandern. Ohne die Denunziation kann die Sache keinen Fortgang haben, denn wo man testes infames verwerfen wollte, wo könnte ein Richter von einem frommen und aufrichtigen Menschen Zeugnis haben? Es kann ja kein Frommer von solchen Taten zeugen. Bei der Folterung solle man allerdings acht geben, daß nicht dem Gefolterten die Beine und Glieder dermaßen zerrissen werden, daß er nachher, falls er unschuldig erklärt wird, weder ihm selbst noch anderen im Leben mehr etwas nutz, sondern vielmehr schädlich und überlästig wäre. Die Haare sollen den Hexen abgeschnitten werden. Heftig eifert Laymann gegen alle, welche die Hexerei und Teufelei nur für Träume halten: „Auch bei etlichen katholischen, sonst nicht schlechten Leuten ist diese irrige Meinung eingewurzelt. Etliche Richter werden leider gefunden, die mit den Hexen nur spielen wie die Katze mit der Maus; sie zur Probe der Beschuldigungen auf dem Besen fahren oder Ungewitter machen heißen und sie, wenn sie diese Probe nicht leisten können, wieder laufen lassen, oder doch nur die eine oder andere dem Henker zum Verbrennen übergeben."

Achtunddreißig Jahre lang wirkte im höchsten Ansehen unter Maximilian I. der Jesuit Jeremias Drexel († 1638) als Hofprediger auf der Münchener Hofkanzel. Welcher Geist diesen Mann bei Verkündigung des Wortes Gottes beseelte, erhellt aus folgenden Stellen:

„Die Zauberer und Hexen, die sich in großer Zahl in der Christenheit finden, bilden ein so großes Übel, daß es manchem fast unglaublich erscheint. Aber die Tatsachen sprechen. Unzählige, den Feldfrüchten, den Tieren und den Menschen zugefügte Schäden verkünden es. Und wer will so unverschämt sein, daß er soviele Gerichte, an so vielen Orten, die mit Schwert und Feuer gegen diese Pest vorgehen, des Irrtums anklagen wollte? Soviele Tausend dieser höllischen Brut haben den Scheiterhaufen bestiegen, und wir wollten ihre Richter der Ungerechtigkeit anklagen? Aber es gibt so kalte Christen — sie sind dieses Namens nicht würdig —, die mit Händen und Füßen sich sträuben, daß man dieses verworfene Geschlecht ausrotte, damit nicht vielleicht, wie sie sagen, gegen Unschuldige gewütet werde. O ihr Feinde der göttlichen Ehre! Befiehlt das göttliche Gesetz nicht ausdrücklich: Lasse nicht leben die Zauberer? Hier nun beschwöre ich mit lauter Stimme und auf göttlichen Befehl die Herren, die Fürsten, die Könige: Lasset die Zauberer nicht am Leben! Rottet sie aus mit Schwert und Feuer! Vertilgt werde dies verworfene Geschlecht, daß es sich nicht ausbreite, was wir leider gegenwärtig sehen. Brennen mögen diese Feinde Gottes, damit nicht des Teufels Reich von dieser Welt Besitz nehme. Euch, ihr Fürsten, ist das Schwert gegeben, damit ihr es auf die Häupter der Feinde Gottes niederfallen lasset! O Fürst, o König: Lasset die Zauberer nicht am Leben!"

Ein anderer sehr einflußreicher Jesuitenprediger damaliger Zeit ist Georg Scherer. Scherer hielt im Jahre 1583 am 13. Sonntag nach Pfingsten zu Wien eine Predigt über „die jüngst beschehene Erledigung einer Jungfrauen, die mit 12652 Teuffeln besessen gewesen ist". In dieser Predigt heißt es u. a.: „Der Jammer des erledigten Mägdleins ist angericht und gestifftet worden durch Zauberei und schwartze Kunst, nämlich durch eine alte unflätige Zauberin und Wettermacherinn dieses Mägdleins Anbl oder Großmutter mit Namen Elsa Plainacherin, die sich unterstanden, dieses ihr Kindeskind dem Teuffel mit Leib und Seel zu verkuppeln und verheuraten. Hat derwegen ein Kreiß gemacht, sich sammt dem Mägdlein darein gestellt, aus einem Glaß ein Fliegen gelassen, die zu einem zottenden Mann worden, und alsdann zum Diernl gesagt: Siehe, das ist dein Bräutigam. Da dem Dirnlein darüber ein Grausen ankam und Nein dazu saget, schilt der Teuffel die Alt aus, warumb sie ihm das Mensch zugesagt, weil es ihn nit haben wölle, darauf die Alt geantwortet, es muß dich haben, und angefangen das Kind zu schlagen und endlich gezwungener Weiß der Anbl die Hand gegeben. So hat die Hexe dem Dirnlein verzauberte Äpfel zu fressen geben und war der Teuffel in dem letzten Apfel, welchen es ungescheut mit sampt dem Teuffel hinab schlicken müssen. Überdes haben die Alt und der Teuffel die Annam in ein Kreiß angespeyet und angepürtzet durch den ganzen Leib und solchen Speichel des Teuffels und der alten Elß hat Anna mit Gewalt trinken müssen. Item hat die alte Hexin sie am Kopf beschoren und an der linken Seyten im Namen aller Teuffel gesalbet, weiß nit mit was Schmaltz." Diese „wahrhaftige Begebenheit" wird dann mit den unflätigsten Einzelheiten „in 10 Punkten" als „Gotteswort" von Scherer behandelt. Zum Schlusse dieser Predigt wendet sich der Jesuit an den Wiener Magistrat: „damit Ew. Herrlichkeit als weltlicher Magistrat aus dieser Predigt desto mehr Ursache nehmen, über die hochschädlichen Zauberer und Zauberinnen Inquisition zu halten und mit gebührender Straf gegen ihnen zu verfahren; denn es ist annehmlich bei unserm Herrn [Gott], mit der Justitia gegen solche Leute zu prozedieren".

Dem gleichen wilden Hexenwahn und der gleichen blutigen Verfolgungswut begegnen wir noch in einer andern Predigt Scherers, worin er „eine christliche Vermahnung tut wieder die Zauberei, Teufelskünstler, Wahrsager und Wahrsagerin, die jetzt mit Gewalt einreißen und überhand nehmen wollen ... Niemand darf ein Verbündnis mit dem Teufel machen, ihn nicht ratfragen, nichts Zukünftiges von ihm zu wissen begehren, ihn nicht in ein Glas oder Kristall oder ein Ring einsperren wollen. Siehe, Gott hält die Zauberer nicht wert, daß sie der Erdboden tragen sollt; befiehlt deshalb, daß man sie alsbald, sie seien nun Manns- oder Weibsbilder, hinrichten und versteinigen sollt. Da hörest du, wenn die Obrigkeit nicht dazu tut und alle Zauberei ausreutet, so kommt Gott in das Mittel und vertilget Land und Leute. So will auch der Obrigkeit amtshalber gebühren, alle Zauberer, Wahrsager und Schwarzkünstler, wo sie betreten werden, gefänglich einzuziehen und nach aller Notdurft zu strafen".

Beichtvater Maximilian I. von Bayern war lange Zeit hindurch der Jesuit Adam Contzen. Er verfaßte einen seinem Beichtkinde, dem Herzog Maximilian, gewidmeten politischen Roman: „Theorie einer Bürgerlehre, oder Geschichte des Königs von Abyssinien" (Cöln 1628). In ihm wird dem Bayernherzog zur Nachahmung das Vorbild eines christlichen Fürsten aufgestellt. Zu den Fürstentugenden gehört nun auch der Eifer in der Hexenverfolgung. Pater Contzen läßt seinen abyssinischen Romankönig die Nilgegend bereisen. Dort blüht Zauberei und Hexerei: Weiber fliegen auf gesalbten Stöcken durch die Luft, Hexensabbathe werden gefeiert, Unwetter werden erregt, Menschen, Tieren und Feldern wird Schaden zugefügt, kurz der ganze Hexenwahnsinn der päpstlichen Bullen, des Hexenhammers usw. marschiert auf. Eine große Untersuchung wird angestellt. Die Meinungen der Richter sind geteilt; einige halten das Ganze für Täuschung und Selbstbetrug; Belehrung und Spott, nicht Strafen seien hier am Platze. Doch der pflichttreue König will nichts davon wissen; ihm sei von Gott befohlen worden, die Hexen und Zauberer nicht am Leben zu lassen, mit Schwert und Feuer seien sie zu vertilgen.

In Trier, wo die Hexenverfolgungen besonders heftig wüteten, war es auch ein Jesuit, Johannes Macherentius, der durch seine Predigten die unmenschliche Raserei noch steigerte. Zu Pfingsten 1590 klagte er von der Kanzel herab über zu mildes Verfahren gegen die Zauberer und Hexen und erreichte durch seine Predigt, daß die Zünfte der Stadt sich beim Kurfürsten beschwerten, die Gerechtigkeit der Zauberei gegenüber werde vernachlässigt.

Macherentius hat auch eine „Erklärung des Katechismus" herausgegeben. Unter den „heilsamen Früchten aus dem Katechismus" führt er dort, bei Besprechung der Sünden wider die Tugend der Hoffnung, die Teufelsbündnisse auf und rechnet Weiber, die aus den Falten eines Schleiers erkrankten Personen angeben, welcher Heilige angerufen werden müsse, um die Genesung herbeizuführen, unter die Hexen, gegen welche die Obrigkeit mit Strafen vorzugehen habe.

Unter Philipp Adolf von Ehrenberg (1623—1631), Fürstbischof von Würzburg, ereignete sich einer der schauerlichsten Vorgänge dieser an Greuel so reichen Zeit. Der „Nachfolger der Apostel" ließ einen jungen Verwandten, den letzten seines eigenen Namens, wegen Zauberei hinrichten. Welche Rolle bei diesem Morde die damals in Würzburg sehr mächtigen Jesuiten spielten, ersehen wir aus einem Bericht des Jesuiten Georg Stengel:

Ein Teufel in Gestalt einer Verwandten verführte Ernst von Ehrenberg zur Unzucht; das wurde durch die Folter festgestellt. Den Vätern der Gesellschaft Jesu wurde vom Bischof von Würzburg aufgetragen, den Jüngling zu bekehren. Er wurde in unser Haus gebracht; nichts haben wir unterlassen: heilige Amulette, Agnus Dei, Weihwasser, Reliquien haben wir angewandt. Aber nachts legte er diese heiligen Dinge ab und begleitete den Teufel wieder zu den Hexenzusammenkünften. Morgens um vier Uhr, zu welcher Stunde wir aufstehen, war er wieder in seinem Bett. Wir mußten alle Hoffnung auf Besserung aufgeben. Er wurde dem Gericht übergeben und das Urteil wurde über ihn gesprochen: er sollte geköpft werden. Auf Wunsch des Bischofs sollten wir (Jesuiten) ihn vorbereiten. Mehrere Väter, darunter sein Lehrer, der dies niederschreibt, kamen morgens früh um 7 Uhr zu ihm. Er lag noch im Bett. Wie geht es, Ernst? Gut, was wollt ihr so früh? Unter Weinen antworteten sie: das gegenwärtige Leben ist elend, richte deinen Geist auf ein besseres; das jetzige mußt du verlassen, um das ewige zu erlangen. Er ging mit zur Burg. Dort war im Hofe ein Schaffot aufgerichtet. Als er es sah, fing er an zu zittern: ich soll jetzt schon sterben, schonet meine Jugend; ich bin der Letzte meines Namens! Er wird zurückgeführt und dem Bischof zur Barmherzigkeit empfohlen. Ein ernster Mann sucht ihn zu bereden, seinen Verkehr mit dem Teufel aufzugeben. Alles vergebens. Gerade den schon Verurteilten spiegelt der Teufel den Himmel vor, so daß sie standhaft bleiben. Der Jüngling wird wieder zur Richtstätte geführt. Die Jesuiten begleiten ihn, sie bitten, er möge bekennen. Er weigert sich, sein Haupt fällt. „Möge er nicht auch in das höllische Feuer gefallen sein!" So schließt der Jesuit seinen Bericht.

Der Jesuit Georg Gaar hielt am 21. Juni 1749 „eine christliche Anred nächst dem Scheiterhaufen, worauf der Leichnam Mariä Renatä, einer durch Schwert hingerichteten Zauberin, außer der Stadt Wirtzburg verbrennet worden": „Die Zauberer, heißt es in dieser „christlichen Anred", sollst du nicht leben lassen; dieses Gesetz, als welches im natürlichen Gesetz sich gründet, ist im neuen Testament keineswegs aufgehoben, sondern auf das genaueste zu beobachten. Ein Exempel, über welches die ganze Welt staunen muß, wird uns heute vor Augen gestellt. Wessen Stands, Amts und Geschlechts Maria Renata, gewesen, und aus was Ursach allhiesiger Scheiterhaufen für selbe sey aufgerichtet, ist keinem aus uns unbekannt. Maria Renata, aus München gebürtig, wurde als ein Kind von 6 bis 7 Jahren in der Gegend Lintz in Ober-Österreich durch einen Offizier, in welchen sich der böse Geist verstellt hatte, zur Zauberei angeführt, und weilen die Höll den Namen Maria nicht erdulden kann, wurde ihr anstatt dessen zugelegt Ema Renata, so durch Versetzung des Buchstabens M. heißet: mea Renata, meine Wiedergeborene. Zwölfjährig ist sie schon so weit gekommen, daß ihr bei denen zauberischen Zusammenkünften der Fürst der Finsternis den ersten Rang zugestanden. Um das 19te Jahr ist sie, wiewohl wider ihren Willen, in das jungfräuliche, unweit der Stadt Wirtzburg gelegene Kloster Unter=Zell, den Befehl ihrer Eltern zu erfüllen, eingetretten, allwo die reissende Wölfin dergestallt mit Schaaffs=Woll sich bedeckte, daß man, durch einen falschen Tugendschein betrogen, selbe nicht erkennte, ja wegen vermeinten Verdiensten endlich anderen als eine Sub=Priorin vorzusetzen kein Bedenken hatte. Wohin das Absehen des allgemeinen Seelenfeindes dabei gezielet, ist leicht zu ergründen: er suchte nämlich durch sein taugliches Werkzeug das Unkraut auszusäen. Allein weilen es Gott verhinderte und Maria Renata durch 50 Jahre, welche sie im Kloster zugebracht, nach ihrer eigenen Aussage keiner einzigen Kloster=Seel schaden konnte, so wollte der Satan durch diese seine Sklavin den Wut an denen Leibern ausgießen. Es verursagte derohalben Maria Renata vier Kloster=Frauen teils durch zauberisches Anhauchen, teils durch zauberische Wurzeln und Kräuter, welche sie ohnvermerkt entweder den Speisen eingemengt, oder auf eine andere Weis beigebracht, sehr beschwerliche und schmerzliche Krankheiten; fünf anderen zauberte sie durch erwähnte Mittel mehrere höllische Geister in den Leib hinein. Nachdem nun vielfältige Umständ Mariam Renatam als eine Stifterin solcher Übeln sattsam verrathen, so wurde sie über alles, worin sie beklagt worden, anfänglich von einer hohen geistlichen Obrigkeit denen geistlichen Rechten gemäß examiniert (d. h. gefoltert), hernach dem brachio säkulari nach Anweisung besagter geistlichen Rechten übergeben, und befundenen Dingen nach vom Leben zum Tod verdammt."

Bei Beurteilung dieser Stichproben aus Jesuitenschriften und Jesuitenpredigten darf man nicht außer acht lassen, daß ihnen von Verwerfung des Hexenwahns aus dem Schoße des Ordens heraus nichts entgegensteht. Was der Orden als Orden, d. h. mit seiner amtlichen Beglaubigung und Gutheißung, über Hexenwahn und Hexenverfolgung an Büchern und Schriften in die Welt hat gehen lassen, dient der Verbreitung und Beförderung dieses unmenschlichen und widerchristlichen Greuels.

Lehrreich sind auch die Vorgänge, welche sich am Ende des 16. Jahrhunderts in der Jesuitenniederlassung zu Trier abspielen. Der Jesuit Reiffenberg in seiner im Auftrage des Ordensgenerals Ricci vom Provinzial Thomas Ruting gutgeheißenen Historia Societatis Jesu ad Rhenum inferiorem hat eine authentische Darstellung dieser Dinge gegeben. Sie läßt durch Inhalt und Form die Stellung der Jesuiten zum Hexenwesen deutlich hervortreten.

Nach einer weitschweifigen Einleitung, in der Reiffenberg auf die Hexe Circe zurückgeht, heißt es: „Es kann nicht geleugnet werden, daß es zu jener Zeit nicht nur im Trierschen, sondern auch in den Nachbarlandstrichen viele Hexen gegeben hat, die mit dem Teufel ein Bündnis geschlossen hatten. Unzählige Tatsachen aus den Jahrbüchern der Unsrigen [d. h. der Jesuiten] bestätigen dies. Nur weniges davon werde ich hier anführen, und zwar nur das, was die Unsrigen [die Jesuiten] mit ihren eigenen Augen gesehen haben oder worüber sie auf andere Weise ganz sicher waren. Ein in Trier sehr angesehener und mit uns [Jesuiten] sehr befreundeter Mann hatte viele Hexen gebührend gestraft. Um sich an ihm zu rächen, schicken die Hexen ein Weib aus ihrer Schar zu ihm, die ihm in einem Korb Eier anbietet. Ein Diener nimmt die Eier in Empfang, und da gerade nichts anderes zur Hand ist, tut er die Eier in seinen Hut. Aber siehe! Kaum hat er den Hut wieder aufgesetzt, als sein Kopf schrecklich anschwillt und zu schmerzen beginnt. Der Unglückliche schreit auf, läuft in die Kirche und steckt seinen Kopf in das Weihwasserbecken. Schwellung und Schmerz hören sofort auf. Ein Weib beklagt sich bei einem andern über ihren rohen Mann, die andere gibt ihr ein Stückchen Brot und heißt sie guten Mutes sein, bald werde sie einen angenehmen Mann erhalten, worunter sie einen Teufel in Mannesgestalt verstand. Kaum hat das Weib das Stückchen Brot gegessen, als sie von solcher Geistesnacht, von solchen inneren Stürmen erfaßt wird, daß sie sich zu jedem Strick, zu jedem Abgrund, zu jedem Wasser hingerissen fühlt, um ihr Leben kurzer Hand zu zerstören. Verzweifelt kommt sie in unser Kollegium; dort rät man ihr, ein Agnus Dei [ein vom Papste geweihtes Wachsbild] um den Hals zu hängen, zu beichten und auf die himmlische Hilfe zu vertrauen. Sie folgt dem Rate und ist in wenig Tagen von dem Zauber befreit. Noch staunenswerter ist, was die Hausannalen des Trierer Jesuitenhauses von einem 15 jährigen Knaben erzählen. Häufig begab sich dieser Jüngling an einen wilden Ort, wo Männer, Frauen und Kinder mit dem Teufel speisten und dann im nächtlichen Dunkel jede Scham vereinander ablegten. Er selbst hatte aber noch nicht Gott und der hl. Jungfrau abgeschworen, nur als er einmal bei abnehmendem Mond ein Katzenhirn gegessen hatte, fühlte er, daß sein Sinn sich änderte. Er wird in den Palast des Bischofs [von Trier] gebracht, um dort, getrennt von anderen, durch die Unsrigen [Jesuiten] vom Teufel befreit zu werden. Weil er aber jede Nacht vom Teufel und von den Hexen durchgeprügelt wurde, und das Agnus Dei, das er am Halse trug, ihm entrissen wurde, so schickte ihn der Erzbischof in unser Kollegium; auch dort fand der Unglückliche erst Ruhe, wenn vorher sein Zimmer durch feierlichen Ritus ausgesegnet war. Dem Erzbischof sagte er: Bei unseren Gelagen erzählte einer aus der Umgebung des Bischofs, er habe dem Bischof während des Schlafes einmal einen Gifttrank eingeflößt; dies sei ihm deshalb gelungen, weil der Bischof vor dem Schlafengehen sein Agnus Dei abgelegt habe; nur wegen der Kleinheit des Gefäßes, worin der Gifttrank war, sei der Bischof dem Tode entgangen. Auch gegen den Bürgermeister von Trier hätten die Hexen zwei ähnliche Angriffe gemacht, die aber mißlungen seien, weil der Bürgermeister sein Agnus Dei beständig trage. Als dieser Jüngling exorzisiert wurde, schaute er plötzlich starren Blickes, mit rückwärts gebogenem Kopfe durch ein neben dem Altare befindliches Fenster. Gefragt, was er dort sehe, antwortete er: ich sehe meinen Herrn, den Teufel; sehet, er steht auf jenem Holunderbaum und droht mir schrecklich mit Hand und Augen."

Reiffenberg berichtet dann, nach den Angaben seines Ordensgenossen Brower, die Hinrichtung des der Hexerei angeklagten Doktor Flade. Er hebt hervor, daß ein Jesuit den Unglücklichen als Beichtvater zur Richtstätte begleitet habe. Auch wendet er sich scharf gegen den Protestanten Hauber, der Flade als ungerecht verurteilt hinstellt; auf die Verteidigung Haubers sei das Ciceronische Wort anzuwenden: Es gibt nichts so Törichtes, was nicht von irgend jemand behauptet wird.

Das Schrecklichste hat Reiffenberg für zuletzt aufgespart: die Mitteilung über die Schandtaten und die grausame Hinrichtung eines Wärwolfes; er stützt sich dabei auf die Erzählung des Jesuiten Türck: „Zu Bedburg [ein kleiner Ort zwischen Neuß und Düren; jetzt befindet sich dort eine katholische Ritterakademie mit den Rechten eines öffentlichen Gymnasiums] wurde ein Wärwolf ergriffen, der unter den Qualen der Folter freiwillig bekannt hat: er habe 25 Jahre lang mit einem Teufel in Weibsgestalt geschlechtlich verkehrt; sein Teufel habe ihm einen Gürtel geschenkt, durch den er sich in einen Wolf verwandeln konnte. Als Wolf habe er 13 Kinder, darunter seinen eigenen Sohn, aufgefressen, auch habe er zwei Männer und eine Frau totgebissen. Aus heiterm Himmel habe er Blitze und Feuer herabfallen lassen; er habe Unwetter erregt, Getreidefelder zerstört, Männern die Zeugungskraft genommen. Dieser Verbrechen wegen wurde er zu einem schrecklichen Tode verurteilt: an zwölf empfindsamen Stellen seines Leibes wurde er mit glühenden Zangen gekniffen, dann gerädert und endlich enthauptet. Sein Körper und die Körper von zwei Frauen, die seine Mitschuldigen waren, wurden auf dem Scheiterhaufen verbrannt. Sein Kopf wurde zum abschreckenden Beispiel einem aus Holz geschnitzten Wolf aufgesetzt und lange Jahre so aufbewahrt."

Ein eigenes Kapitel widmet Reiffenberg den „damals sehr häufigen Gespenstererscheinungen"; er entnimmt die darauf bezüglichen Tatsachen den Hauschroniken seines Ordens: „In einem bei Trier belegenen Orte war die Gespensterplage besonders stark. Am hellen, lichten Tage flogen Stühle, Töpfe, Dachziegel durch die Luft; nachts wurden den Schlafenden die Bettdecken und Kissen weggezogen, und die Hausbewohner wurden von unsichtbaren Händen geprügelt. Zwei Jesuiten werden in den Ort geschickt, um ihn durch heilige Beschwörungen von den Gespenstern zu befreien; die Jesuiten ermahnen das Volk, die Plage als Strafe Gottes aufzufassen. Dann besprengen sie die Häuser mit Weihwasser. Der Teufel schien das verspürt zu haben, denn er gab etwas Ruhe. Die Jesuiten nächtigen in einem durch die Gespenster besonders heimgesuchten Zimmer; ein großer Teil der Nacht verläuft ruhig, dann macht Satan einen letzten Versuch, er klopft gegen die Wand und bewegt die Bettstelle. Die Unsrigen [die Jesuiten] halten tapfer bis Tagesanbruch aus. Sie predigen dann über die Schwäche der höllischen Geister, und in feierlichster Weise exorzisieren sie die Häuser.

„Eine reiche Frau in Koblenz hatte sich ganz dem Teufel übergeben und sieben Jahre mit ihm geschlechtlich verkehrt [die Tatsächlichkeit des geschlechtlichen Verkehrs zwischen Teufel und Mensch hatte Papst Innozenz VIII. durch seine Bulle Summis desiderantes der Christenheit gelehrt; vgl. oben S. 117 ff]. Endlich wird sie ergriffen und in den Kerker geworfen. Sie geht in sich und nimmt den Tod bereitwillig als Strafe entgegen. Bereitwillig bietet sie dem Henker ihren Hals zum Erdrosseln, und auf den Scheiterhaufen geworfen, kaum noch atmend, stößt sie fromme Seufzer aus, das Schriftwort bewahrheitend: der Strick ist zerrissen und wir sind befreit."

Mit die schlimmsten Greuel des Teufelspukes in dem an solchem Spuke so reichen 17. Jahrhundert haben die Jesuiten und besonders der Jesuit Bernhard Löper im Bistume Paderborn hervorgerufen. Seit Mai 1656 trat im Paderborner Lande die „Teufelsbesessenheit" epidemisch auf. Es waren zur Hysterie veranlagte Personen, die sich einbildeten, „besessen" zu sein; ihr Beispiel wirkte ansteckend, und binnen kurzem war das ganze Land von dieser Plage infiziert, die von den gröbsten Ausschweifungen begleitet war. Der verhältnismäßig vernünftige Fürstbischof Theodor Adolf von der Reck suchte durch geeignete strenge Maßregeln dem Übel zu steuern. Ihm widersetzten sich mit Heftigkeit die Jesuiten; in ihren Augen waren die der Hysterie und dem Veitstanz Verfallenen wirklich vom Teufel besessen und mußten kirchlich nach dem Rituale exorzisiert werden. Allen voran ging Bernhard Löper. Bitter beklagt sich der Fürstbischof über die Jesuiten und ihre Leichtgläubigkeit: „Das werde ich nicht leicht denjenigen [den Jesuiten] vergessen, die in dieser Angelegenheit nicht der Stimme ihres Hirten, sondern den in ihrem Kopfe allzu reichlich vorhandenen und mit Zähigkeit festgehaltenen teuflischen Meinungen gefolgt sind." Löpers Wirksamkeit, unterstützt durch seine Ordensbrüder, wurde allmählich so unheilvoll, daß der Ordensgeneral, Goswin Nickel, ihn versetzte. Bezeichnend hierbei ist, daß die Abberufung nicht geschah seiner dem Teufelswahn Vorschub leistenden Tätigkeit wegen, sondern, weil er dem Fürstbischof unangenehm war und sein Verbleiben so dem Orden Schaden gebracht hätte. Das urkundliche Material, das Richter aus den Bibliotheken Paderborns über das Treiben des Jesuiten Löper mitteilt, ist für diesen und seinen Orden schwer belastend; die tollsten Geschichten des „Hexenhammers" und Delrios werden fast überboten.

IV. Opfer des Hexenwahns.
Vorbemerkung.

Eine eigentümliche Ironie — oder ist es die zwingende Macht der Wahrheit? — liegt darin, daß der schauerliche Abschnitt von den Opfern des Hexenwahns eingeleitet werden kann mit den zutreffenden Worten eines Mannes, der selbst wie kaum ein anderer für Verbreitung des Hexen- und Teufelswahns gewirkt hat und den die ultramontane Geschichtsschreibung als ihren Meister feiert.

Joseph von Görres sagt in seiner „Mystik": „Vornehmlich ist es die Religion gewesen, die den ganzen Skandal der Hexenverfolgung angerichtet hat. Die Päpste, besonders Innozens VIII., haben das Signal gegeben, und die Inquisition ist nun ausgegangen, wie eine heißhungrige Löwin, suchend, wen sie verschlinge."

Und Unzählige hat diese „heißhungrige Löwin", der Schoßhund des Papsttums, verschlungen.

Der Domherr Paramo, Inquisitor von Sizilien, klassischer Schriftsteller über die Inquisition, rühmt von ihr:

„Es darf nicht mit Stillschweigen übergangen werden, wie verdient sich die hl. Inquisition um das Menschengeschlecht dadurch gemacht hat, daß sie eine ungeheure Menge von Hexen verbrannt hat. Innerhalb von 150 Jahren sind wenigstens 30000 Hexen von der Inquisition in Spanien, Italien und Deutschland verbrannt worden. Wären diese Hexen straflos geblieben, so hätten sie der Welt großen Schaden zugefügt."

Die Schilderung der blutigen Hexenverfolgungen kann füglich dort ihren Anfang nehmen, wo die „Statthalter Christi" ihren Sitz haben.

1. Rom.

Wie der Ultramontanismus seinen Massen vorlügt, in Rom sei niemals ein Ketzer verbrannt worden, so verbreitet er auch die Unwahrheit: in Rom ist niemals eine Hexe verbrannt worden. So gut ist ihm diese Geschichtsfälschung gelungen, daß sogar antiultramontane Schriftsteller wie Soldan-Heppe sie sich zu eigen machen.

Der römische Chronist Stefano Infessura berichtet, daß am 8. Juni 1424 in Rom die Hexe Finicella verbrannt wurde, weil sie teuflischerweise viele Kreaturen getötet habe. Ganz Rom ging hin, die Verbrennung zu sehen. „Im Chronicon generale des Andreas von Regensburg, Chorherrn von St. Mang, lesen wir: Zur Zeit des Papstes Martin V. tötete zu Rom eine Katze viele Kinder in den Wiegen. Ein kluger Mann verwundete das Tier, und als man der Blutspur nachging, merkte man, daß die Katze ein in der Nähe wohnendes altes Weib sei, die sich in eine Katze verwandeln konnte und, um ihr Leben zu verlängern, Kindern das Blut aussaugte. Sie wurde als Hexe verbrannt."

Ein Augenzeuge, Johann Hartlieb aus Neuburg an der Donau, Leibarzt des Herzogs Albrecht III. von Bayern, berichtet darüber:

„Es war im sechsten Jahr der Regierung des Papstes Martin, da stand zu Rom ein Unglauben auf, daß Weiber und Männer sich verwandelten in Katzen und töteten gar viele Kinder. Ein Nachbar, der von einer Frau in dieser Weise geschädigt wurde, brachte das an den Senat, die Frau ward gefangen und schrie auf dem Kapitol überlaut: hätte sie ihre Zaubersalbe, so wollte sie hinfahren. O wie gern hätte ich gesehen, daß man ihr die Salb' geben hätt'! Aber ein Doktor stand auf und sprach, daß man ihr die Salb' nicht geben sollt', da der Teufel mit Gottes Verhängnis große Irrung machen könnte. Die Frau ward verbrannt, das hab' ich gesehen. Zu Rom sagte man auch, wie alte Weiber auf Böcken fahren könnten. Ist dem also, so zweifle nicht, daß es der Teufel tut."

Im Jahre 1617 wurde zu Rom ein lahmer Bettler, der sich auf einem Karren von zwei Hunden ziehen ließ, als Zauberer hingerichtet, weil „die heilige Kongregation der Inquisition", deren Mitglied damals unter anderen der Jesuiten-Kardinal Bellarmin war, erklärt hatte: „die beiden Hunde seien Dämonen"!

2. Frankreich.

Wegen Buhlschaft mit dem Teufel wurde im Jahre 1275 zu Toulouse unter dem Inquisitor Hugo von Leniols Angela von Labarthe verbrannt. Sie hatte „gestanden", mit dem Teufel geschlechtlichen Umgang gehabt zu haben, dessen Frucht ein Ungeheuer war mit Wolfskopf und Drachenschwanz. Im Jahre 1453 wird ein Geistlicher, Wilhelm Edelin, in der bischöflichen Kapelle von Evreux vom Inquisitionsgericht zu lebenslänglichem Kerker verurteilt. Er hatte den Teufel in Bocksgestalt verehrt. Zu Arras wurden im Jahre 1460 von der Inquisition sechs Männer und Frauen als Zauberer dem weltlichen Arm übergeben und verbrannt. Die Anklage sagt von ihnen, daß sie auf gesalbten Stöcken durch die Luft ritten und den Teufel als Bock, Affe oder Hund anbeteten. Bald darauf wurden noch fünf Hexen verbrannt.

Besonders viele Opfer forderte der Hexen- und Teufelswahn im 16. und 17. Jahrhundert.

In der Franche Comité wurden im Jahre 1521 drei Männer als Währwölfe verbrannt. Die drei Währwölfe gestanden auf der Folter, vier junge Mädchen gegessen zu haben. In der Kirche von Poligny wurde ein Bild aufgehängt, das den Feuertod der Unglücklichen darstellte. Zu gleicher Zeit wurde ein Advokat verbrannt, der sich dem Teufel verschrieben hatte, um Schätze zu finden.

Fünf Jahre später wurde zu Lyon ein Teufel ausgetrieben, der sich im Kloster von St. Peter festgesetzt hatte. Zum Zeichen, daß er wirklich weiche, löschte der Teufel die Kerzen aus und läutete die Kirchenglocken. Im Jahre 1539 wurde zu Paris Johann Berquin verbrannt, weil er den Teufel angebetet hatte. Zu Bievres bei Laon wurde im Jahre 1556 eine Frau wegen geschlechtlichen Umganges mit dem Teufel lebendig verbrannt. Zu Poitiers wurden im Jahre 1564 zwei Männer und eine Frau verbrannt, weil sie den Teufel als Ziegenbock angebetet hatten. Margarethe Pajot wurde im Jahre 1576 zu Tonnerre hingerichtet, weil sie an den Hexenzusammenkünften teilnahm und Menschen und Tiere mit einem Zauberstabe tötete. Barbara und Katharina Doree wurden im Jahre 1577 zu Creuvres als Hexen verbrannt. Als zu Maubec die Hexe Berande verbrannt wurde, bezeichnete sie auf dem Richtplatz ein junges Mädchen als Mitschuldige, die dann auch hingerichtet wurde. Am 30. April 1578 wurde zu Ribemont die Hexe Johanna Harvilliers lebendig verbrannt; sie hatte gestanden, geschlechtlichen Umgang mit Belzebub zu haben, der ihr als schwarzer Ritter erschien. Am 2. Oktober desselben Jahres wurde wegen der gleichen Teufelei Maria Chorropique erdrosselt und dann verbrannt. Im Jahre 1582 wurde zu Paris die Hexe Gantiere wegen geschlechtlichen Umgangs mit dem Teufel verbrannt. Der Teufel kam zu ihr bekleidet mit einer gelben Jacke, unten war er nackt. Am 23. Juli 1582 wurde zu Coulommiers Abel de la Rüe als Zauberer lebendig verbrannt. Er war Franziskanernovize gewesen und hatte sich als solcher mit dem Teufel eingelassen, der ihm eines Tages in der Klostersakristei erschienen war als großer, bleicher Mann, schwarz gekleidet, mit Kuhfüßen. Mit diesem Teufel war er auf einem mit Fett bestrichenen Besenstiel zu einer Hexenzusammenkunft gefahren. Dort verwandelte sich der Teufel in einen schwarzen Ziegenbock; um ihn herum wurden Tänze aufgeführt, dann kniete sich der Bock, streckte sein Hinterteil in die Höhe, das von den Anwesenden geküßt wurde. Im Januar 1582 wurden zu Boissy zwei Frauen als Hexen verbrannt; die eine war von ihrer Tochter angezeigt worden. Am 25. Juli 1586 wurde zu Neufville-le-Roi Marie Martin als Hexe verbrannt. Sie hatte sich einem Teufel namens Cerberus ergeben, der ihr als Mann mit schwarzem Bart, schwarzer Kleidung und schwarzem hohem

Hut erschien. Im Jahre 1588 wurde zu Rioms die Frau eines Edelmannes als Währwolf verbrannt. Sie war entdeckt worden, als ein Freund ihres Mannes sie auf einer Wolfsjagd verwundet hatte; die gleiche Wunde fand am Abend ihr Mann an ihr. Im Jahre 1589 wurden zu Paris 14 Personen als Zauberer zum Tode verurteilt; sie legten Berufung beim Parlament ein. Eine Untersuchung stellte fest, daß sich an ihren Körpern keine Teufelszeichen fanden, und so wurden sie frei gelassen. Vidal de la Porte wurde erdrosselt und verbrannt, weil er Menschen, Hunde und Katzen geschlechtlich unvermögend gemacht hatte. Am 25. Mai 1598 wurde der Priester Peter Aupetit zu Chalü als Zauberer verbrannt. Im Jahre 1599 wurde die Hexe Colas de Betoncourt zu Dole verbrannt. Sie hatte gestanden: der Teufel vermische sich mit ihr, aber auf eine andere Weise als ihr Mann (die Worte des Prozeßberichts sind so scheußlich, daß sie nicht wiedergegeben werden können). Am 17. September 1600 wurde die Hexe Rolande de Vernois lebendig verbrannt. Vor der Hinrichtung wurden ihr zwei Teufel ausgetrieben. Sie gestand, den Teufel als schwarzen Kater auf den Hintern geküßt zu haben usw. Am 30. April 1611 wurde der Priester Gaufridi zu Marseille als Zauberer verbrannt. Sein Prozeß erregte seinerzeit das größte Aufsehen. Gaufridi, ein ruhiger, tadelloser Geistlicher, wurde angeklagt auf Grund der Aussage eines „von mehreren Teufeln besessenen Weibes", Magdalena de la Palud. Dominikaner und Kapuziner bemühten sich vergebens, sie von ihren Teufeln zu befreien. Monatelang boten die Kirchen von Marseille, Aix und Toulouse die widerwärtigsten Schauspiele: Bischöfe, Mönche, Priester machen sich, in blödestem Aberglauben befangen, mit einem Weib zu schaffen, das „unter dem Einfluß des Teufels" die lächerlichsten und zugleich schändlichsten Dinge sagte und tat. Das Geschlechtliche in seiner abschreckendsten Form spielte bei dieser Teufelsaustreibung eine große Rolle. In Beauvais wurden im Jahre 1612 mehr als 60 Teufel aus einer Besessenen ausgetrieben; die Teufel singen während der Exorzismen zum Spotte Kirchenlieder. Im Mai 1614 wurden drei Nonnen in Flandern wegen Hexerei zu lebenslänglichem Kerker verurteilt. Sie hatten gestanden: Zu den Hexenzusammenkünften hatten sie die Mitra des Bischofs von Tournay und den Mantel eines Dominikaners entwendet und damit den Teufel geschmückt; im Jahre 1613 dauerte eine Hexenzusammenkunft eine volle Woche: am Montag und Dienstag geschlechtliche Vermischung mit dem Teufel auf gewöhnliche Art; am Donnerstag auf sodomitische, am Sonnabend auf bestialische Art, d. h. die Teufel erschienen dazu in Gestalt von Hunden, Katzen, Schweinen, Böcken, Wölfen, geflügelten Schlangen; Mittwoch und Freitag war Teufelsgottesdienst, bei dem unter anderm folgende Litanei gebetet wurde: Luzifer, — erbarme dich unser; Belzebub, — erbarme dich unser; Levithan, — erbarme dich unser; Balberith, — bitte für uns; Astarot, — bitte für uns; Belias, — bitte für uns; Behemoth, — bitte für uns; Belphegor, — bitte für uns; Sabathan, — bitte für uns; Araphot, — bitte für uns. Der Teufel Asmodeus predigte. Im Jahre 1628 wurde ein Kammerdiener des Herzogs von Lothringen als Zauberer verbrannt, weil er mit Hilfe des Teufels auf einer Jagd aus einer kleinen Holzschachtel ein vollständiges Mittagessen hervorgezaubert hatte und weil drei Gehängte auf seinen Befehl vom Galgen herabgestiegen waren und sich dann selbst wieder aufgeknüpft hatten. Ungeheueres Aufsehen erregten in den Jahren 1629—1634 die Teufelaustreibungen im Nonnenkloster von Loudun. Als Opfer dieses von kirchlichen Persönlichkeiten aller Grade durchgeführten Teufelspukes fiel nach furchtbaren Folterungen der Priester Urban Garnier. Da seine Beine durch die Folter zerquetscht worden waren, mußte er auf den Scheiterhaufen getragen werden. Kapuziner, die ihn begleiteten, besprengten ihn und den Scheiterhaufen mit Weihwasser, damit nicht noch im letzten Augenblick der Teufel ihn der gerechten Strafe entreiße. Als ein Fliegenschwarm den Scheiterhaufen umschwärmte, riefen die Mönche: Sehet, die Teufel, die seine Seele holen wollen! Die Besessenheiten der Nonnen, deren Urheber Garnier gewesen sein sollte und die ihn auf den Scheiterhaufen brachten, entrollten ein Bild furchtbarsten religiösen Wahnsinns. Als während eines Exorzismus zufällig eine Katze gesehen wurde, die der Lärm aus einem Winkel aufgescheucht hatte, wurde sie als Teufel ergriffen und mit Weihwasser und Kreuzeszeichen bearbeitet. An der Angelegenheit beteiligten sich der königliche Hof, mehrere Bischöfe und Ordensleute. Die Ereignisse von Loudun wirkten ansteckend. Im Jahre 1643 fühlten sich einige Nonnen in Louviers durch die Teufel Arphaxat und Ausitif besessen. Der Bischof von Evreux erklärte die Sache für echt, weil eine der besessenen Nonnen beim Zeichen des Kreuzes mit den Augen gerollt hatte. Die Pförtnerin des

Klosters wurde beschuldigt, die Besessenheit verursacht zu haben. Sie gestand, Umgang mit dem Teufel zu haben, und man fand an ihrem Leibe vier große Teufelszeichen. Eines von ihnen war einen Finger lang; es war ihr, wie sie erzählte, vom Teufel mit einem Messer beigebracht worden, das er vier Stunden lang in der Wunde stecken gelassen hatte. Dieses Zeichen befand sich am Unterleib; ein anderes zeigte sich in der Größe eines Stecknadelkopfes an ihren Brüsten, die im übrigen weiß, fest und rund waren, wie die eines 15jährigen Mädchens. Der Teufel, mit dem sie sich abgab, hieß Dagon. Der verstorbene geistliche Leiter des Klosters, Mathürin Piccard, habe sie zur Teufelei verführt. Daraufhin läßt der Bischof den Leichnam des Priesters ausgraben und auf den Schindacker werfen. Mehrere Teufel seien ihr in Gestalt von schwarzen Katzen erschienen, besonders an Tagen, an denen sie den Leib des Herrn empfangen habe; diese Teufel-Katzen versuchten, mit ihren Schwänzen die Hostie aus ihrem Munde zu holen. Auf ihre Angaben hin wurde der Priester Thomas Boulle als Zauberer verhaftet, gefoltert und am 21. August 1647 zusammen mit dem ausgegrabenen Leichnam des Mathürin Piccard zu Rouen verbrannt. Die Pförtnerin, Madeleine Bavan, wurde vom Bischof verurteilt, lebenslang eingekerkert zu werden, weil sie mit dem Teufel geschlechtlich verkehrt hatte und von ihm schwanger geworden war.

3. Spanien.

Aus der großen Menge spanischer Hexenverfolgungen wähle ich zu ausführlicher Darstellung nur eine aus. Das schauerliche Bild, das sich uns hier zeigt, ist ein typisches.

Am 7. und 8. November 1610 fand zu Logrogno ein Auto da Fe statt, auf welchem sechs Menschen wegen Zauberei und Teufelei lebendig verbrannt wurden. Ihre „Geständnisse" nach vorhergegangener Folter waren: Sie gehörten einer Gesellschaft an, die sich „Bockswiese" nannte, weil ihre Versammlungen auf einer Wiese abgehalten wurden in Gegenwart des als Bock erscheinenden Teufels. Montag, Mittwoch und Freitag waren die Versammlungstage. Findet Aufnahme neuer Mitglieder statt, so zeigt sich der Teufel als großer, schwarzer Mann. Er sitzt auf einem Thron mit einer Krone von kleinen Hörnern; auf dem Hinterkopf hat er zwei größere Hörner und auf der Stirn ein ganz großes. Von diesem Stirnhorn geht Licht aus, das heller ist wie das Mond-, aber schwächer als das Sonnenlicht. Seine Augen sind groß und schrecklich; sein Bart gleicht einem Ziegenbart. Die Spitzen seiner Finger sind wie Raubvogelfänge, seine Füße ähneln Gänsefüßen. Zu Beginn der Versammlung werfen sich alle nieder und beten den Teufel an. Jeder küßt ihm den Fuß, die Hand, die linke Seite, den After und das männliche Glied! Die Versammlungen dauern von 9 Uhr abends bis zum zweiten Hahnenschrei. An einzelnen Festtagen beichten die Versammelten dem Teufel ihre Sünden: nämlich, daß sie gebetet haben oder daß sie in die Messe gegangen seien. An solchen Tagen — es sind besonders die Festtage der Jungfrau Maria — liest der Teufel auch die Messe. Mehrere Unterteufel richten den Altar auf und bringen die nötigen Gerätschaften: Kelch, Meßgewand usw., sie bekleiden ihn mit den Priestergewändern, die schwarz sind, wie auch der Altar. Während der Opferung wird der Teufel noch einmal angebetet; die Anwesenden küssen ihm wieder den Hintern, während ein Unterteufel ihm den Schwanz hochhebt. Die Wandelung spricht der Teufel über einen runden schwarzen Gegenstand und über eine schwarze, stinkende Flüssigkeit. Nach der Messe vermischt sich zuerst der Teufel fleischlich mit allen Anwesenden und dann diese unter sich. Zum Schluß trägt der Teufel allen auf, soviel Schaden wie möglich anzurichten, und gibt jedem die Gewalt, sich in Hunde, Katzen oder andere Tiere zu verwandeln. Sechs Menschen wurden, wie gesagt, wegen dieser wahnwitzigen Selbstbezichtigung verbrannt!

Von diesem Auto da Fe besitzen wir die ausführliche Schilderung eines Mannes, der jahrelang an der Spitze eines von König Heinrich IV. von Frankreich eingesetzten wandernden Gerichtshofes stand, der den südwestlichen Teil Frankreichs von Hexen und Zauberern reinigen sollte, und der diese Reinigung mit Folter und Scheiterhaufen gründlich vollzog: Pierre de Rosteguy, Sieur de Lancre, der Präsident dieses fliegenden Blutgerichtes, war ein Schüler und Freund der „guten Väter Jesuiten", wie er von sich selbst rühmend erwähnt. Ihre Erziehung hatte ihn zu einem tauglichen Werkzeug für die Hexenverfolgung gemacht. Seine Tätigkeit als Hexenverfolger schildert er selbst in einem Buche, das eines der unheimlichsten Erzeugnisse ultramontan-katholischer Schriftstellerei bildet: »Tableau de l'inconstance des mauvais anges«.

Die Grundsätze, die er in seinem Richteramte befolgt, spricht er sehr offen aus: „Wir sind von Gott als oberste Richter bestellt, um die Feinde seines Ruhmes und die Anhänger Satans zu zerstören..... Verdienen nicht alle Hexen, die sich von Gott abwenden, um sich mit einem stinkenden Bock [dem Teufel] zu verbinden, tausendfach den Tod? Ist es vernünftig, daß alle diese boshaften, verteufelten Tiere [die Hexen] dieselbe Luft mit uns atmen? Nein, diese verderbliche Pest, diese Saat des Teufels muß mit Feuer und Schwert vernichtet werden." Dieser Mann hat uns die Beschreibung der Greuel von Logrogno aufbewahrt, die ich eben auszugsweise wiedergegeben habe.

4. Deutschland.
a. Tirol.

Im geistlichen Fürstentum Trient wurden zwischen 1501 und 1505 mehrere Hexen und Zauberer verbrannt. Zu Nogaredo wurden fünf Weiber auf einmal verbrannt. Im Hochstift Brixen fanden besonders in den Jahren 1617—1644 Hexenprozesse statt. Zu Lienz im Pustertal wurde im Jahre 1680 eine Mutter mit ihren zwei Knaben von 12 und 14 Jahren wegen Hexerei hingerichtet. Zu Meran wurden um die gleiche Zeit 13 Personen als Hexen und Zauberer hingerichtet. Am 13. Dezember 1679 wurde ein armer Hirtenknabe des Zillertals zu Meran enthauptet und dann verbrannt, „weil er Ungewitter gemacht hatte". Seine Asche wurde in die Passer geworfen. Mit ihm zusammen wurden wegen des gleichen Verbrechens noch drei junge Leute im Alter von 18—25 Jahren hingerichtet.

Pfaundler teilt aus den Originalakten Einzelheiten eines Hexenprozesses von Lienz und Heimfels (Tirol) mit: Am 7. März 1679 wurde Emerenz Pichler wegen Hexerei verhört; bei Gott und der hl. Jungfrau gelobte sie ihre Unschuld. Bedroht mit der Folter gestand sie aber: sie habe Leute und Tiere krumm gemacht und Unwetter erregt; auf einem Stocke sei sie über die Berge gefahren; bei den Hexenmahlzeiten hätten Katzen bedient und drei Teufel; ein Baßgeiger, ein Diskant und ein Leirer hätten aufgespielt; die Unwetter errege sie durch ein graues Pulver, das sie unter dem Rufe: Alles Schauer, alles Schauer, in die Luft streue. Als sie in einem spätern Verhör (29. Mai) widerrief, erging der Befehl, ihr Haare und Nägel abzuschneiden und sie an den geheimen Stellen des Leibes auf Hexenmale zu untersuchen, weil der Teufel dort mit seinen Klauen und Zähnen seine Zeichen einzudrücken pflege; auch sollten die Kinder der Emerenz unter der Zunge auf Hexenmale untersucht werden. Da diese Mittel fruchtlos blieben, schritt man am 5. Juli zur Folterung, die zwei Tage lang fortgesetzt wurde und den Erfolg hatte, daß die Pichler 24 Mitschuldige angab. Während der Folterung wurde die Gefolterte reichlich mit Weihwasser besprengt. Die Folter zeitigte folgende Geständnisse: Der Teufel kam zu ihr, bekleidet mit roten Strümpfen, weißer Weste und blauer Jacke; mit ihr gemeinsam bestieg er eine mit Salbe beschmierte Ofenschaufel, und nun ging die Fahrt unter dem Ruf: Obenaus und nirgends an, durch die Luft; traf es sich, daß Kirchenglocken läuteten, so stockte die Fahrt bis zum Ende des Geläutes; mit ihrem eigenen Blute hatte sie sich dem Teufel verschrieben; bei den Hexenmahlzeiten wurden kleine Kinder verzehrt, aus den Überbleibseln wurde Zaubersalbe bereitet. Die Verhöre endeten am 5. November. Das Urteil lautete: „Selbe sei im Falle ihrer erfolgenden Bekehrung erst zu erdrosseln, sodann zu enthaupten und zu Asche zu verbrennen; im Falle der nicht erfolgenden Bekehrung aber lebendig zu verbrennen; jedenfalls aber während des Hinführens zur Richtstätte fünfmal mit Zangen zu zwicken." Sieben Monate mußte die Unglückliche noch warten auf die Vollstreckung des Urteils; erst am 16. Juli 1680 findet ihre Hinrichtung statt.

Der furchtbarste Teil des Dramas folgt aber noch. Das maßlos gepeinigte Weib hatte ihre eigenen Kinder: Michael 14, Anna 12, Sebastian 9 und Maria 6 Jahre alt, als Mitschuldige angegeben. Daraufhin werden am 29. Juli 1679 Michael und Anna zum Tode — Enthauptung und Verbrennung — verurteilt; Sebastian und Maria — Kinder von 9 und 6 Jahren! — mußten, zur Abschreckung, diesem furchtbaren Schauspiel beiwohnen, nachdem sie vorher vom Gerichtsdiener gepeitscht worden waren.

b. Salzburg, Elsaß, Lothringen, Breisgau.

Ein Riesenhexenprozeß beschäftigt zwischen 1677 und 1681 Salzburg. Über 100 Personen sind angeklagt; darunter Kinder bis zu fünf Jahren. Die Folter arbeitet Tag und Nacht, man zwingt die Eltern, gegen ihre Kinder, die Kinder, gegen ihre Eltern auszusagen. Sieben dieser Unglücklichen werden am 22. Februar 1679 hingerichtet. Aus den Salzburger Akten von 1678—1679 ergeben sich allein für die Stadt Salzburg 76 Todesurteile durch Schwert, Strick und Feuer, darunter ein zehnjähriger Knabe und eine 80 jährige Greisin. Am 9. Februar 1678 wurden sieben „Bettelbuben" wegen Hexerei zum Verbrennen verurteilt. Einer von ihnen, Thomas Kogler, wurde, weil er sich nicht bekehrt, d. h. nicht gestanden hatte, lebendig verbrannt; die übrigen vorher erdrosselt.

Im Jahre 1720 wurde zu Mosham an der steierischen Grenze der 24 jährige Simon Windt als Währwolf enthauptet und dann verbrannt. Wie der Richter nach Salzburg berichtet, läßt sich der Verurteilte beim Erzbischof „für das gnädigst gemilderte Urteil [Köpfen vor dem Verbrennen!] in aller Untertänigkeit gehorsamst bedanken".

Im Sundgau, damals unter österreichischer Herrschaft, wurden gegen Ende des 16. Jahrhunderts über 800, im Bistum Straßburg in dem kurzen Zeitraum von zwanzig Jahren (1515—1535) über 5000 (fünftausend) Hexen verbrannt. Allein in dem Städtchen Sasbach, das zu Straßburg gehörte, wurden in einem Jahre (1522) 122 Hexen verbrannt.

In Thann (Elsaß) begannen die Hexenbrände im Jahre 1572. „Den neunten Wintermonat", sagt die „Kleine Thanner Chronik", „hat man allhier angefangen vier Hexen zu verbrennen, und hat dergleichen Exekution gewährt bis auf anno 1620. Also daß innerhalb 48 Jahren nur allein hier bei 152 verbrennt worden sind, weil sie an Menschen und Vieh, an Getraid, Reben, Früchten mit Teufelskünsten, Wetter, Regen, Kälte, Blitz, Donner, Hagel und grausam viel Übeles zuwege gebracht haben."

Remigius, Oberrichter in Lothringen, gibt an, daß während der 15 Jahre seiner Tätigkeit (1578—1593) über 900 Hexen und Hexenmeister verbrannt wurden.

Über die Greuel im Breisgau berichtet zuverlässig, aus den Stadtarchivakten von Freiburg, Schreiber.

„Eine Frau Anna Schweiger, die Besenmacherin, wurde am Samstag nach Margaretha Anno 1546 als Hexe verbrannt. Oft wurde die Tortur viermal bis sechsmal angewendet, und dadurch beinahe immer ein Geständnis erpreßt. Widerrief jemand, so begann die Tortur aufs neue, und geistliche und weltliche Beamte gaben sich alle Mühe, zur Zurücknahme des Widerrufs zu bewegen." „Den 1. Dezember 1627 wurden zu Offenburg Katharina Holzmann, Kleopha Hetzler und A. M. Spenglers Ehefrau wegen Zauberei zum Lebendigverbrennen verurteilt, aber aus Gnade zuvor enthauptet. Den 20. Dezember wurde Lucia Satorie, Stettmeisters Witwe, Maria Kaspar, Christian Hausers Frau und Simon Haller, weil sie Gott verleugnet, auch Hexenhochzeit gehalten, verbrannt. Den 12. Januar 1628 empfingen wieder fünf, zum Teil angesehene Frauen das gleiche Urteil." Am 14. Juni 1628 wurden drei, und am 7. Juli vier Hexen hingerichtet, wovon eine ihr Geständnis zurücknahm, es aber nach erneuerter Folter bestätigte. Den 29. November wurden des Stettmeisters Bauer Tochter, dann des Stettmeisters Thoma Hausfrau, Michael Maiers Hausfrau und Anna Haufer nach gewohnter Weise hingerichtet. Das gleiche Urteil erging den 13. Dezember über vier andere Weiber. Den 22. Januar 1629 wurden wieder drei Frauen und am 14. Februar zwei Hexenmeister hingerichtet. Den 4. Mai wurde das Todesurteil über drei Weiber gesprochen, wovon eine, eine Hebamme, auf dem Wege zur Richtstätte mit glühenden Eisen gezwickt wurde. Den 25. Mai wurden fünf Hexen hingerichtet; den 8. Juni zwei Hexen und zwei Hexenmeister; den 4. Juli fünf Hexen und ein Hexenmeister. Wegen der vielen Mühewaltung mit diesen „Unholden" baten die Geistlichen um eine besondere „Rekompens", die ihnen jedoch abgeschlagen wurde. Am 27. August wurde im „offenen Rate einhellig beschlossen: weil Martin Betzer, des Mäders Sohn Jakob, Martha, Herrn Stettmeisters Philipp Beck Hausfrau, Otilie Hans Lang und Barbara, Johann Nagels Hausfrau, Gott und alle Heiligen verläugnet, daß sie alle fünf erstlich mit dem Schwerte vom Leben zum Tode gerichtet, und nachgehends die Häupter und Körper zu Pulver und Asche verbrannt werden sollen; des Nagels Frau solle jedoch noch zuvor ein Griff mit der glühenden Zange auf die rechte Brust gegeben werden". Am 29. August wurde dies Urteil vollzogen. Am 23. November wurden Margaretha Pulver, Franz Göppert, Johann Georg Bauer und Maria Walter gerichtet.

c. Bayern.

In der bischöflich freisingischen Herrschaft Werdenfels wütete die Verfolgung besonders stark. Drei Scharfrichter, der von Schongau, der von Biberach und der von Hall in Tirol, hatten hier mit Foltern und Hinrichten vollauf zu tun. Die drei „Meister" untersuchten die Verdächtigen körperlich auf Hexenmale. An sieben „Malefizrechtstagen", vom 5. Februar 1590 bis in den November 1591, sind einundfünfzig Weiber als Hexen hingerichtet worden: 33 aus dem Gericht Garmisch, 11 aus dem Gericht Partenkirchen und 7 aus dem Gericht Mittenwald. Ein Teil wurde lebendig verbrannt, die übrigen zuerst erdrosselt und dann verbrannt. Als im Mai

1590 neun Weiber auf einmal verbrannt werden sollten, wurden sie nur deshalb zuvor erdrosselt, weil der Nachrichter erklärte, wegen des Gewitterregens, der Holz und Stroh durchnäßt habe, sei das Lebendigverbrennen unmöglich. Der Vogt von Werdenfels, Kaspar Poißl, entschuldigte sich deshalb bei der bischöflichen Regierung, die Lebendigverbrennen angeordnet hatte; er bat „untertänig, deshalb keine Ungnade auf ihn zu werfen". Sieben gelehrte Priester, hob er hervor, hätten die Weibspersonen zu einem christlichen Ende gebracht. Bei den Werdenfelsschen Autos da Fe war überhaupt die Geistlichkeit stets zahlreich vertreten, wohl um das Wohlgefallen ihres bischöflichen Landesherrn zu erlangen. So waren am 5. Februar 1590 um den Scheiterhaufen versammelt die Pröbste von Raitenbuch und Schlehdorf, die Pfarrer von Garmisch, Mittenwald und Eschenlohe.

Im Bistum Augsburg wurden vom 1. August 1590 bis 13. Mai 1592 achtundsechzig Hexen verbrannt wegen Buhlschaft mit dem Teufel. Im Jahre 1590 wurden mehrere Unholde zu Ingolstadt, das damals ganz unter dem Einfluß der Jesuiten stand, verbrannt.

1589 wurden allein in Schongau und Nachbarorten 63 Frauen als Hexen verbrannt wegen Wettermachens und geschlechtlichen Umgangs mit dem Teufel. Da bei solchen Prozessen niemals ein wirklicher Tatbestand vorhanden war, so kam alles auf das Geständnis an; dies aber wurde erlangt durch die Folter. „In einem der Schongauer Fälle lautete der Bescheid des Münchener Hofrats ausdrücklich: das Weib sei weiter zu torquieren und ihm nicht Ruhe zu lassen, bis man das Geständnis habe."

Am 2. Juli 1590 wurden vier Hexen in München verbrannt, aber „aus besonderer Gnade" wegen ihres hohen Alters vorher erdrosselt. Sie hatten, wie „das Erkenntnis" besagt, Kinder getötet und daraus eine wässerige, zähe Salbe bereitet. Im gleichen Jahre wurden zwei Hexen zu Ingolstadt verbrannt; im Jahre 1591 zwei zu Weilheim. In Tölz wurden 1599 „mehrere Hexenweiber" verbrannt. Im Jahre 1600 wurden zu München acht Männer und drei Frauen, „von denen einige, wie Riezler sagt, gemeine Verbrecher gewesen zu sein scheinen, wegen Hexerei, nach unerhörten Grausamkeiten, verbrannt: sechs Verurteilte wurden je sechsmal mit glühenden Zangen gezwickt; einer Frau wurden die Brüste abgeschnitten, den Männern wurden auf dem Rade die Glieder zerbrochen, einer wurde gepfählt, und zuletzt wurden alle noch lebend verbrannt. Der zwanzigjährigen Agnes Klostermüllerin wird nach zehnmaliger Folter das Geständnis erpreßt: sie habe dreißig Herzlein von Kindern gegessen, der Teufel habe mit ihr getanzt, bald als Mensch, bald als Schlange. Mit ihrer Mutter wird sie am 27. Oktober 1600 verbrannt. In Donauwörth wurden 1608 und 1609, während der katholischen Gegenreformation, mehrere Hexen hingerichtet, weil sie mit dem Teufel gebuhlt und Unwetter gemacht hatten. Jesuiten geleiteten die Unglücklichen zum Scheiterhaufen. Von Aschaffenburg melden die Jahresberichte der Jesuiten zum Jahre 1612: „Die furchtbaren Scharen der Hexen erfüllen hier alles mit Schrecken; mehrere derselben haben wir durch eifrigen geistlichen Beistand zur Reue [vor dem Tode] bewogen."

In der Deutschordensstadt Ellingen wurden im Jahre 1590 einundsiebzig Hexen verbrannt; im Jahre 1612 zu Ellwangen 167. Die unglücklichen Opfer wurden durch Jesuiten zum Tode „vorbereitet". In Westerstetten bei Ellwangen kamen innerhalb drei Jahren dreihundert Menschen auf dem Scheiterhaufen um.

In Eichstätt wurden von 1603—1627 einhundertzweiundzwanzig Hexen verbrannt. Ein Eichstätter Richter um 1628 erwähnt, er habe 274 Hexen richten lassen. Dillingen, der Sitz der Augsburgischen Jesuitenuniversität, wird als Schauplatz zahlreicher Hexenhinrichtungen genannt. Am 30. Juli 1629 wurde wegen geschlechtlichen Umgangs mit dem Teufel die alte Hofschneiderin Katharina Nickl auf dem Scheiterhaufen zu Ingolstadt erdrosselt und dann zu Asche verbrannt.

Unter Wolfgang Wilhelm, dem katholisch gewordenen Pfalzgrafen von Pfalz-Neuburg, der mit Hilfe der Jesuiten die Gegenreformation eifrig betrieb, blühte auch die Hexenverfolgung. Besonders viele Prozesse gegen Kinder sind hier zu verzeichnen. Die Untersuchung auf Hexenmale am Leibe der Angeschuldigten war durch Regierungsmandat befohlen. In dem Ort Reichertshofen wurden 50 Hexen verbrannt.

Am 23. Dezember 1556 wurde in Amberg die 40 Jahre alte Ursala Zannerin lebendig verbrannt, nachdem sie zuvor mit glühenden Zangen „einen Zwick" erhalten hatte. Sie war folgender Verbrechen schuldig befunden worden: „Anmachung höchst schädlicher Gewitter, Schickung zauberischer Wölfe, Machung der Mäuse, Verkrümmung unterschiedlicher Personen, Zuschandenbringung vieler Kühe, Ochsen, Pferde, nächtlicher Ausfahrung auf die Hexentänze, Treibung der Sodomiterei mit dem Teufel."

Im Jahre 1722 wird Georg Pröls in Moosburg wegen Hexerei abgeurteilt. Er wird auf Hexenmale untersucht; in Speise und Trank wird ihm St. Johannis- und St. Ignazi-Wasser eingegeben. Pröls erklärt sich für unschuldig, „auch wenn man ihn in tausend Stücke zerreiße". Die gesteigerte grausame Tortur entreißt ihm allmählich doch Geständnisse. Er wird am 2. März auf dem Scheiterhaufen erdrosselt und dann verbrannt.

Ein auch unter den Hexenprozessen abschreckendes Bild bietet die „Hexenepidemie" von Gaisling im Jahre 1690. In dem Hause des Drechslers Grueber spukt „eine fromme, arme Seele aus dem Fegfeuer, zupft und schlägt die Leute, wirft von der Bank aus Holzscheiter gegen sie" usw. Das bayerische Gericht Haidau leitet gegen zwanzig Personen die Untersuchung wegen Hexerei ein. Angeklagt sind die Familien Grueber und Egger, dann Wolfgang Weinzierl, dessen Frau Margarethe, die im Kerker Selbstmord begeht, und Tochter Christine; die Hebamme Schneiderbäuerin. Die Anklage lautet auf Teufelsbündnis, Unzucht mit dem Teufel, Hexenfahrten und Hostienverunehrung. Bei der jungen Christine hat der Scharfrichter bei der körperlichen Untersuchung drei Hexenmale gefunden. Die Folter mit den „Beinschrauben" übersteht Christine so, daß, je schärfer das Schrauben, um so größer ihre „Verstocktheit" wird: „Hat kein einziges Zächerlein vergossen und so veränderte Augen gehabt, daß die Richter claro clarius (klarer als klar) annehmen müssen, daß sie mit dem Zaubermittel der Schweigsamkeit und Unempfindlichkeit behaftet sei." Die meisten Angeklagten werden hingerichtet; Weinzierl und seine Frau enthauptet, dann verbrannt; die Eheleute Hans und Gertrud Grueber, Benedikt und Elisabeth Egger erdrosselt und dann verbrannt; die Grueberschen Kinder, Katharina und Balthasar, erst enthauptet, dann verbrannt. Von diesen Kindern heißt es in den Akten, daß ihr geschlechtlicher Verkehr mit dem Teufel auch im Gefängnis noch fortdauere. Das Gruebersche Haus wurde abgebrochen und sein Holzwerk auf dem Scheiterhaufen verbrannt. Noch im Jahre 1770 verlangt das Kloster Windberg, daß der Tisch, auf dem die Hingerichteten die Hostien verunehrt haben, aufgesucht werde, und 1803 sucht die Klosterkommission noch immer nach diesem Hexentisch in Windberg.

Kämmerer und Rat der Stadt Dingolfing sprechen am 7. Juni 1715 das Urteil gegen die 46jährige Tagelöhnerin Walpurga Pillerin und ihre zwei Söhne. Die Mutter hatte nach der Folterung „gestanden", mit Hilfe des Teufels zum Hexensabbath ausgefahren zu sein, mit dem Teufel ein Bündnis geschlossen und ihm ihre Kinder geschenkt zu haben. Sie wird enthauptet und dann verbrannt; ihre beiden 9 und 12 jährigen Söhne, die sich vom Teufel in das Buch hatten einschreiben lassen, werden durchgepeitscht und müssen der Hinrichtung ihrer Mutter beiwohnen; dann sollen sie eine Zeitlang in tolerabili custodia gehalten und in der christlichen Lehr unterrichtet werden; lassen sie keine Besserung verspüren, so sind sie zu neuem Prozeß einzuziehen.

Am 5. November 1717 werden zu Freising die 8 und 9 jährigen Schulkinder Lorenz Niberberger, Michael Zesi und Balthasar Miesenpäck mit dem Schwerte hingerichtet und dann verbrannt; die Geständnisse dieser Kinder lauteten auf: Mäusemachen, Hexentänze, geschlechtlichen Umgang (!) mit dem Teufel. Die gleichalterigen, mitangeklagten Kinder Veit Adelwart und Franz Weingartner sollen der Hinrichtung zusehen, dann mit Ruten gestrichen und ihren Eltern wieder zugeführt werden.

1715 findet in Haag bei München ein Prozeß gegen den Schulmeister Kaspar Schwaiger und zwei seiner Schulbuben statt. Schwaiger wird „mit sonderbar scharfem Zureden" gefoltert und gesteht: er habe im Beisein der Kinder zweimal Unwetter erregt, Mäuse, Ferkel, Katzen und Hunde gemacht, die samt dem Teufel aus einem Loch herauskamen, dann wieder verschwanden. Einmal sei er mit den beiden Buben in einer mit sechs Rappen bespannten Kutsche durch die Luft in die Au nach München gefahren, wo sie an unsittlichen Hexentänzen teilnahmen und nach dem Tanz mit Hexen und Teufeln Unzucht trieben. Allen seinen Schulkindern habe er an der Hand die Haut geöffnet, ein Teilchen einer geweihten Hostie hinein gesteckt, dann die Wunde wieder zuheilen lassen.

Am 12. Oktober 1716 wird der Meßner und Schloßgärtner Johann Endtgrueber zu Erding wegen Hexerei erdrosselt und dann verbrannt. Der Unglückliche, von Schulkindern bezichtigt, beteuert seine Unschuld. Da ergeht vom Hofrat in München der Befehl, E. sollte vom Landshuter Scharfrichter auf Hexenmale körperlich untersucht, geschoren, mit einem Leibgürtel geschlossen, nach einigen Tagen zur wirklichen Tortur geführt, auf den Bock gespannt und mit Spitzruten, die in Weihwasser einzuweichen sind, gepeitscht werden. Auch in die Speisen sollen ihm geweihte Sachen gemengt werden. Die Folterung wird auf das grausamste vollzogen, „also daß bei jedem Streif eine nit gemeine Blutrunsten zu verspüren; auf dem Bock ist das helle Blut zu sehen. Doch E. verharrt unter kontinuierlichem Schreien und Vorwendung seiner Unschuld immobiliter auf dem Leugnen, hat weder eine einzige Träne vergossen, noch hat ihn, wie sonst bei dieser Tortur üblich ist, eine Ohnmacht oder Schwächen überkommen. Bei keinem Malefikanten hat man noch eine solche Hartnäckigkeit verspüret, ist wohl zu präsumieren, daß er heimlich mit dem beneficium taciturnitatis behaftet sein wird". Der Münchener Hofrat befiehlt, daß die Torturen per dies intercalatos iterato und abgeteilt vorgenommen werden sollen. Da legte E. ein Geständnis ab: an der Kutsche, in der er mit Weibern, deren Namen er nennt, zum Hexentanz nach der Au gefahren sei, wären Geisböcke gespannt gewesen; beim Tanzen hätten Teufel auf Hackbrett, Dudelsack und Schalmei aufgespielt. Wenige Tage darauf widerruft E. sein Geständnis, er habe es nur aus Furcht vor der Folter abgelegt. Tag und Nacht wird er bewacht; die Wächter melden: im Gefängnis zeige sich eine solche Menge von Fliegen (wohl infolge der eiternden Wunden des Unglücklichen), daß sie zuweilen das Licht auslöschen; bis ein neues Licht geholt werde, treibe der Gefangene seine Zauberei. Der Hofrat befiehlt nun, E. sei ernstlich zu examinieren, die „Keuchen" sei mit benedizierten Sachen auszuräuchern und E. solle, wenn er den Widerruf nicht zurücknähme, aufs neue gefoltert werden. E. nimmt den Widerruf zurück, und nun ergeht das Urteil, er sei aus besonderer Gnade an einer Säule zu erdrosseln und dann zu Staub und Asche zu verbrennen.

Nach Berechnungen, die allerdings wegen Verschleuderung vieler Akten sehr ungenau sind, dürfte die Zahl der im ganzen Herzogtum Bayern wegen Hexerei gerichtlich Gemordeten 2—3000 erreichen. In den zu Bayern gehörigen Bistümern Freising, Augsburg, Eichstätt, deren Gebietsumfang viel geringer war, als der des Herzogtums Bayern, wird die Zahl kaum kleiner sein.

Nur einige wenige Tatsachen aus diesen von „Nachfolgern der Apostel" beherrschten Gebieten.

In Freising werden im Jahre 1722 dreiundzwanzig Personen wegen Hexerei verhaftet. Sie gestehen: bei den Hexentänzen sei der Teufel erschienen „wie ein rechter Gott, mit einer Krone, auf einem Throne sitzend, neben ihm zwei rot und zwei grün Gekleidete." Elf aus ihnen werden hingerichtet, darunter drei Knaben von 13, 14 und 16 Jahren.

Am 15. November 1723 wurde in Eichstätt die 22jährige Walburga Rung enthauptet und dann verbrannt. Ihre Verbrechen waren: Hexenfahrt und Teufelsbuhlschaft, die noch im Kerker getrieben wurde. Da der Scharfrichter unterlassen hatte, bei der Hinrichtung Bretter auf den Richtplatz zu legen, so fanden vor der Hinrichtung noch „fromme und gelehrte Erörterungen" statt, ob es zulässig sei, eine Hexe auf bloßem Boden zu richten. Einer erklärte es für sehr bedenklich; ein anderer erinnert aber daran, daß vor kurzer Zeit auch der Hexenknabe Balthasar Gork auf bloßer Erde „ohne Schwierigkeit" geköpft worden sei. Und in der Tat, auch Walburga Rung wurde „ohne Schwierigkeit" geköpft.

Im Hochstift Augsburg werden von 1650—1694 zwölf Weiber als Hexen getötet, und noch im Jahre 1728 werden elf Personen wegen Hexerei abgeurteilt. Alle Angeklagten wurden geschoren, auf Hexenmale untersucht und mit Spitzruten grausam geschlagen. Die Ehefrau Brigitta Mielerin widersteht lange der schärfsten Tortur: „aller angewandten menschenmöglichen Bemühung", wie die Akten sagen, bis auch ihre Kraft bricht. Sie sucht sich dann im Gefängnis zu entleiben; widerruft ihr Geständnis, worauf der bischöfliche Richter, Jokob Joseph de Bally, vorschlägt: „nach den bewährtesten Moralisten wie Laymann, Delrio, Suarez (alle drei Jesuiten) solle man ihr das Hexenmal ausschneiden". Nach fünf Jahren, im Jahre 1734, werden die meisten der Angeklagten hingerichtet. Der Prozeß kostete 4439 Gulden.

d. Die Bistümer: Paderborn, Münster, Fulda (Fürstabtei), Breslau, Olmütz, Cöln, Trier, Mainz, Bamberg, Würzburg.

Im Stifte Paderborn waren die Scheiterhaufen unter der Regierung des Fürstbischofs Theodor von Fürstenberg seit 1585 aufgerichtet worden; in volle Tätigkeit traten sie dort aber erst durch das Wirken des Jesuiten Löper, der die Austreibung der Teufel aus „Besessenen" im großen betrieb.

Die Schrecknisse der Hexenverfolgung im Fürstbistum Münster begannen mit der Thronbesteigung der beiden bayerischen Prinz-Fürstbischöfe Ernst (1585—1611) und Ferdinand (1612—1650). Beide waren Jesuitenzöglinge und eifrige Förderer der religiösen Orden: die Jesuiten (1588), die Kapuziner (1612), die Franziskaner

(1613), die Minoriten (1642), die Dominikaner (1642), wurden nach Münster berufen. Der Hexenwahn und das Hexenverbrennen, die bis zum Tode des Fürstbischofs Bernard von Raesfeld (1585) im Münsterschen Lande fast unbekannt waren, kamen jetzt, wo jesuitische Unduldsamkeit und Verfolgungswut ihren Einzug hielten, sehr in Übung (vgl. Niehues, Zur Geschichte des Hexenglaubens und der Hexenprozesse im Fürstbistum Münster, Münster 1875).

Das Hexenbrennen dauerte im Münsterschen bis tief ins 18. Jahrhundert hinein.

Am 31. Oktober 1724 wurde die Hexe Aenneke Fürsteners zu Koesfeld bei Münster gefoltert. Das vom Untersuchungsrichter Dr. Gogravius aufgesetzte Protokoll teilt mit: „Die Angeklagte wurde in die Folterkammer geführt, entblößt, angebunden und über die Anklagepunkte gefragt. Sie blieb beim Leugnen. Es wurden ihr die Daumenschrauben angelegt, und weil sie beständig geschrien hat, ist ihr der Knebel in den Mund gesteckt worden. Obgleich die Schrauben fünfzig Minuten angeschraubt waren, so hat sie doch nicht bekannt, sondern nur gerufen: Ich bin unschuldig! O Jesus gehe mit mir in mein Leiden und stehe mir bei! Dann wurden ihr die spanischen Stiefel angelegt; aber sie hat sie dreißig Minuten ausgehalten, obwohl sie scharf angeschroben waren, und hat nicht bekannt. Da nun Dr. Gogravius besorgte, sie möchte durch das maleficium taciturnitatis unempfindlich gemacht sein, so hat er dem Scharfrichter Matthias Schneider befohlen, sie zu entblößen und zu untersuchen, ob nicht an geheimen Stellen ihres Körpers sich etwas Verdächtiges vorfinde. Der Scharfrichter untersuchte alles aufs genaueste, aber fand nichts. Darauf wurden ihr wieder die spanischen Stiefel angelegt; aber sie leugnete beständig und rief: O Jesus, ich habe es nicht getan! Herr Richter, lasset mich nur richten, aber ich bin unschuldig! Dann wurde die Angeklagte in die Höhe gezogen und mit Ruten bis zu dreißig Streichen geschlagen. Sie begehrte, man möge sie doch nicht ferner peinigen; sie wolle gestehen, daß sie es getan, wenn es nur keine Sünde sei. Als man ihr die Anklagepunkte vorlas, leugnete sie. Da wurde sie rückwärts aufgezogen, so daß die Arme gerade über dem Kopf standen und beide Schulterknochen verdreht wurden. Sechs Minuten hing sie so und wurde während dieser Zeit gegeißelt. Aber sie gestand nicht."

In Landgemeinden, wie in kleinen Städten des Fürstbistums Münster fielen dem Hexenwahnsinn nicht selten in einem Jahre fünf bis zehn Menschenleben zum Opfer. Der Scharfrichter von Koesfeld reichte am Ende des Jahres 1631 eine Rechnung im Betrage von 169 Taler für neun Hinrichtungen ein, die er in der letzten Hälfte dieses Jahres auf Befehl des hohen Rates von Koesfeld an Hexen und Hexenmeistern vollzogen hatte. Die fürstbischöflich Münsterschen Scharfrichter hatten die „Eigentümlichkeit", beim letzten Grade der Folter der Angeklagten die Arme und Schulterknochen aus dem Gelenk zu drehen. Einem Angeklagten, Friedrich Jokobs, waren schon im vorletzten Grade die Arme zerbrochen worden; der Scharfrichter erklärte, er könne den letzten Grad der Folter nicht mehr anwenden. Auf die Anfrage des Untersuchungsrichters, was zu tun sei, erläßt „der bischöflich Münstersche Ober- und Landfiskus" am 9. September 1725 den Bescheid: „daß Inquisit von hinten auf mit Füßen und Armen aufgezogen, sodann mit Ruten gehauen, mit brennendem Schwefel beworfen und bei weiter sich ergebender Obstination annoch zwischen den Fingern jeder Hand mit einer Lunte durchgebrannt werde".

Der Fürstabt von Fulda, Balthasar von Dernbach, ließ an 250 Personen verbrennen. Sein „Zentgraf und Malefizmeister" Balthasar Nuß hauste in geradezu fürchterlicher Weise. So wurden im Jahre 1604 am 22. Juni neun, am 14. Juli neun, am 11. August neun, am 9. September elf, am 12. Dezember acht; im Jahre 1605 am 21. Mai dreizehn, am 27. Juni zwölf, am 25. Oktober zehn, am 14. November elf und im Jahre 1606 am 13. März sieben Personen verbrannt, oft mehrere auf einem Scheiterhaufen. Nuß selbst gibt 205 Personen an, die er zwischen 1603 und 1605 gerichtet habe. Mit einer Unmenschlichkeit und Geldgier sondergleichen wurde vorgegangen. Eine Frau zu Neuhof, „des Steub Hennes Ehefrau", wurde aus dem Wochenbett weg nach Fulda gebracht, gefoltert und verbrannt. Der Tod der Mutter hatte auch den Tod des neugeborenen Kindes zur Folge. Für jede Verurteilung wie für jede Freisprechung wurde Geld gefordert. „Sebastian Orth zu Fulda mußte für sein Weib 31 Gulden, Hans Herget zu Fulda für sein Weib 42 Gulden, Hans Döler zu Hammelburg für seine Schwiegermutter 80 Gulden zahlen." Nach dem Tode des Abtes Balthasar von Dernbach (1606) hörte die Hexenverfolgung etwas auf. Sein Nachfolger ließ den Wüterich Nuß enthaupten.

Schrecklich wüteten auch die Hexenverfolgungen im Fürstentum Neiße, das zum Bistum Breslau gehörte. Aus den darüber erhaltenen Akten tritt deutlich hervor, wie vorteilhaft die Hexenbrände für die Taschen der betreffenden Landesherren waren. Als am 20. Oktober 1639 elf Hexen zu Neiße verbrannt wurden, betrug, laut Originalrechnung, der Gewinn „Seiner Hochfürstlichen Durchlaucht des Herrn Bischofs" 351 Taler und 23 Groschen. Am 18. Januar 1637 erteilte der Fürstbischof von Breslau dem Landeshauptmann Joachim Freiherrn von Beß den Befehl, daß von den „Hexengeldern", d. h. von dem Vermögen der unschuldig gemordeten Weiber, zwei Teile an ihn, den Fürstbischof, abzuführen seien. Man bedenke, daß dieses Blutgeld eingetrieben wurde von den „Nachfolgern der Apostel", daß die Verwandten der Verbrannten es aufbringen mußten und zwar mitten im Elend des dreißigjährigen Krieges!

Im Jahre 1640 werden 16 Hexen zu Neiße verbrannt; die Einnahme daraus für den Bischof betrug 336 Taler. Vom Ende des 16. Jahrhunderts bis zum Jahre 1651 wurden in den zu Neiße gehörigen Städten Freiwaldau und Zuckmantel 160 Hexen verbrannt. Unter diesen Schlachtopfern waren Kinder von 1 bis 6 Jahren, deren Mütter gestanden hatten, der Vater ihrer Kinder sei der Teufel.

„Im Neißer Fürstentum und in den dazu gehörenden Zuckmantler und Freiwälder Gebieten, wo der Protestantismus gar keinen Eingang gefunden, und die Ortschaften als alte Städte des Bischofs von Breslau bei der katholischen Kirche verblieben, waren nach dem Wortlaut damaliger Berichterstatter, der Hexen und Unholde soviel, daß man sie überall in den Lüften schwirren hörte. So z. B. erzählt Lucä in seinen schlesischen Denkwürdigkeiten: Um diese Zeit schwärmten die Hexen und Unholden in Schlesien, und sonderlich im Neißschen mit ganzen Scharen aufs schrecklichste, wiewohl die Obrigkeit scharfe Exekutionen gegen sie verübte, also daß allein zu Zuckmantel 8 Henker bestellt waren, welche mit Verbrennen und Köpfen große Arbeit hatten, und wegen der Menge dieses Ungeziefers steckten die Meister [die Henker] 6 bis 8 Stück derselben in die Feueröfen, desto besser ihre Arbeit zu beschleunigen."

Am 18. Februar 1684 läßt der Landeshauptmann von Breslau, Graf Max von Hoditz, auf Befehl des Fürstbischofs, Franz Ludwig Pfalzgraf bei Rhein und in Bayern, die Rosa Wenzelinn zu Freywaldau köpfen und dann verbrennen, weil sie „auf den Plan zu der teuflischen Zusammenkunft auf der Ofengabel durch die Feuermauer auf die Viehweide gefahren".

Zu Nicklasdorf wurden im Jahre 1651 16, zu Ziegenhals 22 Personen als Hexen verbrannt.

Am 5. April 1680 wurden in dem zur Diözese Olmütz gehörigen Orte Müglitz 7 Hexen verbrannt. Die Hexen hatten den Pfarrer und Dechant zu Schönberg, Aloys Lautner, der Zauberei bezichtigt. Der Bezichtigung wird vom Olmützer Bischof, Kardinal Karl von Lichtenstein, Folge gegeben, und der Pfarrer wird verhaftet. Nach langem Prozeß wird er zum Feuertod verurteilt. Da der Fall großes Aufsehen erregt hat, wird das Urteil mit den Akten dem Papst Innozenz XI. vorgelegt. Der „Statthalter Christi" bestätigt es, und Lautner wird am 18. September 1685 in Müglitz lebendig verbrannt.

Auch das Erzbistum Cöln war der Schauplatz wüster Greuel. Kinder und Greise, Geistliche und Laien, Frauen und Mädchen schlachtete man hin. Ein Pfarrer Duren zu Alfter schreibt an den Grafen von Salm: „Man fängt zu Bonn jetzt stark zu brennen an; etliche Dickköpfe [d. h. lutherisch Gesinnte] müssen noch folgen. Es geht gewiß die halbe Stadt drauf, denn allhier sind schon Professores, Kandidati juris eingelegt und verbrannt. Kinder von drei bis vier Jahren haben ihren Buhlteufel. Studenten von neun und zehn Jahren sind hier verbrannt.

Besonderes Aufsehen erregte im Jahre 1627 die Verbrennung der Katharina von Henoth, Tochter eines kaiserlichen Postmeisters zu Cöln. Sie war wegen ihrer Schönheit und Leutseligkeit stattbekannt. Zwei Pfarrer und zwei Profeßschwestern des Klosters von St. Klara zeigten sie als Hexe an. Die Pfarrer gaben an, durch sie mit einer Geschlechtskrankheit „behext" worden zu sein. Dreimal wurde Katharina schrecklich gefoltert. Als sie mit der linken Hand ein Protokoll unterschrieb, weil die rechte ihr auf der Folter zerquetscht worden war, redeten die anwesenden Jesuiten dem Volke ein, daß sie eine Hexe sei, weil sie linkshändig schreiben könne.

Zu Bilstein, das dem Kurfürsten von Cöln unterstand, wurden am 2. Juni 1629 acht Menschen als Hexen und Hexenmeister verbrannt, „gleichwohl aber — wie es in dem Urteil heißt — aus Ihrer Churfürstlichen Durchlaucht unseres allerseits gnädigsten Herrn besonderer graci vorerst mit dem Schwert vom Leben zum Tod hingerichtet und alsdann vollends inzineriert". Am 11. Juni werden wiederum sechs, am 23. Juni vier, am 27. August elf und am 3. September drei Hexen verbrannt, so daß zwischen dem 2. Juni und 3. September zweiunddreißig Menschen in Bilstein als Hexen getötet worden sind.

Am 10. Mai 1644 werden zu Olpe zwei Frauen als Hexen verbrannt. Am 10. Mai 1728 wird zu Winterberg — auch kurcölnisches Land — die Hexe Anna Maria Rosenthal enthauptet und dann verbrannt; ihr einziges Verbrechen bestand darin, daß sie — wie das kurfürstliche Urteil sagt — „höchst sündhafte teuflische Umgängnis mit dem Teufel gehabt habe".

Am Niederrhein in den Ortschaften Angermünd, Ratingen, Viersen, Gladbach, Königshofen wurden um das Jahr 1504 mehrere Hexen verbrannt.

Im Kurfürstentum Trier war es hauptsächlich der Weihbischof und Jesuitenschüler Peter Binsfeld, der die Scheiterhaufen auflodern ließ (oben S. 137).

Unter ihm wurden innerhalb sechs Jahren (1587—1593) aus etwa zwanzig Ortschaften in der Umgebung von Trier 380 Menschen verbrannt. So furchtbar wütete die Verfolgung, daß die Gesta Trevirorum berichten, im Jahre 1588 habe es in zwei Ortschaften des Bistums Trier nur mehr zwei Frauen gegeben, alle übrigen seien als Hexen vom Feuer hinweggerafft worden. Die gleiche Geschichtsquelle zeichnet den allgemeinen Zustand des kurtrierischen Landes in erschreckend düstern Umrissen: „Kaum einer, der angeklagt wurde, entging dem Tode; die Kinder der Hingerichteten wurden verbannt, ihre Güter beschlagnamt. Es gab keine Bauern, keine Winzer mehr. Keine wütende Pest, kein wilder Feind hat die Trierer Lande so verwüstet, wie die unbändige Inquisition und Hexenverfolgung. Viele Richter rühmten sich der Menge von Pfählen, an denen menschliche Leiber dem Feuer überliefert wurden." Der Jesuit Ellentz berichtet seinem Ordensobern im Jahre 1607 aus Trier, daß er allein mindestens 200 Hexen zum Tode geleitet habe.

Mainz war schon im Jahre 1587 der Schauplatz eines furchtbaren Greuels. Zwei Weiber wurden als Hexen eingezogen und verurteilt; die eine wurde lebend in einen Sack eingenäht, die andere in ein Faß gezwängt; so wurden beide verbrannt.

Auch hier war es ein Jesuitenfreund, der Kurfürst Johann Schweikart (1604—1626), der den abergläubischen blutigen Wahn durch Folter und Scheiterhaufen zu rechter Entfaltung brachte.

Ein Folterprotokoll vom 2. Oktober 1627 besagt: „Weil die Verhaftete nichts gestehen wollte, ist sie auf dem einen Schenkel mit dem Krebs beschraubt worden; sie hat aber immerdar gerufen, es geschehe ihr Unrecht, und sich erzeigt, gleichsam als ob sie einigen Schmerz nicht empfinde, und ob der Meister auf ein Holz schraubte, auch mit aufgesperrtem Maul in einen Schlaf geraten, und als man ihr Weihwasser in den Mund geschüttet, hat sie es wieder ausgespien und dabei abscheuliche Geberden im Gesicht von sich gegeben. Deretwegen, nachdem sie wieder zu sich selbst gekommen, dieselbige ausgezogen, geschoren, mit dem Folterhemd angelegt und auf dem andern Schenkel auch beschraubt worden, wobei sie sich mit Rufen, Schreien, Schlafen wieder wie zuvor geberdet, auch das Weihwasser abermals ausgespien. Auf welche beharrliche Halsstarrigkeit sie ungefähr ein zwei Vaterunser lang aufgezogen, und mit ihr ein großer Stein an beide Zehen gehängt worden."

Unter dem Nachfolger Schweikarts, dem Kurfürsten Georg Friedrich von Greiffenklau, erreichte die Hexenverfolgung ihren Höhepunkt. Im zweiten Jahr seiner Regierung (1627) wurden allein in Dieburg sechsunddreißig Hexen hingerichtet; ganze Familien fielen in dem kleinen Ort dem Feuer und dem Schwert zum Opfer. Auf Betreiben des fanatischen Dechanten von St. Peter in Mainz wurden in Bürgel und Großkrotzenburg dreihundert Menschen wegen Hexerei gemordet. Die Kapitularpräsenzkammer zu Mainz gewann dadurch tausend Morgen guten Landes.

In Bamberg waren es Fürstbischof Georg II., Fuchs von Dornheim und sein Weihbischof Friedrich Förner, die das blutige Werk der Hexenermordung mit besonderm Eifer betrieben. Förner war Jesuitenschüler, erzogen im Collegium germanicum zu Rom. Der Jesuitenkardinal Steinhuber spendet ihm, wie seinem Trierer Kollegen Binsfeld, in seiner „Geschichte des Collegium Germanicum" hohes Lob. „In Verein mit seinem Mitschüler im Germanicum, Dr. Murmann, dem Generalvikar, regelte Förner mit weiser und fester Hand alle religiösen und kirchlichen Verhältnisse der Diözese und darf in Wahrheit als der Hauptbegründer einer bessern Ordnung der Dinge in derselben bezeichnet werden. Innig fromm, ein ausgezeichneter Prediger, kannte er keinen andern Ehrgeiz, als die Förderung der Ehre Gottes und die Wiederherstellung der alten christlichen Zucht und Frömmigkeit in seiner Heimat. Sein Vermögen hinterließ er zur Hälfte samt seiner Bibliothek dem Jesuitenkollegium, in dessen Annalen das inhaltsreiche Lob verzeichnet ist: »Sub infula vitam duxit religiosam«."

Wie dieser Eiferer „die Förderung der Ehre Gottes und die Wiederherstellung der alten christlichen Zucht und Frömmigkeit auffaßte, beweisen die Akten der Bamberger Gerichte. Von 1625 bis 1630, also in fünf Jahren, wurden in Bamberg sechshundert Hexen verbrannt. Um die Ungeheuerlichkeit dieser Zahl zu verstehen, muß man erwägen, daß das Fürstbistum Bamberg höchstens 100 000 Einwohner zählte.

Die Bamberger Akten reden eine so furchtbare Sprache — sie ist übrigens die Sprache aller Hexenakten —, daß selbst der ultramontane Diefenbach schreiben muß: „Der Einblick in einen Teil der Prozeßakten ließ folgende Eigentümlichkeiten (!) des Bamberger Verfahrens erkennen: die eingezogenen Personen wurden in der Regel 13mal examiniert und die peinliche Frage in folgenden Stufen vollzogen: zuerst gebunden, dann Anlegung von Daumschrauben, drittens Beinschrauben, viertens der Zug auf die Leiter, fünftens Geißelung mit Ruten. Oftmals erwirkten die Verurteilten sogenannte ‚Gnadenzettel', d. h. Verwandlung der Feuerstrafe in Hinrichtung mit dem Schwert. So erhielten unter dem 10. Februar 1628 (also an einem Tage!) sieben Personen den Gnadenzettel."

Weihbischof Förner ließ ein eigenes „Hexenhaus" für Bamberg bauen; es stand in der heutigen Franz Ludwig-Straße. Über dem Eingang war eine Bildsäule der Gerechtigkeit angebracht, mit der Unterschrift: „Lernet, gemahnt, rechttun und nicht mißachten die Götter". Daneben standen die Worte aus dem 3. Buche der Könige: „Das Haus wirdt ein Exempel werden, daß alle die für über gehen, werden sich entsetzen und Blaßen und Pfeiffen und sagen: Warumb hatt der Herr diesem Landt, diesem Hauß also gethan? So wirdt man antwortten: Darumb, daß sie den Herrn ihren Gottverlassen haben und haben angenommen andere Götter und sie angebettet und ihnen gedient, darumb hat der Herr all dies Uebel über sie gebracht."

Welche Vorgänge sich in diesem „Hexenhaus" abspielten, geht aus einem Aktstück aus dem Jahre 1631 hervor, daß Leitschuh mitteilt: „Designatio welche Personen im abscheulichen Hexenhaus zu Bamberg bezichtigter Veneficii (Zauberei) halben, außer etlich hunderdt hingerichten, noch jämmerlich enthalten undt unschuldig ellendtlich gequelt werden." Es werden dann dreiunddreißig Personen genannt, die noch im „Hexenhaus" — einige schon über vier Jahre —

sitzen. Dann heißt es weiter: „Nachfolgendte Personen seindt durch unerhörte Speis als hering mit lauter Saltz und Pfeffer zu Prey gesotten, so sie ohne ainichen Trunkh essen müessen, Item mit einem Wannen Baadt von siedheißen Wasser mit Kalch, Sallz, Pfeffer undt anderer scharpfen Matherie zugericht neben anderen neuerfundenen Torturen auch Hungers Noth ohne ainichen christlichen Trost, Urtl oder Rath ellendtlich umb ihr Leben kommen. [Es folgen die Namen von dreizehn Frauen.] Was dann solchen noch liegenden Verhafften an ihren Haab und Güettern konfisziert worden sich in Summa befindten würden über die 500 000 Gulden."

Wohl nirgendwo in Deutschland hat der Hexenglauben soviele Opfer gefordert, als im Fürstbistum Würzburg und zwar, wie in Paderborn, Münster, Cöln, Trier, Mainz, Bamberg, zur Zeit, als die Jesuiten bei den Fürstbischöfen von Würzburg allmächtig waren.

Ich lasse das schauerliche „Verzeichnis" von Würzburger Hexenbränden aus nur drei Jahren folgen:

„Verzeichniß der Hexenleut,
so zu Würzburg anno 1627, 1628, und Anfang 1629 mit dem Schwert gerichtet und hernachher verbrannt worden:

Im ersten Brandt vier Personen:
Die Lieblerin; die alte Ankers Wittwe; die Gudtbrodtin; die dicke Höckerin.

Im andern Brandt vier Personen:
Die alte Beutlerin; zwey fremde Weiber; die alte Schenckin.

Im dritten Brandt fünf Personen:
Der Tungersleber, ein Spielmann; die Kulerin; die Stierin, eine Prokuratorin; die Bürstenbinderin; die Goldschmiedtin.

Im vierdten Brandt fünf Personen:
Die Siegmund Glaserin, eine Burgemeisterin; die Brinckmannin; die Schickelte Amfrau (Hebamme); die alte Rumie; ein fremder Mann.

Im fünften Brandt acht Personen:
Der Lutz, ein vornehmer Kramer; der Rutscher, ein Kramer; des Herrn Dom-Propst Vögtin; die alte Hof-Seilerin; des Steinbachs Vögtin; die Baunachin, eines Rathsherrn Frau; die Znickel-Babel; ein alt Weib.

Im sechsten Brandt sechs Personen:
Der Rath-Vogt, Gering genannt; die alte Kanzlerin; die dicke Schneiderin; des Herrn Mengersdörfers Köchin; ein fremder Mann; ein fremd Weib.

Im siebenten Brandt sieben Personen:
Ein fremd Mägdlein von zwölf Jahren; ein fremder Mann; ein fremd Weib; ein fremder Schultheiß; drey fremde Weiber.

Im achten Brandt sieben Personen: Der Baunach, ein Rathsherr; des Herrn Dom-Propst Vogt; ein fremder Mann; der Schleigner; die Bisiererin; zwei fremde Weiber.

Im neundten Brandt fünf Personen: Der Wagner Wundt; ein fremder Mann; der Bentzen Tochter; die Bentzin selbst; die Eyeringin.

Im zehnten Brandt drey Personen: Der Steinacher, ein gar reicher Mann; ein fremd Weib; ein fremder Mann.

Im eilften Brandt vier Personen: Der Schwerdt, Vikarius am Dom; die Vögtin von Rensacker; die Stiecherin; der Silberhans, ein Spielmann.

Im zwölften Brandt zwey Personen: Zwey fremde Weiber.

Im dreyzehenden Brandt vier Personen: Der alte Hof-Schmiedt; ein alt Weib; ein klein Mägdlein von neun oder zehn Jahren; ein geringeres, ihr Schwesterlein.

Im vierzehenden Brandt zwey Personen: Der erstgemeldeten zwey Mägdlein Mutter; der Lieblerin Tochter von 24 Jahren.

Im fünfzehenden Brandt zwey Personen: Ein Knab von 12 Jahren, in der ersten Schule; eine Metzgerin.

Im sechszehenden Brandt sechs Personen: Ein Edelknab von Ratzenstein; ein Knab von zehn Jahren; des obgedachten Raths-Vogt zwo Töchter und seine Magd; die Seilerin.

Im siebenzehenden Brandt vier Personen: Der Wirth zum Baumgardten; ein Knab von eilf Jahren; eine Apothekerin zum Hirsch und ihre Tochter; eine Harfnerin hat sich selbst erhenket.

Im achtzehenden Brandt sechs Personen: Der Batsch, ein Rothgerber; ein Knab von zwölf Jahren; noch ein Knab von zwölf Jahren; des D. junge Tochter; ein Mägdlein von fünfzehn Jahren; ein fremd Weib.

Im neunzehenden Brandt sechs Personen: Ein Edelknab von Rotenhan; die Sekretärin Schellharin; noch ein Weib; ein Knab von zehn Jahren; noch ein Knab von zwölf Jahren; die Brüglerin.

Im zwanzigsten Brandt sechs Personen: Das Göbel-Babelin, die schönste Jungfrau in Wirtzburg; ein Student in der fünften Schule; zwey Knaben von zwölf Jahren; der Steppers Babel Tochter; die Hüterin auf der Brücken.

Im einundzwanzigsten Brandt sechs Personen: Der Spitalmeister im Dietricher Spital; der Stoffel Holzmann; ein Knab von 14 Jahren; des Stoltzenbergers Rathsherrn Söhnlein; zween Alumni.

Im zweiundzwanzigsten Brandt sechs Personen: Der Stürmer, ein reicher Büttner; ein fremder Knab; des Stoltzenbergers Rathsherrn große Tochter; die Stoltzenbergerin selbst; die Wäscherin im neuen Bau; ein fremd Weib.

Im dreiundzwanzigsten Brandt neun Personen: Des David Kroten Knab von 12 Jahren; des Fürsten Koch zwey Söhnlein; der Melchior Hammelmann; der Nikodemus Hirsch; der Christoph Berger; ein Alumnus; der Vogt im Brennerbacher Hof; ein Alumnus.

Im vierundzwanzigsten Brandt sieben Personen: Zween Knaben im Spital; ein reicher Bürger; der Lorenz Stüber; der Betz; der Lorenz Roth; der Roßleins Martin.

Im fünfundzwanzigsten Brandt sechs Personen: Der Friedrich Basser; der Stab; der Lambrecht; des Gallus Hausen Weib; ein fremder Knab; die Schelmerey Krämerin.

Im sechsundzwanzigsten Brandt sieben Personen: Der David Haas; der Weydenbusch; die Wirthin zum Baumgarten; ein alt Weib; des Balkenbergers Töchterlein; des Raths-Vogt klein Söhnlein; der Herr Wagner.

Im siebenundzwanzigsten Brandt sieben Personen: Ein Metzger; der Hüter auf der Brücken; ein fremder Knab; ein fremd Weib; der Hafnerin Sohn; der Michel Wagner; der Knorr.

Im achtundzwanzigsten Brandt nach Lichtmeß anno 1629: Die Knertzing; der Schützen-Babel; ein blind Mägdlein; der Schwartz; der Ehling; der Bernhard Mark.

Im neunundzwanzigsten Brandt neun Personen: Der Viertel Beck; der Klingen Wirth; der Vogt zu Mergelsheim; die Beckin bei dem Ochsenthor; eine Edelfrau; ein geistlicher Doktor; ein Chorherr; ein guter vom Adel; ein Chor-Herr.

Seither sind noch zwei Brändte gethan worden. Datum, den 16. Febr. 1629."

Was verkündet dieses trockene Namenverzeichnis nicht von Menschenjammer, Menschentränen, von Seelen und Leibesqualen ohnegleichen, von Widerchristentum und Unreligion!

e. **Der letzte Hexenbrand in Deutschland.**

Nur 129 Jahre trennen unsere Zeit von dem letzten Menschenopfer, das widerchristlicher Aberwitz und fanatische Verfolgungswut auf deutschem Boden geschlachtet haben.

Am 11. April 1775 wurde im geistlichen Stift Kempten die Hexe Anna Marie Schwägelin hingerichtet.

Das Bluturteil trägt die Unterschrift: „Honorius, Fürstbischof. Fiat justitia." Die Unglückliche hatte — was sicher ihre Todeswürdigkeit vermehrte — eine gemischte Ehe geschlossen und war dann selbst zum Protestantismus übergetreten. In drei Verhören werden ihr 287 Fragen vorgelegt, die sich meistens auf ihr Bündnis und auf ihren geschlechtlichen Verkehr mit dem Teufel beziehen. „Facta publicatione — heißt es in den Originalakten — hat die Inquisitin sehr heftig geweint, inzwischen aber kein Wort gesagt."

V. Hexenwahn und römische Kirche.

„Für die Fragen, ob und inwieweit Teufel durch Menschen und Menschen durch Teufel wirken können, schreibt der Historiker Riezler, war entscheidend, wie sich die kirchliche Autorität dazu stellte. Verdammte sie diesen Glauben, so mochte er vielleicht trotzdem in niedrigen Volksschichten ein dunkles Dasein fristen, mochte sogar hie und da zu einem wilden Akte barbarischer Volksjustiz führen, wie solche aus halbzivilisierten Ländern noch heute zuweilen berichtet werden. Aber von einer großen öffentlichen Gefahr dieses Wahns, von massenhaften und epidemischen Hexenprozessen konnte dann nicht die Rede sein. Daß Fürsten, hohe und niedere Gerichte, juristische und theologische Autoritäten und Fakultäten die Lehren des Hexenglaubens vertraten, wäre in katholischen Ländern unmöglich gewesen, wenn er nicht der Lehre der römischen Kirche entsprochen hätte. Die päpstlichen Inquisitoren, in erster Reihe Dominikaner, daneben auch Franziskaner, verwendeten in ihrem Kampfe gegen verschiedene Ketzer als wirksamste Waffe auch die Beschuldigung der Zauberei. Aus der Bibel, den Kirchenvätern und Scholastikern griffen sie auf, was sich für diesen Glauben und seine Ausgestaltung im einzelnen verwerten ließ; sie erhoben Äußerungen des Aberglaubens, die auch die kirchlichen Kreise vorher als Wahn verdammt hatten, zu schauerlichen Realitäten und brachten das Ganze allmählich in ein zusammenhängendes System. Daß die verhängnisvolle Wendung in der kirchlichen Auffassung der Hexerei nur im eigenen Schoße der Kirche sich vollziehen, daß sie ihr nicht von der Laienwelt aufgedrungen werden konnte, ist selbstverständlich. Und da die Hexerei als Ketzerei betrachtet wurde, muß der für Verfolgung der Ketzerei kompetenten Behörde, den Inquisitoren, hierbei die entscheidende Rolle zugefallen sein. Seit Innozenz IV. ward die Folter zur Erpressung von Geständnissen angeordnet und als Strafe der überführten Ketzer der Scheiterhaufen gesetzlich eingeführt. Seitdem begann jener entsetzliche Kreislauf von Ursache und Wirkung: durch die Folter zwang man die Angeklagte, das durch die Fragen des Richters ihr suggerierte Hexenwahnsystem anzuerkennen, und die so erpreßten Geständnisse verwertete man hinwiederum in Wort und Schrift zur Bekräftigung und Verteidigung des Systems und zur Rechtfertigung neuer Verfolgungen. Die autoritative Anerkennung der Hexerei als Realität und jener erweiterte Begriff der Hexerei, der den furchtbaren Verfolgungen zugrunde lag, entsprangen dem Schoße jener kirchlichen Korporation [die Inquisition], die befugt und beauftragt war, auszuspüren und festzustellen, in welcher Weise sich Ketzerei äußere, und die Träger dieser Ketzerei auszurotten. Das Obsiegen des wahnwitzigen Systems wäre nicht zu erklären, wenn es nicht von autoritativer, hier also von der kirchlichen Seite gehegt und gepflegt worden wäre.

„In den der byzantinischen Kirche angehörigen slavischen Nationen ist altheidnischer Volksaberglaube mindestens ebenso zu Hause wie bei den germanischen und romanischen Völkern. Gleichwohl haben sie keine Hexenprozesse, die man nur entfernt mit den abendländischen vergleichen könnte. Der Grund liegt darin, daß der kirchliche Hexenwahn erst entstanden war, nachdem die morgenländische Kirche sich von Rom losgelöst hatte, und daß die päpstlichen Inquisitoren in deren Bereich nichts zu sagen hatten. Es fehlte also hier die geistliche Autorität, die den Wahn des Volkes zum kirchlichen Glauben stempelte und ihm hiermit erst die volle Gefährlichkeit für das Gemeinwohl verlieh.

„Endlich werfe man einen Blick auf die Literatur des Hexenwahns und der Hexenprozesse. Mit verschwindenden Ausnahmen gehören sämtliche Klassiker des Hexenwahns, die Lehrer und Berater, die für diesen Wahn sowie für die Verfolgungen der Hexen auch in Gutachten von Juristen über einzelne Prozesse immer und immer wieder angerufen werden, dem geistlichen Stande an."

Und das Urteil des Juristen Wächter ist gleichlautend:

„Der Hexenglaube befestigte sich vom 13. Jahrhundert an und zwar hauptsächlich durch die Kirche. Allmählich nahm sie die Möglichkeit und Wirklichkeit eines Bundes und einer geschlechtlichen Vermischung mit höllischen Geistern an, lehrte sie, und so finden wir im 15. Jahrhundert diesen Glauben allgemein verbreitet. Zu weit geht man, wenn man der Bulle des Papstes Innozens VIII. und dem „Hexenhammer" die Einführung des Hexenprozesses in Deutschland zuschreibt; aber eine große und wichtige Rolle spielen sie in der Geschichte der deutschen Hexenprozesse. Die auf den Bund und eine Vermischung mit dem Teufel begründeten Hexenprozesse wurden erst jetzt in Deutschland heimisch. Jene Bulle und jenes Buch gaben besonderen Anstoß, darauf auszugehen, solche Hexen zu suchen."

Wächter und Riezler haben hier alle für die Schuld der Kirche, d. h. des Papsttums, entscheidenden Punkte berührt.

Wie sehr der Hexenwahn und die ihm folgenden Greuel den Priestern und Ordensleuten, also der Kirche zur Last fallen, ergibt sich schon vor Erscheinen des „Hexenhammers" aus der berühmten Schrift Formicarius (Ameisenbuch) des schwäbischen Dominikaners Johannes Nider.

Nider berichtet vorzugsweise von Hexerei und Hexenverfolgungen im äußersten Südwesten Deutschlands, im Berner Gebiet und in der heutigen französischen Schweiz. Diese Gebiete waren aber das Einfallstor der den Hexenwahn verbreitenden päpstlichen Inquisitoren Oberitaliens und Südfrankreichs; mit ihrem Vordringen hielt die Verbreitung des Teufelsspuks gleichen Schritt, wie ein Menschenalter später das Wirken der päpstlichen Inquisitoren Sprenger und Institoris auf ihrer Marschlinie Südtirol—Ober—Niederdeutschland beweist.

Nider schreibt sein Buch in Form eines Zwiegespräches zwischen einem „Theologen" und einem Laien mit Namen „Piger" = der Lässige, Faule. Seine Lässigkeit besteht aber darin, daß er an Hexen- und Teufelspuk nicht recht glauben will; der „Theologe" muß ihn erst bekehren zu diesem Glauben. „Der Theologe", sagt richtig Riezler, „entspricht genau dem päpstlichen Inquisitor, der ‚Träge' der Mehrheit des deutschen Volks. Ohne es zu beabsichtigen, hat uns Nider bestätigt, was wir auch ohne sein Zeugnis wußten, daß dieser Hexenwahn dem Volke durch die Geistlichkeit eingeimpft worden ist."

Mit den schlagendsten Beweis für die alleinige Schuld der römischen Kirche an der Ausbreitung des Hexenwahns liefert aber der „Hexenhammer" (oben S. 119 ff.).

Seine Verfasser gestehen, daß weitaus die meisten, die damals der Zauberei angeschuldigt wurden, ohne Rücksicht auf die schwere Gefahr, die sie liefen, ihren Unglauben an Hexerei und Teufelei erklärten. Wir haben also hier ein unanfechtbares Zeugnis dafür, daß dieser unchristliche Aberwitz weder festen Fuß gefaßt hatte in Deutschland, noch dort verbreitet war. Was Nider vor 40 Jahren klagend eingestand, bestätigen seine Nachfolger Sprenger und Institoris: das deutsche Volk war „lässig" in der Annahme des Hexenglaubens.

Jetzt verschwand die Lässigkeit. Die Hexenbulle Innozens VIII. und der „Hexenhammer" seiner Inquisitoren trieben dem deutschen Volke tief, unaustilgbar tief den Hexenwahn in Sinn und Gemüt.

„Ich schwöre zu glauben, daß alle Ketzer und Zauberer mit ewigem Feuer gepeinigt werden, und infolgedessen schwöre ich diese Ketzerei oder vielmehr diesen Unglauben ab, welcher falsch und lügnerisch behauptet, es gebe keine Hexen und sie könnten keinen Schaden anrichten, da dieser Unglaube, wie ich jetzt anerkenne, ausdrücklich gegen die Entscheidung der heiligen Mutter, der Kirche, aller katholischen Doktoren und auch gegen die kaiserlichen Gesetze verstößt, die solche Hexen zu verbrennen befohlen." Diesen Eid mußten alle diejenigen leisten, die der Hexerei zwar angeschuldigt, aber nicht überführt worden waren. Konnte die Wirkung solcher Eide, hinter denen Folterbank und Scheiterhaufen standen, eine andere sein, als die verheerende Ausbreitung des Hexenwahns und mit ihm die Hinschlachtung ungezählter Unglücklicher?

Das stromweise vergossene Blut, das vom Ende des 15. bis zum Ende des 18. Jahrhunderts Deutschland durchfloß, das Flammenmeer der Scheiterhaufen, das während dieses Zeitraumes die deutsche Kultur- und Religionsgeschichte beleuchtete, hatten kirchlich-päpstlichen Ursprung.

Die Rechtsüberzeugung von der Tatsächlichkeit der Zauberei und von ihrer alles andere überragenden Gemeingefährlichkeit ist durch den „Hexenhammer" in Verbindung mit der Bulle des „Statthalters Christi" auf „religiösem" Grunde aufgebaut und auf ihm dann durch

„religiöse" Gründe in Verbindung mit Folter und Scheiterhaufen befestigt worden. Das ist eine mit allen Künsten und allen Lügen der ultramontanen Geschichtsklitterung nicht wegzubringende geschichtliche Tatsache.

„Wenn es erst noch eines Beweises für die Wirksamkeit der päpstlichen Bulle bedürfte", sagt Riezler, „so liegt derselbe in den historischen Tatsachen. Während die Bulle und der „Hexenhammer" noch von Klerikern und Laien sprechen, die nicht an Hexerei glauben und den Inquisitoren das Handwerk legen wollen, hat sich nach dem Erscheinen der Bulle in dem katholischen Deutschland bis in das 18. Jahrhundert in der Literatur wie in der Praxis ein prinzipieller Widerspruch gegen den Hexenglauben nicht hervorgewagt, oder ist durch harte Bestrafung derer, die widersprachen, sogleich zum Schweigen gebracht worden. . . . Es ist irrig, die Periode der gerichtlichen Hexenverfolgungen erst von dem Erscheinen der Bulle Innozens VIII. in Verbindung mit ihrem praktischen Kommentar, dem Hexenhammer, zu datieren. Nicht minder irrig ist es aber, wenn man die Periode der ausgedehnten und massenhaften gerichtlichen Hexenverfolgungen auf einen andern Ursprung als diesen zurückleitet. Das amtliche Suchen nach Hexen hat erst von da an begonnen. Der Zusammenhang der Ereignisse 1484—1488 [Papstbulle und „Hexenhammer"] mit den furchtbar wütenden Hexenprozessen des 16. und 17. Jahrhunderts und der im Grunde kirchliche Charakter der letzteren wird zuweilen bestritten, weil diese nur von weltlichen Richtern geführt wurden. Eine oberflächliche und durchaus unhistorische Auffassung! Dabei wird die Tatsache übersehen, daß ja die Inquisitoren den dritten Teil ihres „Hexenhammers" ausdrücklich zur Belehrung für die weltlichen Richter verfaßt und diese zur Mitwirkung aufgefordert hatten. Sind doch die Hexenschriftsteller und Rechtsgutachten der folgenden Periode voll von Verweisungen auf den „Hexenhammer"! Das im Garten der Juristen üppig aufschießende Giftkraut war dahin verpflanzt aus dem Erdreich der Theologen, die es gesäet und großgezogen hatten, und ohne deren fortwährende Pflege es auch jetzt nicht so kräftig gediehen wäre. Die weltlichen Hexenprozesse des 16. und der folgenden Jahrhunderte verhalten sich zu denen der päpstlichen Inquisitoren wie die Fortsetzung zum Anfang, die Ernte zur Aussaat."

Mit das Furchtbarste, was der widerchristliche Hexenwahn gezeitigt hat, sind die Hexenprozesse gegen Kinder bis herab ins zarteste Kindesalter. Zahlreiche Mädchen und Knaben sind nach grausamen Peinigungen der fanatischen Wut einer entarteten „Christlichkeit" auf dem Scheiterhaufen zum Opfer gefallen. Und gerade an diesem Greuel aller Greuel trägt die Kirche schwerste und unmittelbare Schuld. „Im Religionsunterricht der Schule wurde das Gift des Hexenwahnes den kindlichen Gemütern eingepflanzt und die kindliche Phantasie durch diese Schreckbilder auf das Höchste aufgeregt."

Eine bayrische Kinderlehre vom Jahre 1700 erläutert bei Auslegung der zehn Gebote die Hexerei und führt Beispiele von Behexung und Zauberei an. „Die Begriffe von zahlreichem Zauber- und Hexengeschmeiß, heißt es in einer Schrift aus dem Jahre 1767, werden von Alter zu Alter fortgepflanzt, ja den Kindern fast in der Wiege mit fürchterlichen Geschichten und Märlein eingeprägt."

Es konnte auch gar nicht anders sein. Da man den Hexenwahn auf den Kanzeln als „Wort Gottes" predigte, mußte er durch Schule und Christenlehre weiter verbreitet werden.

Kurz und bündig weist „ein namhafter kanonistischer Schriftsteller", der Augustiner Jordan Simon (dell'Osa), auf die Schuld der Kirche an den Hexenprozessen hin: „Was war die Ursache, daß die Hexenprozesse so häufig, so grausam und so unglücklich geführt wurden? Ich will sie zum Entsetzen derjenigen, die sich für die Verteidigung dieser törichten Hexenkunst noch aufzuwerfen getrauen, mit aufrichtigen Worten hersetzen. Man gab gewissen hiezu bevollmächtigten Geistlichen die Gewalt, die vermeinten Hexenprozesse zu führen, weil sie als Ketzerei angesehen wurde. Und diese geistlichen Männer hatten die weltlichen Gerichte als untergeordnete an Händen. Das Übrige wirkte die Grausamkeit der Folter. Die weltlichen Gerichte empfingen aus den Händen der Inquisitoren den geschlossenen Rechtshandel und führen nur zur Exekution zu."

Bei diesen Worten fällt schwer ins Gewicht, daß sie ausgesprochen werden am Ende der jahrhundertelang dauernden Hexenverfolgungen, also das Werden und die Entwickelung dieser religiösen, sozialen und kulturellen Schmach dem Schreiber abgeschlossen vor Augen lagen. Ehrlicher Sinn kann sich eben der Macht der geschichtlichen Wahrheit nicht entziehen, auch wenn darüber seine bisherigen Vorstellungen und Ideale in Trümmer sinken.

Mit Bezug auf Bayern sagt Riezler deshalb sehr richtig: „Hier fand der Greuel der Hexenverfolgungen einen seiner letzten Schlupfwinkel. War doch die Macht des Klerus nirgend größer und lag doch das Land seit Durchführung der Gegenreformation [durch die Jesuiten] unter einem geistigen Drucke, der jeden freien Gedanken erstickte, jeden intellektuellen Aufschwung lähmte. Von dem damaligen Bayern vor allem gilt das Wort Kants, daß der Kleriker den Laien strenge und beständig in seiner Unmündigkeit erhält. Das Wort: ‚Es steht geschrieben‘ hatte hier noch denselben magischen Klang, wie im Mittelalter."

Eine Bestätigung des Gesagten und zugleich einen erschreckenden Einblick in bayrisch-religiös-kulturelle Verhältnisse am Ende des 18. Jahrhunderts erhalten wir durch mehrere um diese Zeit erschienene Schriften. Da heißt es: „Haben wir nicht in jedem Kloster einen eigenen Hexenpater? Unter welch anderm Namen sind die P. Asteri, ein Karmeliter zu Straubing, ein P. Hugo zu Abensberg bekannt als Hexenpater? Ich selbst habe von ersterem einen Zettel gesehen, worauf er aus eigener Kraft dem Satan, den Hexen und allem Unheil befiehlt, dieses Haus nie zu betreten. In und um Straubing befinden sich wenige Häuser, wo nicht ein solcher Zettel an der Tür angebracht ist. Und dafür wird bezahlt wenigstens ein Pfund Butter. Der Franziskaner P. Benno schändete eine Bäuerin von Neuberg unter dem Vorgeben, sie dadurch von Verhexung zu befreien. Er riet ihr dann, ihre Schwiegermutter, welche die Kühe verhext habe, mit einem Prügel solange zu schlagen, bis Blut fließe. Mit diesem Blut seien dann die Kühe zu bestreichen. Die Ausführung des hexenväterlichen Rates kostete der Schwiegermutter und hätte auch der Mörderin das Leben gekostet, hätte nicht ein verständiger Richter den Hauptschuldigen in P. Benno entdeckt. Durch militärische Exekution ward den widerstrebenden geistlichen Gewalten die Verhaftung des Hexenpaters abgerungen und dieser zu zehn Jahren klösterlicher Haft bei Wasser und Brot verurteilt."

Aus einem teils deutsch, teils lateinisch geschriebenen Handbuch eines bayrischen „Hexenpaters" teilt Riezler folgendes mit: „Hier findet man Exorzismen, Benediktionen, Anweisungen zur Bereitung der Kreuze gegen die Hexen, des Öls, womit diese Kreuze gesalbt werden, des sogenannten flagellum Daemonum (Hexenwachs), des Agnus Dei, des Hexenrauchs. Zu letzterm sind nicht weniger als 73 Kräuter und Pflanzen nötig, die im August, zwischen Mariä Himmelfahrt und Mariä Geburt, gesammelt werden müssen. Ferner Rezepte für Hexenpillen, für einen Balsam für verzauberte Glieder, Feuersbrunstzettel, die zum Schutze gegen Feuer an den vier Ecken eines Hauses zu befestigen sind, Rezepte für einen Spiritus für die verkrümmten Glieder der Verzauberten, für verschiedene Pflaster gegen Hexenschäden, für Purgirlatwerg, für Pulver und Tränke wider die Zauberei, für Johanniskrauttinktur. Ob ein Mensch verzaubert sei, erkenne man, wenn man reine Asche in ein Töpflein legt, den Patienten darauf seinen Urin gehen und die Asche dann an der Sonne eintrocknen läßt; wachsen dann Haare daraus, so ist das ein sicheres Zeichen, daß Zauberei vorliegt. Auch Mittel, um Zauberer zu erkennen, werden mitgeteilt, unter anderm das Rezept zur Bereitung eines Wachses; hält man dieses Wachs in der Hand, müssen Zauberer und Hexen, die zugegen sind, sogleich ihr Wasser lassen. Weiter wird gelehrt, wie die Besessenen zu traktieren, wie die Kinder vor Zauberbeschreitungen und Hexenbeschwörungen sowohl zu behüten, als von denselben zu befreien, wie die von Zauberei rührende Tollsinnigkeit und Raserei zu vertreiben sei. Auch finden sich Arzneimittel wider die durch Zauberei beigebrachten Philtren oder Liebesgifte, sowie gegen den Zustand, daß einer infolge Verhexung, ohne eine bestimmte Person, es sei Manns- oder Weibsbild, durchaus nicht leben kann."

Und zu solch verruchtem, gemeinschädlichem Wahnwitz schwieg die Kirche, „die Lehrerin der Wahrheit"! Schon ihr Schweigen war hier, wo es sich um so Furchtbares handelte, ein an Religion und Kultur begangenes Verbrechen. Eine Ungeheuerlichkeit aber, für welche die Bezeichnung fehlt, ist die Tatsache, daß Jahrhunderte hindurch gerade die Einrichtung, die für sich den Anspruch erhebt, Träger des Christentums und der christlichen Gesittung und göttlichen Ursprungs zu sein, daß die römische Kirche und das Papsttum durch Lehre und Handhabung diesen gemeingefährlichen Wahnwitz weiter und weiter verbreitete und tiefer und tiefer befestigten. Beweis: der „Hexenhammer" und die übrigen zahllosen Schriften, die von Geistlichen geschrieben, unter dem mächtigen Schutze der Kirche, mit ihrer Billigung versehen, bis in die Gegenwart hinein in der Christenheit verbreitet und immer und immer wieder neu aufgelegt wurden und werden.

Auch der berühmt gewordene Widerruf des Cornelius Loos weist auf den ursächlichen Zusammenhang zwischen Kirche und Hexenwahn deutlich hin.

Der Domherr Cornelius Loos von Gouda in Holland war, obwohl ein heftiger Gegner der Protestanten, doch so vorurteilsfrei und verständig, daß er gegen den wahnwitzigen Hexenglauben auftrat. In den Niederlanden von den Protestanten angefeindet, flüchtete er nach Trier. Von dort aus gab er im Jahre 1591 zu Cöln seine Schrift De vera et falsa Magia heraus, worin er gegen die Hexenverfolgungen Stellung nimmt. Das Manuskript dieser Schrift wurde beschlagnahmt. Loos selbst wurde auf Befehl des päpstlichen Nuntius im Kloster des hl. Maximin zu Trier eingekerkert. Dort unterzeichnete er am 15. März 1592 in Gegenwart des Trierer Weihbischofs und fanatischen Hexenverfolgers Peter Binsfeld und vieler anderer Theologen folgenden Widerruf: „Ich Cornelius Loos widerrufe, verdamme, verwerfe, mißbillige, was ich oft schriftlich und mündlich vor vielen Personen behauptet und als den Hauptgrundsatz meiner Schrift aufgestellt habe, daß es nämlich nur Einbildung, leerer Aberglaube und Erdichtung sei, was man von den körperlichen Hexenfahrten schreibt: sowohl weil dies ganz und gar nach ketzerischer Bosheit riecht, als auch, weil diese Ansicht den Aufruhr begünstigt. Denn ich habe durch heimlich an gewisse Personen abgesandte Briefe gegen die Obrigkeit hartnäckig ohne triftige Gründe verbreitet, daß die Hexenfahrten nicht tatsächlich, sondern eingebildet seien, indem ich obendrein behauptete, die elenden Weiber würden durch die Folterqualen gezwungen, zu gestehen, was sie nie getan haben, und daß durch hartherzige Schlächterei unschuldiges Blut und durch eine neue Art von Alchimie aus menschlichem Blute Gold und Silber gewonnen werde. Durch dieses und ähnliches habe ich die Oberen und Richter bei den Untergebenen der Tyrannei beschuldigt. Und folglich, da der hochwürdigste und durchlauchtigste Erzbischof und Kurfürst von Trier nicht nur gestattet, daß in seiner Diözese die Hexen und Zauberer zur verdienten Strafe gezogen werden, sondern auch eine Verordnung wegen des Verfahrens und der Gerichtskosten in Hexensachen erlassen hat, habe ich in unüberlegter Verwegenheit den genannten Kurfürsten von Trier stillschweigend der Tyrannei beschuldigt. Ich widerrufe und verdamme folgende meiner Sätze: daß es keine Zauberer gebe, die Gott absagen, dem Teufel Ehrfurcht erweisen, mit seiner Hilfe Ungewitter erregen und andere Teufelswerke vollbringen, sondern daß dies alles nur Träume seien. Ich widerrufe, daß es keine Verträge zwischen Mensch und Teufel gebe, daß die Teufel keine Leiber annehmen können, daß der Teufel sich nicht mit dem Menschen fleischlich vermische, daß die Teufel und die Zauberer keine Ungewitter, Regen und Hagel erregen können. Ich widerrufe, daß die Päpste in ihren Bullen nicht sagen, daß die Zauberer und Schwarzkünstler die eben genannten Werke nicht vollbringen; ich widerrufe, daß die römischen Päpste deshalb die Befugnis verliehen haben, gegen die Zauberer vorzugehen, damit sie nicht als der Zauberei ergeben erschienen, wie einige ihrer Vorgänger wahrhaft ihr ergeben waren."

Zusammenfassend sagt Hinschius:

„Seit dem 13. Jahrhundert, bis zu welchem die Kirche die Zauberei und Hexerei nur mit ihren kirchlichen Strafen belegt, dieselbe aber noch nicht als Ketzerei behandelt und die weltliche Bestrafung derselben gefordert hatte, tritt eine Wendung ein. In dieser Zeit erlangt von den beiden Ansichten, welche von Anfang an in der Kirche nebeneinander hergegangen sind, der einen, welche das Hexenwesen als einen aus dem Heidentum stammenden widerchristlichen Irrtum betrachtete, und der andern, welche die Realität der Dämonenwelt voraussetzt, die letztere die Oberhand, und zwar wesentlich durch die Tätigkeit der damals neu errichteten päpstlichen Ketzergerichte und der Inquisitoren, welche bald nach der Mitte des 13. Jahrhunderts für diese die Autorität des wie die meisten von ihnen ebenfalls dem Dominikanerorden angehörigen Thomas von Aquino in das Feld führen konnten. Aus dem allgemeinen Begriff der Zauberei sondert sich in dieser Zeit ein eigener Verbrechensbegriff, die Hexerei, maleficium, aus, d. h. das Bündnis mit dem Teufel, mit welchem gewöhnlich die Unzucht mit dem Teufel, sowie die Teilnahme an Hexenfahrten und am Hexensabbat verbunden zu sein pflegt. Die Hexerei wurde als eine der schwersten Arten der Ketzerei betrachtet. Die Ketzerinquisitoren zogen sie vor ihr Forum und verlangten für dieselbe die gleiche Bestrafung wie für die Ketzerei, d. h. die Vollstreckung des Feuertodes. So war es die katholische Kirche, insbesondere die Ketzerinquisition, welche den Hexenwahn neu belebt hat, und bis zum 15. Jahrhundert traten Hexenverfolgungen nur, aber auch überall da auf, wo die Inquisition Fuß gefaßt und ihre Tätigkeit geübt hat. In den achtziger Jahren des 15. Jahrhunderts tritt an Stelle des bisherigen Volksaberglaubens der theologische Hexenglaube welcher sich auf die Autorität der Kirche stützt, und damit wird die Periode der Hexenprozesse, ihrer Greuel und Unmenschlichkeiten eingeleitet. Weiter kam hinzu, daß die Päpste an der Stellung, welche ihre Vorgänger, insbesondere Innozenz VIII., dem Hexenglauben gegenüber eingenommen hatten, festhielten. So Alexander VI. (1494), Julius II. (1507), Hadrian VI. (1523), Leo X. (1521), Klemens VII. (1524). Infolge dieser Entwickelung gingen die Inquisitoren, gedeckt durch die päpstliche Autorität und die des „Hexenhammers", mit der Verfolgung der Hexen vor und fanden bei einem etwaigen Widerstand die Unterstützung der Päpste."

Auch Joseph Hansen, Archivar der Stadt Cöln, kommt zu dem gleichen Ergebnis. Er beweist, daß der furchtbare Hexenwahn „ein gemeinsames Erzeugnis der durch die kirchliche Inquisition vom 13. Jahrhundert ab eröffneten Verfolgung angeblicher Hexen, sowie der mit dieser Verfolgung Hand in Hand gehenden und durch sie veranlaßten theologischen Erörterung der, wenn man so sagen darf, wissenschaftlichen Bestimmung des Begriffes der Hexerei anzusehen ist. Gewiß hat die katholische Kirche stets gegen diesen „Aberglauben" [Verbindung der Menschen mit dem Teufel] angekämpft, aber nicht in der Form, daß sie die ihm zugrunde liegende Vorstellung in das Reich der Phantasie verwies, sondern umgekehrt, indem sie stets davon ausging, daß die zauberischen Handlungen eine reale Wirkung herbeizuführen imstande seien. Mehr als alles andere hat zweifellos diese durch die Jahrhunderte ununterbrochen verbreitete kirchliche Anschauung dazu beigetragen, den Glauben der Welt an die Realität des Zauberwesens und seiner Wirkung lebendig zu erhalten. Auch heute noch wird infolgedessen dieser Glaube einem großen Teil der Menschheit [dem katholischen] autoritativ und schulmäßig übermittelt. Es ist nicht etwa nur das niedere Volk, das in geistiger Beschränktheit auch in unseren Tagen sich gelegentlich an ein in seiner Vorstellung existierendes dämonisches Wesen wendet und von der tatsächlichen Wirkung von Beschwörungsversuchen, die es unternimmt, überzeugt ist; die theologische Wissenschaft unserer Zeit, soweit sie von der katholischen Kirche gepflegt wird, hält an dem realen, inneren Zusammenhang zwischen einer als zauberisch angesehenen Handlung und dem Eintreffen eines Unglücks fest. Die Verfasser der in Rede stehenden Werke [Hexenhammer usw.], die durch ihre theologische Bildung und durch ihre inquisitorische Praxis ohne Zweifel ein sachverständiges Urteil abzugeben in der Lage waren, erweisen sich sämtlich als von der Überzeugung durchdrungen, daß es sich beim Hexenwesen um eine früher nicht vorhandene Häresie, eine insolita haeresis der jüngsten Zeit, handle, und daß diese Hexensekte die verabscheuungswürdigste von allen Ketzereien sei, mit der die Welt erst damals gestraft worden sei, die sie unter allen Umständen mit den schärfsten Mitteln auszurotten bestrebt sein müssen. Ebenso einig wie in dieser Überzeugung sind sie in der Wahrnehmung, daß ihre Mitwelt zum großen Teil an das Vorhandensein dieser scheußlichen Sekte nicht glaubt; sie erkennen sich die besondere Aufgabe zu, ihre Mitmenschen über diesen bedenklichen Irrtum aufzuklären, vor allem die Pfarrer, welche die große Gefahr für die ihnen anvertraute Herde Christi nicht erkennten, zu wecken, den weltlichen Arm an seine Pflicht zu mahnen und allen Widerspruch als einen verwegenen Übergriff Unberufener in das Gebiet theologischer Wissenschaft zu brandmarken...... Die Päpste haben die Entwickelung der Vorstellungen über das Hexenwesen mit ihrem Beifall begleitet. Wie der Glaube an Hexen nun einmal der kirchlichen Lehre entsprach, so haben Päpste seit dem Anfang des 14. Jahrhunderts eine größere Anzahl von Bullen erlassen, in denen sie die ketzerischen Qualitäten der Hexen als Grundlage von Verfügungen benutzten, die den Inquisitoren das gerichtliche Vorgehen erleichtern sollten. Die wichtigsten dieser Bullen stammen von den Päpsten Bonifaz VIII., Johann XXII., Benedikt XII., Gregor XI., Alexander V., Martin V., Eugen IV., Nikolaus V., Calixtus III., Pius II., Sixtus IV., Innozenz VIII., Alexander VI., Leo X., Adrian VI., Klemens VII., Gregor XV." „Die Geißel der Hexenverfolgung", schreibt derselbe Forscher an anderem Orte, „ist von der Theologie der christlichen [d. h. katholischen] Kirche geflochten worden. Niemals würde trotz alles alten Volkswahns und trotz aller in Wirklichkeit vorhandenen und mißdeuteten pathologischen Erscheinungen in den Strafprozessen der weltlichen Gewalten die absurde Vorstellung von der Teufelsbuhlschaft platzgegriffen haben, wenn nicht die den Geist der Zeit bevormundende Kirche sie wissenschaftlich erwiesen und mit ihrer Verwertung gegenüber den Opfern der Ketzerinquisition vorausgegangen wäre. Niemals würde auch die Vorstellung vom Hexensabbat und vom Hexenflug im weltlichen Strafrecht ihre verderbliche Rolle haben spielen können, wenn nicht der Ketzerprozeß der Kirche diese Ausgeburt religiösen Wahnes durch mehrhundertjährige Praxis den verwirrten Köpfen der von ihr abhängigen Menschen glaubhaft gemacht hätte."

Doch ich will nicht nur sogenannte Gegner der Kirche zu Worte kommen lassen, viel wirksamer ist das Zeugnis ihrer Anhänger.

Die Verantwortung der Kirche für den Hexenwahn mit all den Verheerungen, die er nach materieller wie ideeller Richtung im Gefolge hatte, hat aber niemand besser hervorgehoben — seine Absicht war zwar eine andere — als ein Mann, dem wegen seiner amtlichen Stellung innerhalb der römischen Kirche und wegen seiner amtlichen engen Beziehungen zum Papsttum das größte Ansehen zukommt. Seine Worte, die eine Verteidigung der Göttlichkeit von Kirche und Papsttum sein sollten, sind die vernichtendste Zermalmung dieser „Göttlichkeit" geworden: ein Bileam, der, im Gegensatz zum biblischen, segnen wollte, aber den Fluch aussprach.

Der Dominikaner Bartholomäus Spina, der spätere Magister sacri Palatii, schreibt in seiner „Abhandlung von den Hexen": „Daß sich mit den Hexen alles so ereignet, wie die Herren Inquisitoren berichten, können nur Böswillige leugnen. Denn die Patres Inquisitoren sind erprobte und erfahrene Männer, wohl bewandert in der Theologie und im kanonischen Recht, und nur Theologen und Kanonisten haben über solche Dinge zu befinden. Als Ordensleute sind die Inquisitoren von vornherein zur Milde geneigt, wenn sie also dennoch gegen die Hexen mit äußerster Strenge vorgehen und sie zum Verbrennen verurteilen, so ist das das offenbarste Zeichen, daß die Dinge sich wirklich so verhalten. Das Vorgehen gegen die Hexen wird von der Kirche gebilligt. Was aber von Beamten des apostolischen Stuhles gewohnheitsmäßig und in richterlicher Form geschieht, besonders wo es sich um den Verlust des Lebens in grausamster Weise handelt, kann nicht ungerecht sein. Denn sonst müßte die römische Kirche der höchsten Nachlässigkeit, Grausamkeit und Ungerechtigkeit beschuldigt werden. Denn die Inquisitoren sind die Delegaten des Papstes; was sie tun, Gerechtes oder Ungerechtes, geht auf ihn zurück, besonders da er ihre Handlungsweise kennt. Wäre also das Vorgehen der Inquisitoren ungerecht, so fiele es dem Papste zur Last, wenn er schwiege und es nicht hinderte. Für die Tatsächlichkeit des körperlichen Fliegens durch die Luft, das bei den Hexen beobachtet wird, und für die Tatsächlichkeit der übrigen Hexereien sprechen auch noch folgende Gründe: wer will wagen, über das Vorkommen solcher Dinge anders zu denken, als unsere heilige Mutter die Kirche? Ihre Ansicht geht aber schon daraus hervor, daß sie ihr Ansehen und ihre Unterstützung den Inquisitoren gewährt. Auch ist die Zustimmung der Kirche zum Vorgehen der Inquisitoren nicht nur eine mittelbare, indem sie im allgemeinen die Urteile der Inquisitoren nicht tadelt oder sogar billigt, sondern ihre Zustimmung ist eine unmittelbare und besondere, indem sie den Inquisitoren besondere Vorrechte gewährt, damit sie die Hexen bis zur völligen Ausrottung und bis zum völligen Untergang verfolgen. In diesem Sinne sind auch die Bullen der Päpste Innozenz VIII., Julius II., Hadrian VI., Klemens VII. an die Inquisitoren zu erklären."

Eine unmißverständliche Sprache! Aber sie scheint dem Theologen noch nicht genügt zu haben. Es bietet sich ihm eine Gelegenheit, noch deutlicher zu werden, und er ergreift sie mit Freuden.

Ein Jurist, Ponzinibius, hatte gegen Spinas Abhandlung eine Schrift veröffentlicht, worin er Bedenken über die Wirklichkeit der Hexereien und Teufeleien äußert. Spina bleibt die Antwort nicht schuldig. In drei „Apologien" tritt er „für den bedrohten Glauben der Kirche" ein. Besonders beachtenswert ist die folgende Stelle, weil sie die Festigkeit des kirchlichen Glaubens an die Hexen, den Zusammenhang zwischen Rom und dem Widerchristentum klar zum Ausdruck bringt. Ponzinibius hatte den Inquisitoren geraten, den Aberglauben abzuschwören. Darauf Spina: „O verabscheuungswerter Wahnsinn! Vor den Inquisitoren werden nur Ketzereien abgeschworen, und nur Ketzer schwören vor ihnen ab. Also eine Ketzerei soll es sein, was die Herren Inquisitoren bisheran verteidigt haben, was Theologen und Kanonisten als echte katholische Lehre bewiesen haben! O Stumpfsinn des Mannes! Von wem ist diese Ansicht verworfen worden? Von einem irrsinnigen Juristen. Alle Theologen, alle Inquisitoren Italiens, Spaniens, Frankreichs,

Deutschlands, die diese Ansicht befolgen und ihr gemäß die Feinde Christi vernichten, sollen sie abschwören? Wer soll denn Richter im Glauben sein, wenn die Glaubensrichter selbst abgeurteilt werden? Wahrlich es wäre gut, wenn die Inquisitoren diesen Menschen, der eine Ansicht verwirft, die ihre Stärke schöpft aus den heiligen Kundgebungen der Päpste, als Begünstiger der Ketzerei verurteilten und, wenn er hartnäckig bleibt, ihn dem weltlichen Arm überlieferten. **Wenn jener Elende Recht hätte, dann müßten der Papst und die Bischöfe abschwören."**

Ist noch ein Zweifel möglich an den Beziehungen zwischen Papsttum und Hexenwahn, zwischen Papsttum und Hexenmord?

Das amtliche Siegel auf diese Beziehungen drückt eine „Anweisung der Kongregation der heiligen römischen Inquisition" vom Jahre 1657. Es soll nicht verkannt werden, daß diese „Anweisung" mildernd einzuwirken suchte, aber, und darauf kommt es an, auch sie steht auf dem blutigen Grunde des Hexenwahns. Gegen Folter und Scheiterhaufen für die Hexen hat sie nichts einzuwenden; nur soll die Folter angewendet werden nach eingeholter Erlaubnis „der heiligen Kongregation", und für gewöhnlich soll nicht länger als eine Stunde hintereinander gefoltert werden.

Sehr bezeichnend ist, daß „die heilige Kongregation" ihre Anweisung mit dem Geständnis beginnt, schon lange sei von ihr bemerkt worden, daß kaum jemals ein Hexenprozeß von den päpstlichen Inquisitoren der Gerechtigkeit gemäß geführt worden sei; die Folter werde übermäßig angewandt, und viele Todesurteile würden ungerecht gefällt. Wäre es da nicht „schon lange" Pflicht „der heiligen Kongregation" gewesen, die im Auftrage des „Statthalters Christi" amtierte, gegen diese greulichen Mißbräuche, die Tausende von Menschenleben gekostet hatten, einzuschreiten? Statt dessen erläßt die päpstliche Kongregation allerdings, wie schon gesagt, einige mildernde Verordnungen, bestätigt aber in Bausch und Bogen den gesamten Hexenwahn auf neue. Da heißt es z. B.: „Urteilen erfahrene Ärzte, daß der Kranke durch Behexung krank geworden ist, so kann der Inquisitor mit Sicherheit gegen die Angeklagte vorgehen. Die Wohnung der Angeklagten ist genau zu untersuchen, und das Öl, Fett oder der Schmutz, die sich dort finden, sollen von erfahreren Männern untersucht werden, ob sie als Behexungsmittel dienlich sind. Werden Nadeln und ähnliche Dinge in den Betten der Angeklagten gefunden, so ist das nicht immer ein Zeichen, daß sie Hexen sind, sondern es kann auch sein, daß der Teufel, um die Betreffende in Verdacht zu bringen, diese Dinge ins Bett gesteckt hat. So etwas beobachtet man häufig bei Teufelsaustreibungen, wenn die Besessenen Steine, Nadeln usw. ausspucken, die der Teufel ihnen in den Mund gesteckt hat."

* * *

Welch fruchtbarer Aberglaube ist doch unter dem Einflusse Roms allmählich in der christlichen Kirche emporgewuchert!

Der sogenannte Canon Episcopi aus dem 6. (9.?) Jahrhundert, der lange Zeit hindurch maßgebendes Ansehen besaß, hat das Verwerfungsurteil gesprochen über die später erlassenen wüsten Bullen und Kundgebungen der „Statthalter Christi", über die im Schatten des „Stuhles Petri" emporschießende Teufels- und Hexenliteratur.

„Auch jetzt noch", sagt der Kanon „gibt es gewisse lasterhafte Weiber, welche, durch die Täuschungen und Gaukeleien des Teufels verführt, glauben und aussagen, daß sie in nächtlichen Stunden mit der heidnischen Göttin Diana, mit Herodias und in Begleitung vieler anderer Weiber auf gewissen Tieren reitend viele Länder durcheilen. Eine unzählige Menge hat sich von diesem falschen Wahne verleiten lassen und hält diese Dinge für wahr. Darum müssen die Priester in den ihnen anvertrauten Kirchen dem Volke Gottes mit allem Eifer predigen und es belehren, daß alle diese Dinge nichtig seien. Daher ist allen öffentlich zu verkünden, daß derjenige, der solches als Wirklichkeit glaubt, den Glauben verloren hat."

Das galt im 6., 7., 8., 9., 10. Jahrhundert. Gründlich schuf hierin das Papsttum Wandel. Der „Wahn" wurde von ihm als Wirklichkeit hingestellt, seine Priester und Theologen „predigten mit allem Eifer diese nichtigen Dinge". Die „Stellvertreter Christi" übernahmen auf dem Wege des Glaubens und der Gesittung die Führung der Christenheit, und sie führten mit ihrem „göttlichen Ansehen" den christlichen Glauben und die christliche Gesittung hinab in den Sumpf heidnischer Vorstellungen, greulichen Widerchristentums und brudermörderischer Gewalttaten.

Viertes Buch.
Die Verantwortlichkeit des Papsttums.

I. Ein Rückblick.

Ein furchtbarer Weg ist es, den wir gegangen sind; ein Weg des Grauens und des Entsetzens.

Rechts und links ist er eingesäumt von Tausenden von Scheiterhaufen, von Tausenden von Blutgerüsten. Prasselnd schlagen die Flammen zum Himmel; unser Fuß überschreitet rinnende Bäche von Menschenblut; Menschenleiber krümmen sich in der roten Glut, Menschenköpfe rollen über den Weg. An uns vorübergeschleppt werden Jammergestalten; ihre Augen sind erloschen im langen Dunkel des Kerkers; ihre Glieder sind verrenkt und zerfleischt von der Folter; ihre Seelen sind geknickt, entehrt, geschändet.

Da wanken sie hin, diese Elenden. Einst waren es kräftige, stattliche Männer, der Stolz und die Stütze ihrer Familie, zärtliche Gatten, liebende Väter; einst waren es jugendfrische, anmutige Frauen und Jungfrauen, liebend und geliebt, unschuldige, kindesfrohe Gemüter. Und jetzt? Geistig und leiblich zerbrochene Existenzen; beladen mit dem Fluche der Gottlosigkeit, mit dem angedichteten Unflat einer entarteten Phantasie; die Stumpfheit des Entsetzens und der Verzweiflung im Blick, als Teufelsbuhlen, als vom Satan Geschändete, als unbußfertige Ketzer, d. h. als Verlorene in jeder Beziehung, als der Auswurf des Menschengeschlechtes, so schreiten sie der Schlachtbank entgegen. Der Tod, auch der furchtbarste, ist ihnen Erlösung. Ists möglich? In diesem grauenvollen Zuge, der nach Zehntausenden zählt, sehen wir auch zarte Kinder, fast bis zum Säuglingsalter hinab; die Lieblinge ihrer Mütter, die Hoffnung ihrer Väter. Und neben ihnen altersschwache Greise; dem Sterbebette, das ihre welken Glieder schon aufgenommen hatte, werden sie entrissen, um noch in letzter Stunde dem Feuer, dem Schwerte, dem Stricke überliefert zu werden.

An unser Ohr dringen furchtbare Laute: Wehklagen, Jammern, Angst= und Verzweiflungsschreie, Flüche, Hilferufe, Todesröcheln. Die Luft ist erfüllt von qualmendem Rauch, von scheußlichem Gestanke verbrannten Menschenfleisches, von widerlichem Blutdunst.

Welch ein Weg! Und dieser Weg nimmt kein Ende. In endlosen Windungen zieht er sich hin durch alle Länder des Abendlandes. Er führt durch Italien, durch Spanien, durch Frankreich, durch Deutschland; er führt vorüber an Mittelpunkten der Kultur und der Bildung, an Brennpunkten christlichen Lebens, christlicher Frömmigkeit.

Es ist nicht ein Weg, den tobende Leidenschaft sich bahnt, deren Spuren ebenso rasch wieder verschwinden, wie sie entstanden sind; nicht ein Weg, wie ihn etwa Kriegsfurien und Seuchen gehen. Nein, es ist ein planmäßig angelegter Weg, der bestimmt war, Jahrhunderte zu überdauern, und der Jahrhunderte überdauert hat. Kein Christentum und keine Kultur haben den Ausbau dieses Todesweges verhindern können. Welch furchtbare Macht muß der Wegebauer gehabt haben!

Und wenn wir unsern Blick abwenden von der sozial=kulturellen Verwüstung, die auf dem Wege selbst, in den auf ihm einherziehenden, dem Tode geweihten Menschenscharen sich ausbreitet; wenn wir über die Weggrenzen hinüberschauen, rechts und links, hört das Elend hüben und drüben des Weges etwa auf? Wie könnte es?! Es wird verdoppelt, verzehnfacht, es verhundertfacht sich. Sind doch die Unglücklichen, die des Weges getrieben werden, Familienglieder; zieht doch ihr eigener Ruin den Ruin ihrer Angehörigen nach sich.

Die Bande des Blutes, der Liebe, der Freundschaft sind zerschnitten; das Glück Tausender von Familien liegt zertrümmert. Wo Wohlhabenheit und Reichtum herrschte, machen Not und Armut sich breit; über Städten und Ortschaften lagert der Druck des Schreckens, des Bangens vor der Zukunft. Mißtrauen und Argwohn sind an Stelle des Vertrauens und der Liebe getreten.

Verarmte Söhne und Töchter fluchen dem Andenken ihrer gemordeten Eltern, die außer dem Schimpfe eines bemakelten Namens ihnen nichts hinterlassen haben, da Geld und Gut von „Hexen" und „Ketzern" verfallen sind. Eltern, aus den Kerkern und von den Richtstätten aus, verwünschen ihre entarteten Kinder, deren entmenschte Anzeige sie dorthin gebracht hat. Witwen und Waisen mehren sich; ihres Ernährers beraubt, erliegen sie der Not. Tausende von Familien verlassen Haus und Hof, Scholle und Heimat; sie flüchten vor der entfesselten Grausamkeit über die Grenzen des Vaterlandes, ja über die Grenzen — es ist furchtbar, es auszusprechen — des Christentums, um in heidnisch-barbarischen Ländern Freiheit der Überzeugung und Schutz vor christlich-religiösem Wahnsinn und christlich-religiöser Mordlust zu finden. Wunden werden dem vaterländischen Wohlstand geschlagen, die Jahrhunderte nicht zu heilen vermögen.

Und welche Ausblicke eröffnen sich erst, wenn wir das geistige, das religiöse Elend in Erwägung ziehen! Teilweise haben wir es schon berührt; ergreifend ist es auch in den Worten des edlen Spee zum Ausdruck gekommen. Aber das ganze Elend, seine ganze Wirklichkeit?? Sie sind unaussprechlich. Die durch den Hexenwahn und seine Schrecken gezeigten intellektuellen und moralischen Verheerungen übersteigen die menschliche Fassungs- und Darstellungskraft ebenso, wie diese Kräfte überstiegen werden durch die Bluttaten der Inquisition.

Folter, Scheiterhaufen und Schwert sind die Apostel der Religion Jesu Christi geworden! Was wird da, unter dem Einflusse von Feuer und Eisen, aus dieser Religion geworden sein! Die zerschundenen, zerquetschten, zersetzten Menschenleiber geben nur eine schwache Vorstellung von der Verwüstung, die in den Seelen angerichtet worden ist. Welch ein Gottesbegriff muß sich nicht ausgebildet haben bei den Unglücklichen, die im Namen Gottes durch den Kerker und über die Folterbank weg zum Scheiterhaufen geschleppt wurden; die im Namen Gottes solange unmenschlich gequält wurden, bis sie Gottlosigkeiten und Obszönitäten von sich aussagten, die man in den verrufensten Schriften des Heidentums nicht findet?! Welche Vorstellungen von einer überirdischen Welt mußten nicht Platz greifen in den Köpfen der Menge, die fast täglich sah, wie Menschen — oft ihre nächsten Verwandten — qualvoll deshalb gerichtet wurden, weil sie sich fleischlich mit dem Teufel vermischt, weil sie durch die unsinnigsten und läppischsten „Behexungen" Seuchen, Unwetter und Unglücksfälle hervorgerufen hatten, weil sie auf Besen und Stöcken zum Hexensabbat ausgefahren waren.

Wo blieb die reine, abgeklärte Lehre Jesu inmitten des Hexen- und Teufelsspukes? Mußte nicht für die ungebildete Menge jede religiöse Handlung zum „Zaubermittel" werden? Wo blieb inmitten der blutigen, wahrhaft haarsträubenden Greuel der Glaube an einen gerechten, weisen, gütigen Gott? Zur Fratze, scheußlicher als die indischen und afrikanischen Götzen, wurde das Bild des Christengottes in den Herzen der Völker.

Zwei Zeiten von Christenverfolgungen kennt die Weltgeschichte: die des altheidnischen Roms und die der Inquisition und des Hexenwahns. Welche von diesen beiden Verfolgungen die furchtbarere war, darüber ist ein Zweifel unmöglich: nach Dauer, Art und Wirkung übertrifft das Tun der Inquisition die Taten Neros und Diokletians.

Daß die von der Inquisition vergossene Menge des Menschenblutes größer ist, als die Blutmenge, die der Sand römischer Arenen trank, daß die furchtbaren Folterqualen vor dem endlichen sichern Tode ausschließlich der Inquisition zur Last fallen, will verhältnismäßig wenig besagen; ein quantitatives Mehr oder Weniger an Grausamkeit ändert ihre Art nicht. Aber die Inquisition war christlich, während der Ruf ad leones von Heiden erhoben wurde. Und darin liegt die ungeheure, unausdenkbare Schuld der Inquisition und des Hexenwahns. Sie wütete gegen das eigene Fleisch und Blut; sie verkehrte Christi großes Gebot der Liebe in ein furchtbares Gesetz des Hasses. Sie lehrte den Haß, sie schürte ihn, wie sie das Feuer der Scheiterhaufen schürte. Daß Heiden aus der Nacht ihres Heidentums heraus den Christen greuliche Verbrechen und wüsten Aberglauben andichteten, läßt sich verstehen; daß aber Christen, in der Klarheit des Christentums lebend, mit der Reinheit des Evangeliums vor Augen anderen Christen Verbrechen als Tatsachen nachsagten, die an blödsinniger Gemeinheit und an widernatürlicher Unflätigkeit ihresgleichen nicht haben, und daß für solche erlogene Verbrechen Christenblut in Strömen vergossen wurde, daß dieser ungeheuerliche Zustand jahrehundertelang bestand — viel länger als die heidnischen Christenverfolgungen —: diese geschichtliche Tatsache ist von einer so erschütternden Tragik, wie sie kein anderes Geschehnis der Menschengeschichte hervorzurufen vermag.

Wenn wir uns Vorgänge vergegenwärtigen — und sie sind wahrlich nicht vereinzelt — wie der

Inquisitor Wilhelm Pelisso in harmloser Unbefangenheit sie erzählt, dann stockt unser Blut. Christen, Männer, die sich der christlichen Vollkommenheit geweiht haben, die sich Nachfolger der Apostel nennen, verüben unter Lobpreisungen Gottes und Christi Verbrechen, denen man außerhalb des Christentums nur bei den am tiefsten stehenden Völkern begegnet! Und diese Verbrechen gehören zu einem System, das die ganze christliche Kulturwelt umspannt, das in Nord und Süd, in Ost und West materiellen Wohlstand und geistig-religiöses Leben gleichmäßig vernichtet!

Das Heidentum in seiner Wut gegen das Christentum kämpfte für sein Dasein, und solange es selbst das Unberechtigte seines Daseins nicht erkannte, war der Kampf ein Kampf scheinbar berechtigter Notwehr.

Aber für was kämpfte die Inquisition, als sie Tausende von Ketzern und Tausende von Hexen mordete? Wer bedrohte das Christentum, als die Inquisitoren als amtlich beglaubigte Mörder durch die Lande zogen? Etwa die armen Weiber, denen auf der Folter die wahnwitzigsten Selbstbezichtigungen ausgepreßt wurden?

Als die heidnischen Richter das Vermögen der Christen beschlagnahmten und den christlichen Wohlstand vernichteten, da urteilten sie nach heidnischem Recht. Als aber Jahrhunderte hindurch Christen von Christen systematisch und gesetzmäßig beraubt, als die materielle Existenz ganzer Generationen vernichtet, als blühende Städte und Landstriche verwüstet wurden, da bestand doch christliches Recht und christliche Gesittung?!

Wahrlich, der Weg, den wir gegangen sind, führt uns an Kulturtrümmern der menschlichen Außen- und Innenwelt vorüber, wie sie in dieser Ausdehnung kein zweites Mal in der Weltgeschichte sichtbar werden.

Wer ist der Barbar, unter dessen Tritten dies Trümmerfeld, besäet mit Leichen, übergossen von Blut entstand? Wer ist es, der diese „Kulturstraße" gebaut hat, auf der Verfolgungswut, religiöser Wahnsinn und Unflätigkeit über Menschenglück und Menschenleiber hinweg mitten durch das Christentum ihre Fahrt machten durch die Völker und die Jahrhunderte?

II. Die juristische Stellung des Papsttums innerhalb der katholischen Kirche.

Mit der Gesamtüberschrift dieses Abschnittes: „Verantwortlichkeit des Papsttums" ist die Antwort auf die eben gestellten Fragen gegeben.

Vieles von diesem Ergebnis enthält schon der vorige Abschnitt: „Hexenunwesen und römische Kirche"; vieles andere findet sich in allen vorhergehenden Abschnitten.

Überall, mitten in den sozialen und kulturellen Verwüstungen, die wir geschaut haben, begegnet uns das Papsttum; überall treten hervor Namen und Kundgebungen der „Statthalter Christi" und Namen und Kundgebungen ihrer hierarchischen Helfer: der Bischöfe, der Priester, der Ordensleute. Auf dem ganzen langen Wege hat uns ständig begleitet eine unmittelbar päpstliche Einrichtung: die päpstliche Inquisition. Sie war am Werk in Italien, in Spanien, in Frankreich, in Deutschland. Die Feder päpstlicher Inquisitoren sahen wir Haß gegen Ketzer und Hexen verbreiten; in der Hand päpstlicher Inquisitoren loderte der Feuerbrand, der die Scheiterhaufen entzündete.

So ist eigentlich schon alles geschehen, dem Papsttum das „Schuldig" zu sprechen.

Gewiß; allein dies „Schuldig" ist für die Beurteilung des päpstlichen Anspruches, gottgesandter Träger christlicher Kultur und Hort religiös-göttlicher Wahrheit zu sein, von so ungeheurer Wichtigkeit, daß, als Schluß des Ganzen, eine zusammenfassende Darstellung über die Schuld des Papsttums gerechtfertigt, ja geboten erscheint.

Kehren wir zurück zur „Einleitung". Dort haben wir das Papsttum in katholischer Auffassung kennen gelernt, als wesentlich göttliche Macht: göttlich nach Ursprung, göttlich nach Mitteln, göttlich nach Ziel und Zweck. Aus dieser Auffassung ergab sich der unanfechtbare Satz: Hat das Papsttum göttliches Sein, so muß es auch göttliches Leben, d. h. eine göttliche Geschichte haben, und umgekehrt, ist sein Leben, ist seine Geschichte ungöttlich, so ist auch ungöttlich sein Sein.

Einer Fülle ungöttlicher, ja geradezu teuflischer, fluchwürdiger Taten sind wir begegnet. Darüber kann keine Meinungsverschiedenheit bestehen. Die Frage ist nur die: trägt für diese jahrhundertelangen Greuel, für diese sozial-kulturellen Verwüstungen das Papsttum die Verantwortung?

Auch hier und gerade hier gehe ich systematisch vor. Es kommt mir nicht auf blendende Darstellung, sondern auf Klarheit und Wucht der Beweisführung an. Schritt für Schritt will ich den Schuldbeweis gegen das Papsttum führen; Ausflucht und Entrinnen sollen unmöglich gemacht werden. Es kann nicht ausbleiben, daß bei diesem Verfahren früher Gesagtes zusammenfassend wiederholt wird. Jeder Hammerschlag, wodurch das Gefüge der Balken fester ineinander getrieben wird, ist eben auch eine Wiederholung.

In der Einleitung habe ich den katholischen Glauben an die Göttlichkeit des Papsttums, an seine göttliche Stellung innerhalb der Kirche dargelegt. Hier müssen die Folgen gezogen werden, die sich aus der Göttlichkeit des Papsttums für seine, nennen wir es einmal **juristische** Stellung innerhalb des kirchlichen Organismus, ja innerhalb der Welt, ergeben. Die katholischen Dogmatiker behandeln diesen Gegenstand unter dem Titel: Von der Bedeutung und dem Wesen des päpstlichen Primates.

Was der Papst in der Kirche und für die Kirche ist, hat, fußend auf den Entscheidungen der Konzilien von **Florenz** (1438) und vom **Vatikan** (1871), der **Jesuit Liberatore** auf den kürzesten Ausdruck gebracht: „Die lehramtliche und jurisdiktionelle Autorität der Kirche wird zusammengefaßt und konzentriert im römischen Pontifex. Von seinem Stuhle sprühet aus das Licht, das sich zerstreut und verbreitet, um das Universum zu erleuchten. Sein Thron erhebt sich über alle Throne der untergeordneten Prälaten, und von der Tiara, mit der seine Schläfen umgeben sind, gehen die Strahlen aus, durch welche die Infuln aller Bischöfe der Welt funkeln."

In diesen wenigen Worten liegt viel; ich fasse es in folgende Punkte zusammen:

1. Seiner innersten Natur nach ist im Papsttum nicht etwa ein bloßer Ehrenvorrang, oder ein bloßes Amt der Aufsicht oder Leitung enthalten, sondern eine, oder besser die Vollgewalt der Gesetzgebung, der Regierung und Gerichtsbarkeit, welche eine für die ganze Kirche bindende, nötigenfalls durch Strafen geltend zu machende Kraft besitzt, und sich nicht bloß auf Sachen des Glaubens und der Sitten erstreckt, sondern auch auf alles, was die Disziplin und Regierung der Kirche betrifft. 2. Die Gerechtsame des Papstes ist eine ordentliche, durch sein ihm von Gott verliehenes Amt gegebene Gewalt; sie ist nicht eine bloß vorübergehende, und am wenigsten eine bloß von der Kirche übertragene Vollmacht, wodurch der Papst nur in außerordentlichen Fällen eingreifen könnte. 3. Die Gewalt des Papstes ist eine unmittelbare; nicht nur dem Ursprunge nach, weil sie ihm unmittelbar von Christus verliehen worden ist, sondern auch der Ausübung nach, insofern er sie allen Gliedern der Kirche gegenüber unmittelbar betätigen kann, ohne dazu irgendeiner Vermittelung, einer Bevollmächtigung oder einer Erlaubnis von seiten einer andern hierarchischen Stufe zu bedürfen. Jede Beschränkung der Betätigung der päpstlichen Macht ist ausgeschlossen. 4. Die päpstliche Gewalt ist nach Ausdehnung und Inhalt eine wirkliche Vollgewalt: niemand kann sich ihr entziehen, und sie enthält alles, was zur Leitung und Regierung der Gesamtkirche und jedes ihrer Teile nötig ist. 5. Deshalb, weil sie keiner örtlichen oder persönlichen Beschränkung unterliegt, ist die päpstliche Gewalt im eigentlichen Sinne eine allgemeine; somit sind alle Glieder der Kirche: Bischöfe, Priester, Laien, dem Papste zu wahrem **Gehorsam**, zu wirklicher Unterwerfung verpflichtet. 6. Der Papst steht über jedem Kirchengesetz und ist selbst an keines gebunden. 7. Dem Papste kommt die oberste richterliche Gewalt zu; wie er für alle Sachen und Urteile die höchste, absolut unabhängige Berufungsstelle ist, so gibt es von ihm aus keine Berufung mehr. 8. Gekrönt wird die Stellung des Papstes durch seine **Unfehlbarkeit**. Spricht er als höchster Hirte und Lehrer der Kirche in Sachen des Glaubens und der Sitten, so bewahrt ihn Gott vor Irrtum, sein Spruch ist unfehlbar. 9. Was immer also in der Kirche an Einrichtungen besteht, hat Leben und Inhalt nur durch den Papst und nur solange der Papst sie ihm beläßt; ohne seine stillschweigende oder ausdrückliche Billigung besitzt nichts innerhalb der katholischen Kirche Gültigkeit und Rechtsbestand.

Diese, vom katholischen Standpunkte aus unanfechtbaren Sätze bilden die Grundlage für die Beurteilung der Verantwortlichkeit des Papsttums für alles, was innerhalb der Kirche, d. h. innerhalb des päpstlichen Machtbereiches geschieht.

III. Päpstliche Verantwortlichkeit für die Inquisition.

1. Für die Taten der Inquisition.

Die Taten der Inquisition haben wir genügend kennen gelernt, ich erinnere besonders an die Beschreibung der inquisitorischen Tätigkeit in Südfrankreich durch den Inquisitor **Wilhelm Pelisso**, an die Grausamkeiten gegen die Albigenser und Waldenser, an das Wirken **Konrads von Marburg**, an die unzähligen Inquisitionsopfer in Spanien, usw. usw.

Alle diese Greuel fallen unmittelbar und ausschließlich dem Papsttum zur Last; denn 1. die Inquisition war eine durch und durch päpstliche

Einrichtung, in ihrem Sein und in ihrer Wirksamkeit ganz und gar abhängig vom jeweiligen „Statthalter Christi"; 2. diese Abhängigkeit der Inquisition vom Papste und somit seine Verantwortung für ihr Tun steigert sich, weil die Inquisition ausgeübt wurde von religiösen Orden — Dominikanern und Franziskanern —, d. h. von Gemeinschaften, die in ganz besonderer Weise dem Papste unterstehen, deren unmittelbarer und allmächtiger Vorgesetzter er ist; 3. Urheber der Todesstrafe für Ketzerei waren die Päpste; die „Auslieferung an den weltlichen Arm" und „die Bitte um Schonung des Lebens" waren nichts als leere, heuchlerische Formen.

2. Für die Lehren der Inquisition.

Auch für die Lehren der Inquisition, die ihren Taten zugrunde liegen, trägt ausschließlich und unmittelbar das Papsttum die Verantwortung; denn 1. die Päpste selbst haben sich in ihrer Eigenschaft als Haupt der Kirche durch Bullen, Breven usw. eifrig und ausgiebig an Verbreitung und Einschärfung dieser blutigen Lehren beteiligt; so sind die Blutgesetze Friedrich II. nicht nur von den Päpsten veranlaßt worden, sondern die Päpste haben mit Einsetzung ihres ganzen religiösen Ansehens und unter Androhung der schwersten religiösen Strafen die Befolgung dieser Blutgesetze gefordert und durchgesetzt; 2. die verbreitetsten und einflußreichsten „Handbücher der Inquisition", in denen die widerchristlichen und grausamen Lehren vorgetragen werden, sind ausschließlich von Geistlichen und Ordensleuten verfaßt; alle diese „Handbücher" tragen die kirchliche Billigung; die meisten sind in Rom unter den Augen des Papstes und mit Gutheißung seines obersten Zensors — des Magister s. Palatii — erschienen.

IV. Päpstliche Verantwortlichkeit für Aberglauben und Hexenwahn.

1. Für die Taten des Hexenwahns.

Da viele Bluttaten des Hexenwahns Werke der Inquisition sind, so beweisen die Gründe, die ich für die Verantwortlichkeit des Papsttums gegenüber den Taten der Inquisition angeführt habe, auch seine Verantwortlichkeit für die Taten des Hexenwahns.

2. Für die Lehren des Hexenwahns.

1. Päpste — Gregor IX., Johann XXII., Innozenz VIII. — haben in feierlichen Kundgebungen dem Glauben an den scheußlichsten und obszönsten Teufelsspuk und Hexenwahn Vorschub geleistet; sie haben in diesen Kundgebungen die Wahngebilde einer ganz und gar entarteten Phantasie so sehr für Tatsachen erklärt, daß sie zur Vertilgung der Teufelsanbeter, der Teufelsbuhlen, der Hexen und Schwarzkünstler Feuer und Schwert aufgerufen haben. Der Glaube an die in Bocks-, Kater- oder Krötengestalt erscheinenden Teufel, an die unflätigen daemones incubi und succubi ist durch die Päpste in das Christentum eingeführt und durch sie in ihm erhalten worden. 2. Die furchtbare Literatur über den Hexenwahn ist so gut wie ausschließlich das Werk katholischer Geistlicher und Ordensleute; die betreffenden Schriften sind erschienen unter ausdrücklicher oder stillschweigender Billigung der päpstlichen Zensur.

V. Zusammenfassung des Ganzen.

Die einfache Aneinanderreihung der Schuldbeweise des Papsttums genügt nicht. Erst ihr Zusammenhang mit der tatsächlichen und dogmatischen Stellung des Papsttums einerseits, andererseits mit den Ausflüchten, Lügen und Entstellungen, die der Ultramontanismus zur Entlastung der Päpste verbreitet, läßt die ganze Wucht dieser Schuldbeweise zur vollen Wirkung kommen.

Es kann wohl kein Zweifel darüber herrschen, daß blutige Verfolgung religiöser Überzeugungen, daß Tötung Andersgläubiger unreligiös, unchristlich sind. Solches Unchristentum und solche Unreligion treten um so schärfer hervor, wenn blutige Verfolgung und Tötung sich nicht etwa als unüberlegte Taten ausbrechender Leidenschaft, blinder, vorübergehender Wut darstellen, sondern wenn sie das vorbedachte Ziel und der gewollte Endzweck eines von der gesetzmäßigen Gewalt eingerichteten Systems sind. Der Urheber eines solchen Systems steht, er mag sich nennen wie er will und sein wer er will, außerhalb der christlichen Religion, außerhalb einer menschenwürdigen Kultur.

Solch ein unchristliches, unreligiöses System nun war die Inquisition, und ihr Urheber und ihr Träger ist der Papst.

Dieser Wahrheit gegenüber sind alle Ausflüchte hinfällig. Wir haben — um zwei Haupteinwände gleich zurückzuweisen — in dem Abschnitt: „Papsttum und Todesstrafe" gesehen, daß es nicht angeht, das vergossene Menschenblut dem Staate und seinen Gesetzen zur Last zu legen. Die ultramontanen Geschichtsfälscher, die dies tun, rechnen mit der geschichtlichen Unkenntnis ihrer Leser. Sie rechnen aber auch mit der Gedankenlosigkeit der Leser.

Durfte denn das Papsttum, dessen wesentlicher Beruf es ist, die unwandelbaren Grundsätze echt christlicher Gesittung und Kultur zu verbreiten, durfte es den Staat und die weltliche Gesetzgebung jahrhundertelang einem unreligiösen und unchristlichen Irrtum anhangen lassen, einem Irrtum, der von so furchtbaren sozial-kulturellen Folgen begleitet war, wie die Hinmordung Tausender von Menschen um ihres Glaubens (Ketzer) und um eines widerchristlichen Wahnes (Hexen) willen?

Bis zur heutigen Stunde erklärt das Papsttum es für seine Pflicht und sein Recht, in die bürgerliche Gesetzgebung einzugreifen, wann immer und wo immer diese Gesetzgebung gegen die christlichen Grundsätze verstößt. Wie hat es diese Pflicht und dieses Recht gegenüber den Blutgesetzen gegen Ketzer und Hexen ausgeübt?

Zur ewigen Schande des „Statthalters Christi" stehen zwei Tatsachen unerschütterlich fest: unermüdlich waren die Päpste, die weltlichen Gewalten aufzufordern, Ketzer mit Feuer und Schwert zu vertilgen; geradezu zahllos sind die betreffenden Kundgebungen der tiaragekrönten „Nachfolger Petri". Das ist die eine Tatsache. Und die andere? Auch nicht ein einziges Mal in den langen Jahrhunderten, während welchen das Christenblut, von Christen vergossen, stromweise floß, hat der „Statthalter Christi" seine Stimme erhoben, dem Greuel dieses Blutvergießens Einhalt zu tun.

Nun sagt man, die Zeiten waren damals roh und barbarisch; aus dem Charakter der Zeit heraus muß die Inquisition erklärt und entschuldigt werden. Wiederum eine große Gedankenlosigkeit.

Das Papsttum als Hüter und Ausspender religiöser und sittlicher Wahrheit ist — nach katholischer Auffassung, nach seiner eigenen Behauptung — unabhängig von der Zeit, von ihren Strömungen und Anschauungen. Es ist sein göttlicher Beruf, veredelnd, hebend, sittlichend auf die Menschheit einzuwirken; zur Erfüllung gerade dieses Berufes steht ihm in allen Fragen des Glaubens und der Sitte die Unfehlbarkeit zur Seite. Gibt es aber etwas, das enger mit dem Glauben und der Sitte verbunden ist, d. h. das handgreiflicher gegen Glauben und gegen Sitte verstößt, als die Tötung eines Menschen seines Glaubens oder eines unreligiösen Wahnes wegen? Und zu diesem furchtbaren Verstoß gegen Religion und Gesittung, der sich als System durch die Jahrhunderte zog, schwieg der Papst, der göttlich bestellte Hüter von Glaube und Sitte, der gottbestellte Führer auf dem Wege wahrer Kultur und sozialen Fortschrittes!

Schon allein das Schweigen der Päpste gegenüber den Untaten ihrer Inquisition und gegenüber der Rohheit der weltlichen Gesetzgebung läßt den Anspruch des Papsttums auf göttliches Sein und göttlichen Beruf zu Boden sinken. Vergegenwärtige man sich doch nur, was der Papst in jenen Zeiten war; welch erdrückendes Gewicht seine Stimme damals besaß, welchen Eindruck Bannfluch und Kirchenstrafen im Mittelalter hervorriefen! Hätte er Ansehen, Stimme und Machtmittel angewandt zugunsten der Menschlichkeit und des Christentums, die Geschichte würde keine systematischen Ketzer- und Hexenhinrichtungen kennen. Der Satz qui tacet, consentire videtur ist in bezug auf das Papsttum und die Bluttaten der Inquisition eine unumstößliche Wahrheit, besonders, da auch der zweite Teil dieses Rechtsgrundsatzes hier zutrifft: quando loqui potuit ac debuit. Denn das Papsttum konnte sprechen, und wahrlich, es hätte sprechen müssen.

Aus der Geschichte der Inquisition habe ich grauenhafte Einzelheiten mitgeteilt; die „Chronik" des päpstlichen Inquisitors Wilhelm Pelisso berichtet Schrecknisse, denen die heidnischen Christenverfolgungen kaum etwas ähnliches an die Seite zu stellen haben. Und zu all solchen Verbrechen, die im Namen Gottes, im Namen Christi und im Namen des Papstes verübt wurden, schwieg der Papst. Hatte er keine Kenntnis von diesen Dingen? Lächerliche Ausflucht! Gerade die Inquisitions-Schandtaten Südfrankreichs geschahen durch Ordensleute, Dominikaner, die in steter engster Fühlung standen mit dem Quell ihres Daseins und Lebens, dem Papste; gerade die Inquisitions-Schandtaten Südfrankreichs geschahen unter den Augen päpstlicher Legaten.

Wie beredt waren nicht zur gleichen Zeit die „Statthalter Christi" anderen Fragen gegenüber! Wenn man die dicken Bände des Bullarium, der Sammlung päpstlicher Erlasse, durchblättert, so erfaßt einen Staunen über die Tätigkeit Roms. Nach England, Schweden, Norwegen, Rußland, Dänemark, Polen, Ungarn gehen die päpstlichen Sendschreiben; nichts entgeht dem wachsamen Blicke des obersten Hirten, überall greift er belehrend, mahnend, strafend ein; kein Punkt, besonders wenn es sich um die Anerkennung seines eigenen Ansehens handelt, ist ihm zu geringfügig.

V. Zusammenfassung des Ganzen.

Aber dem Wehklagen grausam verfolgter, schmählich hingemordeter Menschenmassen gegenüber ist das Ohr des „Stellvertreters Christi" taub und sein Mund bleibt stumm. Und wäre er nur stumm gewesen! Aber, um es nochmals zu wiederholen, die Stimme des Papstes, „des unfehlbaren Lehrers der Wahrheit und der christlichen Gesittung", war die lauteste und gewichtigste unter allen, die den Christenmord verteidigt und befürwortet haben.

Wenn man die gerichtlichen Greuel, d. h. die in gerichtliche Formen gekleideten Greuel jener Zeiten an sich vorüberziehen läßt mit dem geschichtlichen Bewußtsein, daß das Papsttum nicht nur nichts zu ihrer Beseitigung getan hat, sondern daß es ihr Urheber, ihr Aufrechthalter und Beförderer war, dann wird die sozial=kulturelle Wirksamkeit der Päpste in ein furchtbares Licht gerückt. Vor diesem geschichtlichen Lichte weicht der Glorienschein der Päpste als Träger göttlicher Wahrheit und christlicher Gesittung, wie das künstliche Licht vor dem Sonnenstrahle weicht.

Schon eben habe ich hervorgehoben, daß die systematische Tötung von Menschen ihres religiösen Bekenntnisses (Ketzer) und unwahrer, scheußlicher Selbstbezichtigungen wegen (Hexen) ein Schlag ins Angesicht des Glaubens und der christlichen Moral ist. Und in bezug auf Glauben und Moral ist der Papst doch unfehlbar? Diese vom Papsttum gehütete und der Menschheit vermittelte unfehlbare göttliche Glaubens= und Sittenlehre nimmt sich im Scheine der brennenden Scheiterhaufen, angesichts der unzählbaren vom Papsttum veranlaßten und gebilligten Justizmorde recht eigentümlich aus.

Außerdem knüpft sich an diese Mordtaten noch ein ganzer Wust von Unchristentum und Unmoralität, alles getragen von der „göttlichen Unfehlbarkeit", von der „maßgebenden Autorität" des Papstes. Heben wir einiges hervor.

Der Papst ist der „Stellvertreter Christi", der Fortsetzer des Werkes Christi. Christi Werk war aber vorzugsweise die Rettung der Seelen vor ewiger Verdammnis: „Ich will nicht den Tod des Sünders, sondern, daß er sich bekehre und lebe." Und sein „Stellvertreter"? Er überliefert erbarmungslos gerade die „unbußfertigen" Ketzer dem Feuer und dem Schwerte; er stößt also, soviel an ihm liegt, die Seelen dieser Unglücklichen mit eigener Hand in die ewige Verdammnis; er zwingt durch kirchliche Strafen die weltliche Obrigkeit, mitzuwirken an diesem widerchristlichen, blutigen Werke.

Gegenwärtig ist die katholische Kirche, d. h. das Papsttum, der schärfste Gegner der Feuerbestattung: katholisches Dogma und christliche Moral verbieten sie. Und der Papst muß es wissen, denn er ist der „unfehlbare" Hüter von Dogma und Moral. Als aber Ketzer und Hexen verfolgt wurden, wo war da der Einspruch der Päpste vom Standpunkt des christlichen Glaubens und der christlichen Moral gegen die „unchristliche" Feuerbestattung? Die päpstlichen Inquisitoren haben Christen zu Tausenden in den Flammen der Scheiterhaufen „bestattet"; so sehr war damals diese Bestattungsart christlich=päpstlich, daß selbst Leichen, die schon jahrelang im Grabe ruhten, von den päpstlichen Inquisitoren wieder ausgegraben und auf die Scheiterhaufen geworfen wurden.

Auf unserm Gange durch die Geschichte der Inquisition und der Hexenverfolgungen sind wir einer ständigen, jeder Religion und Gesittung Hohn sprechenden Einrichtung begegnet: der Folter. Spee und andere haben uns grauenvolle Schilderungen von der Anwendung der Folter hinterlassen; Eymeric und die übrigen Schriftsteller der Inquisition verbreiteten unmenschliche Grundsätze über die Folter.

Diese Greuel der Folter geschahen unter den Augen und mit Wissen der „Statthalter Christi"; sie wurden verübt von Landesherren, die Bischöfe, d. h. „Nachfolger der Apostel", unmittelbare Untergebene des Papstes waren; sie geschahen nicht vereinzelt, sondern Tag für Tag, in gesetzmäßig von der Kirche vorgeschriebenen Formen!

Mehr noch! Lebhafte Klagen wurden gegen die Inquisitoren geführt über die häufige Anwendung der Folter; sie wurden beschuldigt, neue, ausgesuchte Folterarten einzuführen. Selbst ein Papst, Klemens V., sieht sich zu dem Geständnis genötigt, daß diejenigen, die den Inquisitoren in die Hände fallen, „wegen der Schrecknisse der Kerker und der Qualen der Folter ihren Geist aufzugeben gezwungen sind". Aber trotz allem ist dem Papsttum die Erkenntnis nicht aufgegangen, daß die Folter unmenschlich und unchristlich sei! Viele innerhalb der Christenheit, Geistliche wie Laien sind zu dieser Erkenntnis gelangt, die gottbestellten Hüter von Glaube und Sitte, die Päpste, nicht. Sie haben die Folter vorgeschrieben, sie haben Anordnungen über ihre Anwendung festgesetzt! Man denke sich, Christus, dessen „Stellvertreter" die Päpste sind, als Urheber einer Folterordnung!

Und noch mehr! Mit der Folterung war fast regelmäßig — bei Folterung von Hexen immer — die gröbste Verletzung der Schamhaftigkeit verbunden. Die armen Menschen wurden am ganzen Körper, auch an den Geschlechtsteilen geschoren; man suchte nach Hexenmalen, nach verborgenen Zaubermitteln. Die „Statthalter Christi", die „Nachfolger der Apostel", die göttlich bestellten Hüter und Wächter der christlichen Moral fanden nichts Tadelnswertes an solchen Obszönitäten.

Man will die Härte des Verfahrens gegen Ketzer und Hexen mit dem Hinweis entschuldigen, daß die weltlichen Gerichte noch härter verfahren seien und daß die Grausamkeit des weltlichen Prozesses für den kirchlichen Vorbild gewesen sei. Lassen wir diese Behauptung einmal gelten. Ist es denn aber nicht Aufgabe des Papsttums und der Kirche, die verrohte Menschheit auf eine höhere Kulturstufe zu führen? Bleiben die „Statthalter Christi" selbst in der Rohheit ihrer Zeit stecken, folgen sie sogar dieser Rohheit als einem Vorbilde, dann ist es mit der Göttlichkeit des Papsttums doch wohl endgültig aus.

Obendrein ist es aber eine Unwahrheit, zur Entlastung des Papsttums und der Kirche den weltlichen Gerichten die schwere Schuldenlast der Folter aufzubürden. Nicht die Kirche hat die Grausamkeit von den weltlichen Gerichten, sondern die weltlichen Gerichte haben die Grausamkeit von der Kirche gelernt. Darüber sind ernste Forscher einig; ich will nur zweien, Riezler und Tanon, Präsident des Pariser Kassationshofes, das Wort geben: „Dem alten deutschen Recht war dies Beweismittel fremd. Durch die Inquisitoren aber wurden die weltlichen Richter angewiesen, die Folter zu gebrauchen, und nachdem sich die Richter in den Ketzer= und Hexenprozessen an dieses Beweismittel gewöhnt hatten, lag es nahe, daß sie dasselbe auch bei anderen, rein weltlichen Prozessen anwandten. Die Möglichkeit, daß daneben noch ein anderer, direkt von der Kenntnis des römischen Rechts herführender Weg betreten wurde, soll nicht bestritten werden. Durch Papst Innozenz IV. ist die Folter bei Hexenprozessen gesetzlich eingeführt worden." „Das Inquisitionsverfahren hat tiefe Spuren hinterlassen im Kriminalrecht Frankreichs und der meisten übrigen Völker Europas. Die härtesten Züge der Kriminaljustiz des Mittelalters finden in ihm, wenn nicht ihre erste und schärfste Ausprägung, so doch ihre systematische Anwendung."

Wo hat in christlichen Staaten jemals ein Gesetz bestanden, das so barbarisch gegen Tote wütete, wie die Inquisition der „Statthalter Christi"? Die päpstlichen Inquisitoren ließen Ketzerleichen ausgraben; in empörender Weise wurden die Leichname durch die Straßen geschleift, auf den Schindacker geworfen oder verbrannt. Auch bei dieser äußersten Rohheit haben wir es nicht etwa bloß mit vorübergehenden Ausbrüchen zu tun, sondern diese Unmenschlichkeiten waren eine stehende Einrichtung, sie waren päpstliches Gesetz; unter Anrufung Gottes wurden in feierlicher Gerichtssitzung die Verstorbenen zu dieser Schändung verurteilt.

Tötung und Folterung der Ketzer, Leichenschändung und Entehrung, jahrhundertelang von der Kirche verübt, sind für den Anspruch ihres Hauptes, Führer auf dem Wege einer erleuchteten christlichen Kultur und Moral zu sein, vernichtend. Die vom Papsttum vertretene Kultur und Moral ist untilgbar bemakelt mit Grausamkeit und Unreligion; aber die päpstliche Moral ist auch noch befleckt mit Lug und Trug.

Man lese die Ratschläge nach, die der päpstliche Generalinquisitor Eymeric und andere berufene Schriftsteller über die Inquisition geben, um einen der Ketzerei oder Hexerei Angeschuldigten in der Rede zu fangen und so seine Verurteilung herbeizuführen. Die Verlogenheit und Unwahrhaftigkeit sind hier System geworden, und dies abscheuliche System ist nicht etwa die Ausgeburt eines einzelnen, es ist das System der päpstlichen Inquisition selbst. Die in den Inquisitionshandbüchern aufgehäufte Unmoral fällt bei dem damals allmächtigen päpstlichen Zensurwesen ganz und gar dem apostolischen Stuhle zur Last. Und diese vom Papsttume gebilligte Unmoral verfolgte den Zweck, das vergesse man nicht, Menschen, Christen, auf den Scheiterhaufen zu bringen!

Zusammenfassend schreibt Molinier mit vollem Recht: „Die Kirche schwankte in bezug auf ihre Gegner eine Zeitlang zwischen zwei Systemen: dem der Sanftmut und dem der wilden Gewalt. Das Evangelium riet ihr das erstere an; das zweite konnte sie nur den schlimmsten römischen Cäsaren entlehnen, die gebrandmarkt waren von den christlichen Apologeten. Dennoch wählte sie dies zweite, von dem die Erinnerung an die Märtyrer sie hätte fern halten müssen: so trat die Inquisition ins Leben. Als die Inquisition verschwand, war das Papsttum siegreich, aber es war bemakelt, es war beraubt eines Teiles seiner größten Kraft: seines moralischen Rufes."

Ist es zuviel, wenn ein belgischer Forscher die Frage stellt: „Wer hat den Seelen den Haß gegen die Ketzerei eingeflößt, das Samenkorn für die Religionskriege? Die Kirche, die Konzilien, die Päpste. Wer hat den Schlachtruf gegen die

Ketzer erhoben? Die „heiligen" Väter, die „heiligen" Konzilien, die Päpste, „die Statthalter Gottes". Wer hat die Fürsten aufgehetzt, wer hat ihnen, unter Strafe der Exkommunikation und Absetzung, befohlen, die Ketzer auszurotten? Die „heiligen" Konzilien und „die Statthalter Christi". Als die Scheiterhaufen nicht mehr ausreichten, wer hat da die Gläubigen zu den Waffen gerufen, wer hat aus dem Totschlag seiner Brüder ein Mittel gemacht, sich von Sünden zu reinigen? Die Kirche."

Ist dies etwa Übertreibung? Nein, wahrlich nicht! Denn, wie Bossuet, ein gewiß unverdächtiger Zeuge, schreibt: „Die Kirche hat nicht nur die Gesetze [gegen die Ketzer] befolgt, sondern sie hat sie von den Fürsten gefordert. Sie hat sich niemals über die Härte solcher Gesetze beschwert, im Gegenteil, die meisten sind von Konzilien und Päpsten gebilligt und veranlaßt worden."

Aus der Geschichte der päpstlichen Inquisition treten uns besonders abschreckend **rohe Grausamkeit und blindwütiger Haß** entgegen; wenden wir uns zum Hexenwahn und seinen Folgen, so bleiben diese Züge in dem Bilde päpstlicher sozial-kultureller Wirksamkeit, aber es gesellen sich noch zu ihnen **wüstester Aberglaube**, verbunden mit einer alles übersteigenden **Unflätigkeit**.

Ich erinnere an die Bulle Gregor IX.: Vox in Rama. Der Glaube an einen persönlichen Teufel — ich lasse seine biblische Berechtigung dahingestellt — ist hier durch den „Statthalter Christi" zum widerwärtigsten pornographischen Wahnsinn geworden. Gregor IX. soll, so sagt man, nur erwähnt haben, was ihm berichtet worden ist. Gewiß, aber er stellt das Berichtete als Tatsache hin, er fordert auf Grund der Berichte zum blutigen Einschreiten gegen die Anbeter des Kater- und Bockteufels auf, und er wußte, daß seine Aufforderung von furchtbarster, blutiger Wirkung sein werde. Ein wirklicher „Stellvertreter Christi" hätte solche Berichte als Aberglaube charakterisiert, er hätte mit dem Licht des wahren Christentums in diese Abgründe menschlicher Finsternis aufklärend hineingeleuchtet.

Und ist etwa der Teufelsaberglaube der „Statthalter Christi" nur eine geschichtliche Erinnerung, eine Versteinerung, die, so vernichtend sie auch gegen die Göttlichkeit des Papsttums zeugt, doch wenigstens heute nicht mehr zum Bestande päpstlicher Anschauungen gehört? Nein, auch gegenwärtig noch vertritt der Papst, was seine Vorgänger Gregor IX. usw. im Mittelalter vertreten haben. Die päpstliche Poenitentiarie in Rom — das höchste päpstliche Bußtribunal, das für die ganze katholische Christenheit die höchste Berufungsinstanz in Gewissenssachen bildet — erteilt noch heute den Beichtvätern „die Vollmacht, zu absolvieren von den kirchlichen Strafen, die sich Männer oder Frauen zugezogen haben durch Zauberei, durch Anrufung des Teufels unter Abschließung eines Vertrages, wodurch ihm die Seele überlassen wird. Die Urschrift dieses Vertrages muß zugleich mit den Zaubermitteln verbrannt werden".

Unter dem Einfluß der Teufelsbulle Gregors in Verbindung mit ähnlichen Kundgebungen seiner Nachfolger bis herab auf die Gegenwart hat sich in der katholischen Dogmatik und von dort aus in der katholischen Erbauungsliteratur jener blöde Teufelsaberglaube festgesetzt, der fast aus jedem Buche dieser Gattung fratzenhaft uns entgegengrinst.

Gäbe es auch keine blutigen Hexenverfolgungen, die Zulassung und Billigung dieser Teufelsliteratur, die meistens ins obszön Geschlechtliche ausartet, genügte allein, um den Stab zu brechen über das Papsttum als Hort und Schutz von Christentum und Gesittung.

Und nun erst die blutigen Verirrungen der Hexengreuel!

Es ist von Wichtigkeit, hier gleich von vornherein einem Einwande zu begegnen, der wie ein Bollwerk um das Papsttum aufgeworfen wird, um es schützend zu trennen von den grauenhaften Verwüstungen, die der Hexenwahn auf religiösem, sozialem und kulturellem Gebiete angerichtet hat.

Man sagt: Der Protestantismus kennt den Hexenwahn auch; in protestantischen Gebieten sind auch viele Hunderte von Hexen gefoltert und gemordet worden; protestantische Theologen haben auch durch Wort und Schrift zur Ausbreitung des blutigen Wahnsinns beigetragen.

Daß dieser Einwand in katholischen wie in protestantischen Kreisen Eindruck macht, daß mit seiner ständigen Wiederholung die Gemüter sich beruhigen, ist ein trauriges Zeichen für die Denkoberflächlichkeit der Menschen.

Ja, es ist leider wahr, was hier vom Protestantismus gesagt wird. Auch seine Geschichte ist von Christenblut befleckt, auch bei ihm findet sich dieser greuliche, unchristliche Aberglaube. Aber wird durch diese Tatsache die Schuld der katholischen Kirche und des Papsttums weggewischt oder auch nur vermindert? Werden Unchristlichkeit und Unmenschlichkeit des Papsttums dadurch zur Christlichkeit und Menschlichkeit, daß sie sich auch auf nicht-katholischer Seite finden?

Auch abgesehen von dieser sehr naheliegenden Erwägung, bietet der Hinweis auf die Verfehlungen des Protestantismus nicht nur keinen Entschuldigungsgrund für die „Statthalter Christi", sondern er läßt ihre schwere Schuld nur um so klarer hervortreten.

Im Protestantismus gibt es keine Stelle, die sich göttliches, entscheidendes Ansehen zuschreibt, die sich zum unfehlbaren Führer auf dem Gebiete des Glaubens, der Moral, der Kultur usw. aufwirft. Verirrungen innerhalb des Protestantismus fallen den einzelnen, die sie begehen, zur Last, mögen diese einzelnen Luther oder wie immer heißen. Was aber der Papst als Papst tut, ist — nach katholischer Lehre — die Tat derjenigen Einrichtung, die Gott zum untrüglichen Schutze des christlichen Glaubens und der christlichen Gesittung, bekleidet mit höchster Autorität, der alle Menschen zum Gehorsam verpflichtet sind, in die Welt gesetzt hat. Luther und die übrigen Reformatoren hätten es weit von sich gewiesen, solch eine von Gott gesetzte „Einrichtung" zu sein. Eine Parallele zwischen Papsttum und irgendeiner andern religiösen Gemeinschaft gibt es nicht; das Papsttum ist göttlich, alles andere ist menschlich. Das ist der Standpunkt, von dem aus jeder Vergleich zwischen Papsttum und Luthertum, zwischen den Taten des einen und denen des andern zur Unmöglichkeit wird.

Überdies, seit wann mißt denn die katholische Kirche ihre Christlichkeit und Sittlichkeit an der Christlichkeit und Sittlichkeit des Protestantismus? Dünkt sich Rom mit seinem Christentum und seiner Moral, eben wegen seiner Unfehlbarkeit und Göttlichkeit, nicht unendlich erhaben über das protestantische Christentum und die protestantische Moral? Nach römischer Auffassung nennt sich der Protestantismus nur zu Unrecht christlich. Wie können also die Taten dieses Scheinchristentums herangezogen werden, um die Taten des allein echten Christentums der katholischen Kirche zu entschuldigen?

Und endlich, von wem hat der Protestantismus den Teufels- und Hexenwahn und das System der Hexenverfolgungen denn überkommen? Eben weil Luther usw. Menschen waren, sind sie in vielem aus dem ihnen Angeborenen und Anerzogenen nicht herausgekommen; sie blieben Kinder ihrer Zeit, sie atmeten die Luft ihrer Zeit, und diese Luft war katholische Luft, geschwängert mit dem wüsten Teufels- und Hexenwahn. Jahrhunderte, ehe es Protestantismus gab, wucherte in der katholischen Kirche dieser entsetzliche Aberglaube; sein Fortbestehen innerhalb des Protestantismus ist erbliche Belastung durch den Katholizismus[1].

Das sind Wahrheiten gleichsam a priori; sie werden bestätigt durch die Geschichte.

Die katholische Hexenliteratur ist Vorbild gewesen für die protestantische. Man mag die Werke protestantischer Theologen oder protestantischer Juristen aufschlagen, ihre Lehren über Teufels- und Hexenwahn, ihre Aufforderungen, Hexen zu töten, stützen sich auf katholische Vorgänger. Fortwährend werden auf protestantischer Seite der Hexenhammer, Delrio, Binsfeld usw., usw. als Autoritäten aufgeführt.

Ein besonders schlagendes Beispiel für diese Abhängigkeit des protestantischen Hexenglaubens vom katholischen Hexenglauben bietet der berühmte protestantische Jurist Carpzow (1595—1666). Er war ein Hexenverfolger und Hexenmörder im großen; seine Schriften haben viel beigetragen zur Festsetzung des blutigen Wahnes, aber er stand auf den Schultern der päpstlichen Inquisitoren Sprenger und Institoris; ihr Werk, der „Hexenhammer", ist dem protestantischen Juristen unanfechtbare Autorität. Fortwährend führt er zum Belege seiner Ansichten die Aussprüche der katholischen Klassiker des Hexenwahns an: Binsfeld, Delrio, Spina, Grillandi, Remigius. Auf zwei Seiten beruft er sich nicht weniger als sechsmal auf den „Hexenhammer". Auch Carpzow verteidigt den greulichen Wahn, daß die Teufel mit den Menschen den Beischlaf vollziehen, aber er stützt sich dafür „auf das Ansehen der

---

[1] Treffend schreibt Hansen (Zauberwahn, Inquisition und Hexenprozeß im Mittelalter, München 1900, S. 535): „So erklärt sich denn auch ohne weiteres die viel erörterte Tatsache, daß die Reformation keinen unmittelbar befreienden Einfluß auf die Ungeheuerlichkeit des Hexenwahns geübt hat. Um die Wende des 16. Jahrhunderts, also vor dem Auftreten Luthers, war dieser Wahn bereits kein ausschließlich theologischer mehr, sondern er war schon zum Gemeingut der gebildeten Welt, als Teil der allgemeinen Weltanschauung geworden, welchen die dem Wirklichkeitssinne systematisch entfremdete Menschheit aus den Händen derjenigen Autorität (des Papsttums) entgegen genommen hatte, von der sie gewohnheitsmäßig Glaubensvorstellungen überkam und als unerklärliche Gewißheiten akzeptierte."

gewichtigsten Männer" (auctoritate gravissimorum virorum), nämlich: die Verfasser des Hexenhammers, Delrio, Binsfeld, Grillandi. Und wie Carpzow, so erweisen sich auch die übrigen protestantischen Theologen und Juristen als die gelehrigen Schüler ihrer katholischen Lehrmeister.

Die Hexengreuel innerhalb des Protestantismus entlasten also das Papsttum nicht, sie belasten es vielmehr aufs neue; denn es sind Wucherungen, Schößlinge aus der einen gemeinsamen Wurzel: aus dem Widerchristentum Roms.

Einen der Höhepunkte dieses Widerchristentums und zugleich einen Markstein in der Geschichte des Teufels- und Hexenunwesens bildet die Hexenbulle Innozenz VIII: Summis desiderantes vom Jahre 1484. Sie in ihrem Wortlaut zu lesen genügt, das Papsttum, dessen Erzeugnis sie ist, zu verurteilen; so hat denn auch bisher kein katholischer Schriftsteller gewagt, den vollständigen Wortlaut dieses schmachvollen Schriftstückes, in welchem Aberglaube und Unflätigkeit sich paaren, der katholischen Lesewelt mitzuteilen.

Hier wie beim gesamten Verhalten der Päpste in bezug auf Inquisition, Hexenwesen und Aberglauben ist unverrückt im Auge zu behalten, daß sie in ihrer Eigenschaft als Haupt der Kirche, als höchster Lehrer der Wahrheit, kurz als „Stellvertreter Christi" Jahrhunderte hindurch Massenmorde und greulichen Aberglauben teils durch Wort und Tat befördert, teils wissentlich geduldet haben. So sind sie ex cathedra, d. h. von ihrem Amtssitze aus Ausgangs- und Mittelpunkt geworden für ein blutiges pornographisches Widerchristentum, für eine „Kultur", welche die blühendsten Länder Europas sozial, ethisch und religiös verwüstet hat.

Neben der „Hexenbulle" stehen als bleibende Denkmäler päpstlichen Afterchristentums der „Hexenhammer", die Disquisitiones magicae des Jesuiten Delrio, der Tractatus de confessionibus sagarum des Bischofs Binsfeld und überhaupt die gesamte Hexenliteratur des 15., 16. und 17. Jahrhunderts. Die sehr ausführliche Inhaltsangabe, die ich oben von vielen dieser Schriften gemacht habe, enthebt mich der ekelhaften Aufgabe, hier nochmals in diesen widerchristlichen Schmutz hinabzusteigen.

Noch im Jahre 1693 lehrt das gleichsam amtliche Sacro Arsenale des päpstlichen Inquisitors Menghini — es ist gedruckt in der apostolischen Kammer, gewidmet Innozenz XII. und mit dem Imprimatur des obersten päpstlichen Büchersensors versehen:

„Die Inquisition geht vor gegen Zauberer und Hexen; es gibt deren verschiedene Arten: Solche, die einen Vertrag mit dem Teufel schließen, entweder stillschweigend oder ausdrücklich; solche, die einen Teufel mit sich herumtragen, eingeschlossen in Ringe, Spiegel, Münzen, Flaschen; solche, die sich mit Leib und Seele dem Teufel verschrieben haben, und zwar mit ihrem eigenen Blute. Beim Befragen des Teufels, auf welche Weise er in einen Menschen eingedrungen sei, oder wie er jemand behext habe, soll der Inquisitor oder Exorzist den Antworten des Teufels wenig Glauben schenken, da der Teufel gerne lügt. Hexen, die durch ihre Zaubereien Menschen oder Tiere getötet oder zum Zeugungsakt unfähig gemacht haben, sollen nach der Bulle Gregor XV. entweder dem weltlichen Arm überliefert, d. h. verbrannt, oder lebenslänglich eingekerkert werden."

Keine unter allen Religionsgemeinschaften hat auch nur annähernd eine ähnlich scheußliche, ganz und gar verderbte Literatur aufzuweisen, wie sie das Christentum in den unzählbaren Hexenschriften aufweist. Unreligion und Unflat bilden hier einen Morast, in dem christlicher Glaube und christliche Moral fast rettungslos versunken sind.

Und dieser Morast dankt sein verpestendes Dasein der tätigen Mitwirkung der Päpste. Ich will nicht nochmals zurückkommen auf die Bullen Gregor IX., Innozenz VIII., Johann XXII. Aber jeder, dem es um die Wahrheit über die „göttliche" Stellung des Papsttums zu tun ist, kann sich den Inhalt und die Bedeutung dieser päpstlichen Aktenstücke nicht genug einprägen. Sie bilden den Untergrund für alles übrige. Die gesamte ungeheure Hexenliteratur ist nichts anderes, als die Fortentwicklung, die Ausgestaltung der von den „Statthaltern Christi" in ihren Bullen aufgestellten Sätze.

Eine der vornehmsten und wichtigsten Aufgaben des göttlichen Berufes des Papsttums — ich spreche vom katholischen Standpunkte aus — ist die Überwachung der Theologie. Diese Überwachung ist mit der Reinerhaltung der christlichen Lehre über Glauben und Moral untrennlich verknüpft.

Wie ist das Papsttum dieser für seine Stellung wesentlichen Aufgabe nachgekommen? Eine Geschichte des Index und der päpstlichen Zensuren wäre die erschöpfende Antwort auf diese Frage. Geradezu ungeheuer ist diese überwachende Tätigkeit des Papsttums. Keine Erscheinung, klein oder groß, auf dem umfangreichen Gebiete der Theologie entgeht seiner Beobachtung; überall greift es ein, verbessert, tadelt, verwirft. Man kann sagen, nichts den Glauben oder die Sitten Berührendes wird auf katholischer Seite geschrieben, das nicht, mittelbar oder unmittelbar, der Überwachung durch den Papst untersteht. Der Papst ist im weiten Garten der katholischen Schriftstellerei der Gärtner, er jätet das Unkraut aus, er beschneidet die Schößlinge; dort wächst kein Pflänzlein und kein Baum ohne seinen Willen. Und dieser Gärtner läßt die wuchernden Giftpflanzen der blutigen Verfolgungssucht des Unglaubens und des Hexenwahns ruhig ins Kraut schießen!

Die gesamte Scholastik mit ihrem „Fürsten", Thomas von Aquin, an der Spitze lehrt bis heute die fleischliche Vermischung zwischen Teufel und Mensch; der Papst schweigt! Über diesen unflätigen Gegenstand entsteht eine ausgedehnte Literatur, an der sich alle Grade der kirchlichen Hierarchie, alle religiösen Orden beteiligen, der Papst schweigt! Die schmachvollen Erzeugnisse dieser Literatur tragen die Gutheißung der kirchlichen Oberen bis hinauf zum obersten Zensurbeamten des Papstes selbst, dem Magister sacri Palatii; der Papst schweigt! Auflage über Auflage erleben diese Schriften, jahrhundertelang stehen sie im Vordergrund des zeitgenössischen Schrifttums; der Papst schweigt. Freilich, was konnte er anderes tun, als schweigen, er, der selbst Urheber und Beförderer dieser „religiösen" Pornographie war?

Welch eine Menge von Büchern und Schriften sind nicht während der Blütezeit des Hexenwahns in Rom zensuriert und auf den Index gesetzt worden! Doch die Klassiker des blutigen und obszönen Hexen- und Teufelspuks, die Verteidiger und Beschreiber der Teufelsehen und der Besenfahrten durch den Schornstein, die Sprenger, die Delrio, die Binsfeld, die Spina usw., usw. treiben ihr Unwesen völlig unbehelligt, sie erhielten für ihre greulichen Erzeugnisse Freibrief und amtliche Anerkennung. Dieselbe päpstliche Zensur, welche die Aufklärung eines Galilei und die Frömmigkeit so mancher Jansenisten mit Acht und Bann belegte, drückte zu gleicher Zeit dem Unflat und dem Widerchristentum eines „Hexenhammers" und der zahllosen ähnlichen Schriften ihr gutheißendes Imprimatur auf.

Durch das päpstliche Ansehen fühlten sich die Verfasser der zahllosen Hexenschriften gedeckt. Fort und fort berufen sie sich für ihren Aberwitz auf die „Statthalter Christi"; sie sprechen es geradezu aus: wenn sie irrten, dann irrten auch die Päpste, die dasselbe lehrten. Man lese die oben mitgeteilten Aussprüche nach und man wird erkennen, wie sehr Hexenglaube und Teufelspuk sich der päpstlichen Vaterschaft bewußt waren und diese hohe Abstammung für ihre Verbreitung ausnutzten.

Bei Beurteilung der Stellung der Päpste zu den Hexenschriften macht man sich viel zuwenig klar, welche Wirkungen, und zwar von den Päpsten gekannte und gewollte Wirkungen, diese Schriften hatten.

Durch sie ist das religiös-christliche Denken und Empfinden mit den scheußlichsten Vorstellungen besudelt worden; in ihr fand die barbarische Hinschlachtung der unglücklichen „Hexen" und „Schwarzkünstler" stets neue Anregung und Stütze. Das wußten die „Statthalter Christi", und sie schwiegen!

Nehmen wir nur ein Beispiel aus hunderten: den „Hexenhammer". An jeder Seite dieses Buches klebt Unflat und Menschenblut; wiederholt rühmen sich seine Verfasser ihrer blutigen Arbeit gegen die Hexen: „wir ließen sie einäschern"; der „Hexenhammer" ist Vorbild geworden für eine Reihe ähnlicher Schriften; er hat tiefgehenden Einfluß geübt auf die weltliche Gesetzgebung; als unbestreitbare Autorität galt er bei Katholiken und Protestanten; er ist ein Buch, dem nach Ursprung und Wirkung wenige an die Seite gestellt werden können. Und wer sind seine Verfasser? Päpstliche Inquisitoren, die Dominikanermönche Sprenger und Institoris. Und was ist sein Schild und Geleitschein? Die Bulle Innozenz VIII.

Die Wucht dieses „Hammers", der Tausende von „Hexen" zerschmettert hat, kehrt sich schnurstracks gegen das „göttliche" Papsttum.

Daß die Hexenliteratur so gut wie ausschließlich von Geistlichen und zwar vorzugsweise von Ordensleuten gezeitigt worden ist, habe ich schon öfter hervorgehoben. Diese Tatsache ist von hervorragender Bedeutung. Solchen Verfassern, fast noch mehr wie katholischen Laien gegenüber, ist das Papsttum absolut souverän; Geistliche und Ordensleute unterstehen einer sehr geschärften Zensur; was nach dieser Zensur an die Öffentlichkeit tritt und unbehelligt in ihr verbleibt, ist „kirchlich" im eigentlichen Sinne des Wortes.

Als die Hexenliteratur so ziemlich auf ihrem Höhepunkte stand, als der „Hexenhammer" Auflage über Auflage erlebte, erließ Leo X. in Übereinstimmung mit dem damals im Lateran tagenden Konzil am 4. Mai 1515 die Bulle Inter sollicitudines. In dieser oberrichterlichen Kundgebung bestimmt der Papst für den ganzen christlichen Erdkreis: Bücher und Schriften müssen die Gutheißung des päpstlichen Stellvertreters in Rom oder des Diözesanbischofs oder des Ortsinquisitors tragen; ohne diese Gutheißung darf kein Buch erscheinen. Wer dawider handelt, verfällt der Exkommunikation und muß eine sehr hohe Geldbuße an die Peterskirche zahlen; außerdem verliert er, wenn er Drucker oder Verleger ist, für ein Jahr lang das Recht, sein Geschäft weiter zu führen. Hartnäckige sollen von den Bischöfen so gestraft werden, daß anderen die Lust vergeht, ähnliches zu versuchen. Die Bulle ist „für ewige Zeiten" gültig.

Nichts veranschaulicht besser das Verhältnis der Päpste zur Hexenliteratur als das Erscheinen und Inkraftbleiben dieser Bulle, zugleich mit dem ungehinderten Fortwuchern der Hexenschriften. Gegen sie hatte das die Büchererzeugung beherrschende Papsttum nichts einzuwenden!

Einwandfrei waren Hexenwahn und Hexengreuel, Hexenliteratur und Hexenverbrennung, Ketzermord und Teufelsspuk auch für das Konzil von Trient. Meines Wissens hat auf diese Tatsache noch niemand aufmerksam gemacht; und doch enthält sie für das Papsttum die furchtbarste Anklage.

Das berühmte Trienter Konzil, der Inbegriff alles dessen, was Rom an „Frömmigkeit" und „Gelehrsamkeit" besaß, tagte zu einer Zeit, als ringsum in Europa die Hexen-Scheiterhaufen zu Tausenden auflohderten. Mit allem hat sich „die hochheilige Kirchenversammlung" beschäftigt; jahrelang hat sie über Dogma, Moral und Disziplin verhandelt, aber nicht ein Wort des Tadels hatten die versammelten „Nachfolger der Apostel" für die unerhörten Grausamkeiten, die fast unter ihren Augen an Unschuldigen verübt wurden.

Während die christliche Religion und der christliche Name durch gesetzmäßigen Massenmord und religiös verbrämte Obszönitäten bis ins Mark hinein besudelt wurden, während ganze Hekatomben von Menschen — Gott wohlgefällige „Brandopfer" nannten es die päpstlichen Inquisitoren — einem scheußlichen, widerchristlichen und widermenschlichen, epidemisch gewordenen Wahne im Namen des Christentums geschlachtet wurden, hatten die „vom Geiste Gottes geleiteten Konzilsväter", der Papst, die Kardinäle, die Bischöfe, die Priester, für diese zum Himmel schreiende Gottlosigkeit weder Auge noch Ohr. Mochte die Erde ringsum dampfen von Bruderblut: „das hochheilige Konzil" achtete dessen nicht, es hatte Wichtigeres zu tun: die Schablonisierung von Dogmen, die Befestigung der erschütterten Machtstellung des Papsttums.

Neben der Verschuldung des „Statthalters Christi" an der Inquisition und dem Hexenwahn verschwindet fast seine Anteilnahme an der Ausbreitung sonstigen Aberglaubens, und doch wäre diese Tätigkeit für sich allein hinreichend, die angemaßte Göttlichkeit des Papsttums als Lüge erkennen zu lassen.

Im Schatten des Papsttums und unter seinem Schutze sind Gebräuche, Lehren und Dinge emporgewuchert, die für das Christentum Christi ein Schlag ins Gesicht sind. In den Ritus der römischen Kirche, d. h. in ihre amtlichen Gebets- und Segensformen hat ein fratzenhafter Teufelswahn seinen Einzug gehalten; die katholische Dogmatik in ihren berühmtesten Vertretern hat diese religiöse Verirrung mit obszönem Unflat umgeben; aus den theologischen Hörsälen und Schulen ergoß sich dies Widerchristentum durch zahllose Kanäle — Erbauungsbücher und religiöse Zeitschriften — in das Volk, seine Phantasie vergiftend, seinen Glauben verzerrend; im Ablaßunwesen, mit seinen Medaillen, Kreuzen und Skapulieren wucherte ein echter und rechter Fetischismus auf; und diese Verwüstung am heiligen Orte ist das Werk der „Statthalter Christi"! Durch die Ketzer- und Hexenverbrennung haben die „Statthalter Christi" das leibliche Leben Tausender von Christen gemordet, durch den Aberglauben haben sie den Seelenmord im großen betrieben.

Welch eine soziale, welch eine kulturelle Tätigkeit! Vor ihr verschwindet, und zwar ganz und gar, was das Papsttum sonst sozial-kulturell geleistet hat. Was sind seine Verdienste für Kunst und Wissenschaft im Vergleiche zu den mit Blut und Unflat umhüllten Verbrechen der Inquisition und des Hexenwahns!

Ist es etwa die „göttliche" Aufgabe der „Statthalter Christi", Kunstmäcen zu sein, Prachtbauten und Museen zu errichten, angefüllt mit den Kunstschätzen des griechischen und römischen Altertums? Ihr „göttlicher" Beruf ist, die christliche Lehre in ihrer Abgeklärtheit und Reinheit zu bewahren, die christliche Gesittung in ihrer Keuschheit, Milde und Barmherzigkeit zu erhalten und zu verbreiten. Das sind die eigentlichen, die wesentlichen sozialen und kulturellen Aufgaben des „von Gott eingesetzten" Papsttums. Alles andere, es mag noch so glänzend sein, sind für den „Statthalter Christi" — um einen Ausdruck Augustins zu gebrauchen —

12*

grandes passus, sed extra viam: große Schritte, aber außerhalb seines Weges.

Der Weg, den das Papsttum als solches, d. h. in seiner religiösen Eigenschaft seit dem Jahre 1000 — um eine runde Zahl zu nennen — bis in die Gegenwart durch die Jahrhunderte und die Völker gegangen ist, ist ein Weg mit Menschenleichen besät, mit dem Dunkel finstern Aberglaubens umhüllt. Nicht Leben und Licht sproßte unter seinen Schritten auf, sondern der Tod in seiner grausigsten Gestalt haftete an seinen Fersen.

* * *

Muß nicht bei Betrachtung der Inquisition, des Aberglaubens, des Teufelsspuks und Hexenwahns die Bedeutung und die Wahrheit des Wortes uns zum Bewußtsein kommen, das der Stifter des Christentums, Christus, gesprochen hat, und das auch gilt für die „Statthalter Christi": „An ihren Früchten werdet ihr sie erkennen; denn ein guter Baum kann nicht schlechte Früchte hervorbringen."

Hätte der Baum des Papsttums, wenn er „gut", d. h. wenn er göttlich wäre, diese fluchwürdigen, blutüberströmten Früchte zeitigen können?

Es ist eine unbestreitbare, geschichtliche Tatsache: Die Päpste haben jahrhundertelang an der Spitze eines Mord- und Blutsystems gestanden, das mehr Menschenleben geschlachtet, mehr kulturelle und soziale Verwüstungen angerichtet hat als irgendein Krieg, als irgendeine Seuche. „Im Namen Gottes" und „im Namen Christi"!

Das Papsttum war bona fide bei dieser Kulturarbeit, es glaubte wirklich, durch sie Gott, Christus, dem Christentum zu dienen. Gewiß, die Ketzer und Hexen mordenden Päpste waren nicht Mörder der Gesinnung und der Erkenntnis nach. Aber **nichts zeugt vernichtender wider die „Göttlichkeit" des Papsttums als gerade diese bona fides während seiner sechshundertjährigen Blutarbeit.**

www.ingramcontent.com/pod-product-compliance
Lightning Source LLC
Chambersburg PA
CBHW081559300426
44116CB00015B/2939